A MEDIDA DA VIDA

A medida da vida

Os últimos anos de Virginia Woolf

HERBERT MARDER

tradução Leonardo Fróes

TORDSILHAS

*Para Norma,
Michael, Yuri
e Eric,
que fazem meu círculo perfeito.*

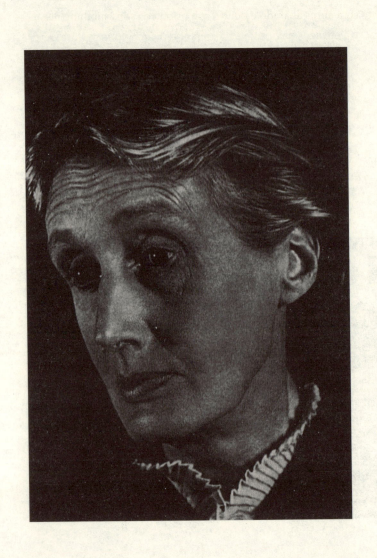

As ondas na praia, que executavam geralmente um tamborilar calmante compassado e de modo consolador pareciam repetir seguidas vezes, enquanto ela se sentava com as crianças, as palavras de uma velha cantiga de ninar murmurada pela natureza: "De você cuido eu — sou seu amparo", mas que em outros momentos, súbita e inesperadamente [...] não tinham tal sentido benigno, mas como um rufo espectral de tambores batiam sem remorsos a medida da vida, faziam pensar na destruição da ilha e seu engolfamento no mar, advertindo a ela, cujo dia havia escoado num rápido afazer depois de outro, que tudo era efêmero como um arco-íris — este som antes abafado e oculto sob os outros sons subitamente estrondou oco em seus ouvidos e a fez olhar para cima num impulso de terror.

Virginia Woolf, *To the Lighthouse*
[*Ao farol*]

A perfeição, qualquer tipo de perfeição, sempre pede algum tipo de ocultamento. Sem que alguma coisa se esconda, ou escondida se mantenha, não existe perfeição. Mas como pode o escritor ocultar a obviedade da palavra e das figuras de linguagem? Com a luz... Ocultar com a luz: a especialidade dos gregos. Zeus nunca deixou de usar a luz para ocultar. E é por essa razão que a luz que vem após a luz grega é de outra espécie e muito menos intensa. Essa luz outra visa a expor o que estava oculto. Ao passo que a luz grega o protege. Permite que como oculto se mostre, até mesmo à luz do dia.

Roberto Calasso, *The Marriage of Cadmus and Harmony*
[*As núpcias de Cadmo e Harmonia*]

13	Nota do autor
15	Prelúdio As formas que um cérebro retém
29	Natureza humana despida
43	Um gosto de sal
63	A festa de Lady Rosebery
86	O punho de Deus
102	Fantasmas: o quarto vazio
116	Fantasmas que vêm da Acrópole
130	Anonimato e ritmo
156	A demissão de Nelly Boxall
183	Atos de uma peça
200	Sobre ser desprezada
223	Câmera lenta: Os *anos*
247	Um detalhe do padrão: Os *anos*
270	As filhas de Antígona
296	Um fundo púrpura
317	Ao altar
341	"Salgueiro-chorão"
365	Oblívio e água
389	O tempo passa
405	Apêndice As cartas de Wilberforce
427	Bibliografia
433	Agradecimentos
437	Índice remissivo
445	Legenda e crédito das imagens

Nota do autor

Virginia Woolf escrevia cartas e anotações de diário numa velocidade espantosa. Seus editores, ao publicar coletâneas póstumas desses textos, reproduziram suas palavras tal como ela as escreveu, mantendo intactas as irregularidades de pontuação e grafia. Esses escritos sem padronização e sem censura dão uma vívida impressão da personalidade da autora, e cito-os ao longo de todo o livro sem nenhuma alteração editorial. De igual modo, uso títulos provisórios de Woolf para obras em andamento. *The Years* [*Os anos*], por exemplo, é mencionado de início como "The Pargiters" ["Os Pargiters"] e "Here and Now" ["Aqui e agora"], conforme o uso de Woolf, e *Between the Acts* [*Entre os atos*] aparece como "Pointz Hall".

Prelúdio
As formas que um cérebro retém

Mas os mortos, pensou Lily, encontrando em sua intenção certo obstáculo que a fez parar e refletir, dando um passo ou mais para trás, oh, os mortos! murmurou ela, nos davam pena, facilmente eram postos de lado e até meio desprezados por nós. Eles estão à nossa mercê.

Virginia Woolf, *Ao farol*

Numa das fotos de família de Virginia Woolf, seus pais, Julia e Leslie, estão lendo, enquanto a futura romancista, com onze anos de idade, senta-se no fundo da sala e olha além deles para as lentes da câmera. Trinta e quatro anos depois, em *Ao farol*, Woolf dramatiza essa foto e nos diz o que os personagens estão pensando. Numa noite tranquila de verão, Mr. e Mrs. Ramsay sentam-se lado a lado, concentrados aparentemente em seus livros, mas na realidade mantêm uma discussão em silêncio, pois cada um já ouviu tanto do outro que a fala se fez supérflua. Silenciosamente, ele a censura por recusar-se a dizer que o ama, negando-lhe assim obediência plena. Silenciosamente, ela replica que deve haver limites, que ele deve deixar-lhe algum espaço onde ela respire e se renove em seu ânimo. Embora as diferenças entre os dois estejam enraizadas a fundo, na maior parte do tempo eles se correspondem bem, e a cena termina com uma trégua incômoda, mas amorosa, que se estenderá de maneira indefinida. Tanto o instantâneo como a cena fictícia estão em sintonia com a complexidade das relações humanas. Ambos, cada qual a seu modo, são subversivos, focando-se as tensões por baixo da superfície da vida familiar, os momentos cruciais "entre os atos". O casal, na foto, é estabelecido por sua posição social e intelectual — o vestido da mãe, a barba do pai, os livros e quadros e o biombo pintado —, enquanto a filha olha atenta além deles, como se os dois já pertencessem ao passado. *Ao farol* faz eco a esse tema, descrevendo uma vida familiar aparentemente estável que se demonstra frágil e impermanente. A parte central do romance, intitulada "O tempo passa", que vem logo após a discussão silenciosa entre Mr. e Mrs. Ramsay, apresenta um ciclo implacável de crescimento e decadência, as estações que se sucedem e as vastas forças naturais que ameaçam destruir todos os valores humanos. O contraste entre essas vistas diferentes da mesma cena doméstica influenciou a forma desta biografia. *Ao farol* diverge da foto por um detalhe importante: Virginia está ausente da versão fictícia; ou seja, não há criança na sala com Mr. e Mrs. Ramsay. Woolf tentou obter um tipo especial de impessoalidade, estar ao mesmo tempo envolvida na ação e invisível ou, como ela mesma escreveu sobre Shakespeare, estar "serenamente presente-ausente". Segui seus passos, tanto quanto permite o gênero biográfico, combinando um estilo discreto à tentativa de transmitir verdades emocionais, bem como históricas, sobre pessoas e fatos. No processo, tive de examinar minhas convicções no que se refere à natureza da biografia e ao papel do biógrafo.

As perguntas são muitas vezes genéricas, feitas à mesa depois do jantar: por que há quem escreva biografias e por que há quem as leia? Considerando certas respostas comuns, digamos que haja uma busca de identidade, a rememoração de nossos ancestrais culturais. Ou que fosse como ter um companheiro imaginário — o biógrafo, uma pessoa solitária e isolada, que se envolve com outro mundo, nele vivendo e respirando; um romancista também faz isso, em certo sentido. Mas digo que a diferença entre eles se assemelha à diferença entre a criança e o pai. Um personagem fictício é em grande parte filho da imaginação do autor, enquanto o sujeito biográfico, como um pai, é mais um legislador.

Nessa era da psicobiografia, quando tudo foi mapeado e aberto à inspeção, da crise de identidade de Lutero à coprofilia de Joyce, o biógrafo permaneceu relativamente desconhecido, usando a objetividade como capa e, como uma codorna no ninho, ciscando no denso cipoal de documentos, transcrições e comentários. Peneirando esses milhões de palavras, o escritor ou a escritora, ao que parece, deve abrir mão de motivos pessoais e apagar-se a fim de sobreviver. Apesar de os sentimentos do biógrafo, sobre o sujeito que lhe serve de tema, serem decisivos, seu trabalho é visto muitas vezes como se envolvesse apenas o refinamento da informação bruta e a elaboração de um estilo — fundindo-se à pessoa do emissor, num silêncio implacável, com a mensagem que ele emite. Mas, como Virginia Woolf lembrou a seus leitores, inevitavelmente atribuímos aos outros nossos próprios sentimentos e intenções. Sobretudo quando o sujeito já não se encontra presente para contradizer-nos. Os mortos estão à nossa mercê, diz Lily em *Ao farol*, ponto desenvolvido por Woolf em seu ensaio sobre Christina Rossetti. Procurando imaginar o passado, ela observou, haveremos de ajustar seus habitantes

> a padrões de todo tipo dos quais eles ignoravam tudo, pois pensavam quando estavam vivos que poderiam ir aonde quisessem; e, quando falarem, haveremos de entender em seus ditos significados que nunca ocorreram a eles, pois acreditavam quando estavam vivos que diziam sem rodeios o que lhes vinha à cabeça. Mas tudo é diferente, quando estamos numa biografia.

Numa biografia tudo é diferente. A pessoa que é tema torna-se sujeito em mais de um sentido, existindo em termos que nunca imaginou, um sujeito cujos atos podem ser racionalizados e cujas palavras podem ser reinterpretadas (os biógrafos adoram motivos inconscientes) para dizer exatamente o contrário do que elas dizem.

Mesmo assim, ainda se leem vidas e há quem deseje escrevê-las. Em meu caso o impulso biográfico veio em hora tardia, após anos de preocupação com a obra de Virginia Woolf — um modo de refocar minha atenção, talvez, depois de longa exposição. Por saber como os escritores projetam seus próprios sentimentos e motivos em seus sujeitos, espero compensar essa tendência lembrando ao leitor que, embora o estilo possa ser discreto e a sequência de fatos essenciais bem estabelecida, o modo de ler e os fatos que alguém seleciona são profundamente influenciados por sua história pessoal. Aqui pois está um esboço das origens deste biógrafo, seguido pelo relato de como este livro veio a ser escrito.

Nasci em Viena, alguns anos antes da Segunda Guerra Mundial, e fui criado em Nova York. Minha experiência de infância como refugiado me ensinou que a maioria das coisas, à parte as lealdades pessoais, são transitórias e pouco confiáveis. Quando eu tinha treze anos, minha mãe caiu gravemente enferma, deixando-me por conta própria por extensos períodos, até morrer, cinco anos depois, de um câncer no estômago; eu estudava então no City College, mas a ideia de um diploma e uma carreira a seguir me parecia destituída de sentido. Passava de ano sem me esforçar e devorava grandes quantidades de ficção e poesia, inclusive as obras de Virginia Woolf.

Casei-me e entrei para a faculdade, conservando meu interesse por Woolf, que não estava na moda. Uma amiga me encorajou a escrever uma tese sobre seus romances, dizendo-me: "Anime-se, ninguém tece uma frase como ela, vê se você nos diz o que está acontecendo naquele quarto só para si." A reputação de Virginia Woolf até então, no começo da década de 1960, estava em baixa, mas já se destinava a talvez reerguer-se, apesar de a sabedoria convencional sustentar que três ou quatro estudos existentes cobriam o assunto mais do que adequadamente. A sugestão de minha amiga vingou. Woolf me atraía por ser um pouco bizarra e não estar no currículo padrão. Apenas por prazer, eu a tinha lido — era um dos meus escritores favoritos — e nem pensara na possibilidade de explorar seus livros para um tema de tese. Mulheres e ficção — era uma área ainda não atravancada, sem a lama incrustada em Yeats e Eliot.

Meu orientador em Columbia disse: "Feminismo hoje em dia, sabe, não leva longe. Virginia Woolf não era um animal político. Era uma *lady*, não gostava de trabalhadores, nem de negros e judeus."

"Mas há ideias radicais, subversivas, em todos os livros dela", eu disse.

Decisivamente, ele deu uma tragada no cachimbo apagado. "E. M. Forster diz que ela era uma esnobe e se orgulhava disso, uma autêntica britânica. Mas acho que você devia ir em frente. Pode dar o que falar."

E assim foi decidido. A tese, que descrevia a guerra de Woolf contra seu condicionamento como uma *lady* da alta classe média, foi publicada no final da década de 1960, bem no começo da revivescência de Bloomsbury. Depois, em 1972, a biografia de Virginia Woolf por Quentin Bell modificou o retrato da artista que eu trazia na mente. Ressalvados breves excertos, eu ainda não conhecia suas cartas e diários, que confirmavam o caráter subversivo dos romances. Havia agora uma densa penumbra de escritos anteriormente inéditos a oferecer uma riqueza de detalhes, uma Viginia ignorada, que ninguém podia esperar. Ao mesmo tempo, uma nova onda de feminismo dava ao trabalho dela visibilidade muito maior, transformando-a em um ícone, uma grande precursora; críticas feministas, estudando seus enfoques políticos e psicológicos, mostraram a sutileza com que ela havia antecipado discussões posteriores de gênero, construtos culturais e ordem social. Ao longo dos anos, seu retrato ganhou complexidade; tornou-se mais estranho, porém mais familiar, como o de uma pessoa que eu realmente já conhecia, mas ainda assim se mantinha esquiva, dois passos à minha frente, apesar dos ensaios críticos que eu então escrevia tentando estar a seu lado. Parecia-me às vezes que meu interesse por Virginia Woolf tinha algo a ver com minha mãe, que pegava os filhos na escola e nunca os mandava fazer o dever de casa, que politicamente tinha sido tão radical e domesticamente tão conservadora — que saboreava a revolução a caminho enquanto sustentava a família costurando golas de suéteres de caxemira numa confecção precária. O refrão dos sacrifícios de minha mãe — ela daria qualquer coisa pelos filhos, costumava dizer, para que eles vivessem bem e não sofressem como ela tinha sofrido; tudo o que esperava em retorno era um pouco de gratidão — traz à mente a discussão, por Virginia Woolf, da esposa e mãe que se autossacrificava na Inglaterra vitoriana.

Em janeiro de 1931, com 49 anos, Woolf falou numa reunião de mulheres profissionais sobre sua carreira de escritora e suas tentativas de matar o "Anjo da Casa". O ideal angélico, descrito numa bem conhecida sequência vitoriana de poemas, era sinônimo de estereótipos sexuais que ainda predominavam na década de 1930. Mulheres virtuosas, de acordo com o mito, viviam num estado quase incorpóreo, erguendo-se etereamente acima da luxúria animal e dedicando suas vidas ao bem-estar da família. Durante sua juventude, como disse Virginia, nos últimos anos do reinado de Vitória, todas as casas de classe média tinham um "Anjo" residente — que era, tanto quanto o aparador e as cortinas, peça do mobiliário. Não obstante a sua radiância moral, a mulher era um corpo prático e fazia suas tarefas domésticas com grande eficiência, o que se tornava ainda mais conveniente para o Dono da Casa. O veredicto de Virginia sobre tal personagem foi compassivo e mordaz. O "Anjo", sustentou a autora,

> era intensamente simpática. Ela era imensamente charmosa. Ela era profundamente abnegada. Superava-se nas difíceis artes da vida familiar. Dia a dia ela se sacrificava. Se havia galinha, ela ficava com o pé; se havia uma corrente de ar, lá iria sentar-se — ela era, em suma, constituída de tal modo que nunca tinha uma opinião ou um desejo próprios, preferindo sempre simpatizar com as opiniões e os desejos dos outros. Acima de tudo — quase nem preciso dizer — ela era pura.

O humor suaviza a acusação, mas a ira de Virginia impregna o triste catálogo de virtudes. O ideal espúrio lhe assombrara a juventude, pois esse era o "Anjo" dos pais dela. Eles tinham adotado seus valores e aceitado os papéis desiguais por ele prescritos porque "um relacionamento real entre homens e mulheres era então inatingível". O "Anjo" infectara de irrealidade a vida dessas pessoas. A falsidade se tornou pior, de certa forma, após a morte de sua mãe, no primeiro ano da adolescência de Virginia. Por trás do mito da virtude doméstica ocultava-se a realidade mais torpe, que era o meio-irmão mais velho de Virginia, George, entrar à noite em seu quarto para acariciá-la e beijá-la. Não havia a quem ela recorrer para pedir orientação ou ajuda, nenhuma escapatória da culpa e confusão mental. Leslie Stephen, cada vez mais velho, estava muito envolvido com o próprio sofrimento para notar o que ela padecia. Cada vez mais surdo e irascível, sujeitava suas filhas a uma chantagem emocional, insistindo que sempre deveria haver um "Anjo" na casa e que uma delas teria de herdar a função. Virginia se estarrecia com a autopiedade que transformou esse homem, que podia ser tão sensível, num tirano grosseiro, cego aos sentimentos alheios. Em seguida à morte do pai, o "Anjo" passou a ser ainda mais insidioso, tentando abafá-la, com a sabedoria convencional que trazia, para a impedir de pensar e escrever livremente — uma afronta contra a qual ela violentamente se rebelou. "Pulei em cima dela e lhe cortei o pescoço", disse ela às ouvintes. "Fiz o que pude para matá-la. Minha justificativa, caso eu tivesse de ser ouvida em juízo, seria a de que agi em legítima defesa."

Essa vinheta irônica mal sugere a extensão e amargor de sua luta, que perdurou em plena meia-idade e culminou com seu esforço para recriar o passado em *Ao farol*. Ela aí reconstruiu o mundo de sua infância e traçou vívidos retratos de seus pais, a fim de reduzir o poder que eles ainda tinham sobre ela. "Eu costumava pensar nele & mamãe todos os dias", anotou Virginia em seu diário. "Ambos me obcecavam, de um modo nada saudável; & escrever sobre eles era um ato necessário." O romance ajudou-a a dissipar nostalgias, mas o "Anjo", sendo ectoplasmático, insistia em voltar à vida, pois "é muito mais difícil matar um fantasma do que uma realidade". E o fantasma punha disfarces sutis, explorando ainda sua necessidade de aprovação paterna. O livro seguinte de Virginia, *Orlando*, uma biografia fantástica de sua amiga Vita Sackville-West, foi uma espécie de sonata fantasma na qual seu novo amor por Vita fundiu-se com o velho desejo de agradar a seu pai. A história de Orlando, que vive por trezentos anos e em meados desse tempo passa por uma mudança de sexo, é simultaneamente uma crônica da literatura inglesa e uma lembrança de amor. Na transformação do herói / heroína, de homem em mulher, reflete-se a infusão do fantasma do pai de Virginia no corpo de sua amante lésbica. O livro diz, no interior de sua lógica onírica: meu pai (representado pelos clássicos ingleses, que aprendi a amar com ele) e minha amante (a escritora aristocrática, descendente de nobres elizabetanos) habitam um corpo único, integrando-se harmoniosamente na figura andrógina de Orlando.

Três anos mais tarde, olhando em frente para uma nova década após terminar *The Waves* [*As ondas*], um romance austero que retrata seus amigos e o modo de ser de todo o grupo, Virginia anunciou com alguma confiança que finalmente o "Anjo" estava morto. Ela agora entraria numa fase em que criava crônicas sem nostalgia — justapondo a época vitoriana à moderna para observar que a tirania doméstica da primeira levara ao fanatismo político da última. Ela reagiria à mudança do clima político na década de 1930 ao escrever em defesa da liberdade numa era de campos de concentração.

As *ondas* foi uma obra de transição, um romance gravemente intelectual na forma de "solilóquios" por seis amigos. O retrato em grupo, visto em conjunto, não os apresenta como personagens convencionais, mas como fases distintas de um único "ser humano completo"; a visão do livro, sobrepondo personalidades, sugere uma renúncia à existência pessoal, um desejo de anonimato sem ego. Às vezes Virginia se valia de um desprezo swiftiano pela raça humana, assumindo o estilo lupino e predatório sugerido por seu nome de casada — os dois lados opostos dela — Woolf/Anon — que afinal escapavam como gênios de uma garrafa. Traços de ira e de renúncia perpassam por toda sua obra da década de 1930 — a sátira de lobo e a visão absoluta não mais suavizadas por charme, não mais ligando-a à filha de seu pai, a "Ginny" adolescente. Com *As ondas* por trás, Virginia expressou certo otimismo qualificado quanto ao futuro. "Oh, é mesmo, entre 50 & 60 acho que escreverei alguns livros bem singulares, se eu viver até lá. Quero dizer que eu acho que estou a ponto de dar corpo, finalmente, às formas exatas que meu cérebro retém. Que longa labuta chegar a esse começo — se *As ondas* for meu primeiro livro em meu próprio estilo!"

A última década de Virginia Woolf constitui uma etapa distinta e coerente de seu desenvolvimento. Como assinalou Carolyn Heilbrun, ela "se tornou aos cinquenta uma pessoa diferente". Seu irado tratamento do "Anjo da Casa" pode servir como um sinal de sua concentração crescente em realidades sociais. Enquanto preparava sua palestra, ela teve uma inspiração para um novo livro sobre as mulheres e o trabalho, um livro para confirmar a rebelião das mulheres contra a autoridade patriarcal e mostrar como elas tinham usado suas novas liberdades. Esses temas a preocuparam por vários anos e acabaram constituindo a base de *The Years*

[*Os anos*] e *Three Guineas* [*Três guinéus*].* Mas o legado vitoriano tinha outro aspecto. Por trás do "Anjo" prestativo se ocultava seu duplo, um espírito tolhido e amargo que emergia em momentos inesperados para proclamar a inferioridade de negros, colonizados e judeus. O desdém pelos pobres e sem instrução estava no ar, na sociedade de alta classe média da juventude de Virginia, e ela herdou muitos de seus preconceitos. Seu sentimento de superioridade como uma *lady* estava entranhado fundo; como a maioria de seus amigos, de vez em quando ela deixava escapar um termo como "crioulo" ou (apesar de seu marido judeu) uma observação antissemita. Tinha uma língua afiada e um talento satírico que era capaz de produzir instantâneos de memorável crueldade. Os primeiros diários soam às vezes como se fossem obra de um remanescente do *Ancien Régime*. Em uma das entradas mais antigas descreve seus sentimentos ao ver, durante um passeio no campo, "uma longa linha de imbecis" cujos olhares dementes e corpos desgraciosos a repeliram — ela mesma tinha sofrido recentemente uma crise nervosa e a visão de tais figuras disformes "era completamente horrorosa. Todos deveriam ser mortos". Em outra ocasião, ao registrar seu modo de lidar com uma das empregadas, ela fez uma anotação sobre a desesperança dos pobres, que "não têm oportunidades; nem boas maneiras nem autocontrole para se protegerem; nós temos o monopólio de todos os sentimentos generosos — (ouso dizer que não é de todo verdade; mas há algum sentido nisso)". O julgamento e a retração, fáceis, refletem a rigidez da visão inerente à classe. Atitudes igualmente míopes e ligadas à classe tingiram sua obra madura da década de 1920. A heroína do seu "romance de sociedade", *Mrs. Dalloway*, não permitirá que notícias sobre atrocidades distantes perturbem a rotina agradável de seu dia. Ela admite que é mimada; ela sabe que há pessoas inocentes que estão sendo "retiradas à força da existência, mutiladas, congeladas [...]. Se nada conseguia sentir pelos albaneses, ou seriam armênios?, ela porém adorava suas rosas (isso não ajudaria os armênios?) — as únicas flores que aguentava

---

* Os títulos das obras, textos, palestras de Virginia Woolf e de outros autores, que não foram publicados no Brasil, têm tradução livre do tradutor, sendo indicados quando da primeira entrada no texto e, a seguir, mantidos com o título original. [N.E.]

ver cortadas". O narrador de Woolf aparentemente endossa esse apelo a sensações privadas e dá a entender que aceita, se não a endossa de todo, a visão das rosas, por sua heroína, como ajuda humanitária. Não se trata apenas de o genocídio se achar muito distante; Clarissa é igualmente insensível na maneira como trata o primo pobre que ela lamenta ter de convidar para sua festa. Virginia deplorava o lado desagradável da *lady* da alta sociedade, não obstante se identificasse com ela, observando que suas atitudes eram simplesmente representativas das assumidas por muitos membros de sua classe.

Esse viés é apenas um dos lados do quadro. As simpatias políticas de Woolf, mesmo que raramente ela as expresse em seus primeiros anos, tendiam firmemente para a esquerda democrática e para o Partido Trabalhista, do qual Leonard Woolf foi um consultor de alto nível. Quando moça, ela lecionou como voluntária, no Morley College, para homens e mulheres da classe trabalhadora. Mais tarde, participou das atividades de base da Women's Cooperative Guild, uma rede de consumidoras da classe operária. Além disso, como artista e intelectual, tinha um compromisso, bem oposto ao de uma *lady*, com ideias avançadas e a estética modernista. Seus reflexos de classe alta e a política socialista coexistiram sem fricção notável, absorvidos ou obscurecidos pela riqueza de sua personalidade artística. Virginia oscilou às vezes entre extremos de impiedade e sensitividade, nisso se assemelhando à fictícia Clarissa Dalloway, adequadamente descrita por Alex Zwerdling como uma "personalidade laminada, feita de camadas que não se interpenetram". A vida real, por certo, não é assim tão definida, e as várias camadas da personalidade de Virginia se fundiram e mudaram perceptivelmente ao longo dos anos.

Em 1929, quando publicou sua crítica feminista, *A Room of One's Own* [*Um teto todo seu*], o impulso igualitário se tornara predominante; ela já via à sua frente uma época em que escritores examinariam as vidas de mulheres comuns que permaneciam ignoradas, condenadas à obscuridade — "pois os jantares todos estão prontos; os pratos e os copos, lavados; as crianças foram para a escola e depois sumiram no mundo [...]. Não há uma só biografia ou história que tenha uma palavra a dizer sobre isso". Algum futuro e aventuroso romancista talvez venha penetrar "sem condescendência ou bondade [...] naqueles quartinhos perfumados onde tomam assento a cortesã, a prostituta e a dama com o cachorrinho". Uma boa dose de condescendência transparecia em seu tom, mas isso também mudou no final da década de 1930 — não mais estigmas raciais nem observações depreciativas sobre os pobres, naquela atmosfera carregada. À medida que os ditadores consolidavam seu poder sobre o continente europeu, e que tropas de assalto prendiam e matavam seus oponentes, Virginia se identificou cada vez mais com os rebeldes e as vítimas da opressão, declarando-se "desenquadrada", pacifista e (devido a seu casamento) judia. Essa nova postura formou outra camada, complicando ainda mais a mistura, quer social, quer intelectual e artística, de suas identidades. A complexidade de seu modo de ver, na década de 1930, contrastava fortemente com as intimações prevalecentes à pureza ideológica e a uma simples tomada de posição.

Ainda é difícil reconciliar as múltiplas camadas da personalidade de Virginia e tentar resolver o problema tornando-a meramente uma coisa ou outra. Duas décadas atrás, Jane Marcus descreveu-a como "uma guerrilheira de saia vitoriana", revolucionária e "marxista" (as citações são de Jane), e esses rótulos foram influentes, fixando o teor para boa parte da crítica subsequente. Os mesmos rótulos tenderam a obscurecer o conservadorismo de Woolf, que persistiu pela década de 1930 adentro. Sua criação como *lady* deixou marcas no programa radical de *Three Guineas*, que ela apresentou a uma audiência de privilegiadas senhoras da alta classe média, e veio à tona no desprezo que sentiu por seus vizinhos de aldeia, quando a guerra a exilou em Sussex. Uma guerrilheira das mais incomuns, que era uma dedicada pacifista; e uma marxista que nunca se referiu a Marx, nem no diário, nem nas suas extensas notas de leitura. Heilbrun, no ensaio "Virginia Woolf in Her Fifties" ["Virginia Woolf aos cinquenta anos"], descreve-a de um modo mais simples e menos restritivo como uma escritora de gênio que descobriu toda a extensão de sua ira e expressou-a em termos que foram relevantes para a crise de sua época.

Ante a ameaça de guerra, que crescia constantemente, a atmosfera da década de 1930 desordenou muitas das antigas convicções de Virginia; não apenas sua consciência de classe, mas também os objetivos artísticos que produziram Mrs. Dalloway e Ao farol tinham se tornado supérfluos. A crise testou-lhe os valores e o caráter, forçando-a a dar nova ênfase aos fatos da vida e ao mundo externo, a fixar novos objetivos em resposta às pressões dos acontecimentos políticos. Como disse enquanto estava escrevendo o livro seguinte, Os anos, ela se obrigou a "quebrar todos os moldes" e a encontrar uma nova forma de expressão, mais em sintonia com a consciência social do momento.

Minha decisão de escrever esta biografia surgiu de um fascínio pelo modo como as pessoas mudam sob grande tensão. Parti para descrever as mudanças por que Virginia passou na década de 1930 com seus esforços para se opor à insanidade coletiva sem tornar as coisas piores. Os bárbaros estavam ganhando por toda parte, e sua vitória significaria o fim da civilização tal como ela a conhecera. Virginia acreditava que uma pessoa sadia deveria recusar-se a imitar o inimigo, respondendo à violência com resistência passiva e uma veemente "indiferença". Resistindo ao ânimo prevalecente, acentuava a importância da razão, da tolerância e da alegria, reafirmando essas atitudes civilizadas enquanto vozes estridentes tentavam sufocá-la, sufocando-se entre si. Ao olhar para sua luta, senti que a esclarecida Virginia da década de 1930, que demonstrou, sob fogo, grande sanidade e coragem (sua decisão de escolher o momento e a maneira de morrer não diminui isso), necessitava de uma biografia só para ela. O desafio seria mapear a interseção de sua evolução pessoal com os eventos históricos. Ademais, o biógrafo teria de dar a entender a interpenetração das emaranhadas camadas que se desenvolvem em torno de uma personalidade no decurso da mudança, apresentando não só a Virginia reformada, mas também as reversões a uma Virginia primeva que ainda nutria antigos preconceitos e às vezes cedia a eles.

Ela mesma deu alguns indícios de como realizar a tarefa. Em 1939, declarou sua insatisfação com a forma biográfica padronizada (estava então pelo meio de uma biografia autorizada de Roger Fry que escrevia) e notou como a verdade é esquiva e evanescente, mesmo sobre fatos que a pessoa conhece por experiência direta. Contudo, pode-se chegar a uma compreensão; ela acreditava que havia um padrão oculto por trás do "algodão cru" aparentemente fortuito da vida cotidiana e que era possível definir os temas ou motivos básicos que conectam a existência de alguém a esse padrão subjacente. Tais motivos centrais nos calibram, são "as concepções ou varas de medir" que dão forma e sentido às nossas vidas. Atraído por esse modo de ver, observei a interação dos motivos ao longo dos diários e cartas de Virginia, traçando suas variações, as imagens que se desdobram e se sobrepõem umas às outras — suas constantes referências à água, por exemplo —, os significados refratados a partir de um núcleo único, como num primeiro rascunho de *As ondas*, onde ela representou "muitas mães, como uma onda sucedendo a outra", e prosseguiu para evocar a vibrante ascensão e queda das civilizações antigas, Egito, Grécia e Roma. Virginia disse a um amigo que esse romance era "totalmente contrário à tradição da ficção [...]. Estou escrevendo de acordo com um ritmo, não com uma trama". Toda escrita, disse ela, "nada mais é que pôr palavras nas costas do ritmo".

Assim o ato de dar à luz, a ascensão e queda das civilizações e o fluxo de palavras numa frase são tecidos juntos por um ritmo em comum, ligando-se ademais a outros motivos: a revolta de Virginia contra a frase "masculina" e as convenções vitorianas; seu hábito de ir compondo frases durante longas caminhadas diárias (o passo avantajado que herdou do pai alpinista); e seu uso do andar, na ficção, como um motivo. Essas imagens e suas associações, secundadas pelo quebrar das ondas e o rio a correr, formam uma tessitura simbólica que nos traz mais perto a própria Virginia, não por explicar, mas por lhe estabelecer a presença, convidando-nos a ver as coisas como ela as via.

Tendo em mente os limites da biografia, a escassez do que podemos saber sobre qualquer ser humano e as vastas áreas que permanecem no escuro, prometi respeitar tudo o que há do outro em meu tema, ouvir o que Virginia Woolf realmente disse, não o que se esperaria que ela dissesse. Acreditar nela, em suma, resistindo à tentação de impor qualquer paradigma — repressão, abuso sexual, bipolaridade; confiar em seu próprio testemunho e traçar os motivos autocriadores, o cerne da identidade, definido por suas próprias palavras. Ela punha em dúvida as fórmulas psicológicas e insistia que nós vamos a esmo "perpetuamente nomeando e estreitando essas paixões imensamente compósitas que são lançadas ao longe". Tomei-a por guia de outro modo, ao dar ênfase especial aos compassos bizarros e às texturas variegadas da vida do dia a dia. Tal estilo, que se concentra no esforço de recuperar o próprio ponto de vista do sujeito — o que Virginia chamou de "concepções ou varas de medir" — moldando a história de modo a apresentar esses motivos condutores, constitui a "alobiografia": um gênero de escrita que assume a posição do *outro*, que é o sujeito biográfico.

Seguindo essa direção, resolvi não especular sobre fatos, mas confiar nas evidências das cartas, diários e outras fontes da época, limitando-me ao que podia ser fundamentado de todo no registro documental. Usei muito raramente a palavra "talvez", e só após cuidadosa consideração. Mantendo-me tão perto quanto possível do ponto de vista de Virginia Woolf, resolvi também não antecipar mais do que o necessário os fatos, lembrar-me de que o tempo flui numa direção e de que o conhecimento prévio do biógrafo, embora lente poderosa, pode facilmente distorcer a visão.

Ela foi uma escritora difícil, uma ironista que inventava histórias e conduzia seus leitores por obscuras veredas. Frequentemente brincalhona e às vezes maliciosa, comprazia-se embelezando os fatos sobre pessoas, o que levou alguns críticos a duvidarem de sua confiabilidade como testemunha. Mas, como qualquer bom satirista, era adepta de que entre fato e fantasia se traçassem limites precisos, como em geral o fez. Seu amigo William Plomer observou que ela "realmente era devotada aos próprios fatos em si". Apesar de seu talento poético estar em grande evidência, o outro lado dela, o ser social, era "uma espécie de cientista" interessado na "verdade antropológica". Observadora astuta de pessoas e acontecimentos, Virginia Woolf usou suas fantasiosas revisões da insípida realidade para causar deleite e aumento de consciência, não para manipular ou iludir. Ao mesmo tempo, sua vida foi toldada pela misteriosa afinidade entre arte e sofrimento. Ela falou de um modo comovedor e simples sobre assuntos importantes, como seu amor pelo marido e pela irmã, seu ódio de tiranos e ditadores, seu sistema nervoso tão rebelde. Particularmente durante a década de 1930, viveu em consonância com sua irônica descrição de si mesma como "a mais verdadeira das pessoas". Quando resenhistas elogiavam a beleza de sua escrita, ignorando-lhe a substância, ela protestava; preferia que a conhecessem como autora de uma escrita feia, mas honesta, uma artista séria que apenas ia tentando dizer, tão exatamente como possível, alguma coisa que nunca tinha sido dita.

1
Natureza humana despida

Existe alguma relação entre a arte e a vida, entre as formas refinadas da obra de um escritor e a mixórdia diária de papeladas e contas, resfriados, pratos sujos, hóspedes inesperados?

Como Virginia Woolf disse após terminar *As ondas*: "Meu barco zarpou. Balouço entre garrafas vazias e pedaços de papel higiênico. Oh & as empregadas." Reflete-se em sua história uma luta constante contra as interrupções banais, contra os fatos casuais do dia a dia que interferiam em seu trabalho literário. Relativamente pobre após a morte do pai, ela teve de ganhar sua vida. Sir Leslie Stephen, malgrado todo o renome, era somente um homem de letras e não deixou capital suficiente para garantir-lhe o sustento, ao menos pelos padrões da alta classe média. Virginia e Leonard (por ela chamado de seu "judeu na penúria") trabalharam duro, por longas horas de seis ou sete dias por semana, como escritores e editores. Por muitos anos, até que os romances dela começassem a vender e a Hogarth Press se tornasse lucrativa, a renda dos Woolf foi tão modesta quanto seu modo de vida. Ambos eram intelectuais sem desejo de grandes posses ou luxo. A posição política de esquerda os colocava à margem da privilegiada classe média alta, mas eles mantinham fáceis relações com membros do *establishment*. A família e os amigos de Virginia eram do tipo de gente que desde o século XIX dominava na Inglaterra os níveis mais altos do serviço público, das forças armadas e das profissões liberais. Segundo uma estimativa de 1930, a classe governante era extremamente reduzida — não mais de cem mil pessoas da alta burguesia, a que se somavam algumas poucas centenas de famílias aristocráticas — do total de 45 milhões da população. Virginia pertencia a essa elite por nascimento e educação. Votava no Partido Trabalhista e sustentava opiniões heréticas, mas seus primos eram pilares do *establishment* — eminentes profissionais, funcionários nomeados cavaleiros, um almirante, um ex-ministro do governo. Laços de família. Ela falava a mesma língua, era uma *lady*: seu modo de vida cresceu naquele solo e refletia os valores de sua classe.

Não obstante uma *lady* muito excepcional. Já no fim da década de 1920, sua maneira de ver fora temperada por longos anos de atividade intelectual e artística. Ela, como romancista e crítica, tinha reputação firmada. Dois grandes romances à moda modernista, *Mrs. Dalloway* e *Ao farol*, trouxeram-lhe fama e até notoriedade, mas eram por demais originais e complexos para atrair muitos leitores. Isso começou a mudar em outubro de 1928, após a publicação de sua fantasia biográfica, *Orlando*, um livro mais acessível que vendeu surpreendentemente bem. Seguiu-se seu longo ensaio sobre mulheres e ficção, *Um teto todo seu*, que também apresentou sua escrita a um público mais amplo.

Virginia Woolf costumava usar os momentos livres, quando parava de trabalhar ou antes da chegada de hóspedes, para escrever em seu diário. Escrevia o que lhe vinha à cabeça, qualquer coisa que fosse, como se nunca se cansasse de estar escrevendo, como se esperasse chegar, transpondo as barricadas artísticas, a um estado mais essencial. Toda sua obra, com as constantes mudanças de perspectiva e de espírito, tem uma brilhante unidade que não raro, à medida que aclara, também parece ofuscar. Em 28 de março de 1929, ela voltou a escrever em seu diário após seis semanas de silêncio. Uma doença a impedira de trabalhar e, durante parte do tempo em que esteve de cama, preparando mentalmente a conclusão de *Um teto todo seu*, ela viu as coisas com notável entendimento em seu ócio forçado. Assim, ao se recuperar, foi capaz de escrever tudo num só rompante excitado. Uma doença fértil, portanto. Tinha encontrado Vanessa naquela tarde, escreveu ela, quando fazia compras em Tottenham Court Road. Agarrada a seus embrulhos, sentiu sua grande semelhança com a irmã — como elas se espelhavam, "afundadas muitas braças naquela aguada de reflexos em que nós duas nadávamos". Vanessa se preparava para viajar, durante quatro meses no sul da França, e a passagem do tempo, no entender de Virginia, as deixava ainda mais unidas. Era um dia "poderoso" de primavera, quando a animação e o nervosismo das ruas davam a tudo mais realce.

Sua mente ia explorando "mil coisas, enquanto embaixo do braço eu carregava minha chaleira, os discos de gramofone & meias". Ela pensava em seu próximo romance; iria agora muito mais longe do que a fantasiosa sátira de *Orlando*, deixando-se imergir nas profundezas do inconsciente. "Vou enfrentar certas coisas. Vai ser um tempo de aventura & ataque, bem solitário e doloroso." O novo romance transmitiria um sentido místico de estar vivendo ao mesmo tempo em vários planos diferentes. Virginia tinha ficado fascinada quando Vanessa lhe contou que uma mariposa gigante, literalmente "com quase uns quinze centímetros", bateu na janela dela uma noite, fazendo muito barulho. Para Virginia, a ação instintiva da mariposa se ligava a algum dia de primavera oculto por trás do mundo visível. Ela imaginava que seu novo livro estabeleceria uma conexão com todos os pontos desse reino mítico, para que cada objeto, por mais comum que fosse — o cordão de puxar a cortina da janela ou o vaso sobre a mesa —, ficasse "impregnado" de sua luz. "Por que admitir na literatura qualquer coisa que não seja poesia — quero dizer, impregnada [...]. Os poetas têm êxito simplificando: praticamente tudo é deixado de fora. Quero pôr praticamente tudo dentro; mas impregnando." Um programa que bem poderia ter sido aprovado por Proust ou Kafka, Lawrence ou Joyce.

Continuando, ela se perguntou se havia algo fácil demais nesses planos literários. Seus livros, quando era mais jovem, "eram montes de frases perfeitamente extraídas de um cristal a machado; & agora minha mente anda tão impaciente, tão rápida e, de certo modo, tão desesperada". Desesperada talvez porque ela estava envelhecendo, como alguns de seus amigos, que pareciam cada vez mais "poeirentos e enrugados". Teria ela se deteriorado? Não, ela não era como os outros, ainda sentia em seu íntimo o precipitar das ideias. "Só em mim mesma, digo, para sempre se encrespa essa impetuosa torrente [...]. Estou mais cheia do que nunca de forma & cor. Acho que estou mais ousada como escritora. E minha crueldade com os meus amigos me alarma. Clive, digo, é intoleravelmente obtuso. Francis é uma carroça de leiteiro desembestada." Uma brusca confissão que preserva seus padrões rigorosos, pelos quais ao mesmo tempo ela se desculpa. A exagerada pretensão — "só em mim mesma, digo, para sempre" — não só sugere desespero, como também desafio.

Mas naquele dia de primavera ela viu uma abertura, uma porta pela qual poderia passar em busca de uma "ardorosa aventura". Muitas vezes, quando ela acordava no meio da noite, tinha de se concentrar contra seus pavores, lembrando-se de que já conseguira, no passado, sobrepor-se a eles. A decisão de escrever *Orlando* procedia de uma dessas refregas contra seus fantasmas. "Toda essa fazeção de dinheiro", anotou Virginia em dezembro de 1928, "originou-se de um espasmo de negro desespero numa noite em Rodmell." Prometendo-se encontrar uma saída — e uma vez que parte de seu sofrimento era causada pela "perpétua limitação de tudo; não há cadeiras, nem camas, nem conforto, nem beleza; & nem liberdade para mudar", ela resolveu ali e então adquirir essas coisas. E já em março, podia se gabar de ter ganho "mil libras só por ter querido isso numa manhã bem cedo. Chega de pobreza, eu disse; & a pobreza acabou". Sua força se tornava mais evidente nos momentos em que ela parecia mais vulnerável. Se deplorava os nervos instáveis, sabia, porém, de sua própria importância como escritora. Orgulhava-se de ganhar dinheiro e contribuir para a prosperidade da Hogarth Press. Seu trabalho não era uma escrevinhação, mas tinha o efeito tangível de "manter 7 pessoas alimentadas e abrigadas [...]. Elas vivem das minhas palavras" — essas sete personalidades distintas, idiossincráticas. No ano seguinte, por sua previsão, estariam vivendo de *Um teto todo seu*. Depois disso, veio o novo romance, com seu tema metafísico que exigiria grande concentração; ela iria "entrar num convento", banindo todos os interesses mundanos. Mas a algazarra da movimentação a seu redor parecia desmantelar esses planos, na própria medida em que os fazia. Sim, continuaria como tinha sido, frequentando reuniões e conhecendo pessoas enquanto pelejava com seu tema muito abstruso. Ela vivia na incongruência e vicejava em contrastes — característica notável que surgiria em seu diário em outro 28 de março, exatamente um ano mais tarde, quando estava quase completando um rascunho desse novo romance. "Do chá com Vanessa e Angelica", escreveu ela, "vim para casa. Lindo dia de primavera. Andei pela Oxford Street. Os ônibus se engatam em fila. Pessoas se desentendem & brigam. Empurram-se um ao outro para fora da calçada; dois homens velhos sem chapéu; um acidente de trânsito; &tc. Andar sozinha em Londres é o maior descanso." Distante observadora, mas também perversamente envolvida, ela viu a agressão fortuita, o acidente, os velhos na pobreza, como se tais cenas revelassem algo que ela própria queria, uma verdade, uma confirmação de uma realidade que sentia dentro de si.

Tendo chegado à conclusão de que a maioria dos fatos corriqueiros costuma levar-nos ao encontro de questões essenciais, Virginia encheu seu diário de curiosos detalhes e passagens da vida cotidiana. Em 1930, ela registrou uma visita às estufas de Waddesdon, uma das propriedades dos Rotschild. Guiada por Mr. Johnson, o jardineiro-chefe, sentiu-se repelida pela exibição de flores vistosas. "Ciclâmens às centenas de grosas. Azaleias formadas em massa como bandas militares [...]. Uma só flor teria dado mais prazer do que aquelas dúzias de grosas." A observação inspirou algumas reflexões adicionais sobre as atividades humanas e os jardins cultivados.

[Diário de Virginia, 13 de abril de 1930]

Havia filas de hortênsias, a maioria de um azul-escuro. Sim, disse Mr. Johnson, Lord Kitchener esteve aqui & perguntou como as tornamos azuis [...]. Eu disse que se punham coisas na terra. Ele disse que ele também. Mas às vezes, apesar de todo o cuidado, elas saem meio rosadas. Miss Alice [de Rothschild] não queria nem saber dessas. Se houvesse uma pontinha de rosa, já não servia. E ele nos mostrou uma hortênsia de pétalas metálicas. Não, para Miss Alice essa não serviria. Impressionou-me a loucura disso, & como é fácil manter a mente de alguém ligada na azulzice das hortênsias & hipnotizar Mr. Johnson para que ele pense somente na azulzice das hortênsias. Ele costumava estar com ela todas as noites, pois raramente ela recebia alguém, e ficavam duas horas conversando sobre plantas & política. Como é fácil enlouquecer pela azulzice das hortênsias e não pensar noutra coisa.

O tratamento satírico do jardineiro e sua obsessão por Virginia — ele a lembrou "uma nectarina dura, madura, vermelha" — associa-se a um sentimento de familiaridade, a uma compreensão de como é fácil "enlouquecer" por causa de um jardim — ou a forma de um romance ou um programa político. Como é fácil, diz ela com consternação e simpatia, como é humano, cair num transe hipnótico e assim passar a vida inteira a rodear perenemente por um caminho estreito.

Ela podia zombar com impiedade da obsessão do jardineiro e tratar a vida privada de seus amigos com irreverente exultação. Mas tinha suas próprias compulsões domésticas — pequenos problemas que era incapaz de enfrentar com o bom humor costumeiro. Por exemplo: a questão das empregadas, que envolvia um retorno à sua distante infância vitoriana e por conseguinte era um caso sério. Apesar de seus princípios socialistas, os Woolf não podiam ficar sem uma cozinheira morando em casa, se bem que a contrataram com sentimentos ambíguos. Durante os anos logo posteriores à Primeira Guerra Mundial, Virginia e Leonard tiveram duas moças em casa para cuidar da cozinha, da faxina e da lavagem de roupas. O serviço remunerado era uma necessidade, numa época em que havia poucos aparelhos para poupar tempo. Segundo os historiadores sociais Noreen Branson e Margot Heinemann, a vida social da classe alta inglesa

> dependia da disponibilidade quase ilimitada de empregadas domésticas mal pagas [...]. A dependência de empregados não se limitava às mansões nem aos muito ricos; o padrão se repetia, ainda que em escala mais modesta, por toda a alta classe média. Normalmente ninguém convidava amigos para comer num restaurante, convidava-os para um almoço ou um jantar em sua casa, e a refeição seria preparada e servida pelo pessoal que lá trabalhava. Normalmente ninguém passava os feriados em hotéis; ou bem você tinha sua casa, ou bem alugava uma, e lá ficava com seu plantel de empregados para cuidar de você, que enquanto isso convidava os amigos para passar uns dias.

O caso dos Woolf se encaixa exatamente nessa descrição. Eles tinham duas casas — uma em Londres, onde passavam a maior parte do ano e onde ficavam também os escritórios da Hogarth Press; a outra era um chalé no campo, para onde iam nos fins de semana e durante o verão. Ambas eram lugares simples, despretensiosos. O chalé em Sussex, Monk's House, pertencera a um dono de bar e de início não tinha nem banheiro dentro de casa, embora contasse com um bonito jardim. Mas as duas casas suportavam um modo de vida que se centrava na hospitalidade dada e recebida — convites frequentes para um almoço, um jantar ou um fim de semana no campo — e eram mantidas por "empregados domésticos mal pagos".

Para Virginia e Leonard, como para a maioria das pessoas de sua classe, problemas com empregados eram um dos aborrecimentos do dia a dia, um mal menor que ocasionalmente explodia em grande perturbação. O assunto era obrigatório nas conversas de salão, como o tempo que fazia e as pragas de jardim. Em cartas de Virginia para sua irmã, Vanessa, longas passagens continham um resumo diário de visitas a agências de empregos e de negociações sobre horas de trabalho e salários. O problema diminuía às vezes, mas sempre voltava a acontecer. Em meados da década de 1920, os Woolf, com a esperança de simplificar sua vida, restringiram-se a uma empregada morando em casa, à qual se juntavam dois ou três ajudantes, quando necessário, para cuidar da faxina e do jardim. Mas, no verão de 1929, o problema com a empregada se agravou.

As relações entre Virginia e Nelly Boxall, que esteve com eles desde os primeiros anos de seu casamento, eram tensas. As disposições de ânimo de Nelly variavam imprevisivelmente, indo da amabilidade à hostilidade mais franca e sem advertência. Ela era de bom coração, impulsiva e medíocre — sendo ao mesmo tempo "a mais fiel e enfurecedora da espécie". Sua presença na casa era um eterno tormento; ninguém conseguia escapar dela. Virginia, quase à beira dos cinquenta anos agora, estava totalmente imersa em seu novo romance, sua "autobiografia" fictícia, que ia se revelando mais difícil do que ela havia esperado. Apresentava seis amigos a sintetizar suas vidas numa série de solilóquios impessoais. A história, como ela observou, não era acerca de personalidades individuais, mas de "alguma coisa do universo que resta em cada um". E durante toda essa época, ela esteve às turras com a empregada, numa sucessão de brigas violentas. Tinha-se o tipo de contraste irônico que Virginia adorava expor na vida dos outros. Nelly Boxall lhe atazanava o espírito e invadia-lhe a vida emocional; tanto a induzia à simpatia quanto a ressentimentos. O diário de Virginia, onde frequentemente sua frustração e raiva com as empregadas eram registradas, também refletia seu desejo de compreender como elas viviam. "Se eu estivesse lendo este diário", anotou ela em dezembro de 1929, "se fosse um livro que caísse em meu caminho, acho que eu deveria me agarrar com avidez ao retrato de Nelly & fazer uma história — talvez levando toda a história a girar em torno dela; isso me divertiria. Seu caráter — nossos esforços para nos livrarmos dela — nossas reconciliações."

Pessoa tagarela com uma "cara engraçada, meio teimosa", Nelly foi trabalhar para os Woolf quando jovem, em 1916, e ainda estava a seu serviço ao se aproximar da meia-idade. No final da década de 1920, desempenhava um duplo papel, como velha empregada de confiança e dependente rabugenta, alternando-se entre agradar e apoquentar Virginia. Era uma cozinheira excelente, capaz de se incumbir de servir uma comida deliciosa quando em apenas oito dias os Woolf davam três jantares e dois concorridos chás. Era também uma hipocondríaca — constantemente preocupada com seus órgãos internos e, como Virginia anotou, com uma carência infantil.

> Nelly tem oscilado entre lágrimas & gargalhadas, vida & morte, pelos últimos 10 dias; não pode sentir uma dorzinha qualquer sem mandar chamar a mim ou a L. para lhe garantir que as dores não são necessariamente fatais. Depois ela começa a chorar. Nunca, nunca, nunca vai superar aquilo [...]. E não há nada de mais, a não ser o que um de nós chamaria de interior revolto.

Nelly era, por natureza, manipuladora; sabia como desarmar a patroa, levando-a primeiro a perder a paciência, depois explorando a sua culpa. "Oh, madame, eu nunca quis lhe aborrecer — melhor não continuar falando agora, se isso lhe aborrece — mas a senhora nunca quis me ajudar. A Grace tem toda a ajuda de que precisa [...]. E eu, há três anos que ando doente."

Virginia suportou o temperamento briguento de Nelly e observou com curiosidade seu caráter, mas houve épocas em que o distanciamento irônico deixou de ampará-la. Durante o verão de 1929, a tensão em Monk's House, onde os quartos eram pequenos, tornou-se insuportável. Nelly andava emburrada, preparando-se pouco a pouco para uma explosão de emoções, durante a qual diria que ia embora. Era seu modo de dar-se algum alívio, e isso já tinha acontecido tantas vezes que Virginia se prometera que nunca, nunca acreditaria nela de novo. Mas nesse ano, quando as queixas e ameaças começaram, quando os dias de trabalho eram interrompidos por cenas desagradáveis, Virginia esteve mais perto do que nunca de deixar que Nelly fosse embora de fato. Após uma briga violenta, pediu-lhe que saísse da casa, ao que Nelly respondeu estridentemente que nada lhe agradaria mais. Virginia se viu atormentada por sentimentos ambíguos. A discussão a deprimiu — tinha sido torpe e ridícula. Seria "uma maravilha" livrar-se daquela relação degradante, embora ela mal soubesse, depois de tantos anos, como isso poderia ser feito. Mas, se não agisse agora, estaria condenada a ficar com Nelly para sempre, ideia que a apavorou: "Olhei-a nos seus olhinhos gulosos tão mutáveis & lá não vi outra coisa a não ser malícia & despeito [...] ela não liga para mim, nem para nada." Ao longo dos últimos anos, os Woolf tinham passado horas incontáveis a andar de um lado para outro discutindo os ultimatos de Nelly, suas queixas sobre as horas de trabalho e os baldes de carvão. Ressentia-se de que tivessem hóspedes e os fazia saber disso. Achava que trabalhava demais e não se sentia reconhecida. Tinha ciúmes. Virginia observou que esses imbróglios eram "piores do que operações de câncer". No entanto, dois dias depois de ter mandado Nelly sair da casa, anotou com alívio que tinham feito mais uma vez as pazes, e ela iria ficar. "Graças a Deus; tudo está acabado & calmo & resolvido." A ideia de Nelly ser despedida, sem ter para onde ir e com empregos difíceis de encontrar, era dolorosa demais.

Ambas as mulheres eram muito emocionais, mas cada qual a seu modo, separadas tanto por temperamento quanto por diferenças de classe — e vivendo lado a lado em espaços tão exíguos — a patroa, toda ela pressa e distanciamento, tentando em vão penetrar na obstinada imobilidade da criada, e todas as duas confundidas por certo fascínio mútuo. Após uma de suas discussões, Nelly tinha dito: "Gosto muito da senhora para poder ser feliz com qualquer outra", o que foi o maior elogio possível. Essa relação deu a Virginia seu mais íntimo contato com uma pessoa de classe baixa desde a juventude, quando a cozinheira da família, Sophia Farrell, teve em sua vida uma presença importante. A relação lhe permitiu imaginar sua própria pré-história. Nelly representava o indivíduo "em estado natural; sem treinamento; sem instrução e, quase inacreditável para mim, sem poder de análise ou lógica; de modo que se vê uma mente humana a retorcer-se despida — o que é interessante; & depois, em meio ao horror sentido ante o repulsivo espetáculo, somos surpreendidos pela bondade da natureza humana despida; & é por estar sem roupagem que isso impressiona mais". A psicologia de Nelly a desorientava; num momento ela se mostrou terrivelmente rancorosa e depois, ignorando o fato de ter sido despedida, percorreu quilômetros de bicicleta para ir buscar creme para o jantar, agindo por genuína boa natureza, porque Mr. e Mrs. Woolf não deviam sofrer.

Suas desavenças irracionais enraizavam-se em algo além das diferenças pessoais. Virginia pensava que a culpa era do sistema, que permitia a Nelly, pessoa sem instrução, imiscuir-se na vida do casal, tornar-se dependente deles como se fosse parte da família, quando eram culturalmente tão distintos. Tratava-se de uma versão do dilema colonial. Como os "nativos" europeizados, Nelly tinha perdido sua identidade; tornara-se um "híbrido", uma pessoa deslocada, sem raízes aonde quer que fosse. Virginia e Leonard pagavam pelos pecados de gerações anteriores, levantando o "monte de entulho" deixado por seus ancestrais vitorianos. Infelizmente, a análise de Virginia não tornava as coisas mais fáceis quando ela entrava na cozinha e encontrava Nelly zangada. Queria ser tratada como patroa, não como amiga. Logo recomeçariam as cenas odientas, o ciclo de altercações e reconciliações. Mas eram fortes os laços que as uniam, e Virginia suspeitava de que pudessem durar a vida inteira, sentindo algum contentamento por ser a separação tão mais difícil do que ela tinha esperado.

A incômoda relação de Virginia com Nelly e suas outras empregadas ocorreu contra um fundo de desigualdade econômica e muita penúria para as classes trabalhadoras. Tendo por longo tempo passado parte do ano em Rodmell, Virginia sabia alguma coisa sobre a pobreza rural, e por vezes a ignomínia a rondou. Num dia de junho de 1929, após visitar na aldeia uma jovem mãe de olhar triste, ela lamentou esse "íncubo da injustiça", a luta para sobreviver quando mal havia dinheiro para comprar comida. Era intolerável — ela entendeu a vontade de se revoltar, imaginou-se querendo fazer algo violento caso estivesse no lugar da jovem. "Annie Thompsett & seu bebê vivem com 15 centavos por semana. Eu jogo fora 13 — em cigarros, chocolates e passagens de ônibus. Quando eu entrei, ela estava comendo pudim de arroz ao lado do berço do bebê." Virginia contratou Annie para a ajudar de vez em quando na limpeza da casa e na cozinha. Um ano depois, quando Annie, sem receber aviso prévio, foi despejada de onde morava, os Woolf compraram uma casinha por perto e deixaram que ela vivesse lá, em troca do serviço que passou a lhes prestar de modo mais regular.

Ironicamente, a crise financeira de 1929, que causou desemprego em massa e fome no norte da Inglaterra, mal afetou os abastados da alta classe média de Londres. Naquele ano, Virginia e Leonard tornaram-se afluentes pela primeira vez na vida, e o que ela havia ganho era quase um salário de ministro de Estado. A Hogarth Press prosperava; Virginia disse brincando que eles "estavam arrastando dinheiro como sardinhas na rede". A publicação de *Orlando* e *Um teto todo seu* garantira-lhe a situação atual. Daqui para a frente ela tinha plena certeza de que seria bem paga por qualquer coisa que escrevesse. Foi aliás nesse contexto que se gabou de ganhar mil libras simplesmente por ter querido isso numa manhã bem cedo. O ganho anual de um trabalhador qualificado, na época, era de 150 libras.

A relutante indulgência de Virginia com Nelly provinha de sua consciência culpada. Como escreveu a uma nova amiga, Ethel Smyth, em 1930, as empregadas a enfureciam e ela era totalmente incapaz de ser impiedosa quando lidava com elas cara a cara: "São tão fraquinhas e desamparadas que, quando a gente fala, percebe suas pobres vidas que adejam." Ao pensar em Nelly, tomava-se de uma raiva selvagem contra a inépcia de sua própria classe como governantes — por "terem deixado crescer nos nossos ombros esse câncer, essa deformidade, essa doença que são os pobres". A estridência de seu tom sugere que ela estava consciente de achar-se em terreno moralmente questionável — acriminando o sistema, mas desfrutando de seus benefícios. Era um ônus do qual se ressentia e que expiou dia a dia.

Além da aversão moral, a veemência de Virginia tinha outra causa menos óbvia. Ela vivia muito perto dos extremos limites psicológicos; maníaco-depressiva, durante anos mantivera sua doença sob controle, mas sabia que podia sempre voltar. Quando ela estava bem, sua energia era notável, mas tinha pequenas crises recorrentes — fortes dores de cabeça associadas a surtos de melancolia — que a deixavam de cama vários dias e às vezes até semanas. Pouco depois de seu casamento, em 1913, passou uma noite inteira em coma, escapando por um triz de morrer, porque tinha tomado uma dose enorme de Veronal.

Sua fama como romancista e mulher de letras eclipsou em parte sua tentativa de suicídio — dezesseis anos tinham transcorrido desde então, e isso agora era uma velha história. Contudo, ela continuava a viver muito colada à beira; poderia cair num redemoinho emocional e ser tragada para sempre. Tal possibilidade, em todo tempo presente em sua mente, influenciou-lhe a atitude no tocante a questões práticas como dinheiro e empregadas. Tinha escrito *Orlando* com a intenção consciente de pôr termo à sua insegurança financeira e tornar mais cômoda a vida doméstica, na esperança de resistir desse modo à depressão. Apesar do sucesso de seus livros, Virginia ainda lutava, às vezes às três da madrugada, para livrar-se de ideias suicidas. Descreveu seus terrores em 1926, quando estava escrevendo as últimas páginas de *Ao farol*. Ela acordou com a sensação de estar sob opressão: "Fisicamente como uma onda de dor inchando em volta do coração — me sacudindo. Sinto-me infeliz infeliz! Para baixo — ó, meu Deus, eu queria estar morta." Comparando-se a Vanessa, cuja vida era tão satisfatória, que tinha filhos para justificá-la, sentia-se uma inútil — uma tagarela vaidosa e incompetente de quem as pessoas riam. "Fracasso fracasso. (A onda sobe.) Oh eles riram porque eu gosto de tinta verde! A onda rebenta. Eu queria estar morta! Restam-me, espero, poucos anos de vida." A rapidez das ondas que passam por seu corpo, que a esgotam como um ataque físico, é minada em parte pela absurda referência à sua predileção por tinta verde — uma nota de sátira, típica, embora talvez sem intenção. A dor, porém, é dominante. O episódio deixou Virginia com uma visão do mar e das ondas a quebrar na margem, fornecendo-lhe um motivo central do novo romance, ao qual por fim daria o título *As ondas*. Em junho de 1929, algumas dúvidas sobre sua escrita fizeram-na refletir de novo que ela vivia à beira de um "grande lago de melancolia" no qual poderia cair e afogar-se a qualquer momento; somente seu trabalho a mantinha a salvo.

Meu Deus, como ele é fundo [...]. Logo que eu paro de trabalhar sinto que começo a afundar. E sinto, como sempre, que se afundar ainda mais eu chegarei à verdade. Essa é a única mitigação; uma espécie de nobreza. Solenidade. Hei de me fazer encarar o fato de que não existe nada — nada para nenhum de nós. Trabalhar, ler, escrever, tudo isso são disfarces; & relacionar-se com pessoas. Sim, até mesmo ter filhos seria inútil.

O caráter sedutor de tais profundezas, que as tornava ainda mais aterradoras, evidencia-se a partir das qualidades lá encontradas por ela: "nobreza", "solenidade". Não sabendo se queria realmente escapar de suas "depressões", que lhe propunham uma verdade mais inflexível, uma recompensa desolada que a atraía, resolveu defender-se, quando partiu para as férias de verão em julho, levando consigo mais trabalho do que provavelmente poderia fazer.

O trabalho era sua tábua de salvação; concentrada na dificuldade de escrever, espremia o cérebro, segundo suas próprias palavras, "numa bola apertada", até chegar à beira da extinção (aqui também palavras dela) — só mesmo uma necessidade desesperada, ou uma obsessão masoquista, para conduzi-la adiante. Às vezes Virginia se perguntava por que razão se causava tanta dor. Uma atração pelas alturas? — liberação de refulgências do sol no cérebro, um clarão onde ela viu as cores separar-se e juntar-se, até o brilho se tornar mais intenso? Lutas constantes para manter seu equilíbrio, recaídas — negras "cavernas de torpor e horror ao meu redor" — e depois explosões de embriagante euforia.

"O que se chama de razão de viver", diz Camus, "é também uma excelente razão para morrer." Virginia se testou, a cada manhã, com uma dose de realidade estafante. Poderia ter ganho mais dinheiro escrevendo ficção popular, mas preferiu ser usada pelas manhãs de trabalho, consumida por sua escrita, para que, como disse de Mrs. Ramsay em *Ao farol*, "mal restasse dela uma casca pela qual ela mesma se reconhecesse". Era uma provação diária — muitas pequenas mortes para desviar seu interesse pela maior de todas, negociando uma obsessão pela outra.

Enquanto aceitou o "esforço e angústia" que se autoprescreveu, ela iludiu a outra pessoa selvagem que poderia lhe causar realmente perigosas compreensões. Sobreviveu absorvendo doses regulares de dor.

Havia o suplício de levar-se, a cada manhã, ao ponto mais alto de tensão, o aperto da criação, mantendo os demônios e terrores embaixo, conservando esse equilíbrio por quase quarenta anos — uma economia mental que datava de sua juventude. Quando ela terminava um livro, sofria. Quando chegavam as resenhas, sofria novamente, posta a nu. Uma crítica negativa era perigosa, ameaçando sua crença no trabalho e seu sistema de sobrevivência. Depois de cada livro, esboçava mentalmente uma planilha, com opiniões favoráveis e desfavoráveis, e começava tudo de novo — a maceração, o ajuntamento de ideias.

Um alto nível de sofrimento diário, portanto, combinado com a excitação criadora e um êxtase ocasional — que pode deixar uma pessoa exaurida, mas também, como Virginia disse, aberta à inquietação e alegria. "Sempre me lembro do dito de que é estando na maré mais baixa que a gente mais se aproxima de uma visão verdadeira. Acho que talvez nove de dez pessoas nunca passem um dia do ano numa felicidade como a que eu tenho quase constantemente" — alegria que ela compartilhava com os amigos e pessoas amadas, que a tinham pela mais deliciosa das companhias, "uma criatura de riso e movimento", como a definiu a romancista Elizabeth Bowen. Ao passo que emergia à luz de um dia comum, não raro sentia-se exultante por simplesmente estar ali — uma mulher vigorosa, na plenitude de sua capacidade, que era fascinada pelos sons e visões que ia encontrando em suas longas caminhadas a esmo através de Londres, pelas cenas de cada esquina, que davam "o maior descanso". A mesma resposta visceral à cidade preenche o episódio inicial de *Mrs. Dalloway*, quando Clarissa Dalloway atravessa o Saint James's Park para comprar flores, embebendo-se da atmosfera, ruminando sobre um monte de coisas e confessando, quando para na calçada enquanto os táxis passam, que ela tem uma sensação perpétua "de estar fora, sozinha e muito longe no mar" — o que, se é que faz diferença, aumenta o prazer de estar andando em direção à apinhada Bond Street nessa manhã de sol.

2

Um gosto de sal

No final da década de 1920, na Inglaterra, muitos observadores políticos compreenderam que o Tratado de Versalhes, imposto em 1919, não tinha resolvido nada. A Europa ia, aos solavancos, para uma nova grande guerra; com os governos dominados por forças inexoráveis, os líderes nacionais eram homens ocos, fingindo moldar acontecimentos que se achavam, na realidade, fora de seu controle. Absorvida em seu trabalho, Virginia, a princípio, não notou claramente os sinais de advertência. Mas estava em contato com escritores da geração mais jovem e sabia do pessimismo deles quanto ao futuro. Após As ondas, sua variação mais ambiciosa no estilo lírico, tornou-se cada vez mais engajada, empenhando-se para decifrar realidades políticas enquanto os próprios políticos sobreviviam à base de fantasia e ilusões. Seu histórico de vida, durante a década de 1930, compõe-se em torno de um debate sobre responsabilidade social e de seus esforços para se contrapor ao uso da força, como escritora e crítica social.

A amizade de Virginia com a compositora Ethel Smyth, que ela conheceu em 1930, refletiu um desejo de alargar suas perspectivas além do círculo fechado de sempre. Ethel, apesar de ter militado pelos direitos das mulheres, ainda conservava a aparência do ambiente de esportes e caçadas de sua origem. Típica inglesa bem-disposta e excêntrica, tinha um espírito empreendedor e ousado que a punha muito à vontade, na rua, com qualquer homem ou mulher do povo. "Eu pertenço à multidão", disse ela a Virginia. Gerações anteriores da família Smyth, incluindo seu pai, que era general de divisão da Artilharia Real, tinham-na dotado de rápida percepção dos fatos e da vontade de fazer o que fosse preciso. O imperturbável egotismo de Ethel emanava de ancestrais cujas energias nunca foram minadas por pensamentos profundos; e isso tinha algumas vantagens, como ela disse no primeiro volume de suas memórias: "Deve ser bom ter ancestrais brilhantes, mas o eventual legado de um sistema nervoso exausto talvez não compense a glória de um *pedigree* flamejante." Sua família era de filisteus resolutos, nunca subindo além da mediocridade decorosa, e a esse fato ela devia uma excelente saúde e animação constante. Os textos autobiográficos de Ethel, sem rebuços, e suas altercações com regentes homens, em defesa de mulheres musicistas, tinham lhe dado certa fama. Edward Sackville-West resumiu sua personalidade como um amálgama de elementos contraditórios: lealdade intensa e desavergonhado egoísmo, raiva violenta e incorruptível integridade. "Fosse o que fosse o que sentisse na hora, ela ia à luta, como um touro solto no fulgor da arena."

No auge da campanha pelo sufrágio feminino, antes da Primeira Guerra Mundial, Ethel interrompera sua carreira musical por dois anos para dedicar-se em tempo integral à ação política. Praticou desobediência civil como voluntária e quebrou as vidraças de um ministro do gabinete que se opunha ao voto das mulheres. Foi mandada para a cadeia, onde ensinou companheiras sufragistas a cantar suas músicas e foi vista por Sir Thomas Beecham a reger um coro de prisioneiras, marcando o compasso "em furor quase báquico com uma escova de dentes". Sylvia Pankhurst, a líder do movimento, que estava numa cela ao lado da de Ethel, descreveu-a como "um ser que somente essas ilhas poderiam ter produzido" — uma autêntica original — desabrida, astuta, uma figura que se fazia notar, com o surrado chapéu de homem e as roupas de campo que vestia, contrabalançadas por uma deslumbrante gravata, verde, vermelha e branca. Para Virginia, que sempre pertencera a uma *coterie* intelectual, Ethel preenchia o papel da impetuosa filha da natureza em Dickens, como a desinibida Mrs. Manresa de *Between the Acts* [*Entre os atos*], "cuja natureza era de certo modo 'mera natureza humana'". A amizade com Ethel coincidiu com o crescente desejo de Virginia de abordar os problemas sociais, a crise da civilização europeia, numa linguagem que falasse ao leitor medianamente instruído.

Ethel tinha lido *Um teto todo seu*, o ensaio de Virginia sobre as mulheres na profissão literária, e declarou-o o mais lúcido depoimento que já lera sobre os obstáculos que as escritoras tinham de vencer e as poucas probabilidades de o conseguirem — um livro engenhoso, que associava o poder da lógica ao humor e à poesia. De imediato, ela escreveu à Virginia, pedindo para conhecê-la — tinham muito em comum, insistia Ethel, e se tornariam decerto amigas íntimas.

A casa dos Woolf, em 52 Tavistock Square, ficava entre outras de quatro andares, construídas após as guerras napoleônicas no que era então uma propriedade do duque de Bedford em Londres. No tempo de Virginia, era uma agradável área residencial, formando a praça uma espécie de "aldeia de Bloomsbury" no meio da cidade. As janelas de sua sala davam para as árvores e gramados da praça, que constituía um jardim particular, protegido por grades de ferro dos passantes não moradores. Idênticos degraus de pedra, flanqueados por grades, repetiam-se em todas as casas. Na de número 52, degraus para a área de serviço também davam acesso ao porão, onde funcionavam os escritórios da Hogarth Press. Mas uma visita teria de subir pela entrada e depois vencer outro lance para chegar ao apartamento dos Woolf, que ocupava os dois últimos andares do prédio.

Ethel Smyth estava com 71 anos quando subiu aquelas escadas, em 20 de fevereiro de 1930. Virginia, que foi recebê-la à porta, tinha 48; alta e magra, cabelo grisalho, ar inescrutável, era ligeiramente sardônica, com os cantos da boca repuxados, e reservada — uma mulher que às vezes parecia habitar outro mundo. Uma sobrinha de Virginia, Angelica Garnett (nascida Bell), traçou seu melhor retrato nos últimos anos de vida. Mesmo em descanso, ela dava uma impressão de atividade intensa — sua

> postura, longe de ser sentada, era andar a passos largos; coxas e canelas estreitas e compridas, em longas saias de *tweed*, a vagar pela chapada de Sussex [...] ou pelo tráfego de Londres [...]. Nunca ela estava em placidez, nunca totalmente parada. Mesmo quando, joelhos angulosos sob a lâmpada, cigarro na piteira, sentava-se depois do chá com uma amiga, tremia de interesse pelo que os outros faziam.

A esse penetrante estado de alerta associava-se um ar de vulnerabilidade. Mrs. Garnett rememorou suas têmporas sombreadas sobre as quais se esticava uma pele transparente que mostrava traços de azul; as rugas em ondas de sua testa estreita e alta; a tensão daqueles lábios sardônicos, repuxados para baixo nos cantos; o nariz afilado, como o osso esterno de uma ave ou uma asa de morcego, encimado por olhos verde-cinza, de cílios longos, profundamente melancólicos. Tinha a beleza gasta de uma pata de lebre.

Uma figura impalpável em cuja presença Ethel mergulhou como uma atleta rápida na ação. Suas primeiras palavras foram: "Deixe-me olhar para você." Quando criança, ela tinha ouvido uma lenda sobre o bisavô de Virginia, segundo a qual ele teria morrido de tanto beber na Índia, e fora embalsamado num barril que explodiu, lançando o corpo aos olhos da viúva que enlouqueceu no ato. Ethel pediu para saber detalhes precisos da árvore genealógica de Virginia, de caderno e lápis em punho para anotar as respostas. Virginia achou-a mais velha do que esperava, "uma velhota militar expansiva", que usava um terno de homem, de alfaiate, com pontas de cabelo grisalho escapando por baixo de seu napoleônico chapéu de três bicos.

Nas horas que se seguiram, Ethel fez um relatório completo de sua vida e interesses. Disse que falavam que ela era egoísta, mas sempre lutara pelos oprimidos; martelou e apoquentou para pôr mulheres instrumentistas na orquestra, convidou o diretor do Royal College of Music para almoçar e conversou com ele sobre as práticas injustas de seus colegas homens. Falou de sua nova obra coral, baseada num diálogo filosófico por Harry Brewster, que tinha sido o amor de sua vida. Escrever música era como escrever romances, e a orquestração proporcionava o colorido. Ela queria que sua música fosse ouvida, não lhe haviam dado o reconhecimento que merecia — mas isso talvez fosse uma bênção cifrada, pois ela estava livre para compor como bem queria, sem se preocupar com o sucesso. Virginia anotou outra característica: sua necessidade de viver no campo, devido à paixão por esportes. Ethel enalteceu os prazeres do golfe, do ciclismo, da caça — dois anos antes tinha sido derrubada por um cavalo e quebrado o braço, acidente que não lhe esmorecera a coragem. Mas agora começava uma nova fase de sua vida, um novo romance — segundo a própria Virginia. "Há dez dias que não penso em outra coisa a não ser estar com você."

A conversa animada se arrastou das 16h às 19h, quando Leonard chegou. Ethel era o tipo de pessoa que Virginia sempre achava interessante. Tinha visto de tudo — estudado na Alemanha e na Itália, escalado os Alpes, conhecido Brahms e Tchaikovsky. Durante os anos iniciais do século XX, Ethel percorrera as óperas da Europa — Praga, Berlim, Viena, Munique —, executando suas partituras para qualquer regente que se dispusesse a ouvir. Acompanhava-se e cantava todas as partes vocais com grande desenvoltura, impressionando pessoas como o famoso maestro Bruno Walter, que se tornou seu amigo para sempre e várias vezes elogiou sua música, porém raramente apresentando-a.

Ethel tinha muita autoconfiança; falava em voz de comando e deixava a colher de sopa cair com estrondo no prato. Era dominadora no amor, como em tudo mais. Harry Brewster, um americano rico, casado com uma mulher mais velha, tinha sido a grande paixão de sua juventude. Quando a esposa morreu, seguiu Ethel pela Europa e chegou a raspar a barba só para agradá-la, mas ela não quis se casar com ele. Alegou que era tarde demais — seu talento para o matrimônio tinha se atrofiado. Desprezando o "instinto tentacular" da maioria das mulheres, aprendera a dizer para si mesma: "Prefiro ficar sozinha." O casamento, além do mais, era hostil ao gênio; George Eliot, que Ethel tinha visto certa vez num concerto com seu marido "repulsivo", comprometera a própria obra ao sacrificar sua liberdade.

Ao registrar suas impressões, após esse primeiro encontro, Virginia admirou a sagacidade de Ethel, achando-a sincera e impulsiva, mas desconfiou de que ela enfim pudesse mostrar traços de fanatismo — havia "uma veia, como um grande verme, que inchava em sua fronte". De modo geral, gostou dela — da brusquidão, dos apelos por intimidade imediata, do temperamento passional — e achou até divertido o jeito pelo qual elas se entenderam. Poucos minutos após a chegada de Ethel, já concordavam em se tratar pelo nome — "tudo foi combinado; a base de uma imorredoura amizade fixada em 15 minutos: — quanta sensatez; quanta rapidez". Em sua apreciação de Ethel, Virginia lhe fez muitas restrições, mas aceitou-a como se aceita uma força da natureza. Com um pouco de sorte, sua amizade poderia escapar da habitual "fofura expansiva" e produzir alguma coisa mais "sólida" e duradoura.

Nessa primavera, Ethel bombardeou-a com cartas, pacotes de livros, listas numeradas de perguntas, telegramas, flores. Dava inesperadas passadas pela Hogarth Press, parecendo, "em seu casaco branco de alpaca, uma truta velha". Virginia começou a gostar cada vez mais dela, embora a achasse extremamente irritante. Ethel se transformava numa megera toda vez que puxava o assunto de seus ressentimentos musicais — pondo cascatas de palavras para fora, casos e argumentos expostos com rapidez frenética; ela ia em frente, mal parando para respirar. Era espantosa a torrente de palavras. Em certa ocasião, falou sem parar durante vinte minutos, quase levando o silencioso Leonard, que se juntara às duas, a uma explosão.

Em 3 de julho, os Woolf foram a uma festa na casa de Ethel em Woking, a curta distância a sudoeste de Londres. Era um dia maravilhoso de verão, rosas cintilavam junto às paredes. Em sua simplicidade, não faltava beleza ao chalezinho branco construído por Ethel num terreno que uma herdeira americana lhe dera. A reunião, muito agradável, transcorreu em ordem. Ethel tinha planejado diversões para o dia todo — muitos de seus amigos apareceram para conhecer Virginia e Leonard. A certa altura, eles foram até um campo de golfe na vizinhança, para algumas tacadas no esporte favorito de Ethel, depois voltaram para o jantar em casa, seguido por um sarau — a champanhe foi servida no jardim, onde os convidados ergueram brindes à luz que vinha dos canteiros. Tudo foi orquestrado como uma peça de música de câmara, formal, mas variada, a fim de facilitar o entrosamento entre vizinhos e amigos. Surpreendentemente, Ethel se revelou uma anfitriã delicada e habilidosa, administrando a festa com "deliciosa soltura". Suas conversas divertidas e íntimas com velhos amigos mostraram a Virginia uma Ethel que ela antes não tinha visto, evocando largueza, espaço e boa criação.

Pelo fim de agosto, foi a vez de Virginia convidar Ethel para passar uma noite em Monk's House, seu refúgio no campo, onde poderiam ficar muito à vontade. Durante essa visita, ela observou a cisão entre as duas Ethels — uma que era incapaz de superar seus próprios padecimentos, cujas queixas haviam se transformado em refrão, e outra que demonstrava grande perspicácia e generosidade. Confortavelmente instalada diante da lareira, nessa noite, Virginia teve uma sensação estranha, como se véus se erguessem revelando camadas da personalidade de Ethel, camadas que vinham das profundezas do passado, com uma iridescência a contornar-lhe a testa larga e idosa. Virginia vislumbrou a imagem da amiga como uma jovem do campo cheia de vigor, uma lourinha robusta de dezoito anos de idade. Mas a aparição logo se desfez e ela viu em Ethel uma aparência dura, desafiadora, granítica, como a de "um velho rochedo batido pelas ondas". Depois observou ainda outra faceta, a da mulher do mundo que tinha vivido em diferentes sociedades, promovendo sua música, em camisa de homem com gravata. Tais mutáveis presenças tantalizaram Virginia, que sentiu suas emoções à deriva, "como muitos estranhos convidados: como se capítulo após capítulo da vida [de Ethel], momento após momento de [sua] psicologia estivessem se abrindo e fechando ao crepúsculo".

Às vezes, ao longo do fim de semana, o tom de suas conversas tornou-se ligeiramente operístico; houve "alguns momentos interessantes". Ethel tinha escalado Virginia para o papel da amiga verdadeira de quem tanto ela andara à espera, a grande paixão de sua velhice, e admitiu sentir ciúmes: "Não gosto que outras mulheres gostem de você" — confissão à qual Virginia reagiu de pronto: "Então você deve estar me amando, Ethel." "Nunca amei ninguém tanto assim [...]. Desde que a vi, nunca mais pensei em nada." Terá sido tolice, da parte dela, admitir isso? Virginia não se mostrou abalada pelas suas palavras, garantindo a Ethel que tinha grande necessidade de afeição. Mas, em particular, foi cética; seus comentários tinham um gume satírico. O procedimento de Ethel lhe causara boa impressão, mas ela notou que seus exageros poderiam ser sinal de senilidade a caminho. As declarações de Ethel transformaram-se ainda mais operísticas depois daquela visita: tendo conhecido Virginia, ela poderia enfrentar serenamente a morte e cantar seu "Nunc dimittis"; não lhe importava mais quanto teria a viver, nem desejava prolongar o tempo, agora que seus "últimos anos estéreis" tinham frutificado.

Três anos depois, Ethel anotou em seu diário algumas reflexões sobre a amizade:

> Até que ponto V. é humana eu não sei. Ela é muito imprevisível e ninguém nunca soube que admita que possa estar errada. Mas não há

como não a amar [...]. É intelectualmente arrogante, como se bem além das palavras, no entanto absolutamente humilde quanto a seu próprio grande talento. Sua integridade me fascina. Para salvar uma vida alheia, ou mesmo a dela, não seria capaz de adulterar o que pensa ser a verdade.

Virginia, por sua vez, estava ironicamente consciente de constituir na imaginação de Ethel uma figura exótica.

[Virginia a Ethel, 29 de dezembro de 1931]

Não, penso que você subestima muito o vigor dos meus sentimentos — que são tão fortes — nem ouso olhar para as cavernas de torpor e horror que se abrem ao meu redor [...]. Por acaso você sabe como eu gostei de Katherine Mansfield, de Charlie Sanger — para mencionar apenas amigos? Não, não sabe. Mas depois, por meses, logo que a conheci, eu me disse: é mais um dos faladores que, felizmente para eles, não sabem o que é sentimento. Porque todos os que eu mais prezo são silenciosos — Nessa, Lytton, Leonard, Maynard: todos silenciosos; e assim eu me preparei para o silêncio; também induzida a isso pelo terror que tenho de minha própria capacidade ilimitada de sentimento — quando Lytton pareceu estar à morte — e coisa e tal: não consigo entrar nisso, nem agora. Mas com a passagem do tempo, para minha surpresa, descobri que você é talvez a única pessoa que eu conheço que demonstra sentimento e sente. Mesmo assim não consigo me imaginar falando do meu amor por pessoas, como você faz. Será por treino? Será o medo perpétuo que tenho da força desconhecida à espreita por baixo do assoalho? Nunca deixei de sentir que tenho de pisar bem de leve no topo desse vulcão. Não, Ethel, há um monte de coisas a meu respeito, digo egoistamente, de que você nem faz ideia; o vigor dos meus sentimentos é um só.

Virginia seguiu aqui um padrão típico, dizendo a Ethel, sobre si, a verdade sem verniz, ao mesmo tempo que a mantinha à distância. A carta recorre às explicações de si mesma como um biombo, esquivando-se do cerco de Ethel ao dar-lhe mais do que ela pretendia e situando-a, por alusão, em misteriosa relação com o biógrafo Lytton Strachey e o famoso economista John Maynard Keynes. Virginia desempenhava seu papel de fornecedora de confidências, respondendo a perguntas que nunca foram feitas e habilmente insistindo que "um monte de coisas" tinha ficado fora do quadro. Além do mais, as confidências eram verdade, pois Virginia já percebera que somente a verdade era capaz de enganar Ethel.

Suas cartas, no decorrer do primeiro ano da amizade, continham muitos esquetes, conciliatórios como esse, de sua vida interior e seus sentimentos. Escritas com rapidez vertiginosa e levando um pouco de tudo, de convites e mexericos a uma notícia de que Pinka tinha parido seis cachorrinhos pretos, elas compunham um autorretrato íntimo. Há mais de Virginia nessas cartas, mais da Virginia sem adornos, que em quaisquer outras que ela escreveu na mesma década. Por quê? Porque Ethel pedia intensa e veementemente para saber, porque ela não podia ser descartada, porque Virginia respeitava sua coragem e era ela mesma, como disse ironicamente, "a mais verdadeira das pessoas". Uma qualidade pela qual as pessoas raramente lhe davam crédito. Muitas vezes, ela era descuidada quanto aos fatos e seus gracejos falhavam, mas não mentia, sendo capaz, sobre seus próprios sentimentos.

Suas cartas visavam satisfazer Ethel e impedi-la de avançar além de um certo ponto, mas fizeram mais do que isso. Tornaram-se um fim em si mesmas, uma aventura de autoanálise, que Virginia até então não tentara e lhe permitiu traçar os contornos de sua psicologia. A mente humana despida. Podia ter confiança em Ethel, que era tão desinibida, e abrir uma janela para as fendas e os recessos ocultos de sua própria personalidade.

A influência da família e das raízes de Virginia também entrou em questão. Ela adorou a ideia de desenhar seu autorretrato para a filha do general de divisão. Dirigia-se, por intermédio de Ethel, a seus próprios ancestrais; ela também descendia de um clã resoluto e prático de fazendeiros da Escócia e aristocratas franceses, homens de ação, mercadores que praticaram contrabando, mulheres que, além da bela aparência, tinham desenvolvido um espírito forte. Seu pai escalou o Matterhorn e foi um jornalista combativo antes de escrever toda uma prateleira de biografias e volumes sobre literatura inglesa. Sua mãe, famosa pela beleza e devotada ao bem-estar alheio, chegara a deixar a família por semanas, em certa época, para percorrer quartos de enfermos e cuidar de inválidos.

O mundo de Virginia era mais refinado que o de seus pais, sem falar no de seus avós. Ethel acusou-a de ser uma "maldita intelectual", e sua resposta foi um pouco áspera — sim, ela pertencia àquela "raça tacanha, ascética, puritana". Num chá da tarde na casa de Virginia, Ethel conheceu um de seus amigos de Cambridge, o jovem crítico literário F. L. Lucas, que ela tomaria depois por um pedante. Mas Virginia, cuja educação consistia basicamente da leitura dos livros da biblioteca de seu pai, confessou ser fascinada por acadêmicos livrescos como Lucas — "a integridade deles me torna sua escrava". Na aparência de Lucas, gelada e polida, brilhava um espírito de abertura, livre de hipocrisia, que o fazia admirado por ela.

Os interesses intelectuais refletiam apenas a superfície de seu espírito. Sua meta era retratar algo mais profundo — o ter entrado num mundo todo dela ao escrever seus romances, que era a única coisa que dava sentido à sua vida: a disciplina da descida e permanência em tais profundezas. Todas as outras atividades, cuidar da casa, ver amigos, selecionar manuscritos para a Hogarth Press, eram afetadas por aquela vivência privilegiada.

Em 22 de abril de 1930, um dia típico em Monk's House, Virginia escreveu a Ethel uma carta errática, cheia de pequenos incidentes caseiros e ideias sobre ficção, numa mistura completa de interesses artísticos e mundanos. Após dizer que passara a manhã trabalhando em seu romance, tendo em seguida feito pão e preparado o almoço, ela reclamava de suas obrigações sociais. Sempre havia alguém aparecendo para interromper seu trabalho, o que a aborrecia sobretudo por tirarem partido do seu prazer de conversar e estar em boa companhia. Na véspera, sua irmã, junto com Clive Bell, o marido dela, e Duncan Grant, o pintor homossexual com quem Vanessa partilhava a vida, tinham estado em casa de Virginia, onde passaram três horas falando sem parar. Mas havia uns detalhes a acertar com Ethel, que criticara seus amigos, acusando-os de serem pudicos — quando a verdade era o contrário. "Tudo é possível [...]. Nossa sociedade é uma das mais livres que eu já conheci." Até seus membros mais enclausurados — novamente ela defendia os amigos de Cambridge — eram capazes de soltar as amarras e vencer as resistências de classe média. "Mesmo com o pequeno Dom Lucas [...] eu discutiria, como tenho discutido, os mais íntimos detalhes da vida sexual. Ele e a mulher são separados."

Virginia inseriu algumas outras notícias do cotidiano. Ela e Leonard estavam planejando uma viagem pela Inglaterra para colocar os livros da Hogarth Press em livrarias. Dali a pouco, ela sairia pelo portão dos fundos para dar uma volta pelo brejo, enquanto Leonard, no jardim, estaria plantando malva-rosa. Annie, a empregada em tempo parcial, viria "lavar a louça de dois arenques grelhados" — seus jantares eram frugais; a um custo de sete *pence*. Passariam a noite diante da lareira, lendo, e por trás desses fatos tão comuns havia intensa animação. Sua escrita, naquela manhã, tinha começado a engrenar. Ela esperava passar agora alguns dias sem visitas, porque, por mais que gostasse da família e dos amigos, tinha necessidade de silêncio. Se pudesse ficar sentada num canto, observando sua própria rotina, todo dia fazendo a mesma coisa, umas quantas páginas de seu livro poderiam ser "solidamente escritas no fim". Ansiava submergir na escrita e viver somente para ela por três meses — "sou como um dos peixes de Leonard (temos um lago), que sai na sombra de uma folha". Isso, porém, não aconteceria. Todo dia chegava alguém em visita. Ela acabaria voltando para Londres com suas ideias ainda por realizar. E assim a carta ia e vinha variando entre profundidade e superfície.

De outra vez que descreveu seu tranquilo ritual da manhã — a primeira refeição, umas fofocas da aldeia com Leonard, uma lenta caminhada até seu pavilhão no jardim, onde ela se prepararia para escrever, tornando a entrar,

> com muita prudência, como uma mergulhadora, na última frase que escrevi ontem à noite. Uns vinte minutos ou talvez mais depois, verei uma luz nas profundezas do mar e me aproximarei furtivamente — pois minhas frases são apenas uma aproximação, uma rede que jogo sobre uma pérola do mar que pode desaparecer; e que não será nada igual, se acaso a trago para cima, ao que ela era quando a vi embaixo d'água.

Ela usou essa imagem de mergulhar seguidas vezes para se referir àquele estado transcendente. Queria "ser tragada por algum poço escuro e sombreada por mato". Sua imageria submarina se harmonizava com seus estados mutáveis, o fantasista e o poético. Escrevendo para elogiar Duncan Grant, após receber uma manta estampada que ele desenhou para ela, disse que o agasalho lhe dava "a sensação de ser um peixe tropical flutuando em águas quentes sobre florestas submersas de rubi e esmeralda [...]. O sonho da minha vida, como você sabe, é ser um peixe tropical nadando numa floresta submersa". Era tão forte a aura de Virginia, tão palpável sua concentração nas profundezas aquáticas, que em sua presença outros pareciam senti-las. A sobrinha Angelica rememorou a atmosfera da sala de jantar em Rodmell, que era "afundada abaixo do nível do jardim e verde-escura como um lago de peixes". Virginia presidia, nessa luz filtrada, como "a Rainha de um diáfano mundo subaquático". Monk's House deu a Angelica a impressão de "uma concha do mar, pela qual a água flui, deixando atrás um gosto de sal".

Em suas cartas a Ethel, Virginia enfatizou maliciosamente sua própria estranheza, que combinava com as manhãs passadas num limbo, tentando encontrar palavras para coisas sobre as quais ninguém nunca havia escrito. Mas isso era apenas parte de sua excentricidade. A Ethel, que tinha tal força para controlar a realidade, ela tentaria dar uma ideia do tempo em que conhecera a loucura. Os anos anteriores ao fato poderiam ser destilados numa espécie de fábula que começava quando ela, sendo ainda Virginia Stephen, conheceu Leonard Woolf, um amigo de seu irmão. Ele a considerou uma "peça rara" e no dia seguinte partiu para o Ceilão, onde dirigiria por sete anos um distrito colonial, levando consigo uma imagem romântica das duas irmãs Stephen. Aqueles foram, na Inglaterra, os anos de rebelião contra a moralidade vitoriana; os amigos de Virginia eram adeptos convictos da liberdade sexual; e como os outros, ela se comportava de modo anticonvencional, entrando pelas madrugadas adentro em conversas a sério com rapazes. Havia fúteis intrigas e brigas violentas — ela "tumultuou Hampstead Heights de noite" —, um sem-fim de som e fúria, mas nenhuma aventura sexual para ela. (O que aliás não surpreende, já que a maioria de seus amigos homens eram homossexuais e seu amor por mulheres ainda era platônico.) "O meu terror da vida real me manteve sempre num convento." Em seus pensamentos mais íntimos, todo esse tempo, surgia a imagem do amigo de seu irmão no Ceilão, no qual havia alguma coisa de um homem do mato. Dizia-se que "ele tinha mordido, num acesso de raiva, todo o seu polegar". Ela achava romântica a figura — "um Woolf [*wolf*: lobo] numa selva". Quando Leonard retornou à Inglaterra, eles se casaram, e em seguida Virginia enlouqueceu. Foi um episódio dilacerador: seu "cérebro explodiu numa chuva de fogos de artifício" e ela se viu prostrada, trancada numa clínica de repouso e forçada a ficar de cama em completo ócio, sem escrever ou ler, por seis meses, aprendendo "muita coisa sobre o que consideramos nossa própria pessoa". Ao recuperar-se, apesar de sentir-se emocionalmente agredida pela tirania do médico, ela havia armazenado miríades de ideias e imagens, das quais ainda extraiu a maior parte das coisas sobre as quais escreveu; é dessa fonte que procedem todos os seus romances. As invenções da loucura precipitavam-se sob pressão intensa, disse ela, tomando forma mais completa que a das "meras gotículas" de sanidade. "Posso lhe garantir que a loucura, como experiência, é terrível." Depois dessa grave crise, Virginia sentiu ainda seus efeitos secundários, vivendo em cima de um "vulcão".

Fora de seu relato ficaram os detalhes escabrosos da doença — seu desejo de inanição, as vozes que a mandavam fazer "todos os tipos de coisas insensatas", as súbitas explosões de violência, quando três enfermeiras tinham de contê-la à força. Ela aproveitou tais experiências, em *Mrs. Dalloway*, para o retrato de Septimus Smith, o neurótico de guerra que ouvia vozes vomitando ódio e ordenando que ele se matasse. Subsequentemente, deu uma boa interpretação da "loucura" na parte de *Ao farol*, intitulada "Time Passes" ["O tempo passa"], que descreve uma casa de verão deserta onde a família, ausente há anos, deixou escovas e pentes sobre o aparador e coisas apodrecendo em gavetas. O que o narrador nos diz sobre andorinhas a esvoaçar pela sala e urzes espinhentas a bater nas janelas em noites de tempestade apresenta com completa indiferença a obliteração da vida humana e seus sentidos.

Os diários e cartas de Virginia vinculam suas crises nervosas às suas visões criadoras, aplicando aos dois estados a mesma imageria. Se ela retratou com frequência uma descida a profundidades aquáticas, um processo de afundar ou mergulhar no abismo oceânico, outras vezes invocou o fogo vulcânico. As forças da criação e da destruição se interpenetravam, e ela especulou que sua doença servia a um "objetivo místico", sendo possível que tivesse até mesmo "alguma causa religiosa por trás", o que explicava por que seus padecimentos físicos lhe inspiravam tão frequentemente "uma tremenda sensação de vida começando".

* * *

Virginia notou que sua presença tinha um efeito desconcertante sobre estranhos, que às vezes a olhavam e às vezes riam, quando ela passava pela rua. Também seus amigos a achavam imprevisível e excêntrica. Ethel devia considerá-la pois com tolerância, disse ela brincando, uma vez que sua compreensão da natureza humana era limitada e sua mente era idêntica a "um espelho de feira estilhaçado. Só que, quando escrevo isso, tenho a impressão de estar romanceando, como sempre". Repetidamente, ela voltava à ideia de que via o mundo por uma óptica especial, de que sua mente obedecia a leis próprias — pessoas de todo tipo lhe diziam isso, o que a fazia sentir-se como um espécime de laboratório: "Sou tão estranha, e sou tão limitada, e sou tão diferente do ser humano comum." Porém, ainda que seu próprio romancear alimentasse às vezes mitos a seu respeito, Ethel deveria entender que tudo se baseava em distorções. Era talvez sua transparência ofuscante o que tanto confundia os outros. "Não creio que eu sinta qualquer coisa além das emoções mais comuns [...]. Virginia é tão simples, tão simples [...] basta lhe dar, como a uma criança, coisas com as quais brincar."

Sexualmente também suas inclinações eram bem transparentes. Clive ou Vita, usando da intimidade de velhos amigos, podiam às vezes dizê-la um "peixe", mas ela não se sentia nem um pouco fria. Sentia um fino prazer em ser tocada; tendo a proximidade física de qualquer dos sexos o poder de "pôr o mundo dançando" para ela. Os contatos mais casuais estimulavam-na com um persistente "sopro e rufo", uma tatuagem de sensações; ela era sensualmente viva para com outras pessoas e correspondia enormemente a Leonard, embora não conseguisse encontrar uma frase convencional para definir a atração. Suas ideias de forma artística "e tudo o que me faz querer escrever o Farol etc." dependiam de constantes estímulos dessa espécie. Tais prazeres, pelo que ela deu a entender, não incluíam ir com homens para a cama. O sexo com Leonard tinha sido um fracasso e eles dormiam em quartos separados, embora ela o amasse em todos os demais sentidos. Duas ou três vezes fora atraída por homens, como contou a Ethel, mas sempre o impulso, sendo mal orientado, abortou. Em geral, quando gostava de um homem, seus sentimentos eram "todos de tipo espiritual, intelectual, emocional". Seria, porém, um erro definir e ditar o comportamento sexual das pessoas.

> Meu Deus meu Deus quantas coisas eu quero — quantas flores diferentes eu visito — quantas vezes mergulho em Londres, e ando e ando, reavivando meu fogo, na cidade, nalguma miserável viela onde espio pelas portas dos bares. Onde as pessoas se enganam, pelo que eu penso, é em estreitar e rotular essas paixões imensamente compósitas que se atiram ao longe.

Os sentimentos sexuais de Virginia, quando ela os tinha, dirigiam-se para mulheres amigas, se bem que ela mesma brincava sobre sua paixão por Tom Eliot. Em meados da década de 1920, tivera um caso com Vita Sackville-West, mas nem então sua vulnerabilidade permitiu que se arriscasse muito longe de seu "convento". Vita garantiu a seu marido, na ocasião, que o lado físico do *affaire* tinha sido muito restrito — sim, duas vezes elas foram para a cama, mas por mero acaso, uma vez que "Virginia *não* é o tipo de pessoa em quem se pensa desse modo; há algo incongruente e quase indecoroso na ideia". Apesar de declarações como essa não serem muito confiáveis, o relato de Vita era provavelmente verdade. Sentindo-se meio desnorteada com Virginia, preocupava-a que o caso, como também disse ao marido, Harold, "pudesse sair do meu controle antes de eu saber onde estava". Prometeu ser "judiciosa", o que não era difícil, pois mal chegara a ser tentada. Virginia inspirava uma ligação de outra espécie.

Suas demonstrações de carinho pela família e os amigos próximos podiam ser bem tocantes. Como narrou sua sobrinha, de vez em quando, ela deixava Vanessa embaraçada ao exigir "seus direitos, um beijo na nuca ou sobre as pálpebras, ou uma penca de beijos delicados que viessem subindo, pelo lado de dentro, do pulso até o cotovelo". Resistindo a todos os rótulos, ela garantiu a Ethel que sentia "um fino prazer no contato com um corpo de mulher ou de homem". Apesar disso, tinha uma aura de distanciamento e estava sempre fabricando sua mistura especial de fantasia e verdade.

A propósito de Ethel, romanceou um pouco, retratando essa velha guerreira como uma mulher que tinha ousado de tudo — vivido no fulgor de seus apetites sadios e "atravessado Montanhas em companhia de Condes". Depois de assistir a um concerto com música de Ethel, Virginia escreveu que a imagem de sua amiga era a de uma rosa vermelha no meio de um matagal, representando esse as muitas eras e amores pelos quais tinha passado. Em comparação, retratava a si mesma como "furtiva e oblíqua [...] um peixe achatado com os olhos fora do lugar". Virginia apelava outra vez para a ironia, mas havia nessas imagens certo resíduo de verdade. Seu tom, em vez de indignado, tornara-se brincalhão. Sem dúvida, ela era um "peixe esquisito" ou alguma outra espécie de animal marinho — como crocodilo ou baleia. Escrever romances sempre foi para ela uma questão de mergulhar bem no fundo, lá ficando até que a pressão da água a impelisse ofegante para a superfície. Só resistia a tais profundidades durante duas horas por dia, mas seu equilíbrio emocional dependia dessa vida imersa, que era plena, absorvente e embalada por suas próprias e obscuras correntes.

[Virginia a Ethel, 16 de outubro de 1930]

Num desses dias vou descrever por completo algumas fases da minha vida de escritora; e expor o que agora digo apenas de maneira sumária — Depois de estar doente e sofrer pesadelos de todas as formas e variedades e uma extravagante intensidade de percepção — pois o dia inteiro, enquanto estava de cama, eu costumava fazer poemas, contos, frases profundas e para mim inspiradas, esboçando assim, penso eu, tudo o que agora, à luz da razão, tento pôr em prosa [...] depois de tudo isso, quando me recuperei, temia e tremia tanto por minha própria insanidade que escrevi Night and Day [Noite e dia], principalmente para provar, dando satisfação a mim mesma, que eu podia manter-me inteiramente afastada desse terreno perigoso. Escrevi esse livro ainda de cama, com a permissão de escrever apenas meia hora por dia [...]. Esses textinhos [seus contos] foram escritos à guisa de distração; eram os recreios que eu me permitia quando já tinha feito meu dever no estilo convencional. Nunca vou me esquecer do dia em que escrevi The Mark on the Wall [A marca na parede] — tudo de um jato, como que em voo, depois de ser mantida quebrando pedras por meses [...]. Como eu tremia de nervosismo; e Leonard então entrou e eu tomei meu leite e disfarcei meu nervosismo e escrevi, suponho, mais uma página desse interminável Noite e dia (que alguns dizem que é meu melhor livro). Um dia vou lhe contar tudo isso.

Virginia examinava e formatava suas ideias, como ela diz aqui, "à luz da razão". Retornava assim a um tema com o qual havia começado — o fato de ela ser uma intelectual que trabalhava obedecendo a altos padrões de coerência e clareza. Como artista, ela acreditava num justo meio-termo, valorizava a harmonia e a proporção. Era importante a escala das coisas. Já Ethel, em seu entusiasmo, às vezes se confundia no tocante a grandezas, ignorando a diferença entre *Rei Lear* e o mais recente *best-seller*. Ao entusiasmo, os escritores que Virginia mais admirava juntavam o discernimento, realizando uma união feliz e rara do pensamento com a emoção. Ela admitia que o lado intelectual e austero de sua natureza tinha nascido "na região polar de Cambridge". Pela mesma razão é que a impulsividade de Ethel às vezes a levava de volta a uma posição mais central e temperada. Como a velha senhora tinha anunciado em seu primeiro encontro, seu nome era legião: "Eu estou nas ruas. Eu pertenço à multidão. Eu digo que a multidão está certa."

Todos os anos os Woolf passavam os meses de agosto e setembro em seu chalé em Rodmell. Virginia esperava essas ocasiões para escrever sem interrupções frequentes, e o verão de 1930 começou bem. Pela primeira vez, eles estavam sozinhos na casa — ou seja, Nelly Boxall, que normalmente estaria dormindo sob o mesmo teto, tinha tido alguma coisa nos rins, na primavera, e fora levada às pressas para o hospital por Virginia, que consultou médicos e providenciou para que cuidassem dela, perdendo duas semanas de trabalho com essa confusão. Com Nelly ao longe, ainda em recuperação, o trabalho doméstico estava sendo feito pela jovem viúva, Annie Thompson, que vinha parte do dia e depois ia para casa. Não mais encontros diários com a volátil Nelly, que tinha de ser tratada com o maior cuidado possível. Virginia sentia-se como quem tira os pés inchados de um par de botas que apertam

— a atmosfera em sua casa era "de quando em quando sublime"; quanto à sua saúde, garantiu a Ethel sentir-se "forte como um cavalo de trela".

Porém, no fim de agosto, pouco após a visita curta de Ethel, o tempo começou a esquentar muito; a disposição de Virginia se tornou melancólica e o espectro do desequilíbrio mental veio à superfície.

Todas as manhãs, depois de escrever sua porção diária, ela lia um canto do "Inferno" de Dante. Era um exercício estimulante e penoso — pôr sua própria página num crisol ao compará-la com essa suprema poesia que tornou desnecessária toda a escrita restante. O calor era opressivo, houve vários dias "sulfurosos" e, no mais quente do verão, ela esboçou um breve memorial de um professor de letras clássicas de Eton que havia dado aulas para os filhos de Vita Sackville-West — um jovem atraente e correto que morreu escalando os Alpes, apenas uma semana antes, ao cair numa fenda com sua noiva. Lá jaziam os dois corpos agora, congelados para todo o sempre, enquanto ela suava no calor. Imaginando como a própria paisagem se fendera, viu-os escalando o paredão e em seguida caindo, "a rodar como arcos; moídos pelos trancos; inconscientes, passado o primeiro horror de se sentir fora de controle". Em seus dias mais recentes, ressoavam latidos de cachorros e as marteladas dos homens na vizinha torre da igreja, fazendo-a sentir que pairava sobre a aldeia uma ameaça de violência. Suas próprias lutas artísticas refletiam algo no ar. Por trás da crise econômica, que ia a todo vapor, havia sinais de uma derrocada política — tremores de uma Inglaterra e uma Europa a deslizar "fora de controle".

No dia seguinte, o calor foi brutal; moscas e abelhas enxameavam à porta do pavilhão no jardim onde ela se sentava escrevendo. À tarde, velhos amigos, Maynard Keynes e a esposa, Lydia, vieram para o chá. Falaram de política à mesa, saindo depois para uma olhada na estufa. Quando andava pelo jardim com Lydia, bruscamente Virginia sentiu o calor bater em sua cabeça "como uma gaiola de som", a pressão de um torno, uma pancada, e a ideia lhe veio incontinente: "Eu então estou doente; sim, é bem provável que esteja destruída, infeccionada, morta. Que se dane! Tombo aqui mesmo — dizendo: 'Que coisa estranha — flores'." Alguém a carregou para dentro de casa — ela viu o ar alarmado de Leonard — e ela desmaiou novamente ao tentar subir para o quarto.

Os médicos diagnosticaram uma ligeira insolação — não tão grave quanto ela pensara, mas os nervos desafinados mantiveram-na de cama por quase duas semanas. Esse acesso, esse raspão na morte, ensinou-lhe alguma coisa a seu próprio respeito; surpreendia-se, e achava bom, que sua reação imediata tivesse sido um gesto forte de desafio. Ela havia absorvido o golpe na cabeça e transformado em resistência a violenta onda de choques. Em suas veias latejavam reservas de vigor e rancor — se tivesse realmente morrido, teria sido como alguém que morre em batalha, um dos pecadores impenitentes de Dante. Seria "de punhos fechados e com fúria nos lábios" que ela se aproximaria da presença divina. A possibilidade de aniquilação estava sempre presente — somente os amigos, como tinha dito a Ethel, a livravam disso. O que seria dela sem eles? Como um animal cujos órgãos tivessem sido extraídos do corpo, como uma concha vazia, uma casca, ela seria atirada num monte de poeira, "sumiria afogada em qualquer poça".

Esse incidente provocou uma visita imediata e breve de Ethel, seguida pelos telegramas, cartas e demonstrações de afeição habituais. Virginia recuperou-se. Dias mais frescos, de sol brando, a deixaram mais animada, como se uma carga de ansiedade tivesse sido liberada no mal-estar que sentira, levando-a enfim a esquecer o calorão de agosto; seu estado emocional se inverteu. Tudo considerado, o verão, com eles livres de empregadas em casa, tinha sido gratificante — a temporada mais feliz já passada por ela e Leonard em Monk's House, apesar de ter sofrido a insolação. O desafio à morte, como ela o denominara, a tinha enchido de vigor — deixando-lhe "um novo quadro" na mente. Até mesmo os dias de repouso e silêncio forçados foram "fertilizantes". Ela ansiava por novas experiências e chegou à conclusão de que "gostaria de ter outra vida & vivê-la em ação".

De volta a Londres no fim desse outono, deixou que Ethel a arrastasse a um concerto na embaixada da Áustria. Como ela escreveu a um sobrinho antes do evento, não ligava muito para *soirées* musicais, mas estava certa de que Ethel "cometeria algum arroubo" entre os príncipes e duques — era bom demais para perder. O evento satisfez de todo à sua ânsia de sátira. A mansão em Belgrave Square estava repleta de diplomatas janotas e de gente grã-fina. Na entrada, Ethel deixou os lacaios aturdidos ao tirar seu casaco e uma suéter, ambos bem roídos por traças, e extrair uns duvidosos sapatos pretos de couro de uma caixa de papelão reforçada com tiras de papel. Ali calçou esses sapatos porque, como ela disse, "sou danada de esnobe e gosto de ser grã-fina". Mais tarde, quando o quarteto já tocava, comentou num sussurro audível: "Não é sublime esse movimento lento — natural e vigoroso e irresistível como os nossos movimentos intestinais?" Ao que um adido que estava ao lado delas deu um pulo na cadeira.

3
A festa de Lady Rosebery

Virginia escreveu As *ondas*, seu místico "poemapeça", no período de dois anos entre a quebra de Wall Street em 1929, que deu início à grande depressão mundial, e a crise financeira que forçou a Inglaterra a abandonar o padrão-ouro em setembro de 1931. Havia 2 milhões de trabalhadores desempregados na Inglaterra em abril de 1930 quando ela terminou sua primeira versão, e esse número já aumentara para 2, 7 milhões, ou vinte por cento da força de trabalho, no momento em que a segunda versão foi concluída, em fevereiro de 1931. De maio a agosto desse ano, enquanto ela datilografava textos e corrigia provas, uma corrida pela libra ameaçou destruir o sistema bancário britânico e provocou a queda do governo trabalhista. Tal crise, que Sidney Webb descreveu como "o mais extraordinário acontecimento da história política da Grã-Bretanha", deu apenas uma vaga ideia da desordem internacional que já estava por vir.

As incertezas políticas e econômicas afetaram cada vez mais o estado de espírito de Virginia, se bem que suas reações, de início, não fossem de ordem fundamentalmente política. Uma anotação do diário, em 15 de agosto de 1931, escrita nos últimos dias do governo trabalhista, reflete sua atitude, em que a grave preocupação se mesclava a um distanciamento irônico. Seu velho amigo e vizinho Maynard Keynes, que voltava de visitas a Downing Street a espalhar "boatos sensacionalistas", forneceu-lhe a visão de alguém que vivia a crise por dentro. Mais importante, Leonard, de sua perspectiva como editor político e consultor do Partido Trabalhista, dava-lhe frequentes vislumbres dos interesses em choque dentro do governo. Antevendo que a situação política iria se deteriorar ainda mais, Virginia se perguntou se sua obra — ela fazia então a revisão de As *ondas* — não deveria ser descartada como mera frivolidade, quando Roma ardia em chamas. Eras futuras não haveriam de olhar horrorizadas para a enrascada em que eles se encontravam agora? "Sinto o mundo desesperado às vezes", escreveu ela; "depois vou andar pela chapada. Ontem à noite [após uma visita da ativista política Sybil Colefax], passados chuva & trovões [...], fiquei um pouco no portão observando a colina de Asheham a nublar-se & reluzir como a esmeralda que é. Todos os morrotes em torno, baixos, com nuvens." A chapada lhe oferecia um refúgio e Rodmell parecia em paz relativa, mas seu alívio era apenas temporário.

As *ondas*, com seus ecos de ira e desprezo swiftianos, reflete uma acentuada consciência de forças destrutivas. Virginia tinha pouco interesse por política econômica ou por estrepolias do poder em geral, mas era muito sensível às atmosferas — e sua ficção dessa época apresenta a vida humana contra um fundo caótico e essencialmente amoral. O romance situa seus protagonistas num ciclo natural, indiferente e inescrutável, num reino cósmico onde os valores e significados humanos se reduzem a um ponto evanescente. Era como se a paz campestre de Monk's House, livre do barulho do trânsito, a capacitasse a ouvir o som mais amplo do ambiente, o ódio que estava ardendo às ocultas pelas capitais mundiais e se amplificava na pulsação de sua própria violência interna.

Ela havia chegado a um começo, transposto um divisor histórico e percebido que a crise econômica, e o clima cultural que a acompanhava, criava um conjunto de circunstâncias que seriam menos propícias e mais complicadas para trabalhar do que na década de 1920. Sucessos prévios não contavam, e ela era atormentada por um enorme temor de que As *ondas* fosse um fracasso, pois considerava que era por meio desse livro que teria de traçar seu caminho para o futuro. Escrevendo para agradecer o elogio de um dos primeiros leitores, George Rylands, que trabalhara, por pouco tempo, na Hogarth Press, ela observou que o estilo de *Ao farol* e *Mrs. Dalloway* pertencia ao passado e não estava mais ao seu dispor. "Estou cheia de ideias para novos livros, mas todos se desenvolvem a partir de As *ondas*." Caso ele o tivesse tomado por "um experimento árido e frígido — simplesmente Virginia pendurada num trapézio pelas unhas dos pés —, eu então me diria: para que continuar? [...] e provavelmente faria um voto de silêncio para sempre".

* * *

Em 21 de janeiro de 1931, poucos dias antes de completar a segunda versão de *As ondas*, Virginia falou sobre suas experiências de escritora na National Society for Women's Service, em Londres. Era raro que aparecesse em público, mas nessa ocasião o fez para demonstrar seu apoio à luta profissional das mulheres, subindo ao tablado junto com Ethel Smyth, que contou casos "hilariantes" de sua carreira musical. O evento foi importante para Virginia porque, ao preparar sua palestra sobre o "Anjo da Casa", uma ideia para um novo livro "sobre a vida sexual das mulheres" lhe tinha ocorrido. A ideia viera quando ela estava no banho e deixou-a tão excitada que passou os dias seguintes a matutar a respeito, e tendo de acalmar a mente primeiro para escrever as últimas páginas de *As ondas*. O novo livro daria enfoque à opressão sexual, desde o ponto do qual ela partira em *Um teto todo seu*, com especial ênfase nas mulheres vitorianas, cujos padecimentos se encarnavam na tragédia de Antígona, enterrada viva pelo tirano Creonte por desafiar a lei patriarcal. Ela abordaria as enganosas realidades da geração de seus pais e em seguida traria a discussão para o seu próprio tempo, perguntando-se se as mulheres de 1930 haviam adquirido a vontade ou o poder de sair de vez da clausura. Daria relevo à libertação, como suas primeiras hipóteses de título subentendiam: "The Open Door" ["A porta aberta"] ou "Opening the Door" ["Abrindo a porta"].

A imagem de Virginia no banho, valendo-se de uma sugestão que provinha de sua palestra sobre carreiras femininas para planejar um novo livro, quando ainda estava absorvida em *As ondas*, bem ilustra seu sistema habitual de trabalho. Uma empregada dos Woolf em Rodmell, Louie Everest (mais tarde Louie Mayer), recordou-se de ouvi-la falar no banho sozinha, todas as manhãs, e de um modo tão loquaz que a mulher "pensou que devia haver duas ou três pessoas lá com ela". Mas Leonard explicou que Virginia ia dizendo em voz alta as frases que havia composto na noite anterior, para ver se soavam bem, "e o banheiro era um bom lugar, pela acústica, para fazer o teste". Everest se lembrava de que o quarto de Virginia vivia entulhado de pedaços de papel nos quais ela anotava suas ideias nos momentos mais variados.

De modo geral, apesar de breves interrupções como essa, *As ondas* sobrepôs-se a tudo mais, absorvendo sua energia criadora, por completo, entre outubro de 1930 e fevereiro de 1931. Era extenuante, como ela havia dito, apertar tanto assim o cérebro, e por isso crescia sua ânsia de chegar ao fim do romance, quando poderia voltar a ter a cabeça livre. Atingiu esse ponto na manhã de 7 de fevereiro, data que anotou no diário em estado de suprema euforia. Tinha "recitado trechos das últimas dez páginas com alguns momentos de tal intensidade & embriaguez que eu parecia apenas cambalear seguindo minha própria voz, ou quase, seguindo uma espécie de locutor (como quando estive doida). E quase senti medo, lembrando-me das vozes que costumavam se lançar para a frente". Ao fazer o trabalho que lhe cabia, sua imaginação, como ela disse, rejeitou os elementos do cenário preparados por ela de antemão, as imagens e os símbolos bem-definidos que planejara juntar coerentemente numa ordem fixa. Mas não. Sua imaginação tinha se recusado a seguir o plano predeterminado, brincando com as figuras e jogando-as atrevidamente de lado, "nunca as fazendo funcionar; apenas sugerir". Ela esperava, por esses meios, tornar vívida para o leitor a cena primal do romance, mantendo "o barulho do mar & aves, raiar do dia & jardim subconscientemente presentes, fazendo seu trabalho subterrâneo". Era contra esse refrão dos elementos que o plano seria delineado. A ideia de imagens evocativas, seguindo seu próprio curso e multiplicando-se na mente do leitor, entusiasmava Virginia, dando-lhe a sensação de liberdade, malgrado a crescente desordem social. Sua mente, contudo, estava atenta à crise da época quando ela fez a previsão citada antes, de que entre os cinquenta e os sessenta anos de idade escreveria "alguns livros bem singulares, se eu viver até lá. Quero dizer que eu acho que estou a ponto de dar corpo, finalmente, às formas exatas que meu cérebro retém. Que longa labuta chegar a este começo — se *As ondas* for meu primeiro livro em meu próprio estilo!".

Como outras obras modernistas, *As ondas* segue um modelo de forma espacial ou orgânica, no sentido descrito mais de um século antes por Schopenhauer. Em seu prefácio ao *The World as Will and Representation*

[*O mundo como vontade e representação*], ele declara que seu livro apresenta a elaboração de uma única ideia, é uma obra na qual todas as partes são interdependentes como num organismo, cada uma amparando o todo e por ele sendo amparada, de modo que, ainda que as encontremos em sucessão, nelas ressoa a unidade de uma criatura viva. O filósofo acrescenta que tais obras devem ser lidas com o entendimento de que o fim já está implícito no início, formando "uma conexão em que não há primeira parte nem parte última [...] e onde nem mesmo o menor ponto pode ser completamente entendido sem que primeiro se entenda o todo". De igual modo, em sua apresentação de um único dia cósmico no qual todo o ciclo da vida humana se desdobra, *As ondas* coloca os personagens numa realidade atemporal, um eterno presente.

A ideia central surgiu das meditações de Virginia sobre a morte de seu irmão Thoby, ocorrida em 1906, quando ela estava com 24 anos. Uma morte sem sentido, chocante — um rapaz forte, com a saúde em pleno vigor, vitimado por uma febre tifoide que os médicos só conseguiram diagnosticar quando já era tarde demais. Thoby tinha demonstrado ser uma grande promessa. Seus amigos esperavam que se tornasse um dos líderes de sua geração. Durante uma viagem pela Grécia, bebeu água contaminada, adoeceu e morreu. Um quarto de século mais tarde Virginia retornaria ao fato, tentando chegar a termos com sua aparente arbitrariedade. Tudo era parte de um ciclo inexorável, as "muitas mães, como uma onda sucedendo a outra", escreveu ela na primeira versão de *As ondas*, "onda após onda, caindo e quebrando infinitamente". Foi através dos olhos de seis amigos, abalados todos eles pela morte prematura de Percival (sua imagem idealizada de Thoby), que ela observou esse ciclo. Implicitamente, o romance indaga como alguém consegue viver num mundo em que tais coisas acontecem.

Os seis personagens, ao expor suas experiências, explicam suas próprias pessoas desde a infância e trazem os respectivos históricos até o fim da meia-idade, quando um porta-voz de todos apresenta um somatório de sua sabedoria coletiva. Por se conhecerem intimamente desde a infância, os amigos sentem-se às vezes como partes uns dos outros, formando um único organismo complexo — como se os solilóquios separados, nos quais eles narram os acontecimentos do romance, constituíssem a consciência mais ampla da comunidade. A emoldurar os nove grupos de solilóquios, cada qual representando uma diferente etapa da vida, Woolf colocou interlúdios em itálico que descrevem os efeitos da luz numa paisagem marinha, em nove momentos no decorrer de um dia, de uma hora antes do sol nascer até que ele se ponha.

As *ondas* é ainda menos convencional pela forma do que este resumo sugere. Os solilóquios alternados que compõem o romance somente de modo secundário são sobre acontecimentos externos. Woolf põe ênfase no ser elementar de cada protagonista, aquilo que ela chamou, na página de rosto do manuscrito, de "a vida de qualquer um [...] vida em geral". Seus falantes antecipam os narradores impalpáveis ou incognoscíveis da ficção pós-moderna desde Samuel Beckett. Embora haja uma ordem cronológica, os personagens estão fora do tempo, falando já com voz de adulto quando ainda estão na infância. Percival, o herói que morre, associa-se à ausência e negação, ao vazio que está sempre no centro e é doloroso demais para se olhar de frente. Todas as memórias subentendem essa coisa indizível, e os falantes têm de ceder-lhe espaço, admitindo o fato sem assumir que ele obscureça a vida diária.

Somos parte uns dos outros, acreditava Virginia Woolf, nossos seres se imbricam, e *As ondas* retrata seis partes de Virginia, com base em elementos extraídos de seus amigos, os que lhe eram mais íntimos, mais chegados, e que aqui convergiram, fundindo suas individualidades com a dela. Nesse sentido, o romance era "autobiográfico" — uma chamada de suas muitas pessoas. De todos os papéis complementares, o de Rhoda era o mais misterioso, o mais voltado para dentro e distante dos eventos mundanos, a imagem de uma visionária poética olhando além da sociedade, que a estarrece, para poças etéreas "do outro lado do mundo [...] onde a andorinha mergulha para molhar as asas". Os outros se ligavam mais nas coisas exteriores, envolviam-se com questões terrenas. Jinny relacionava-se à "coitadinha da Ginny", carinhoso apelido de Virginia posto por Leslie Stephen. Após ser a menina submetida a um pai temível, mais tarde ela será a jovem fascinada pelos desejos que dançam no seu corpo. Susan representava uma pessoa caseira que Virginia identificava com sua irmã Vanessa — calma terrenalidade a envolver paixões muito próximas —, um corpo debruçado num portão ao sol, com um peso do lado prognosticando as crianças que ela haveria de ter. Essas três mulheres formam uma figura de três faces, cada qual olhando numa direção diferente — Jinny, em seu vestido inflado, cônscia de sua sexualidade; Rhoda, ansiando por não ter corpo nem rosto; Susan absorvida em suas rotinas, na cozinha, no quintal, com as crianças.

Os personagens masculinos formam uma tríade complementar. Muitos dos traços de Louis derivaram do caráter austero e sensível de seu marido Leonard. Era o forasteiro de pele fina que sobrevivia entre estranhos, procurando por justiça e obcecado por profundas memórias raciais — um inocente que se sentiu chocado com sua própria sensualidade, como se levasse um tapa na nuca. Neville relacionava-se ao homossexual Lytton Strachey, famoso por seu humor causticante — exigente e lascivo, misto de sensualista e erudito. Finalmente, Bernard era o cronista, a personalidade de um contador de histórias que a romancista Virginia Woolf associava à tradição literária, um companheiro flexível cuja voz ecoava a de escritores de Bloomsbury como Desmond MacCarthy e E. M. Forster. As figuras masculinas podem ser postas de par com a tríade de mulheres: Bernard e Susan estão absorvidos no mundo natural; Neville e Jinny são impelidos pela sensualidade; e Louis e Rhoda perseguem visões transcendentais.

Tomadas juntas, as duas figuras de três faces descrevem um estado de inteireza, "uma flor de seis lados", como diz Bernard, "feita de seis vidas". No hexagrama delas, Virginia imaginou "o ser humano completo que fracassamos em ser, mas que, ao mesmo tempo, não conseguimos esquecer".

O caráter defensivo do casamento dos Woolf, a aliança que fizeram, postos à parte, contra o resto do mundo, proporciona ao *As ondas* um importante motivo. O romance descreve seus correspondentes fictícios, Rhoda e Louis, como "conspiradores" que nunca são capazes de pensar e sentir como as demais pessoas, embora façam todo o possível para disfarçar suas singularidades. As atitudes altamente críticas de Louis e seu jeito de ser profissional e racional ocultam sua consciência de não se enquadrar na sociedade inglesa e também seu desprezo pelos que indiferentemente se adaptam. Ele é filho de um banqueiro de Brisbane, correspondendo seu sotaque australiano à condição judia de Leonard, que Virginia certa vez, no começo do namoro, pensou que poderia se interpor entre eles. "Você parece tão estrangeiro", ela lhe disse. A maneira como retrata Louis, em As ondas, acentua a memória racial do personagem, sua insistência, mesmo em garoto, de que já tinha vivido muitos milhares de anos e ouvido "rumores de guerras [e] visto mulheres carregando bilhas vermelhas pelas margens do Nilo". Tudo isso, que suas raízes iam fundo e em tão grande escureza, ele esconde por trás da aparência metódica, profissional.

A singularidade de Rhoda, por outro lado, revela-se de imediato. A existência comum a desorienta e choca. Apesar de ela executar os rituais sociais de praxe, encontrar amigos e frequentar salões, está sempre se virando para a janela, com os olhos fixos em algo além do horizonte visível.

Os dois "conspiradores" do romance sabem que a violência se embosca próximo à superfície do cotidiano, e por ela são atraídos e repelidos, sentindo, como a heroína de Mrs. Dalloway, que "é muito, muito perigoso viver um dia que seja". Seus discursos invocam forças elementais. Dias em que nada acontece, dias normais, abrem-se em caos para eles; a rotina e o hábito ocultam algo de monstruoso. "Vejo aves selvagens", diz Louis, "e impulsos mais selvagens que a mais selvagem das aves jorram do meu selvagem coração [...]. Sempre ouço o baque surdo das ondas; e a fera acorrentada pisa duro na praia. Pisa e repisa." Na linguagem interior de Rhoda, na história que ela conta a si mesma, reflete-se um semelhante senso de uma energia feroz e incontrolável, alguma monstruosa forma de vida que "emerge erguendo sua crista escura do mar. É a ela que nós estamos ligados; a ela estamos amarrados, como corpos em cavalos selvagens". A linguagem de Louis e Rhoda, sua visão da selvageria e de um animal rudimentar que se levanta das ondas, ecoa o tom dos poetas românticos, de Shelley adorando o vento oeste a Yeats declarando que os grandes escritores "nada têm, a não ser seus corações estupefatos e cegos".

As ondas, em consonância com a tradição romântica, mostram que as obras de arte capacitam a vivência naquele mundo em que a morte de Percival ocorreu. Esse conhecimento é elaborado por Rhoda num episódio que progride da ira swiftiana para o alívio estético. Tendo sabido que Percival morreu após ser derrubado por seu cavalo na Índia, ela sai andando pela apinhada Oxford Street, onde constata que "o rosto humano é horroroso" e que os carros barulhentos "nos perseguem para matar, como cães de caça". E pondera que seu conhecimento da destrutividade é um "dom", um choque de extrema realidade. Logo em seguida, Rhoda dobra uma esquina e compra um ingresso para um concerto vespertino. Na sala de concerto, funde-se com a multidão untuosa que se entupiu de carne e pudim, o suficiente para os manter por uma semana, e agora "se aglomera como larvas de moscas", tentando saciar uma fome diferente ao enxamear "nas costas de alguma coisa que há de levar-nos mais longe". A música começa. E ela a ouve como jamais ouvira. A morte de Percival é o dom, preparando-a para mergulhar sob as simples aparências, a sentir, enquanto perdura a música, a clareza e permanência das formas puras, cujo rigor geométrico ela conhece então.

> Há um quadrado; e há um retângulo. Os jogadores pegam o quadrado e o colocam sobre o retângulo. Colocam-no muito acuradamente; fazem um perfeito lugar de moradia. Muito pouco é deixado de fora. A estrutura agora está visível; o que era ainda incipiente se declara aqui; não somos tão variados nem tão comuns; fizemos retângulos e os plantamos sobre quadrados. Este é o nosso triunfo; este o nosso consolo.

Rhoda sai da sala de concerto e joga um ramo de violetas no Tâmisa, como uma "oferenda" a seu amigo morto, um gesto romântico inspirado pelo poema "The Question" ["A questão"], de Shelley, que invoca a consolação da arte.

Essas cenas sugerem uma premissa básica que determina a forma do romance. Seus solilóquios não transmitem a fala dos personagens, nem sequer o pensamento, mas representam obras de arte neorromânticas, composições formais e estilizadas, como o "perfeito lugar de moradia" de Rhoda. As pessoas dos falantes são concebidas como criações artísticas por direito próprio, constituindo cada qual um somatório, uma fusão de elementos indispensáveis. *As ondas* é um lamento contra a indiferença da natureza, tal como representado pelo enfatizado progresso do dia primal, um apelo por um mundo esteticamente organizado. O romance, como a poesia romântica a que faz eco, encerra sentimentos intensamente pessoais dentro de formas modelares.

Os impulsos destrutivos podem ser percebidos temporariamente, como Rhoda constatou em seu lamento por Percival. Mas os interlúdios do romance refletem o ciclo inevitável de crescimento e decadência, a putrefação que sucede à floração. De uma visão panorâmica da beira-mar, o narrador nos faz descer ao nível do chão ao observar a matéria em decomposição das frutas podres e os resíduos amarelos excretados por lesmas. A corrupção vem de par com laivos de beleza.

> Os passarinhos de olhos dourados se precipitando entre as folhas observavam com curiosidade essa purulência, essa umidade. De vez em quando enfiavam selvagemente as pontinhas dos bicos na pegajosa mistura.

O estado de elegância formal e desolação romântica chega ao auge com o suicídio de Rhoda, fato só visto indireta e sucintamente, como que por acaso, no relato de Bernard. Ele pensa na extrema solidão dela e em sua busca constante de "algum pilar no deserto, ao encontro do qual havia ido; ela se matou". Isso é tudo, excetuando-se a sugestão também sucinta de que tinha atravessado na frente de um veículo em movimento na rua. A autoidentificação de Bernard com Rhoda e sua implícita aprovação do ato dela não admitem ênfase especial nem explicação.

Virginia apresentou sua ideia da personalidade compósita mais integralmente num longo monólogo dito por Bernard no fim do romance. Ao modelar suas memórias numa completa obra de arte, ele se torna um meio por intermédio do qual todas as demais vozes falam. Ele próprio, em seu somatório, já não tem mais certeza se é homem ou mulher, poeta ou homem de negócios. Cartografou todas as etapas do desespero, absorveu todo o niilismo emanado da morte de Percival. Passou pelo suicídio de Rhoda e isso também se tornou parte da personalidade compósita. Ele não pode se separar de seus amigos — nem vivos nem mortos.

> Sou a soma de todos? Sou um só e distinto? Não sei [...]. Não existe divisão entre eles e eu [...]. Trago na testa o golpe que levei quando Percival caiu [...]. Vejo bem longe, trêmulo como um fio de ouro, o pilar que Rhoda viu, e sinto a rajada de vento de seu voo, quando ela pulou.

Bernard resiste aos extremos de cinismo e nostalgia, devolvendo-nos, na linguagem enfática de seu solilóquio final, ao espaço organizado onde os jogadores colocam um retângulo em cima de um quadrado. Adota uma postura final romântica, faz um último gesto ironicamente todo cheio de si — o do cavaleiro solitário que parte em desafio da morte, o campeão de lança em punho (duplo de Percival) que faz tudo o que pode, sabendo que nem assim é bastante, mas construindo, após a inevitável derrota, algum abrigo, alguma acomodação no "perfeito lugar de moradia" da arte.

As ondas foi o romance mais denso, mais intricadamente tecido de Virginia, e seu poder se refletiu na duração e gravidade da depressão que a atingiu poucos dias depois de concluída sua segunda versão. Virginia ficou fora de si, "fora da vida", como disse a Ethel, "voando como folha na ventania". Sentia-se oprimida pelas limitações de sua rotina, a servidão que era ser uma escritora, presa à mesa, privada de aventura e de horizontes distantes — e seu trabalho em As ondas estava longe de acabar. Ela o prosseguiu, enfrentando as etapas de rever, polir e preparar para a gráfica o original datilografado, durante a primavera e o verão, com intervalos recorrentes de depressão e sentimentos de anticlímax, correspondendo suas reações, em intensidade, a seu envolvimento durante a composição da obra. Como disse em 17 de fevereiro, foi surpreendida pela marola de volta, jogada no recuo das ondas "entre garrafas vazias e restos de papel higiênico". Leonard, refletindo sobre esse período, observou que o estado mental de Virginia geralmente se tornava instável quando ela estava terminando um romance. O ato de criação acompanhava-se de excitação febril, e a publicação, com seus encargos mais mundanos, para ela era uma forma de tortura. Fazendo eco às próprias imagens de Virginia, a seu hábito de identificar o ato criador com as forças naturais, Leonard disse que o sentimento e a imaginação, nessas ocasiões, tomavam-na sob completo controle, produzindo uma "erupção vulcânica" que desacelerava a mente consciente, para deixá-la em seguida um passo atrás. O ato criador constituía uma categoria privilegiada, diferente das atividades normais — passível de distinguir-se da loucura, mas perto dela. A diferença era que as criações do "gênio", por mais exaltado que pudesse ser o processo, sujeitavam-se ao controle e julgamento racionais do artista. Como qualquer escritor profissional, Leonard acrescentou, Virginia revisava meticulosamente seus livros, para levá-los a um alto nível de polimento e coerência. Havia dois momentos, no curso da escrita de um livro, em que ela parecia ser arrastada, possuída por euforia artística, ou por seu contrário. Vivia num estado inspirado ao escrever um romance, como ocorrera em 1930 e 1931, enquanto compunha As ondas. E era novamente dominada por furor artístico quando chegava a hora de mandar para o mundo uma grande obra — quando revisava provas e esperava resenhas. A impulsividade frenética que move o ato criador se apossaria então dela, conduzindo-a na direção da loucura. "Era uma espécie de explosão de desespero, emocionalmente tão violenta e extenuante, que todas as vezes ela adoecia, com sintomas de ameaça de uma crise nervosa."

Suas composições chegavam à sua própria ordem luminosa, figuras estáticas num chão de selvageria.

O medo de que As ondas fosse um fracasso rondou a mente de Virginia, que para defender-se dele previu as piores coisas que seus críticos poderiam vir a dizer. Em 21 de fevereiro, ao mencionar o livro recém-concluído numa carta em tom de conversa ao cunhado Clive Bell, deplorou sua obscuridade e apontou-lhe as fraquezas — "muito difícil: muito aos arrancos: muito incompleto no conjunto. Mas de que adianta escrever, se não se fizer papel de bobo?". Palavras ousadas, mascarando ansiedade, e escritas para que a língua afiada de Clive logo perdesse o gume. Fazer papel de bobo em público era justamente o que mais temia Virginia — seu pesadelo. Um dia, mais para o fim do ano, a suspeita de que seus amigos não gostassem do livro angustiou-a tanto que a fez refugiar-se em sua sala de estar, trêmula de mortificação. Afligiu-a particularmente, como ela escreveu, uma visão do popular romancista Hugh Walpole, com quem gostava de conversar, a ir de um lado para outro em Londres dizendo que seu livro tinha de "tudo sobre nada" e a reprová-lo com um elogio fingido pela finura da escrita. A reação de Virginia a essas desatenções imaginárias era exagerada, mas ela não podia evitá-la — recorria à troça por lhe ser intolerável pensar na rejeição da obra. Tinha consciência, ao mesmo tempo, de sua própria extravagância. "Quero dizer que L. me acusa de sensibilidade à beira da insanidade", confessou.

Essa imersão no desespero, após o orgulho da criação, era uma velha história; ela a ligava à sua grande capacidade de sentir — um estado do qual, apesar da dor que lhe causava, não abriria mão de bom grado. O abatimento era inseparável do anseio que a fazia apertar tanto o cérebro, como escritora. Uma desordem fértil. Virginia tinha motivos, não obstante de suas queixas, para ser grata e até para alegrar-se: "Se eu não sofresse tanto, não poderia ser feliz", escreveu em seu diário. Impelida pelo terror criador, era enriquecida por constantes estímulos e achava "imensa satisfação" na vida de uma segunda ou terça-feira comum. Por isso, consolou-se ao comparar-se a Aldous Huxley, um escritor que viajava, livre, pelo mundo, ou ao invejar a irmã, com seus filhos e a vida familiar. O ousado oximoro da afirmação de Virginia — "Se eu não sofresse tanto, não poderia ser feliz" — poderia também querer dizer: se eu não estivesse presa ao chão, não poderia voar. Ou, com ênfase no mau presságio: se eu não estivesse numa corrida letal, não poderia encontrar o centro imóvel.

Ainda às voltas com seus pressentimentos sobre a recepção de *As ondas*, Virginia assistiu à estreia da "obra-prima" de Ethel Smyth, "The Prison" ["A prisão"], um poema de Harry Brewster adaptado para coro e orquestra, e em seguida teve uma briga com ela que ameaçou romper a amizade entre as duas. A velha militante tinha persuadido uma anfitriã da alta sociedade, Lady Rosebery, a oferecer um jantar depois do concerto, num momento em que a grã-finagem e a arte se dariam as mãos. A despeito de suas excentricidades, Ethel queria a aprovação da alta-roda, tendo uma aversão suburbana pela boemia e uma zelosa preocupação com sua posição social como artista.

Virginia adorava reuniões e de modo geral se entusiasmava com a perspectiva de uma boa festa, fosse qual fosse; quanto maior, melhor. Gostava imensamente dos encontros fortuitos, dos torneios sociais. Mas sofria horrores quando a festa fracassava, quando sentia alguma desfeita ou o ar festivo mascarava a falta de sinceridade ou a falsidade. "Ela abandonaria uma festa entediante", escreveu Leonard, "como se fosse a última cena do *Crepúsculo dos Deuses* de Wagner, com a Hogarth House e o universo a desabar nos seus ouvidos em ruína e chamas."

Em seu estado sensitivo, Virginia achou intolerável a atmosfera da festa de Lady Rosebery — uma *danse macabre* de pretensa animação, troca de cumprimentos e afável tagarelice fútil que parecia escarnecer do que a ela importava — nem um só rosto com afinidade à vista — apenas polidez forçada onde havia esperado espontaneidade e risos. Sentiu faltar sentido a tudo; que os cínicos a injuriaram e que ela e os demais convidados foram "amarrados ali e traídos e forçados a sorrir à nossa danação". Lembrou-se do tempo em que, ainda jovem debutante, era arrastada a reuniões sociais por seus convencionais meios-irmãos e se sentia horrorizada com suas próprias "poses e insinceridade". Tais cenas eram inseparáveis da perturbadora memória dos abraços incestuosos de George, uma sombra que parecia envolver os afáveis convidados de Lady Rosebery. Ondas de ódio e humilhação, totalmente fora de proporções com o evento, reduziram-na a um estado de esgotamento nervoso quando ela chegou em casa. Seu julgamento mais duro incidiu sobre Ethel, que a fizera passar pelo suplício entre pares do reino e mordomos velhos; Ethel, que deveria saber que aquela festa lhe seria penosa, sacrificara a amizade a fim de alimentar sua própria e "irresistível vaidade". Assim, concluiu Virginia, sem a menor complacência com a pobre Ethel, que apenas tinha sido uma convidada também — não, ela era uma falsa amiga. Sem conseguir conciliar o sono, finalmente Virginia tomou uma dose de cloral, sedativo que lhe apertou ainda mais os parafusos, deixando-a no dia seguinte "num estado de desilusão e horror". Começou a sentir impulsos suicidas. "Se você não estivesse aqui", disse ela para Leonard, "eu me mataria — de tanto que sofro". A confissão ajudou-a a se acalmar; mas Virginia cancelou seus compromissos para os dias seguintes e passou a maior parte do tempo repousando na cama.

Duas semanas depois, durante as quais manteve silêncio sobre o episódio, finalmente disse a Ethel, numa carta zangada e capciosa, como havia detestado a festa, sem descrever, porém, as tristes consequências. Ela reconhecia a existência de outras causas, além do evento em si, para sua extrema repulsa — tinha sentido "choques e vertigens, como agora vejo [...] por minha luta em *As ondas*". A festa servira de pretexto, de escape para seus sentimentos, mas esses não deveriam ser descartados como simples acesso temperamental. Virginia, mesmo sabendo que sua reação parecia desequilibrada, insistiu que na insensibilidade de Ethel se ocultava uma ponta de crueldade. Na carta em pauta, como em seus momentos de inspiração, uma voz ia voando na frente e deixava para trás a escritora — uma voz impiedosa a declarar sua total desilusão com Ethel, que tinha organizado a festa.

[Virginia a Ethel, 11 de março de 1931]

"Ethel gosta desse tipo de coisa", eu disse [...]. E me senti enganada — eu que com tanta liberdade lhe falei das minhas fraquezas — eu para quem essa tagarelice e estardalhaço sobre qualquer música, arte ou quadros que eu não entendo é uma abominação [...]. Essa [repulsa] com certeza lhe parece imoderadamente exagerada [...]. Mas não é. Claro está que eu vejo que ela é mórbida, que é por essa suscetibilidade a certas impressões, inexplicável até para mim, que de repente eu me acerco da loucura e dessa boca de um cano de escoamento com um velhote falante. Mas isso sou eu; e você não pode me conhecer e simplesmente pôr isso de lado e desconsiderá-lo como um acesso temperamental. Não tento racionalizar; mas agora eu posso ver, depois de duas semanas, como devo ter parecido egoísta, fria e até mesmo brutal para você, quando de fato sentia mais intensamente do que nunca sobre você e, portanto, sobre você ter me traído com abutres e lobos. Desculpe-me por isso; e prossiga, seja qual for seu plano. Não creio que eu venha a compreender sua explicação, se me der uma, nem você a minha.

Uma voz obsessiva irrompe pelas frases medidas de Virginia — "Claro está que eu vejo [...] essa suscetibilidade [...] inexplicável até para mim" —, onde bruscamente ela se defronta com a loucura e a imagem do sinistro "cano de escoamento com um velhote falante". E de novo, retomando o tom sensato — "Mas isso sou eu" —, pouco a pouco ela se move para a explosão colérica pelo fato de a amiga a ter "traído com abutres e lobos". Lobos e abutres, predadores e necrófagos — sugerindo sua imaginação o cólofon com a cabeça de um lobo da Hogarth Press, com a qual ela se identificava. Aqui se entrevê uma Virginia lupina e vingativa — cuja raiva de Ethel se endurece num distanciamento altivo: "Prossiga, seja qual for seu plano." A raiva, a longo prazo, ameaçou voltar-se contra ela mesma — deixou-a a se sentir "mais confusa e aturdida e fora de contato com a realidade do que estive em anos". A voz volátil que inspirava ficção também podia ser zombeteira e abandoná-la ao descampado entre lobos e abutres.

O azedume de suas acusações persuadiu Ethel, por algum tempo, de que a amizade estava acabada, mas a raiva de Virginia passou e, poucos dias depois, ela minimizou a desavença em seu diário como mera exibição histriônica: "Uma boa esparrela sobre a festa de Lady Rosebery com Ethel — essa mulher valente e truculenta, velha bandoleira [...]. Sua força de sentimento lhe dá poder sobre a gente." A brecha esteve temporariamente fechada, mas o incidente projetou uma sombra que persistia na mente de Virginia um mês mais tarde, quando os Woolf passaram um domingo em visita a Beatrice e Sidney Webb, velhos colegas de Leonard na Fabian Society, uma organização socialista. O tema do suicídio apareceu nas conversas e Virginia defendeu com ardor o direito de se dar fim à vida em determinadas circunstâncias. Posteriormente, numa nota prosaica, agradeceu em particular à anfitriã por apoiar seus pontos de vista sobre o suicídio e explicou sua situação pessoal nessa questão. "Tendo eu mesma feito a tentativa — com a melhor das intenções, como eu pensei — não ser um peso para o meu marido —, a acusação convencional de que é covardia e pecado sempre me foi meio exasperante. Por isso gostei do que você disse." Mrs. Webb, uma cientista que também registrou o encontro em seu diário, julgou que a visitante impressionava, mas não era muito simpática — "uma intelectual difícil de contentar [...] uma consumada artesã. (É bonita de olhar.) Friamente analítica, sentíamos que nos observava com certa hostilidade; ela é também extremamente suscetível — capaz de se sentir ofendida, creio, com qualquer indelicadeza não proposital". Beatrice Webb, a pesquisadora social, vendo-se como objeto de exame e respondendo à altura... Sua nota sugere os melindres de Virginia, sua irritabilidade mal disfarçada durante os meses confusos que precederam a publicação de *As ondas*.

Pouco depois de voltar dessa visita, que a deixara meio perturbada, Virginia escreveu a Ethel, tocando de novo na festa de Lady Rosebery e confessando que sua reação tinha sido ainda mais violenta do que admitira na época — virara-se para Leonard dizendo: "Se você não estivesse aqui, eu teria me matado." Mencionou esse exemplo de suas explosões casuais não tanto por seu interesse intrínseco, mas porque Ethel, dotada de argúcia psicológica, poderia achar "divertido" tentar decifrar os estados mentais que conduziam a isso. Em outra nota conciliatória, que acrescentou à sua carta seguinte, observou que o exemplo de Ethel dava-lhe frequentemente coragem, pois se a velha guerreira podia ser "tão franca e desabrida [...], não preciso temer o desmembramento instantâneo por cavalos ferozes". Sua linguagem ainda retinha vestígios do ultraje anterior, mas os lobos e abutres selvagens foram substituídos por semissatíricos cavalos ferozes. Subsequentemente, ela criou um lugar permanente para Ethel em sua mitologia privada. Virginia, como escreveu no início de maio, tinha tido certa vez uma gata branca cotó, uma "fera soberba" que passava a maior parte de suas noites em brigas e acabou tão coberta de feridas que teve de ser sacrificada. Respeitava Ethel, a lutadora, como havia respeitado aquela gata sem rabo — ambas eram indomáveis. Desde então, quando a combatividade de Ethel se tornava incômoda, Virginia se lembraria de que a gata não castrada, como às vezes a chamava, não podia mudar de natureza. Com a fábula, era mais fácil para ela reagir compassivamente, refrear seu próprio lado irrequieto e predatório que de quando em quando avançava em sua amiga rebelde.

Certa turbulência era controlada por meio de uma disciplina severa na rotina caseira de Virginia. Essa lei de equilíbrio, por eles transformada em modo de vida, cimentou a relação dos Woolf. Com camadas de domesticidade, tinham abafado a violência, amortecido o perigo, e Virginia sentiu-se bem à vontade para mencionar sua tentativa de suicídio numa nota casual de agradecimento. Ela não precisava se matar, já que Leonard estava e estaria lá para ampará-la.

Essa confiança se esgotou, entretanto, nos primeiros meses de 1931. Esperando aliviar a tensão, os Woolf partiram em 14 de abril para uma viagem de carro pela França, mas deram com um tempo frio e úmido que os perseguiu durante as duas semanas. A viagem previa duas paradas que tinham importantes associações literárias. Visitaram a torre de Montaigne e apreciaram as belas vistas campestres de que o grande humanista fruía enquanto escrevia seus ensaios, pisando nos degraus, "gastos até o topo em ondas fundas", porque ele próprio subia. De lá, seguiram para o castelo de Chinon, tornado famoso por Joana d'Arc, onde, como Virginia anotou em seu diário, ouviram um relógio batendo que "batia desde o século XIX: q. J. ouviu. Cor de ferrugem. Que teria ela pensado? Seria louca? uma visionária a coincidir com o momento certo". Dois emblemas muito bem adequados de transparência e mistério — o cético, Montaigne, que quis dar ao leitor um vislumbre sem censura de seus pensamentos mais íntimos, e a jovem visionária que ouvia vozes.

Depois da volta para a Inglaterra, Virginia se deleitou na lembrança da proximidade com Leonard durante os longos dias de desconforto físico na estrada. Era grata por sentir um interesse tão forte, após dezenove anos de casamento. "Como é tocante dar com essa quentura, curiosidade, ligação de estar sozinha com L. Se eu me atrevesse, pesquisaria minhas próprias sensações em relação a ele, mas por preguiça, humildade, orgulho, por não sei que reticência — me refreio. Eu, que não sou reticente." Estava apenas consciente de sua autocensura. Não podia infringir o senso de privacidade de Leonard, nem mesmo na intimidade de seu diário. Aceitando-o, aceitava-lhe as reticências — e incorporava-as a seu próprio código de comportamento. Não "se atrevia" a invadir essa privacidade, nem a dizer-se que as reticências de Leonard haviam produzido as dela. Era perigoso, além do mais, desatrelar suas faculdades críticas, capazes de impiedade, num raio de ação tão curto. O instinto de sobrevivência que cimentava a união do casal era muito imperioso e atuante para submeter-se à análise.

Virginia dava graças, em seus momentos mais amenos, pelas coisas materiais — comodidades recém-adquiridas como uma geladeira, a luz elétrica e o quarto arejado no qual ela dormia em Monk's House — e assim se opunha aos moralistas que negavam valor a esses prazeres. Tinha-as por boas para a alma e fruía dessas "bênçãos materiais", das coisas que nos ancoram na terra. Seus fins de semana no campo, graças a tais facilidades, diminuíram a tensão causada por *As ondas*: redatilografar e emendar o trabalho, o que ela fez em maio e junho, e depois corrigir uma versão profissional batida à máquina, preliminares para mostrar a Leonard seu original. Com a intimidade entre os dois em Rodmell, com as melhorias e a alegria de colher aspargos frescos na horta, Virginia se convenceu de que seu modo de vida era "quase divino".

Seus nervos foram alterados, no entanto, pelo egoísmo implacável de Ethel, e ela teve de invocar a grande firmeza de Leonard, de se lembrar dos pãezinhos quentes que haviam saboreado no café da manhã e de divertir-se com o fato de "o gato ter comido a galinha" para poder se acalmar. Desde a festa de Lady Rosebery, a indomável velhota se mantinha em sua melhor conduta, mas pelo final de maio, depois de as duas terem passado a manhã caminhando por uma exposição de flores em Chelsea, ela iniciou uma de suas arengas, forçando Virginia a se enterrar na cadeira com a história de como o maestro Adrian Boult a maltratara e "a história de sua perseguição pelos últimos 50 anos". Posterior a esse encontro, Virginia sentiu que os raios de luz se embaralhavam ao redor de seus olhos, prenunciando uma forte dor de cabeça que só encontrou alívio com dois dias de repouso em Monk's House. A segurança de sua ligação com Leonard voltou então a confortá-la: "Se não fosse pela divina bondade de L., quantas vezes eu deveria estar pensando na morte", declarou ela, e deu consigo a repetir sobriamente: "Isso é que é felicidade."

Ela mesma tinha dito: "Se eu não sofresse tanto, não poderia ser feliz."

Vivendo com as emoções à flor da pele, Virginia era atraída por pessoas caladas, pouco expansivas. Seus amigos mais íntimos, como dissera a Ethel, não faziam questão de demonstrar sentimentos. A autobiografia de Leonard corresponde fielmente ao tipo, apresentando as facetas de um moralista severo que pouco fala de sua vida privada e sentimentos pessoais, dando ênfase aos fatos objetivos e relacionando-os a verdades genéricas — uma figura seca, algo monolítico. Sua austeridade e disciplina pétreas causaram forte impressão numa sobrinha, em 1931. A adolescente Angelica Bell viu-o com sentimentos mesclados, como se representasse uma figura de pai que em sua própria vida fazia falta. Ao contrário de Clive Bell e Duncan Grant, os dois homens charmosos e artísticos que partilhavam do *ménage* da mãe de Angelica em Charleston, Leonard era não raro irritadiço e autoritário, mas havia em sua natureza uma "pureza refrescante" que ela passou a apreciar cada vez mais. Para Angelica, que percebeu que havia algo de errado e mais tarde veio a saber que seu pai biológico não era Clive Bell, como ela sempre acreditara, mas sim Duncan Grant, sua tia e seu tio ofereciam um modelo alternativo de vida adulta, que era emocionalmente honesto e responsável, sem qualquer submissão.

Leonard tinha seu lado imprevisível. Por trás da máscara lanhada do escritor, editor e observador político de cinquenta anos de idade, sobrevivia ainda o pretendente apaixonado que escrevera outrora cartas de amor para Virginia, enumerando todos os seus defeitos — o egoísmo, a luxúria, a crueldade, uma brutalidade indizível — e se descompondo por acreditar que logo ela descobriria uma mentira e o rejeitaria. Ele era um moralista exaltado e, como seu correspondente fictício, Louis, em *As ondas*, seu perfil de homem prático ocultava uma "alma infinitamente jovem e desprotegida".

As características essenciais de Leonard emergiram decisivamente naquele tipo anterior de pessoa, o homem que cortejou Virginia Stephen e se casou com ela. Estava então com 31 anos e tinha acabado de voltar do Ceilão, após sete anos como funcionário do governo britânico, para um ano de férias na Inglaterra. Sentia-se desiludido quanto a seu futuro incerto. Tinha boas perspectivas na administração das colônias, mas ir subindo pela escada para acabar por governar uma delas, como poderia ter feito, não era o tipo de sucesso que atrairia Leonard. Assim, decidiu que, se Virginia se casasse com ele, largaria seu emprego para um novo começo como escritor. Não tinha uma ideia clara de como iria ganhar a vida, mas a beleza e a inteligência de Virginia faziam parecer insignificante esse risco. Tal é o romance da vida de Leonard. Sua decisão antecipadamente tomada, caso ela o recusasse, era voltar para o Ceilão e se enterrar no trabalho, como um exilado romântico a suportar em estoica solidão seu fardo. Mas Virginia, ao constatar que eles podiam passar dias inteiros conversando, sem cansaço nem tédio, começou a corresponder a seus sentimentos e disse ser bem possível que acabasse se casando com ele. A aceitação com reservas foi suficiente para Leonard, que abriu mão de seu emprego, aproveitando a oportunidade para escapar de uma carreira prosaica e seguir uma trilha sedutora que podia levar a qualquer parte.

Trocou o papel de colonialista, que lhe dava escrúpulos morais, por outro que igualmente provou lhe exigir muito. Durante o namoro, Leonard e Virginia criaram uma fábula que definiu seus papéis, uma paródia esopiana do amor cortês. Lyndall Gordon assinalou que essa fábula, bem como a linguagem particular que a acompanhava, capacitou Virginia a aceitar a intimidade proposta. Ela era aí uma criatura exótica, às vezes uma ave de plumagem brilhante, mas principalmente "um mandril, um enorme e feroz babuíno da África ocidental, também chamado por eles de 'a grande fera'. Essa Fera tomou a seu serviço um insignificante camundongo ou mangusto (Leonard) [...]. Depois a criatura imponente concebeu uma paixão ridícula por seu feioso servidor de corpo magro e lacerado por pulgas". Ela aceitou sua dedicação; ele a tomou por sua dona e patrono, prestando-lhe vassalagem. A partir desse tempo, e enquanto ela viveu, ele agiu como o fiel defensor de seu bem-estar e saúde.

Angelica Garnett disse que Leonard sempre permaneceu de certo modo "o administrador do distrito de Hambantota no Ceilão". Os anos que ele passou no Oriente tinham moldado sua visão do mundo, levando-o a aldeias na selva onde encontrou extremos de solidão, fosse na natureza humana, fosse no ambiente ao redor. A "beleza, a hediondez e o perigo da selva" o fascinaram, e ele, malgrado sua inata prudência, dela não conseguiu se apartar. A exuberância e o isolamento daquele mundo primal atraíam-no incessantemente. Lá, ele se achava sozinho em outro sentido, como o único europeu no distrito, e mergulhou na tarefa de administrá-lo com eficiência. Seus estritos hábitos profissionais e seu conceito de justiça se formaram lá.

Leonard e Virginia se casaram em agosto de 1912. Menos de um ano depois, ela teve a crise psíquica que quase a levou à morte, transformando seu idílio num "pesadelo". A manifestação da doença pegou Leonard de surpresa, mas em fevereiro de 1912, meses antes do casamento, ele tinha entrevisto o perigo quando Virginia sofreu um esgotamento nervoso e por duas semanas se recolheu a uma clínica. "Um golpe da minha costumeira doença, na cabeça, sabe", escreveu ela a uma amiga. Além disso,

Virginia o advertira de que era instável e passava "de quente para fria, sem qualquer razão, num instante". De olhos abertos, Leonard foi em frente, ciente das provações à sua espera, embora não preparado para a gravidade que elas assumiriam. Teve de aprender a cuidar de uma mulher desesperada, ora em estado catatônico, ora tão agitada que se tornava violenta e tinha de ser fisicamente contida. Quando ela se negava a comer, a risco de pôr-se à míngua, ele levava uma hora ou duas para dar-lhe uma refeição na boca. Após sua tentativa de suicídio, mudou-se com ela para uma casa de campo e contratou enfermeiras particulares que se revezavam em turnos, para que os médicos não a internassem. Contando tudo, com as fases de melhora, a doença se prolongou por dois anos, do verão de 1913 ao outono de 1915.

Só depois de ter o seu romance Leonard se deu conta de todo o peso da responsabilidade que vinha junto com ele. A determinação de se ocupar de Virginia e refrear-lhe os impulsos violentos, de servir-lhe controlando-a, satisfazia às suas necessidades psicológicas. No entanto, a violência de seus próprios sentimentos chocou-o. Um mês após o casamento, ele começou a escrever um romance sobre tais sentimentos, *The Wise Virgins* [*As virgens sábias*], que terminou no final de 1913 e publicou no ano seguinte. Justificou implicitamente sua devoção a Virginia ao narrar aí o que poderia ter acontecido se não se casasse com ela.

Nesse romance o personagem autobiográfico, Harry Davis, ama Camilla, uma pintora talentosa e enigmática. Como Leonard, Harry é extremamente autocrítico, contrastando sua "grosseria" com uma refinada "pureza de beleza" de Camilla. Virginal e austera, Camilla evoca imagens distantes de "montanhas e neve" e oculta por trás disso alguma força destrutiva que a qualquer momento poderia irromper contra ela mesma ou os outros. Quando ela o rejeita, Harry faz amor com Gwen, uma bonita garota suburbana que se vestia de branco e ele se permitiu seduzir à noite em seu quarto. Sabe que o que nela o atrai é essencialmente físico, mas "se perdeu". Ele e Gwen devem fazer o que há de mais honroso, casando-se, cientes de que caíam numa armadilha banal. De bom grado a infantil Gwen se adapta a esse novo papel. "Ela já era a esposa dele, a mulher confiante, tímida, submissa, que amava e nada via. Friamente ele a observava, vendo-a já como *sua*, sua escrava, sua mulher, seu cachorro.

Não a odiava; odiava a si mesmo." O romance termina com uma nota de autorreprovação, quando Harry percebe seu fracasso e imagina a vida que poderia ter levado com Camilla. O clima de *The Wise Virgins*, com seu eco do nome de Virginia, é amargamente irônico, evocando a parábola das virgens sensata e tola do Evangelho segundo São Mateus. A "sensatez" de Camilla e sua irmã contrasta com a dupla tolice de Harry e Gwen, que cederam à paixão sexual e obedeceram depois às exigências da moralidade convencional. O romance reflete a rebeldia de Leonard contra a tirania do sexo e, indiretamente, seu compromisso com Virginia, cuja purificante influência o salvou de cometer o mesmo erro de Harry.

O romance de Leonard exigiu todos os seus dons de espontaneidade e disposição de servir. O fascínio da incerteza e uma rusticidade ocasional ainda tinham algum poder sobre ele, quando se encaminhou com Virginia para a meia-idade. Em 1931, Angelica Garnett observou que os dois eram "profundamente afeiçoados e indivisivelmente unidos". Leonard esteve extremamente ativo nesse ano, tendo assumido o cargo de editor de um novo periódico socialista, *The Political Quarterly*, para o qual também escrevia eventuais ensaios. Além disso e de suas responsabilidades na direção da Hogarth Press, estava concluindo *After the Deluge* [*Depois do dilúvio*], um livro sobre as formas de governo democrático desde a Revolução Francesa. Sua maior responsabilidade era, no entanto, proteger a saúde e bem-estar de Virginia. Ele, o intelectual fabiano, jornalista e editor, o meticuloso equilibrista de livros, que outrora saudara a solidão romântica da selva, tinha preservado esse recanto de beleza arriscada, esse espaço selvagem fechado entre as agendas de sua vida profissional.

4
O punho de Deus

O dramático realinhamento da política britânica, durante o verão e o outono de 1931, quando a crise financeira chegou ao auge, foi seguido por uma desilusão muito ampla — uma percepção, particularmente entre os jovens, de que o mundo se movia de novo para a guerra. O clima sombrio da nação impressionou dessa vez até mesmo o *Times*. Seu editorial no dia do Ano Novo, no costumeiro estilo opaco, notou a desconfiança do povo quanto aos "usos e futilidades para que o Parlamento se volta" e a tendência em comparar a situação da época com a de 1914. Falando pela esquerda, no *Political Quarterly* de Leonard Woolf, C. E. M. Joad detectou um desprezo generalizado pelo "poder dos velhos" e o desejo de que surgisse um homem forte para impor a nova política. A tendência fascista era perceptível até entre os socialistas, segundo Joad, e deixava o país vulnerável a um movimento autoritário que poderia ser o prelúdio do fascismo inglês. Fatos ocorridos no final desse ano confirmariam em parte seus temores.

As terríveis advertências de Maynard Keynes sobre a situação do sistema monetário inglês ressoavam ao fundo enquanto Virginia Woolf lutava com os retoques finais que ainda fazia em *As ondas*. Em 17 de julho, o original datilografado ficou pronto para Leonard ler. Ao pensar na opinião que ele daria sobre esse livro extremamente pessoal e difícil, ela sentiu "uma pontada ligeira, meio desagradável, no coração". Leonard o leu durante o fim de semana em Rodmell. Na manhã de domingo, foi a seu pavilhão no jardim para dizer-lhe que era uma obra-prima, o melhor de seus romances. Fez-lhe, porém, uma ressalva, não sobre a qualidade da escrita, mas sobre a extrema dificuldade das primeiras cem páginas, que desencorajariam muitos leitores. Pensando neles, Virginia deveria "simplificar e aclarar um pouco", se bem que ele duvidasse que tais mudanças pudessem fazer grande diferença. A reação de outros leitores, àquela altura, tinha mínima importância, comparada à aprovação de Leonard. Com o coração pulando de alegria, Virginia correu para escrever um bilhete a Ethel, dizendo sentir-se tão aliviada "como uma garota com um anel de noivado". Depois saiu para um passeio, ignorando a chuva e até mesmo o fato de a especulação estar destruindo suas vistas favoritas da chapada. Sua exultação prosseguiu por alguns dias, até ela submeter-se ao suplício de corrigir provas e ver seu texto friamente impresso que avultava à frente.

A situação financeira deteriorou-se em turbulências durante todo o verão e chegou a um ponto crítico em meados de agosto, quando, em longas férias, membros do Parlamento e funcionários do governo estavam fora. O próprio governo trabalhista, chefiado pelo espetaculoso Ramsay MacDonald, encontrava-se dividido. Leonard tinha trabalhado com MacDonald em comitês do Partido Trabalhista e o tomara por traiçoeiro e imprevisível. MacDonald era um homem do povo, um escocês bigodudo e bonitão, "com uma voz que retumbava como um touro ou um sino", cujo talento para nada dizer por muito tempo era tão persuasivo que encantava os eleitores. Segundo Leonard, a capacidade de MacDonald como orador se associava a um pendor ao fingimento e ao "instinto de traição". O primeiro-ministro, tendo surgido nas fileiras das classes trabalhadoras, era fascinado pela alta sociedade e compunha uma figura imponente, de gravata branca, nas recepções elegantes. Como notou Virginia, quando o conheceu num jantar, ele vivia enfeitiçado por Lady Londonderry, uma grã-fina, e não prestava atenção em mais ninguém. Beatrice Webb afirmou que evitava os colegas menos refinados e que sua ostensiva "fuga dos membros trabalhistas do Parlamento já se tornara uma piada corrente na vida política britânica". Como chefe do governo, parecia amar, só por amá-las, as manobras tortuosas. Ninguém jamais tinha certeza de suas intenções — nem mesmo os que mais o conheciam. "Se alguém conseguisse perceber o que ele tinha de fato na cabeça", escreveu Leonard, "tudo era tão enrolado e equivocado que a impressão prevalecente era a de estar no interior de um emaranhado mental." Essas características puseram-se em grande evidência no decorrer de 1931.

Em 22 de agosto, os ministros do gabinete, chamados de volta a Londres, saíram de seus refúgios de verão, na Escócia e na Riviera francesa, para uma reunião de emergência. Ao longo do mês, houve uma corrida secreta aos bancos, que a imprensa encobriu, e o Tesouro se viu ameaçado de ficar sem dinheiro. O governo trabalhista, cujo objetivo até então fora se manter no poder pelo equilíbrio dos interesses conflitantes dos sindicatos e do eleitorado em geral, pugnava agora com os cortes de gastos. O déficit, como foi dito, destruiria a fé no sistema monetário, e os bancos estrangeiros recusavam-se a conceder novos empréstimos, a não ser que se impusessem drásticas economias. O maior centro financeiro do mundo estava à beira de um colapso. Levados por essas previsões sinistras, os ministros decidiram economizar, mas não chegavam a um acordo sobre como fazê-lo. Uns queriam impostos mais altos sobre os ricos; outros, um imposto sobre importações. A maioria era a favor de um corte no seguro-desemprego, benefício mensal então pago a 2,7 milhões de trabalhadores, mas uma minoria expressiva se opôs. Entrementes, Ramsay MacDonald consultou os líderes da oposição, favoráveis a "drásticas economias" e contrários a quaisquer novos impostos. MacDonald e Snowden, seu ministro do Tesouro, propuseram um corte de dez por cento no seguro-desemprego, ideia inflexivelmente rejeitada por nove ministros como uma traição aos interesses da classe trabalhadora.

O impasse ocorreu durante o fim de semana de 23-24 de agosto e não deixou outra opção ao gabinete, a não ser renunciar. Assim se fez, na esperança de que a oposição conservadora formasse um novo governo, mas MacDonald tinha em mente outro desdobramento. Aceitou o convite do rei para liderar uma coalizão nacional, incluindo os conservadores e os liberais, que objetivava fazer os drásticos cortes na previdência social, considerados tão pouco palatáveis pelos ministros trabalhistas. Na manhã de segunda-feira, um candente editorial do *Times*, intitulado "Unidos pela ação", desmanchou-se num coro de elogios aos homens que haviam tomado "suas vidas políticas nas próprias mãos", colocando o país acima de seus interesses políticos. Os que se negaram a cortar benefícios para os pobres, segundo o *Times*, renderam-se às pressões da política partidária — e sua "rebelião [foi] nada menos que ignominiosa". Arthur Henderson, o líder dos ministros dissidentes, "preferiu visar à liderança da insensatez a preservar a lealdade de um seguidor da prudência". MacDonald era o queridinho dos conservadores, que se limitavam a louvá-lo por seu espírito público e por sua coragem. Ele, porém, pagou pela manobra. A maioria de seus seguidores nela viu uma traição, e posteriormente MacDonald foi expulso do Partido Trabalhista. Ao relatar a crise em seu diário, Beatrice Webb sintetizou a indignação sentida pelos esquerdistas. Segundo ela, os cortes na previdência social foram feitos a expensas dos pobres, que eram politicamente muito fracos para defender seus interesses. Os ricos permaneceram totalmente ilesos e continuaram a desfrutar de seus prazeres e privilégios: "Hotéis e apartamentos de luxo, compras na Bond Street, corridas no hipódromo e alto padrão de vida, sob todas as formas, ficarão sem controle; mas não haverá leite para as criancinhas nem moradias para os mais pobres. O luxo particular dos ricos aparentemente não é um gasto supérfluo."

Desviando-se do sistema parlamentarista normal, o novo "governo de união nacional" refletia um desejo de impor medidas arbitrárias sem definir claramente suas linhas de ação nem considerar as dificuldades que os pobres poderiam ter de enfrentar em consequência delas. Intelectuais de esquerda denunciaram que o "grupo de líderes por indicação própria, ao pedir plenos poderes em nome do patriotismo", estava solapando o governo constitucional e criando uma "ditadura partidária". Muitos outros já começavam a partilhar da preocupação de Joad, de que o país caminhava para o fascismo. John Lehmann, um jovem poeta que trabalhou com os Woolf na Hogarth Press, lembrou-se dos sentimentos de "consternação e abatimento que se apossaram de todo o nosso círculo", à medida que eles contemplavam tais fatos.

Ramsay MacDonald, esse eminente modelo do político como ator, não foi capaz de se manter em destaque no novo papel do homem que salvou a pátria. Ele mudou de direção política, no decorrer do processo, e alterou seus compromissos, chefiando um governo dos que lhe tinham feito acerba oposição e merecendo o opróbrio dos que inicialmente o levaram ao poder pelo voto. Seu novo governo foi em frente e impôs os cortes na previdência. Um mês depois, considerando a crise ainda não debelada, fez um desvio e suspendeu o padrão-ouro, um símbolo da estabilidade financeira caro aos corações conservadores. Para a surpresa da maioria, essa providência, que reduziu a pressão sobre a libra, quase não surtiu efeito no dia a dia dos negócios. MacDonald, tendo ido tão longe, convocou eleições gerais para o fim de outubro e pediu ao povo que aprovasse as políticas da coalizão, votando nos candidatos de "união nacional". O que eles queriam era um "mandato de médico". Seu lema sagaz se endereçava à maioria, que temia uma convulsão social e andava à cata de um remédio indolor ou, pelo menos, ortodoxo. MacDonald e seus aliados não especificaram de antemão o tratamento, mas eram médicos honestos e haveriam de curar a combalida economia.

Ceticismo, flexibilidade e obstinação combinaram-se na adaptação de Virginia às tensões acirradas da década de 1930. Seu comentário sobre as eleições gerais de outubro de 1931 — "Vou tentar acreditar nessa realidade; e depois fracassar; e tentar outra vez; e outra vez fracassar" — não visava à política em geral, mas aos políticos impostores, e antecipava a futilidade e inépcia do futuro governo. Seu juízo sobre a irrealidade das eleições estava em perspicaz sintonia com o rumo que as coisas iam tomando, sendo mais obstinado do que escapista. A análise de Leonard Woolf sobre a visão política de Virginia, que já foi citada fora de contexto para provar que ela vivia desligada da "realidade do mundo", sugere uma distinção entre a fidelidade a um determinado partido e uma consciência política de sentido mais global.

> No fundo de nossas vidas e ideias, desde 1914, sempre assomou a ameaça da política, o cancro dos fatos públicos. (Deixou-se de crer que um fato público possa ser qualquer coisa que não um horror ou um desastre.) Virginia foi o animal menos político que jamais existiu, desde que Aristóteles inventou a definição, muito embora não fosse nem um pouco como a Virginia Woolf que aparece em muitos livros escritos por críticos literários ou autobiógrafos que não a conheceram, a dama frágil, meio inválida, que vivia numa torre de marfim em Bloomsbury e era adorada por uma claque de estetas. Ela tinha grande interesse pelas coisas, as pessoas, os fatos, e [...] era altamente sensível à atmosfera que a rodeava, quer fosse histórica, social ou pessoal. Era por conseguinte a última pessoa capaz de ignorar as ameaças políticas sob as quais todos vivíamos.

Um pouco adiante, Leonard qualificou esse retrato de Virginia como o animal menos político desde a Antiguidade ao acrescentar que, além de ter feito um importante trabalho como panfletista política, ela se interessou por movimentos populares na aldeia onde morava — apoiando ativamente a Women's Cooperative Guild, uma organização de trabalhadoras, e se envolvendo com o comitê do Partido Trabalhista em Rodmell, que se reunia regularmente em sua casa. Leonard quis dizer que Virginia evitava o trabalho e as campanhas em nível nacional, do tipo de que ele mesmo participava. Era, no entanto, extremamente arguta na avaliação da "atmosfera que a rodeava" e incluía então "as ameaças políticas sob as quais todos vivíamos".

Tanto *As ondas* como *After the Deluge*, de Leonard, um estudo sobre política e psicologia comunal, foram publicados no começo de outubro de 1931, em plena campanha eleitoral. O romance de Virginia mereceu resenhas intrigadas, mas respeitosas, nos grandes jornais, ao passo que o livro de Leonard foi ignorado, com sua mensagem sufocada pelo clamor político, e ele sentiu que o trabalho de escrevê-lo tinha sido perdido. Em seu pessimismo sobre a situação do país, agravado por essa decepção, refletia-se "alguma coisa mais funda que a razão, que se enrolava a estrangular", como disse Virginia, um estado de amargura que ela detectou em todos os membros da família Woolf e se ligava a memórias ancestrais de opressão.

Três dias antes das eleições, Virginia recebeu uma carta de Goldsworthy Lowes Dickinson, ou "Goldie", influente pensador político e humanista de Cambridge, que elogiava *As ondas* como "um grande poema", uma obra entranhada no aqui e agora e em simultânea sintonia com o universal. Era diferente de qualquer outro livro e só poderia ter sido escrito no momento presente. Para Dickinson, *As ondas* aclarava a história recente e a crise instalada, revelando uma continuidade entre os fatos políticos e a visão poética. Sua carta descrevia a visão que a ele mesmo ocorreu depois de o ler. Absorto em pensamentos, saíra para dar uma volta pela beira do rio Cam, passando por grupos de rapazes em botes e aglomerados na margem. Entre eles destacava-se um que aconselhava os demais, com firmeza e gentileza, sobre a maneira correta, a melhor, de usar os remos. Dickinson o viu como uma encarnação do Percival de Virginia, um ideal cultural, um amigo que vive em nossas lembranças da mocidade e é colorido por elas. Solta a imaginação, viu também outro rapaz a pilotar um avião, um combatente que jogava bombas sobre aquele jovem atleta e "todos os Percivals", até que o piloto, por sua vez, fosse abatido. Caiu "com o orgulho de estar 'fazendo o que podia' por sua velha pátria amada". Goldie voltou então para casa, refletindo que havia uma "eleição fraudulenta" e perguntando-se como deveria votar. Viu o idealizado Percival, que morreu longe dos amigos, como um lembrete das gerações perdidas. As dezenas de milhares que morreram na Grande Guerra tinham sido vítimas da política fraudulenta, e uma nova onda de jovens as seguiria em breve. Sua ideia era capaz de desengonçar o mundo, mas o romance-poema de Virginia lhe mostrara o elemento oculto no qual todos nos movemos, ondas do mar, partilhando o conhecimento de "que as outras ondas têm vida [...] e nós, de alguma forma, somos elas também".

Em sua resposta, escrita no dia da eleição, Virginia contou que ela e Leonard tinham saído cedo de carro, para levar eleitores para votar em Cambridge, mas chegaram apenas até North London, sendo forçados a voltar por um nevoeiro denso e instransponível, o que talvez tenha sido bom. À noite, eles ouviriam pelo rádio o resultado das eleições, em cuja realidade ela ainda não conseguia acreditar. Mas a leitura de *As ondas* por Goldie a deixara comovida e feliz. Ele tinha entendido o que ela quis dizer — que "nós somos uma mesma pessoa, e não pessoas separadas. Supõe-se que os seis personagens sejam um só". *As ondas* foi sua tentativa de encontrar "uma razão para as coisas" em face da morte prematura do irmão. Era um fato contra o qual ainda lutava. Por trás do romance, como ela disse a Vanessa, jazia sua "raiva muda" de que Thoby não estivesse sempre com eles. Tais sentimentos foram ampliados, como sugere a reação de Goldie, por memórias da matança na última guerra.

As doenças e irritações ocasionais de Virginia prolongaram-se por todo o outono, com seus altos e baixos correspondendo às vezes às reações dos leitores de *As ondas*. Em setembro, convencida de que tanto Hugh Walpole como John Lehmann tinham detestado o livro, ela se refugiou em seu quarto num estado de depressão aguda. "Vim para cá tremendo", escreveu no diário, "sob uma impressão de completo fracasso [...] & já sentindo se erguer as costas calejadas e duras de minha velha amiga a Luta a luta." Na manhã seguinte, partiu para o extremo oposto, tremendo de exultação porque

Lehmann tinha escrito, dizendo que seu novo método tornava incomumente tênues e quase fazia desaparecer as fronteiras entre romance e poesia. Foi também um choque de prazer o que Virginia recebeu de E. M. Forster, que lhe escreveu que ao ler o livro sentira o mesmo entusiasmo de quando se encontra um clássico — um louvor que confirmava sua própria realidade artística. Com base nessa opinião, ela se preparou para o transcurso da década, na qual iria incorporar finalmente "as formas exatas que o meu cérebro retém". Opiniões conflitantes, ainda assim, giravam a seu redor como uma "dança do pó", renovando-lhe a impressão de isolamento. As consequências podiam ser devastadoras, como explicou a Ethel durante um acesso da doença. Ethel, apesar de suas excentricidades, era convencionalmente religiosa, pertencia à Igreja Anglicana e tentou atraí-la para as consolações do cristianismo. Virginia, sentindo-se tensa e maliciosa, disparou como resposta um resumo do que o Deus de Ethel lhe havia feito. "Uma ideia brilhante me ocorreu; escrever, escrever; e ele, com o punho, me socou a cabeça. Hei de escrever, Senhor, eu disse. E ele então me tirou todo o poder de juntar palavra a palavra. Fui assim para a cama. Este é o seu Deus — mais uma cabeça de pau que uma cabeça em fogo. Tomar, destruir, dar a dor por prazer é o que lhe agrada." Era um Deus ciumento, o de Virginia, que ocultava monstruosidades nas coisas mais comuns e permitia que suas criaturas desfrutassem de certa felicidade, desde que sofressem bastante.

A irrealidade da política, cujos ardis estavam sempre ao fundo, era irritante para ela. Desde o verão, seus dias iam sendo pontilhados por discussões políticas — com Maynard Keynes a insistir na tecla da "grande crise financeira". Lembrava-se de como ele ficara contente quando anunciou o abandono do padrão-ouro, o que confirmava suas teorias. Ele e seu secretário mal tinham conseguido conter a excitação, "como gente em guerra". Na ocasião, qualquer conversa sobre dinheiro, vindo sobrepor-se ao embuste de MacDonald, era intolerável para ela, que acabou por se recolher a seu quarto, onde se acalmou lendo poemas de Donne e perversamente concluindo que o mundo seria muito melhor se as pessoas abandonassem todas as doutrinas e causas.

O resultado das eleições não a consolou. A maioria do eleitorado acreditava que MacDonald tinha salvado o país. Stanley Baldwin, popular líder conservador, advertia os eleitores, em suas andanças, de que "a libra iria à bancarrota e os pobres passariam fome" se os socialistas voltassem ao poder. E o povo acreditava nisso também. Muitos dos votantes mais simples deixaram-se alarmar pela acusação infundada de que o prévio governo trabalhista pusera em risco de perda a poupança depositada no Post Office Savings Bank. Em 28 de outubro, o eleitorado deu ao governo de união nacional a mais ampla maioria já registrada na história britânica — 551 cadeiras no Parlamento, contra 52 dos trabalhistas. MacDonald, tendo esmagado seu próprio partido, parecia já sem ideias. Com seu novo governo baseado na inércia, empenhava-se em fazer tão pouco quanto possível. Virginia sentia-se oprimida pela decadência nacional e em seu julgamento dos líderes do país ecoava a desilusão dos jovens. Embora não acreditasse no uso da força, por seu desprezo pelo governo da época, ela se alinhava em espírito com seu sobrinho Julian Bell, cujo longo poema satírico "Arms and the Man" ["As armas e o homem"] foi publicado em *New Signatures*, uma antologia da Hogarth Press que apresentou poetas de esquerda como W. H. Auden, Stephen Spender e C. Day-Lewis. Bell expressou seu desejo de mudança revolucionária em dísticos estranhamente passadistas:

> Rápido então; se o fim tem de chegar,
> Qual caridade guerra haja no lar...
> Dos políticos a agir tire o direito
> De esticar o idiota ardil já feito.

Na manhã de 10 de dezembro, ao acordar de um sonho com seu velho amigo Lytton Strachey, Virginia sentiu que tinha de lhe escrever uma carta. Mais uma vez ela atravessava um período de repouso forçado, lutando contra uma forte dor de cabeça desde o fim de novembro — ataque incomumente longo, que a pôs de cama por um bom tempo. O sonho com Lytton, "mais vivo do que na vida real", retrocedia à época em que os dois eram bem jovens, embora ele já usasse barba: "Eu estava numa peça, na plateia, e de repente você, sentado numa fileira da frente, depois de uma passagem, virou-se e olhou para mim, e nós dois caímos na gargalhada." Ela escreveu relembrando a época e também por ter ouvido dizer que ele estava para partir numa viagem a Málaga e talvez passasse meses fora. Lytton, quando recebeu a "carta do sonho", faria de fato outra viagem, como ela soube poucos dias depois por um amigo dele, Ralph Partridge. Estava gravemente doente e em franco declínio, sem que houvesse acordo entre os médicos quanto ao diagnóstico e tratamento. Uma cortina parecia cair, uma sombra a toldar o dia a dia de Virginia. Lytton poderia morrer. Eram amigos íntimos, e ele retinha seu lugar nas afeições de Virginia, ainda que os círculos nos quais se moviam já não fossem os mesmos e eles se vissem apenas poucas vezes por ano. Raramente se correspondiam; a carta em pauta, excetuado um bilhete, era a primeira dela em quatro anos. Mas juntos, no passado, tinham rido muito, e o sonho presciente lembrou-a de como ela dependia de o ter na audiência, de ver seus pensamentos refletidos no olhar do amigo. Em diálogos imaginários, ainda conversava com ele.

A influência e a personalidade de Lytton tinham estado em sua mente por meses, antes desse sonho. Virginia escrevia então uma paródia das biografias vitorianas dele, uma "escapada" planejada para se distrair um pouco, após terminar *As ondas*. Em *Eminent Victorians* [Eminentes vitorianos] e em *Queen Victoria* [A rainha Vitória], Strachey, famoso iconoclasta, tinha exposto a verdade tenebrosa sobre lendárias figuras como Florence Nightingale, o general Gordon e a própria grande rainha. Virginia pôs-se a trabalhar numa biografia canina, imitação burlesca do estilo biográfico de Strachey, iluminando de fantasia a sátira. Seu tema era um eminente cachorro vitoriano, Flush, que descendia de uma longa linhagem de *spaniels* bem-criados e tinha sido de Elizabeth Barrett e Robert Browning. Virginia pôs seu herói quadrúpede em primeiríssimo plano, mantendo ao fundo os famosos amantes e dando eletrizantes vislumbres de seu romance. Ironizou o amor aos cães, traço típico inglês, e o culto sentimental prestado aos grandes vitorianos. Com finura de espírito, Strachey fizera bons estragos nos ídolos de seus leitores. Virginia, detectando presunção, fez troça da própria iconoclastia.

Seus laços com Lytton, que foi um dos melhores amigos de seu irmão Thoby, tinham fundas raízes. Ele os conhecera à parte, ela e Leonard, antes de os dois se conhecerem, e ajudou a pô-los juntos. Era uma das personalidades caracterizadas por ela em *As ondas* — Neville, o homossexual erudito e austero que ama Percival. Muito antes, fornecera inspiração para o amigo de Jacob, Bonamy, em *Jacob's Room* [*O quarto de Jacob*]. "Ele está em todo meu passado — minha juventude", disse ela a Ethel. Presença permanente em sua vida, parte dela, era um dos seis amigos íntimos sem os quais nem lhe interessaria viver. Disse que não havia ninguém, a não ser Leonard, de quem ela gostasse tanto.

A "serpente barbuda" era um homem alto e desajeitado, que enlaçava em arabescos seus membros longos e bambos, e sentava-se em silêncio, pronto a se enfiar na conversa com um gracejo mordente. Desde o dia em que seu irmão a apresentara a Strachey, Virginia o apreciara pela paixão por literatura e arte, a tímida impertinência e as frases lânguidas, polidas, ditas num barítono profundo ou num falsete de espanto. Por trás dos olhos dele, de um azul de gelo, ela detectara um eco de sua própria sensibilidade — ambos pensavam o mesmo sobre a maioria das coisas. Após a morte de Thoby, quando em visita à casa, Lytton demonstrou sentir a dor da família mais que qualquer outra pessoa de fora. Tinha amado em Thoby a monumental anglicidade, o charme e a inteligência que pareciam ser de outra época. "Ele mal seria deste mundo", dissera a um amigo, "se não fosse seu extraordinário senso de humor [...]. Quando você o vir, tenho certeza de que concordará que ele é um sobrevivente da grandeza dos bárbaros." Thoby, com 1,88m de altura, tinha um "rosto talhado em pedra viva" e representava para Lytton um ideal para sempre inatingível, "o perfeito espécime humano".

Poucos anos após a morte de Thoby, Lytton, atravessando uma de suas crises emocionais, tinha pedido Virginia em casamento, e ela, momentaneamente, aceitou. Era a serpente que se punha a tentá-la por entre os sentimentos dos dois pelo irmão morto, um fantasma do fruto proibido. Mas Lytton se deu conta, quase de imediato, de que não poderia se casar com ninguém, e certamente não com Virginia. Aquela virgem formidável lhe inspirava certo temor. "Ela é o que diz seu nome", escreveu ele a Leonard Woolf, contando toda a aventura numa carta para o Ceilão. No encontro seguinte, Virginia também tinha pensado melhor. Garantiu a Lytton que nenhum estrago fora causado, não sentia amor por ele, mas a amizade entre os dois continuava como antes. Ele, numa carta subsequente ao Ceilão, observou que Virginia era "jovem, impetuosa, inquisitiva, descontente e ansiosa para amar", instando Leonard a voltar e se casar com ela, antes que perdesse a oportunidade. "Se você vier e pedir, ela aceita. Sem dúvida aceitaria", anunciou Lytton, arrebatado pelo instinto casamenteiro. Leonard, que só estivera com Virginia uma ou duas vezes, respondeu em tom brincalhão que estava pronto "para tomar o próximo barco para casa", se ela o quisesse.

Virginia começou a escrever *Flush* [*Flush: memória de um cão*] como uma brincadeira com Lytton, o ironista, que detinha tantas chaves para o passado dela. Mas havia em *Flush* outros sentidos também, uma vez que Elizabeth Barrett e Robert Browning, que se rebelaram contra a repressão e viveram e trabalharam como iguais, estabeleciam um precedente para sua própria parceria com Leonard. *Flush* se refere indiretamente à fábula de seu casamento. Como com Ethel, fábula e fantasia ajudaram Virginia a se libertar de obsessões e seriedade excessiva. *Flush* satisfazia sua necessidade de leveza, era o humor de uma forma paródica, graças ao qual ela podia enganar o Deus destruidor que dava dor por prazer. Considerando a dor agora vinculada à doença de Lytton, sua opção pela biografia burlesca tinha um lado irônico.

Ele havia enfraquecido, com a perda de peso, e entrou em crise; o final de dezembro escoou entre alarmes sobre o estado de Lytton. O diagnóstico continuava a deixar em desacordo os médicos — seria o cólon ulcerado ou uma forma tifoide, a doença que matou Thoby? Virginia, que também estivera adoentada, sentiu-se pouco à vontade para ir ficar à cabeceira de Lytton, onde já montavam guarda vários irmãos e irmãs e o pessoal de sua casa, constituído por atuais e ex-amantes. Todos os dias, ela ia à casa da vizinha para telefonar e saber notícias. Escreveu a Ethel, em 23 de dezembro, que numa simples semana tinha vivido uns vinte anos. A doença tingia tudo — mentalmente ela conversava com ele, partilhando seus pensamentos. Dois dias depois, quando Lytton pareceu melhorar, Virginia se disse "além do sentimento" e de bom grado recebeu um alívio das emoções simplificadas produzidas pela crise. Ao pegar o telefone no quarto da vizinha, para ligar para a pousada onde a família de Lytton estava reunida, ela olhou com grande intensidade para os objetos sobre a mesa de Miss Dixey, e os copos de vinho, a latinha de chá, a fotografia vitoriana numa moldura ornada foram sinais auspiciosos de volta à variedade — "fastio, humor, desejo de rir com ele" — após a sufocante obsessão daquela semana.

Virginia vivia em seus amigos, tal como a fictícia Mrs. Dalloway, que se imaginou "sendo dispersa como névoa entre as pessoas que ela melhor conhecia". Sendo-lhe impossível retornar à sua rotina, enquanto a doença de Lytton se arrastava, mantinha-se ocupada revendo e polindo "A Letter to a Young Poet" ["Carta a um jovem poeta"], um ensaio, iniciado no outono anterior, sobre a situação da poesia contemporânea. Seria verdade, como alguns temiam, que a poesia estava morta? Muitos livros recentes de poesia tinham sido deformados por impurezas, pela pressão de ideias não poéticas e pela busca de relevância política. Mas esses versos empastados eram preferíveis às suaves frases sem sentido dos poéticos "necrófilos [...] que preferem muito mais a morte que a vida", que imitam Keats, Shelley ou Byron e evitam a luta viva. Ela instava seu "jovem poeta" a experimentar livremente e se esquecer da fama, lembrando-se de que "os maiores poetas eram anônimos [...] Shakespeare não ligava para a fama [...] Donne jogava seus poemas no lixo". A doença de Lytton fez com que ela ansiasse por apagar a si mesma, por atingir a leveza do anonimato. Sua vida se simplificava, cada vez mais, no novo ano. Consolava-a a ideia de que ele descendia de forte cepa anglo-indiana e demonstrara uma tenacidade calma que poderia salvá-lo. Durante os primeiros dias de 1932, Lytton pareceu melhorar; mas logo outra crise impeliu Virginia e Leonard a seguirem de carro, em 14 de janeiro, para a casa de campo dele em Ham Spray, Wiltshire. Não viram Lytton, cuja energia poderia exaurir-se com visitas, mas estiveram na pousada por perto onde a família e os amigos íntimos mantinham-se de sobreaviso. Depois do almoço, soluçando no ombro de Virginia, Pippa Strachey não se conteve: "Quase já não há esperança — ele está tão mal — como vai conseguir melhorar?" Antes, porém, de eles saírem, souberam que a temperatura de Lytton tinha bruscamente baixado. A família, extenuada, retornou à esperança. Outro sinal de complexidade se introduziu a essa altura no diário de Virginia. Ela invejou o ambiente rural de Ham Spray, o silêncio e o isolamento, longe do trânsito e dos tumultos das férias, a tranquilidade das aldeias no coração da "sólida Inglaterra", que faziam com que Rodmell parecesse quase subúrbio. Registrou esses sentimentos quatro dias depois, com Lytton ainda em progressiva melhora, mas seu tom era precavido; a sucessão de altos e baixos acabava resultando num declínio geral. Sua voz contida refletia a tensão de viver com a morte iminente, grudada ao telefone, tolhida pela alternância de abatimento e esperança — uma vida comprimida, sem os contornos e densidades usuais.

Virginia se comoveu com o grande sofrimento da companheira de Lytton, Dora Carrington, com quem suas relações sempre foram complicadas. Carrington (como ela preferia ser chamada) vivia com Lytton desde 1918, incumbindo-se do comando da casa e fazendo tudo por ele. Pintava e trabalhava como artista gráfica, mas sua arte vinha em segundo lugar. Anos antes, com medo de que ele a deixasse, Carrington tinha garantido a Lytton uma devoção integral: "Você é a única pessoa por quem eu cheguei a ter uma paixão de todo absorvente. Nunca mais terei outra." Admitindo francamente seu masoquismo, ela disse que o amor que nutria era "um dos mais humilhantes que alguém podia ter". Disse ainda que seu único desejo era fazê-lo feliz, "mais feliz que qualquer outro". Sua vida, desde então, girava em torno da de Lytton.

A história de Carrington também tinha elementos de romance e fábula. Em 1915, quando jovem estudante de arte, ela passara um fim de semana como convidada de Vanessa Bell em Sussex. Hospedaram-se em Asheham, então a casa de campo de Virginia, emprestada por ela à sua irmã. Um dos outros convidados era Strachey, escritor de língua afiada, luxuriantemente barbudo e treze anos mais velho do que Carrington, que a acompanhou num passeio pelos arredores. Momentaneamente atraído por seus olhos azuis, de expressão travessa, e seu jeitão de garoto, num impulso ele parou e beijou-a. Carrington saiu correndo e, de volta à casa, queixou-se com Barbara Hiles, sua colega como estudante de arte: "Aquele velho horroroso, o barbudo, me beijou." Não havia por que se preocupar, replicou Barbara, Strachey era homossexual. "O que é isso?", perguntou Carrington, que desconhecia a palavra, e a explicação de Barbara não bastou para acalmá-la. Bem cedo, na manhã seguinte, ela entrou no quarto dele com uma tesoura na mão, decidida a cortar aquela barba. Já se dobrava sobre o dormente quando este abriu os olhos e se pôs a mirá-la cara a cara, dando-lhe o especulativo olhar de um observador penetrante — irônico e a nada exigir, sensível, imparcial. Carrington ficou fascinada, assim diz a lenda, e se apaixonou perdidamente na hora.

Um momento romântico, que deu início a uma longa e obsessiva ligação. Carrington, que odiava o próprio corpo e sentia trair sua natureza mais íntima quando tinha prazer fazendo sexo com um homem, encontrou satisfação profunda em zelar pela saúde de Lytton, em servi-lo como Leonard servia a Virginia. Ele era seu "Papai" adorado, seu mentor maroto, cuja espirituosidade encobria sérias ambições artísticas. Todos os laços os uniam, exceto o das relações sexuais, que só tentaram uma vez. Carrington teve amantes ocasionais, sem perturbar com isso a ligação, e finalmente se casou com Ralph Partridge, um ex-oficial do exército com interesses literários, em grande parte porque Lytton tinha gostado dele. Os três viviam juntos e se mantiveram dedicados uns aos outros, apesar da "complexidade arriscada" de seu *ménage*. Carrington insistia que somente por Lytton, para ela, valia a pena viver, e isso também se tornou parte de sua lenda. Certa vez, no começo de tudo, quando o sinólogo Arthur Waley lhe indagou o que ela afinal podia ver naquele homem de letras tão desajeitado e ranheta, travessamente ela explicou: "Oh, são seus *joelhos*." Um absurdo lírico que se associava à zombaria em surdina. Os joelhos de Lytton eram o signo sob o qual ela defendia sua individualidade em posição de combate.

Mais do que nunca, nessa época da doença, ele foi sua "paixão de todo absorvente". Sua vida fora construída com base nessa paixão, que impregnava os objetos domésticos a circundá-la em Ham Spray — um par de óculos de Lytton, uma chaleira rachada, a predileta, as estantes de livros que arrumaram juntos. Havia, contudo, uma selvageria em Carrington. Era uma estranha, como Rhoda em *As ondas*, que sabia de outro dia, um mais profundo, onde o sol sobe e se põe só uma vez. Seus amigos tinham medo de que ela se matasse, se Lytton morresse. Isso era dado por quase certo. Em 1º de janeiro, Virginia anotou em seu diário que um amigo tinha sido "convocado para ficar com Carrington, que eles acham que vai cometer suicídio".

Virginia gostava da vivacidade de Carrington, mas tinha sentimentos ambíguos quanto à influência dela sobre Lytton, responsabilizando-a pela superficialidade de seu último livro, *Elizabeth and Essex* [*Elizabeth e Essex*]. O temor de que a pintora fosse mesmo se matar deixou-a às voltas com impressões de culpa, ecos confusos de seus próprios atos autodestrutivos. Lembrou-se também da ocasião em que Ralph Partridge tinha pressionado Carrington a se casar com ele, que trabalhava então como gerente da Hogarth Press. Virginia o encorajara a persistir, com a esperança secreta de que Lytton se desligasse daquela garota inculta. Ironicamente, o casamento teve o efeito contrário, mas Carrington tinha percebido a atitude crítica de Virginia e se sentiu magoada. Queixou-se de que os amigos de Lytton não a julgavam à altura dele, mas era injusto Virginia dizer que nada havia de comum entre os dois, considerando-se como ela gostava de Donne, de Macaulay, dos ensaios do próprio Lytton. Além disso, Virginia tinha dito a amigos que Lytton se aborrecia com Carrington, a cujos ouvidos isso também chegou. Agora, embora já fosse tarde, Virginia falou e escreveu em termos consoladores, garantindo a Carrington que seu companheirismo tinha alegrado a vida de Lytton, prolongada por sua devoção.

Em 20 de janeiro, ao saber por uma enfermeira que o caso de Lytton não tinha mais esperanças, Carrington tentou se matar, inalando na garagem a fumaça do escapamento; foi encontrada inconsciente, no banco de trás do carro, e reanimada por Ralph. Em 21 de janeiro, Virginia, pela última vez, relatou uma trégua: "Muito melhor de novo." Sentindo uma espécie de vertigem, pareceu ver "o globo do futuro despedaçando-se perpetuamente — sem Lytton & depois, ora vejam, se enchendo outra vez". No dia seguinte, ela se corrigiu: "Muito melhor era muito pior. Lytton morreu ontem de manhã."

[Virginia a Carrington, 31 de janeiro de 1932]

É odioso o sentimento de que as coisas aqui em Londres recomeçam sem ele. Constato que eu não posso escrever sem bruscamente pensar Oh, mas Lytton não vai ler isso, e é isso o que deixa tudo sem nexo [...]. E o que deve ser para você — espero poder vê-la algum dia e te falar da época, depois da morte de Thoby, em que você ainda não conhecia [Lytton] e eu costumava estar com ele. Mas nunca eu lhe poderia ter dado o que você deu. Eu costumava rir dele por ter ficado tão meigo e tão bem-humorado (você sabe como eu gostava de rir dele) e ele dizia: "Oh, mas é mesmo uma maravilha, sabe — Ham Spray e tudo mais — e tudo é o que Carrington faz..." Antes de te conhecer, ele vivia deprimido e inquieto — e tudo isso mudou.

5
Fantasmas: o quarto vazio

A chapada de Sussex, onde Virginia tinha uma casa de campo desde 1912, oferecia uma rápida escapada de Londres e a promessa, como ela escreveu em 1932, "de capim não pisado; aves selvagens voando; morros cuja suave elevação continua esse selvagem voo". Ela sempre passava dois meses de verão em Monk's House e ao longo do ano vinha da cidade, em feriados e fins de semana prolongados, para perambular pela chapada e por toda a zona rural, fosse qual fosse o clima. Não havia maior prazer em sua vida, disse, do que andar sozinha pelo campo. A aldeia de Rodmell, composta de uma única rua à margem de uma estrada secundária — uma oficina de ferreiro no cruzamento; um bar, uma igreja e um montinho de casas —, a deixava fincada na Inglaterra. Do jardim dos fundos de sua casa, que se limitava com o cemitério da igreja, ela via o campanário de quinhentos anos, cuja cruz negra se delineava contra a distante Asheham Hill. Em seu diário, anotou que se associavam nessa vista "todos os elementos ingleses, acidentalmente postos juntos". Poucos passos além de seu jardim começava o brejo à beira do rio — o campo e as casas preservavam-se em conjunção harmoniosa numa paisagem pastoril atemporal.

A chapada, nua e sem árvores por ter o solo calcário, emoldura a vista dos dois lados do rio Ouse: morros "de costas de baleia" que nunca deixam de ser vistos nesse recanto de Sussex e se erguem em torno de Rodmell como ondas de capim no horizonte, com seus bojos maciços que os carneiros pontilham e antigas veredas cruzam. As elevações arredondadas e verdes podem às vezes parecer áridas. Mas o clima ali é amenizado pela brisa do canal da Mancha, que fica próximo, e as áreas planas se cobrem de gramíneas e arbustos exuberantes, cuja influência benigna, como observou Leonard Woolf, "pode tornar perfeita a felicidade de alguém, minorando-lhe os sofrimentos". A paisagem foi celebrada, no século XVIII, pelo naturalista Gilbert White, que viu uma doçura de índole maternal "no aspecto tão bem-figurado dos morrotes calcários, em relação aos de granito [...]. Percebo algo análogo ao crescimento nas protuberâncias que incham, suaves e lisas como cogumelos, com seus flancos estriados e as depressões e elevações regulares que nos trazem um ar de dilatação e expansão vegetativa".

Ao voltar de uma de suas longas caminhadas a esmo, Virginia observou que a região continha beleza suficiente para "fazer flutuar de felicidade uma população inteira", se as pessoas aprendessem primeiro a usar os olhos. Todas as tardes ela fazia uma caminhada de uma ou duas horas. Ora ia pela beira do rio, contornando o brejo entre flores silvestres, ora andava até mais de 12km, transpondo cercas, subindo pelos morrotes. Seus passos largos afetaram o ritmo de sua prosa, pois, como ela explicou quando compunha *As ondas*, "escrever nada mais é do que pôr palavras nas costas do ritmo". Entre a página de romance que lhe ocupava a cabeça e os passarinhos que via numa cerca viva sua atenção ia e vinha. O prazer de andar, para Virginia, entrelaçava-se com o prazer de escrever; a combinação de atividade física e liberdade imaginativa a deixava numa espécie de transe. Após um trecho de composição ao ar livre, sentia-se, como escreveu em seu diário, "nadando, voando pelo ar". Encantava-se com a "torrente de sensações & ideias; e a lenta, mas inovadora mudança de morrote, de estrada, de cor; tudo isso cristalizado numa folha fina e rara de felicidade calma e perfeita". Nessa folha, falando alto consigo mesma, sem pudor de tagarelar, ela pintou alguns de seus "melhores quadros", enquanto os morrotes pareciam pairar acima dela "como asas de aves que se abriam".

Essa paisagem ondulada, semivirgem e frágil se achava ameaçada. Rodmell está a pouco mais de 60km de Londres e a apenas 8km, através das elevações, do apinhado balneário de Brighton, de cujas extremidades casas feias de veraneio já avançavam pela costa. Em abril de 1931, Virginia ficou enfurecida quando um político local construiu uma casa nova e horrorosa numa encosta que se sobrepunha à aldeia; no mesmo ano, em setembro, passou noites sem dormir ante o boato de que um construtor tinha planos de encher de bangalôs o mesmo morro. Em seus momentos de maior desânimo, imaginava a cultura rural de Sussex sendo arrasada de vez e um burburinho de casas, canis, comércios subindo pelos morrotes e transformando todo o distrito num subúrbio de Brighton. No fim do ano, enquanto ela estava preocupada com a doença de Lytton, uma agressão visual ainda maior surgiu na vizinhança. Operários começaram a erguer estruturas de longarinas de aço na margem do rio Ouse oposta a Monk's House: três galpões de aço galvanizado, "literalmente do tamanho da catedral de St. Paul e da abadia de Westminster". Ela ficou condenada a olhar para aqueles monumentos do progresso durante todas as três semanas de suas férias no Natal. As estruturas, construídas para abrigar uma fábrica de cimento, dominavam a vista desde o jardim de Virginia, e ela as viu como maus presságios. Acabada a construção, a Alpha Cement Company começaria a extrair calcário e barro dos morrotes em torno, deixando talhos nas encostas que são visíveis até hoje, embora a fábrica já não exista mais. Escrevendo a Ethel uma semana após a morte de Lytton, Virginia se espantou com a veemência de sua raiva impotente: preferiria viver em qualquer "buraco suburbano", disse ela, a ver a chapada e o brejo "trucidados palmo a palmo por esses malditos sodomitas. Mas em geral eu gosto de sodomitas; não consigo pensar numa palavra que defina esses — só isso". Sua raiva dos construtores e a tristeza quanto a Lytton, que havia sido o sodomita-mor de Bloomsbury, fundiram-se com uma visão da chapada agreste engaiolada por longarinas. No meio da noite, Virginia despertava oprimida por uma sensação horrorosa de "estar num salão vazio. Lytton morto & essa construção de fábricas".

O relacionamento de Lytton e Carrington preservava remanescentes da destrutividade patriarcal; por trás da fachada boêmia de seu *ménage à trois*, eles tinham criado seu próprio equivalente da família vitoriana — ele desempenhando o papel dominante de pai, Carrington cuidando da casa e proporcionando estabilidade doméstica, Ralph Partridge atuando como moderador emocional. Carrington venerava Lytton, como se esperava que a típica esposa vitoriana venerasse seu senhor e dono, subordinando completamente sua personalidade à dele. Tinha perdido a capacidade ou o desejo de ser ela própria. Ironicamente, sua servidão emocional contradizia todas as ideias avançadas de Lytton sobre liberdade pessoal, fazendo de Carrington a equivalente de uma escrava do amor. Virginia, que definiu a mulher vitoriana ideal, o "Anjo da Casa", em seu discurso ferino de janeiro de 1931, sentiu-se ameaçada pela voluntária humilhação de Carrington e acusou-a de exercer má influência sobre Lytton. Mas foi forçada a perguntar-se agora se essa má influência poderia ter sido em sentido contrário. A questão se colocou uma semana após a morte de Lytton, quando o irmão dele, Oliver, jantou com Virginia em Tavistock Square — um velho excêntrico cuja conversa loquaz ela transcreveu por extenso no diário. Ele informou que o misterioso problema estomacal de Carrington tinha sido um câncer incurável. Oliver era um racionalista empedernido que confessou ser frio e indiferente em relação aos próprios filhos. Falou sem parar sobre as coisas mais variadas, de uma sessão de leitura antes da guerra às infidelidades de sua ex-esposa (que tinha tido cinco filhos, "nunca do mesmo homem"), e abordou ainda a natureza da civilização; depois, quase sem tomar fôlego, expôs a opinião prevalecente de que Carrington iria se matar, como já tentara antes; seus amigos agora tinham medo de deixá-la sozinha. Ele não via, no ato, nada de "contrário à razão", desde que a pessoa o praticasse de modo deliberado, dando tempo de passar o primeiro choque de dor. "A mim o suicídio parece muito sensato." Virginia anotou a opinião e em decidido resumo tomou Oliver por "um velho antiquado, mas tenaz: com uma chama por dentro". Ela também tinha defendido o direito de dar fim à própria vida, se bem que não em termos tão desapegados e frios. A sensatez do suicídio, no caso de Carrington, estava longe de evidenciar-se por si, e além disso Virginia sabia a diferença entre manter tal teoria e agir de acordo com ela. Oliver Strachey podia se mostrar despreocupado e quase indiferente, mas ela sofrera do mesmo modo e desejou salvar Carrington de seus próprios impulsos. Nas semanas seguintes, fez tudo o que a longa e ambivalente relação entre elas lhe permitia fazer — enviando cartas e convites para ilustrar livros para a Hogarth Press e visitando Carrington duas vezes em Ham Spray. O estado de depressão de Carrington fundia-se em sua mente com outros sintomas da patologia vitoriana.

O diário de Carrington revela a lógica de autoimolação por trás de sua máscara enlutada. Lytton era único, insistia, um companheiro a quem jamais ela precisara mentir, que era "incapaz de fazer mal" e nunca tinha esperado que ela fosse diferente do que era. Como um bom pai, amava-a incondicionalmente, consolando-a nos momentos de tristeza e realçando seus sucessos por participar também deles. Toda a vida de Carrington girou em torno do desejo de agradar a Lytton; sem esse motivo, ela não via razão para viver. Escreveu: "De que adianta agora tudo o que eu vejo todo dia em conversas, belas visões, gracejos, dores e até mesmo pesadelos? A quem é que posso contá-los? Quem vai entender? [...] É num livro vazio que eu escrevo. Num quarto vazio eu choro." As últimas palavras, escritas em 17 de fevereiro de 1932, correspondem ao tom do próprio diário de Virginia, no qual, em 8 de fevereiro, ela anotou sua visão insone de "estar num salão vazio. Lytton morto & essa construção de fábricas". A coincidência verbal entre o "salão vazio" de Virginia e o "quarto vazio" de Carrington sugere a intuitiva conexão entre elas. Carrington levou a lógica emocional da vítima à sua conclusão, alegando que o suicídio é racional e permissível e citando o ensaio "Of Suicide" ["Sobre o suicídio"] de Hume, que sustenta que dar fim a uma vida de sofrimento é muitas vezes o menor de dois males. Ela copiou em seu diário o juízo do filósofo de que o suicida "não faz mal à sociedade. Ele apenas deixa de fazer bem. Não estou obrigado a fazer um pequeno bem à sociedade à custa de um grande mal a mim mesmo". Por trás desse argumento jazia o sentimento de que sua vida não tinha o menor sentido, a não ser em relação a Lytton. Era ele quem lhe conferia a autoestima que lhe permitia ir vivendo; sua morte a fazia sentir-se inútil.

Carrington enveredou por uma espécie de pensamento mágico; tinha a necessidade de artista de criar sua própria lenda. A amiga Julia Strachey, num perfil intitulado "Carrington: A Study of a Modern Witch" ["Carrington: um estudo de uma feiticeira moderna"], descreveu o fascínio que ela exercia sobre os amigos. Tendo a espontaneidade tímida da mulher-menina, despertava instintos protetores nos outros. Mas, sem seu "Papai", não conseguia imaginar o futuro, nem prosseguir com sua especial magia. Uma premonição da morte de Lytton, pouco antes da manifestação da doença, ocorreu a Carrington quando ela entrou num concurso promovido pela *Weekend Review*, que tinha publicado uma lista de escritores bem conhecidos, entre os quais Lytton, e desafiado os leitores a escrever obituários no próprio estilo do autor escolhido. Carrington, que amava humor macabro, entregou-se à ideia: concorreu com um retrato esdrúxulo do grande biógrafo aos 99 anos de idade, "tricotando um agasalho para seu gato predileto". O venerando senhor viu um botão que estava solto cair na grama. Aborrecido com a "indizível" desordem, abaixou-se para apanhá-lo e instantaneamente expirou sob um azinheiro. Ela assinou o trabalho como Mopsa, que era seu apelido, e escreveu a Lytton, quando soube que tinha ganho o primeiro prêmio, zombeteiramente alarmada de que seus dois guinéus fossem retirados, ao passo que descobrissem quem ela era; diriam que ele escrevera aquilo para ela. Mais tarde, veria-se, no entanto, dominada por lágrimas. Na doença de Lytton, a lembrança dessa brincadeira lhe causou profundo desgosto, como um sinal de que ela não o tinha amado nem o apreciado bastante.

"O que há de acontecer agora com Carrington?", perguntou-se Virginia logo após a morte de Lytton. Tendo trabalhado duro para matar o "Anjo da Casa" dentro dela mesma, e sensível a seu insidioso poder, bem sabia como ele dominava Carrington. A decisão de Virginia, no ano anterior, de escrever uma paródia de biografia stracheyana refletia seu julgamento cético da iconoclastia de Lytton. A escrita dele glamorizava os vitorianos, embora lhes desinflasse as pretensões, e dava-lhes, ao inverter as devoções de outrora, uma sobrevida nova e nostálgica. Lytton era intelectualmente emancipado, mas seu tom enérgico e discriminador devia algo à influência do general Strachey, seu pai dominador. O *Flush* de Virginia, malgrado sátira menor, representou outro esforço de desfazer o nó de reverência que a atava ainda aos vitorianos, contribuindo para aclarar seu pensamento político. Deveríamos acabar com as estátuas públicas, dava ela a entender, e não ter santos nem antissantos, nem as sóbrias eminências do *Dictionary of National Biography* [Dicionário biográfico nacional] de Leslie Stephen, nem os egoístas de pés de barro do *Eminent Victorians* de Strachey. Sua pequena biografia canina, escrita por alívio após *Os anos*, abriu uma nova etapa na carreira de Virginia, que seria marcada por posições cada vez mais radicais e ainda um empenho de desmistificar de uma vez por todas os vitorianos. Olhando para dez anos à frente, em 1931, ela havia previsto: "Hei de escrever alguns livros bem singulares, se eu viver até lá."

Ao manter os olhos em Flush, Virginia dissolvia o feitiço daquelas poderosas figuras ancestrais. Um cachorrinho entrava em primeiro plano; os Browning e seus antagonistas perpassavam a salvo pelas margens do quadro. Ela esboçou sua crítica antivitoriana sem o envolvimento emocional que iria exauri-la, alguns anos depois, quando desenvolvesse o tema por extenso em Os anos e em Three Guineas. Flush evitava complexidades; apresentava vislumbres da austera residência de classe média em Wimpole Street dominada pelo tirânico Mr. Barrett — quartos escuros, cheios de cortinas, onde nada era o que era, onde "tudo era outra coisa". Além daquela fortaleza irreal, dela separada por poucas ruas, ficavam os cortiços de Londres, uma selva de miseráveis vielas onde, como Elizabeth Barrett constatou ao pagar o resgate exigido pelos sequestradores de cães que levaram Flush, havia "feras rondando e cobras venenosas se retorcendo". Virginia, em sondagens psicológicas, aludiu à forte repressão sexual dos moradores da fortaleza grã-fina, mas a história acabaria muito bem para Flush, que fugiu para a Itália com os Browning e lá encontrou uma liberdade que os humanos nunca conhecem, um amor "que não tem vergonha; nem remorso [...] tal o descaso com que Flush beijou o spaniel com pintas que descia a alameda e o cachorro malhado e o cachorro amarelo — não importando qual". À luz mediterrânea, mais clara, mais quente, Flush escapou da prisão imposta pelas distinções de casta e posição social. Infestado de pulgas, foi tosquiado e se viu pelado no espelho, descobrindo as alegrias do anonimato ao livrar-se das insígnias de seu puro sangue. Flush perdeu o pelo lustroso, mas ganhou algo imensamente mais valioso, como disse Mrs. Browning, ao notar que seu novo porte sugeria sabedoria. "Talvez ela estivesse pensando no ditado grego, de que a felicidade só pode ser alcançada pelo sofrimento. O verdadeiro filósofo é o que perde seu pelo, mas fica livre de pulgas."

A "escapada" satírica de Virginia coincidiu com uma intenção mais séria. Ela andava planejando um livro sobre "a vida sexual das mulheres" desde seu discurso sobre o "Anjo da Casa", e em vários momentos, enquanto escrevia Flush, formulou planos para esse livro, que talvez se chamasse "Knock on the Door" ["Batida na porta"]. Seu objetivo era explorar as variedades de "amor", que havia abordado tão por alto em *Flush*.

As preocupações com Carrington passaram a ter menos relevo durante o mês de fevereiro de 1932, enquanto Virginia trabalhava duro, revisando seus ensaios críticos para uma nova coletânea, *The Common Reader*: *Second Series* [*O leitor comum*]. Ela também levava uma vida social muito ativa, vendo velhos amigos e de novo brigando com a empregada Nelly. Mas de Ham Spray chegou a notícia de que o estado mental de Carrington ainda era precário, e Virginia escreveu algumas cartas, tentando consolá-la e lembrando da juventude de Lytton. Seus apelos canhestros a Carrington — "Temos de viver e ser nós mesmos [...] ninguém mais que você tem de viver" — imbuíam-se do peso de seu próprio histórico de suicida. "Todos nós lhe agradecemos pelo que você deu a Lytton", dissera ela em sua nota de condolência de 21 de janeiro. "Pense nisso, Carrington, por favor, e permita-nos abençoá-la por isso." Uma semana depois ela escreveu a carta citada no fim do capítulo precedente, enfatizando o quanto Carrington tinha feito por Lytton — "Nunca eu lhe poderia ter dado o que você deu" — e admitindo a inutilidade de suas tentativas de consolação. "Para você agora isso não adianta nada", disse, "mas para nós, sim." No final de fevereiro, após uma visita a Ham Spray, pensou em escrever alguma coisa sobre sua amizade com Lytton, na juventude. Lamentava tê-lo visto tão pouco nesses últimos anos, mas o vínculo entre eles permanecera forte.

Virginia também esteve envolvida, no decorrer de fevereiro, com duas questões públicas de tipos bem diferentes. O caso Potocki, que veio à tona no início do mês, dizia respeito a um conde polonês que estava sendo processado por tentar publicar por conta própria um livro de poemas obscenos. Os poemas eram dedicados a "John Pênis no Monte de Vênus", e Virginia, ao descrevê-los numa carta enorme a Clive Bell, citou versos memoráveis como "Oh que bom que é sentar e foder: metendo e gozando na boceta de Pegg". Leonard concordara em organizar a defesa do conde, e Virginia foi arrastada para o turbilhão de atividades de que o caso se cercou — tão voltada para ele, como escreveu a Ethel, que "não tinha tido tempo de comprar ligas: minhas meias caíram; nem penas: não me resta nem uma para escrever — nem mesmo botas — oh nada, e tudo por causa do órgão masculino do conde polonês se enfiando no Monte de Vênus". No final de fevereiro, ela e Leonard foram ao tribunal para ouvir Jack Hutchinson, seu amigo advogado, defender o caso, e viram o conde bobo condenado a seis meses de prisão. Um dia depois do julgamento, que expôs o tipo de absurdo torpe com que Lytton teria se deliciado, Virginia escreveu a Carrington outra carta de consolação, agradecendo-a por ter mandado fotos de Lytton e dizendo que sonhava constantemente com ele. Tinha "a mais estranha impressão de vê-lo vindo pela rua". Da carta se desprende um lamento pelos mal-entendidos do passado e as oportunidades perdidas. "Não consigo descrever para você a impressão que eu tenho de querer dizer alguma coisa a Lytton. Nunca leio um livro agora com o mesmo prazer. Ele era parte de tudo o que eu fazia." E mais uma vez ela insistia que Carrington precisava viver, a fim de manter vivas essa memória e influência. "Enquanto você estiver aí", disse, "alguma coisa da melhor parte da vida dele continua." Virginia reconhecia, entretanto, que não havia defesa contra o sofrimento e voltou a esse tema em 10 de março, após uma nova visita a Carrington em Ham Spray: "Prossiga então, minha querida, por mais detestável que isso lhe seja." Em certo sentido, era ela que prosseguia numa discussão adiada consigo mesma. Suas claudicantes palavras de simpatia — "alguma coisa da melhor parte da vida dele continua" — espelham a compaixão legítima que ia além da forma convencional. Correspondendo ao sentimento, Carrington agradeceu a Virginia por ter escrito e disse que sua carta era uma das muito poucas que a tinham ajudado — "a sua mais que todas, porque você compreende".

Ao mesmo tempo, Virginia tomou uma decisão que refletia seu crescente desinteresse por todas as atividades culturais de caráter oficial. Em 29 de fevereiro, ela recebeu um convite da Universidade de Cambridge para proferir seis palestras sobre literatura inglesa. Comovia-a saber que seu pai tinha proferido a primeira série dessas Palestras Clark, em 1883, e que ela era a única mulher a ser até então convidada. Escreveu no mesmo dia a Clive Bell e exultantemente prometeu "contar a todo mundo que eu puder, da maneira mais casual"; não obstante recusou o convite. Como mostra seu diário, cada vez mais ela se definia como uma desenquadrada política, um tribuno cultural cujo dever é preservar sua independência. Não, ela não queria passar um ano só fazendo crítica, em vez de ficção, e além disso não queria tornar-se uma "funcionária" e assim ser silenciada quando fosse hora de atacar o *establishment*; como poderia escrever "Batida na porta", o livro antipatriarcal que andara planejando, se se dedicasse a essa charada erudita? Recusou por razões políticas e também artísticas, contente de poder recusar, malgrado o pensamento agridoce de que seu pai "teria corado de prazer se eu lhe pudesse ter dito há trinta anos atrás que sua filha — a coitadinha da Ginny — seria convidada a sucedê-lo: o tipo de atenção de que ele gostaria".

No início de março, os amigos de Carrington começaram a pensar que suas tentativas para restaurar o interesse dela pela vida estavam dando resultado. Achavam que ela tinha se resignado, cuidando agora do jardim e, dentro de casa, pondo as coisas em ordem. Plantou narcisos e galantos num recanto que ela mesma limpou, com vista para a chapada. Ralph observou, todavia, que andava numa "arrumação excessiva" entre os arbustos, em especial num ponto favorito sob o pé de azinheiro, onde ela havia pensado enterrar as cinzas de Lytton. Reiteradamente pedia para ser deixada sozinha e poder se haver com seus pensamentos, mas tais pedidos o preocupavam. "Ela diz que apenas quer solidão", disse ele, "mas não acredito nisso." Apesar de tudo, Carrington parecia melhor, e a vigilância de Ralph não podia continuar indefinidamente. Em 10 de março, ele foi a Londres, deixando-a em Ham Spray. Como a cozinheira também estava fora, com gripe, ela ficaria sozinha, e assim ele tomou a precaução de pedir aos Woolf que fossem visitá-la nesse dia. "A única chance parecia ser propiciar a ela uma pausa", Virginia explicou depois.

Durante essa visita, Virginia tomou aguda consciência do sofrimento de Carrington, que constituía um acompanhamento calado da rotina social de praxe. Ela e Leonard chegaram às 13h30, atrasados para o almoço, e Carrington, que em geral se acusava de fazer tudo errado, recebeu-os se desculpando, como se a confusão fosse dela, e ofereceu-lhes um almoço "suculento", com uma sopa quente e farta na gélida sala de jantar. Entre outras coisas, falaram de Mrs. Keppel, antes amante do rei Edward VII, que Virginia tinha conhecido no dia anterior — velha cortesã impudente e amável "cujas mãos andaram metidas nas sacolas de dinheiro nos últimos cinquenta anos", ainda toda animada e em vésperas de viajar a Berlim para ouvir Hitler discursando. Depois do almoço, eles foram até o estúdio de Lytton, para se aquecer. Ao agradável fogo da lareira, brilhavam os livros, as fileiras de belas edições, as estantes em perfeita ordem, tal como Lytton gostava. Reunir e arrumar a biblioteca tinha sido um passatempo favorito dos dois. Carrington levou-os a seguir para ver seu recanto recém-plantado e deixou-os passeando pelo jardim, enquanto voltava para casa para escrever umas cartas. Leonard acabou indo cuidar do carro e Virginia se dirigiu também para a casa, onde Carrington a encontrou folheando um livro. Até então elas não tinham passado dos assuntos triviais de uma conversa comum. Leonard se lembrou desse dia, anos mais tarde, como "um dos mais dolorosos que já tive de aguentar lentamente". A desesperança contrastava com a beleza do tempo, incongruentemente ensolarado, rútilo, tonificante.

Virginia, sozinha com Carrington, pediu para ir ver a vista e, no andar de cima, elas ficaram a uma janela, olhando para o jardim e a chapada. Carrington disse: "Quero deixar os quartos de Lytton como ele os tinha. Mas os Strachey dizem que isso é mórbido. Você acha que eu estou sendo romântica?" Virginia tranquilizou-a: "Oh, não, eu também sou romântica." Carrington explodiu em lágrimas e Virginia a amparou em seus braços, quebrando-se a barreira entre as duas. Abraçavam-se ainda quando Carrington falou sobre seus sentimentos de fracasso: "Não me resta nada a fazer. Tudo o que eu fiz, foi por Lytton. Mas fracassei em tudo mais. Há quem diga que ele foi muito egoísta comigo. Mas ele me deu tudo. Eu era dedicada ao meu pai. E odiava minha mãe. Lytton foi como um pai para mim. Ele me ensinou tudo o que eu sei." Era um apelo poderoso, e Virginia reagiu diretamente ao sentido tácito das palavras de Carrington, irrompendo além de outra camada de reserva. Reconheceu, sem julgar, o impulso de autodestruição, percebendo, como disse mais tarde, "que ela não conseguiria aguentar muito mais tempo". "Eu não quis mentir para ela — não podia fingir que não havia verdade no que dizia. Eu disse que a vida às vezes me parecia sem finalidade e esperança quando acordava no meio da noite & pensava sobre a morte de Lytton." Essas palavras, fazendo eco ao próprio estado de espírito de Carrington, tocaram-na e consolaram tanto quanto quaisquer palavras poderiam, se bem que Virginia se perguntasse mais tarde se não lhe reforçaram também o ânimo desesperado.

Carrington se reinstalara em sua vida doméstica e parecia estar se recuperando; previa partir para o sul da França, em férias, na semana seguinte, mas suas intenções suicidas já se moviam à frente, num próprio caminho à parte. "Peguei na mão dela", recordou Virginia. "Tinha o pulso muito fino. Parecia abandonada, desamparada, como um bichinho deixado para trás." Pálida, olhando para dentro, como que pronta a desaparecer no interior de si mesma, Carrington havia então assumido uma aparência de fantasma, deixando à vista somente uma criatura infantil e submissa. Essa impressão foi reforçada mais tarde, após o chá, quando os Woolf estavam de partida. Como uma lembrança de Lytton, Carrington deu para Virginia uma caixinha francesa com o Arco do Triunfo pintado. Não tinha o direito, disse, de distribuir as coisas de Lytton, mas nesse caso era diferente, pois ela mesma o presenteara com aquilo. Virginia observou novamente "que parecia amedrontada de estar procedendo mal — como uma criança já repreendida".

Os Woolf estavam preparados para passar a noite, caso solicitados a tanto, mas Carrington não deu nenhum sinal de que quisesse prolongar a visita. Beijou Virginia, que cautelosamente lhe pediu para lembrar-se deles, quando fosse a Londres. "Na semana que vem então venha nos ver — ou não —, como você preferir." Ao que Carrington respondeu: "É, ou vou, ou não." Acenando-lhes, manteve-se de pé à porta, com sua solidão acentuada pelo silêncio do campo, e depois desapareceu na casa, enquanto Virginia e Leonard iam pegar a estrada. Nessa mesma noite, pelo último correio, Virginia mandou um bilhete a Carrington, dizendo escrever num impulso incontrolável, apenas para agradecê-la por manter viva a memória de Lytton e a casa "tão agradável — os quartos, os tapetes, as árvores lá fora [...]. Senti-me consolada andando embaixo das árvores". Repetiu os argumentos de sempre em favor da vida — "O que você faz ninguém pode fazer" — e assinou-se assim: "Sua velha amiga dedicada, que faria qualquer coisa, se pudesse."

Na noite seguinte, 11 de março, a notícia da morte de Carrington foi trazida por Stephen Tomlin. Na manhã desse dia, depois de tomar café e ler suas cartas, ela tinha se dado um tiro. Estava em pé perto de uma janela, onde trocara o tapetinho favorito que em geral ficava lá por outro, inferior, e disparou a bala que atingiu sua coxa. O jardineiro a encontrou sangrando no chão. Ainda estava consciente quando Ralph Partridge chegou e insistiu, com a leve indicação de um jogo de palavras sobre seu sobrenome, que ela tinha pegado a arma para atirar em duas perdizes no gramado, e que o disparo fora acidental. Todavia, ela planejara tudo cuidadosamente, levando para casa o revólver, que pediu emprestado a um conhecido da vizinhança, sem que ninguém desconfiasse de nada. Deixou uma carta, talvez escrita enquanto Virginia e Leonard passeavam pelo jardim, declarando sua esperança de que Ralph se casasse outra vez, listando presentes para os amigos e pedindo que enterrassem suas cinzas perto das de Lytton, no "cemitério" que havia arrumado sob o azinheiro.

Virginia e Leonard foram as últimas pessoas com as quais ela falou antes do "acidente". O bilhete de Virginia, que chegou pelo correio da manhã, estava entre as últimas cartas que leu. Os Woolf, perplexos com o acontecido, pareciam ter topado com um muro invisível. Caminhando por Londres nessa noite, Leonard procurava palavras para expressar sua frustração e a de todos: "As coisas deram errado." Mais tarde, Virginia se lembrou de que eles estavam passando por uma silenciosa rua azul, com andaimes montados. "Eu vi toda a violência & desrazão a cruzar no ar: nós mesmos pequenos; fora um tumulto: alguma coisa aterradora: desrazão." A lembrança de Carrington tal como a viram pela última vez — "muito gentil e afetuosa" — conflitava com essa manifestação impulsiva de violência. Não havia como reconciliá--las. Mas a morte se incumbiu de mudar o modo de olhar as coisas. Para Virginia, fixou a memória de sua intimidade final com Carrington; tinham estado mais perto uma da outra, naquele dia, do que em qualquer outro momento dos anos em que se conheceram. Ficaram abraçadas à janela, olhando a vista.

* * *

[Diário de Carrington, março de 1932]

Conselho para si mesmo

Abaixe o pavio!
Sua noite acabou
Outro sol se levanta
Outro dia começou agora
Abaixe o seu pavio.

Apague a luz!
É tempo de expirar
"Corpo e alma" findam sua canção
Retire-se minha lua pálida,
E apague sua luz.

6
Fantasmas que vêm da Acrópole

Durante semanas, após o fato, Virginia foi perseguida pela figura solitária de Carrington dando adeus e se virando para entrar em casa outra vez. Como a cena repetida de um filme, incessantemente a revia, imaginando Carrington a acordar de manhã, apanhar suas cartas e se matar. Perguntou-se, ao reexaminar suas próprias atitudes no decorrer daquela última tarde, se "poderia ter dito mais em louvor da vida [...]. Desde que não mentisse para ela". Sabia que mentiras bem-intencionadas não adiantam nada, mas o próprio fato a condenava. Em relação a Lytton, sentia-se desassossegada. Ele era parte de sua mitologia pessoal — o amigo dileto do irmão morto —, mas agora essa imagem se incorporava a outra, tirânica, e ela tentava saber se Lytton não fora muito despótico no controle que exercia sobre Carrington, causando esse ato inoportuno de obediência filial. "Por isso às vezes deixo de gostar dele", escreveu. "Ele a absorveu, ele a fez se matar." Desviavam-na da obsessão, em certas ocasiões, os amigos que consideravam o ato belo e trágico, uma autenticação heroica da lenda Carrington/Lytton. Mary Hutchinson, velha amiga de Lytton, comoveu-se profundamente com a "plenitude romântica" do suicídio de Carrington. "Um lindo gesto", disse ela, "sua vida & sua morte." Mas tal postura indignou Leonard, que repeliu as palavras de Mary como um disparate. "É irrealidade. O que há de real é que nunca mais veremos Lytton." A morte de Carrington não passava de puro desperdício, e ele temia, além do mais, o efeito que a conversa sobre suicídio pudesse ter sobre Virginia. Sem se comprometer, negando-se a endossar qualquer um dos lados, ela registrou a discussão no diário. Era afligida pelas imagens instáveis dos amigos mortos. Intrigava-a, desorientava-a, que os mortos, em sua mente, mudassem tanto, fantasmas às tontas "como as pessoas que estão vivas & são modificadas pelo que ouvimos sobre elas".

Outros amigos de Carrington insistiam que nada poderia tê-la contido, mas Virginia continuou a sentir-se, como disse a Ethel, "acuada e deprimida e obcecada" — obcecada pela hipótese de que algo que ela disse ou deixou de dizer na última hora com Carrington fosse fazer diferença. Seu ânimo se alegrou em 24 de maio, um dia lindo em Rodmell, para onde os Woolf tinham ido no feriado da Páscoa. Após a culpa e a falta de certeza quanto a seu papel, o alívio foi imenso; com plena consciência do ambiente ao redor, Virginia sentia a brandura do ar a acariciá-la "como um véu azul rasgado ao vento pelas vozes dos pássaros. Tenho alegria de estar viva & tristeza pelos mortos: não consigo pensar por que Carrington se matou & pôs fim a tudo". Desafiando a morte, deleitando-se com o brejo florido, ela resolveu seguir o irônico conselho de Vanessa e Duncan, pensar que os galpões industriais, de cor cinza-elefante, que agora desfiguravam a chapada, eram templos gregos. Não, não seria engaiolada por construtores; ainda havia amplos espaços abertos por onde poderia andar, planejando em comunhão consigo mesma novas obras de criação. Perguntava-se o que escreveria em seguida — mais um livro? "Compassiva por estar livre, inteiramente para refletir sobre isso; não preciso escrever uma linha que eu não queira, nem perder um momento com repetição."

De volta a Londres, a melancolia das "conversas de mausoléu", como dizia Leonard, impregnava a atmosfera, e Virginia logo se deu à ideia de sair da Inglaterra. Geralmente, eles passavam duas ou três semanas viajando pela Europa na primavera; nesse ano iriam à Grécia — uma viagem longa e complicada que os manteria um mês fora. Após as preocupações mórbidas das últimas semanas, ambos sentiam sede de aventura. Seus velhos amigos Roger Fry e a irmã, Margery, tinham combinado de ir com eles. O plano de viajar em companhia dos Fry era em parte uma reação à morte de Lytton, denotando o desejo de Virginia por maior intimidade com os amigos restantes. A viagem tinha para ela um sentido complexo, envolvendo alguns fatos decisivos de sua vida anterior. Ela fizera a peregrinação à Grécia muitos anos antes, em 1906; tinha sido uma viagem difícil a lugares remotos — "mais uma expedição que um passeio" —, que os irmãos e irmãs Stephen enfrentaram como um desafio. Thoby e Adrian foram em lombo de cavalo de Trieste a Olímpia, onde encontraram suas irmãs, que estavam com uma amiga, Violet Dickinson. Virginia encheu seu caderno de caprichosas descrições da paisagem grega, exercícios literários que ignoraram detalhes mais mundanos e penosos. Já no fim da viagem, um misterioso ataque nervoso deixou Vanessa prostrada e, depois de voltarem para a Inglaterra, Thoby morreu de febre tifoide. Nos desdobramentos de sua morte, Vanessa concordou em se casar com Clive Bell, amigo íntimo de Thoby, antes rejeitado por ela. Agora, em 1932, com Lytton morto, Virginia decidiu revisitar os lugares associados àquele tempo sofrido, como se buscasse reconciliar-se com sua antiga pessoa.

Em seu estado volátil, sustentava o ideal de anonimato e leveza, ancorada numa visão impessoal, e continuava a resistir às seduções da publicidade e da fama. Em 20 de março, escreveu a seu amigo William Plomer que um crítico francês, Floris Delattre, tinha publicado um estudo sobre *Le Roman psychologique de Virginia Woolf* [*O romance psicológico de Virginia Woolf*]. Ela mergulhara no livro com certa repugnância — não era o que chamaria de "leitura viva, mas afinal é difícil alguém se ver como múmia num museu: mesmo um museu altamente respeitável". O volume a repelia, disse a Ethel no dia seguinte; não o conseguia ler, "porque odeio minha cara no espelho". Seu desagrado da maioria das análises literárias estendia-se a seus próprios ensaios, que ela continuava revisando para a segunda série de *O leitor comum*. Ao repassá-los, disse, persuadia-se de "uma espécie de agonia dançante à futilidade de toda crítica, e da minha mais que todas — um tal jogo de crianças. Um tal rasgar de extravagâncias sobre insensatez que são".

A irracionalidade da indústria literária tornou-se evidente para ela em 28 de março, quando foi a um chá de Maurice Baring, romancista amigo de Ethel que morava numa casa à beira-mar, a poucos quilômetros de Rodmell. Entre os convidados estava um certo capitão Grant, sócio da firma de publicações de Peter Davies, que sintetizava as atitudes de que ela havia escapado ao fundar sua própria editora. O capitão, sem queixo, pareceu a Virginia "a própria imagem de uma caricatura de soldado [...] tão polido, masculino, tolo; duro que nem um prego. Todo o jargão devido & o esnobismo & a cultura & o autocontrole. Matou animais por toda parte do Oriente. Falou, é claro, de modo frenético e detalhado & enfático e inútil sobre a Grécia". Tendo dado conta da Grécia, o obtuso capitão convidou Virginia para escrever uma biografia de encomenda para sua firma, sugerindo que ela contratasse um assistente para a pesquisa dos fatos. Jovialmente gabou-se de que sua missão era tornar menos sofisticados seus produtos, acrescentando que tinha especial prazer "em sugerir coisas aos autores". Virginia recebeu tais atenções com um silencioso desprezo e, em seu diário, exclamou: "Aquele homem sem queixo a me fazer sugestões. Ora bolas!" Em defesa contra o insidioso capitão e seus aliados do mundo literário, ela havia desenvolvido a doutrina do anonimato, que pressupunha abster-se de publicidade e, tanto quanto possível, desvincular o trabalho criador das preocupações materiais.

A vacuidade do chá foi compensada, a certa altura, pela comicidade — um incidente que Virginia incluiu, deliciando-se, numa carta a Vanessa. Dois homens se aproximaram com bandejas de sanduíches. Nem a cara dos serviçais, nem a dos sanduíches lhe agradou, mas ela pegou um desses — de anchova, que detestava — e guardou na bolsa. Mais tarde, o dono da casa lhe pediu um fósforo. Ela, indo apanhar o isqueiro, distraída lhe deu o sanduíche.

Roger e Margery Fry, com os quais os Woolf partiram para a Grécia em 15 de abril, pertenciam a uma família *quaker* da alta classe média. Roger era um dos críticos de arte mais influentes da época, além de pintor e ex-curador de pintura no Metropolitan Museum of Art de Nova York. Como organizador da famosa exposição pós-impressionista de 1910, tinha agido praticamente sozinho para apresentar as obras-primas da pintura francesa contemporânea a um público inglês relutante. Seus livros cobriam as mais diversas áreas da história da arte. De espírito aberto, foi um entusiasmado promotor dos novos movimentos artísticos; seu gosto literário se revela nas traduções que fez dos avançados poemas simbolistas de Mallarmé.

A ligação de Roger com Virginia e seu círculo iniciou-se em 1911, quando ele e Vanessa Bell tinham tido um breve namoro. O relacionamento sexual acabou logo — a vitalidade e a integridade moral de Fry pareceram-lhe exaustivas —, mas Vanessa manteve sobre ele grande ascendência emocional, e ficaram amigos pela vida toda. No começo da década de 1930, a filha de Vanessa, Angelica, notou o tom de namorico em que os dois conversavam, como se não pudessem admitir de todo que o caso tinha acabado.

Virginia admirava a clareza e o entusiasmo com que Roger tornava as pinturas vivas para seus leitores e o público de suas palestras, qualidades que ela atribuía à sua criação como *quaker*. Ainda mais invulgar, segundo ela, era a mescla de sentimento e razão nos textos dele, a determinação de controlar e verificar racionalmente suas impressões, embora ele "sempre permitisse à sua sensibilidade corrigir o cérebro". Sua honestidade e senso de responsabilidade social eram admiráveis. Sua fraqueza, se assim se pode dizer, era a abertura para novas ideias, que muitas vezes, passando a meros embustes, deterioravam-se. Leonard Woolf observou que Roger, apesar de sua formação científica, era "capaz de acreditar em tudo", da última cura para todos os males à teoria de que a Terra será herdada por pássaros. Havia algo de fantástico em Roger — colecionador de raridades, ele sempre trazia objetos úteis nos bolsos e sua conversa transbordava de fatos curiosos. Os amigos o apelidaram carinhosamente de Cavaleiro Branco, em alusão ao velho ginete de *Through the Looking-Glass* [Através do espelho] que cai da sela e põe argolas de aço nas pernas do cavalo, "para se proteger das mordidas de tubarões". Dois anos antes, em 1930, quando Bloomsbury fez uma festa à fantasia de Alice no País das Maravilhas, para comemorar os onze anos de Angelica, Roger apareceu de barba verde, cota de malha e calça branca apertada. De correntes de latão enroladas em seu corpo, pendia um sem-fim de bugigangas, "velas, ratoeiras, pinças, frigideiras, conchas". Fez um furor na festa, eclipsando totalmente as orelhonas e as patinhas de lã de Virginia — vestida de Lebre de Março.

Roger era um favorito de Angelica, que o tomava por amavelmente inquietante. "Seu cabelo branco e fino, repartido no meio, dava-lhe aparência feminina", escreveu ela. "Tinha sobrancelhas bem grossas, sob as quais seus olhos luziam de intensidade vital por trás dos óculos de aro de ouro." Na lanterna mágica, mostrava slides de pintura, com a mão comprida e branca estendida revelando os segredos da forma espacial. Virginia disse que a expressão empolgada de seu rosto, nessas palestras, era inesquecível.

Margery Fry, a quarta viajante à Grécia, partilhava da integridade moral e intelectual do irmão, mas faltava-lhe sua envolvente sociabilidade. Suscetível por ser estranha ao grupo de Bloomsbury, acautelava-se quanto a Virginia — não sem razão. A bordo do navio, na viagem de Veneza para Atenas, Virginia tentou conquistar a relutante Margery, enquanto Leonard e Roger jogavam xadrez. Mas, ao mesmo tempo, ela escreveu a Vanessa que a robusta senhora *quaker*, envolta numa peliça branca, propiciava a imagem de um "iaque velho". Reconhecia também que Margery desempenhara-se com grande perícia durante o rápido contato com as artes de Veneza — tinha discutido com Roger sobre a forma de uma coluna e o desenho de cabeças calvas numa pintura, mantendo-o tão ocupado que ele nunca pôs à prova "os pobres e ignorantes Wolves [Lobos, plural de *wolf*]", cuja ingenuidade em arte, não sendo assim, ver-se-ia exposta. Numa carta a caminho que se cruzou com a de Virginia, Vanessa descreveu Margery como a quintessência da solteirona inglesa: na juventude, tinha amado um homem, mas recusou-se a ir para a cama com ele, que acabou morto na guerra, e nunca mais ela teve outra ligação. A disciplina conventual que presidiu à criação de todos — era uma das seis irmãs não casadas da família Fry — reprimia romances. Vanessa especulou que talvez Margery, que ficou responsável pela casa de Roger por um tempo, após a crise nervosa de sua primeira esposa, tinha amor demais pelo irmão para aceitar qualquer outro. Nos anos de meia-idade, dedicou-se à reforma penal e enveredou pela carreira acadêmica. Acabou tornando-se diretora do Somerville College de Oxford, onde deu ênfase à educação superior para mulheres. As muitas honrarias acadêmicas que recebeu, disse ela a Virginia, não podiam ser recompensa para sua vida sem filhos.

Em 20 de abril, os amigos chegaram a Atenas, de onde saíram para visitas de um dia a pontos obrigatórios dos arredores. Fizeram também duas viagens mais longas de carro — através do Peloponeso (de 25 a 28 de abril) e em seguida a Delfos (de 30 de abril a 2 de maio). Uma das primeiras decisões de Virginia, logo ao chegar, foi revisitar o Partenon, que permanecera vívido em sua imaginação ao longo dos anos e veio à tona em As *ondas* como uma imagem de colunas de mármore no fim do mundo. O antigo templo lhe pareceu esticado, como se tivesse forma de nave, e mais sólido e volumoso do que o tinha em lembrança. A visão daquelas colunas amareladas resplandecendo contra o céu azul sobressaltou-a; sucintamente ela registrou o momento, observando apenas: "Meu próprio fantasma me encontrou, a garota de 23, com a vida inteira pela frente." (Virginia estava com 24 anos em 1906 e não notou o erro, que repetiria mais tarde.) Notou, porém, com intensa consciência de passado e presente, que nos anos intermediários ela perdera a maior parte da sentimentalidade juvenil que dera cor à sua prévia visita. Grisalha agora e aos 50, tinha chegado a uma idade em que se dá valor especial à energia e à leveza. O desejo de executar um vital "floreio em face da morte" está subjacente à alegria de seus relatos da Grécia. As cartas para a família enchem-se de paisagens míticas e anedotas fantásticas no espírito de Lewis Carroll. Suas brilhantes superfícies refletoras ocultam os pensamentos negros por dentro, muito embora tirem dessas sombras parte de sua própria riqueza. Virginia usa a fantasia nas cartas, tal como na ficção, para defender-se contra perturbadoras lembranças da juventude.

Em 1º de maio, ela escreveu uma carta tipicamente fantasiosa a seu sobrinho Quentin Bell, revelando que Roger, que sofria de hemorroidas, mesmo assim estava decidido a ir a toda parte e ver tudo. "Uma parte do interior de Roger está vindo para fora, de modo que ele não pode ficar de pé nem se sentar — mas pouca diferença isso faz. É simplesmente questão de ir atrás de uma cerca, de vez em quando, com um fecho." Em Delfos, quando lá chegaram, constataram que era a Páscoa dos gregos: carneiros inteiros eram assados ao ar livre em fogueiras, águias douradas voejavam por cima e aldeões passavam em cortejo, carregando velas e corpos em padiolas e "entoando encantações singelas". Os Fry, com sua racionalidade maníaca, propiciavam tanta distração quanto qualquer vista.

> Roger é um poço, dá banhos de erudição — Nem mesmo uma flor lhe escapa. E, se o fizer, Margery resolverá. Entre eles dois, tudo que é passarinho e bicho e pedra é tomado em consideração. Conversamos quase sem parar, e ontem tive a grande alegria de cheirar um cavalo morto

num campo. Bastou cheirar e 12 — não — 15 abutres desceram do céu para bicá-lo. Têm longos pescoços azuis pelados como cobras. Às vezes uma tartaruga cruza a estrada, às vezes um lagarto.

A fábula de Virginia introduz corpos corruptíveis a fim de os desinfetar com humor — Roger tem seu interior sendo exposto, mas o problema se resolve com um fecho. O campo cheirando a podridão e os abutres necrófagos são contrabalançados pela tartaruga e o lagarto, caseiros, tranquilizadores. Virginia recorreu a um similar tom de Esopo ao falar a Vanessa de suas impressões sobre Margery. Tentando granjear a simpatia "da Iaque", que a considerava a maior das esnobes, ela se encheu de boa vontade, como explicou com ironia: "Faço o que posso para pular do meu poleiro e rolar no chão; às vezes ela gosta de mim; e é então incrivelmente humilde." Quando a elogiou por sua acuidade política, Margery replicou que não era bem-informada, só era boa em blefar. Não se desfez, todavia, com o intercâmbio de uma suspeita de Margery, de que Virginia era uma dessas estetas altivas "que só existem em virtude de suas pétalas brancas". Enquanto isso, no xadrez, Leonard ganhava partida após partida de Roger, o que criou certa dificuldade entre eles, porque Roger modificava seus lances, ao se ver em apuros, e depois se queixava de que Leonard jogava muito lentamente.

Durante as jornadas pelo campo, no entorno de Atenas, Virginia tinha a sensação de que passavam por uma paisagem "tão antiga que é como andar nos campos da lua" — vistas de montanhas rochosas, de oliveiras perenes, de vales férteis serpenteando para baías desertas, uma paisagem mais próxima de 300 a.C. do que dos salões de chá e canis do campo inglês. Voltando de Delfos em 2 de maio, eles fizeram uma nova excursão, por terreno muito acidentado, a fim de visitar Hosias Loukas, um afastado mosteiro bizantino. A partir de uma discussão entre Roger e o motorista que os conduzia, essa viagem proporcionou a Virginia "uma bela amostra da tenacidade de Roger". Ele insistiu que deveriam pegar a estrada mais direta para a montanha — marcada claramente no mapa como a principal — e, embora o motorista objetasse que era cheia de riscos, quase não dando passagem, Roger se manteve inflexível. Pela manhã, quando estavam de partida, o motorista anunciou que tinham acabado de resgatar os corpos de dois turistas mortos quando seu carro saiu da estrada e mergulhou no precipício. Mesmo que ainda não convencido, Roger afinal concordou que fossem ao mosteiro por outra direção. Virginia sintetizou a excursão em seu estilo costumeiro de fábula. Após um longo desvio aos solavancos, seguido pela ascensão ao cume na hora do sol a pino (com Roger subindo em lombo de mula), a chegada ao mosteiro foi um completo anticlímax. Constataram que os célebres "mosaicos eram muito inferiores e os monges, muito cacetes, e não voltamos para Atenas até 8h30 da noite, tendo quebrado uma mola, furado um pneu e passado por cima de uma cobra". Roger, contudo, saiu-se em ótima forma e sem perder energia, observando que eles tinham ganho inestimáveis perspectivas sobre o espírito grego.

Tudo somado, o ânimo do grupo, segundo Virginia, era "suave como seda e delicioso como um doce". Os abundantes banhos de erudição, a infatigável procura de obras-primas e de panoramas recônditos, as irritadas partidas de xadrez, bem como a amistosidade esopiana de Virginia e a humildade de Margery, persistiram durante toda a viagem. Além disso, os Fry, que eram exímios pintores, raramente saíam sem carregar nas costas e pendurado ao pescoço seu material de pintura, com as telas e os cavaletes. Toda vez que passavam por um ponto visualmente interessante, Roger dizia: "Tenho de fazer um registro disso." Irmão e irmã pegavam então seus apetrechos para desenhar ou pintar, o que dava a Virginia e Leonard um pouco de alívio das passadas frenéticas com que os dois viam tudo. Em 2 de maio, depois de dez dias de andanças, Virginia anotou que Roger já tinha feito quase vinte pinturas. Pintar não impedia os Fry de conversar. Eram capazes de simultaneamente fazer as duas coisas, mantendo um fluxo de observações e perguntas que raramente permitia um momento de silêncio. Virginia julgou cômica e cativante a volubilidade deles — ambos eram muito sensíveis e bem-informados. Em outra época ou lugar, poderia ter odiado isso, mas a busca de informação que eles empreendiam, como vozes numa sala cheia de gente, deixava-a livre para falar consigo mesma. Ela exultava com os panoramas, as pessoas que encontrava, e ao mesmo tempo seu olho interior recuperava visões da Grécia que tinha visitado em 1906. Já os Fry se preocupavam demais com a flora e a fauna, a arquitetura e a iconografia, para prestar muita atenção aos seus estados de espírito. Roger notou que ela ficava incomumente calada e satisfeita com isso. "Virginia, em particular, não parece querer conversa", escreveu ele a Helen Anrep. "Acho que apenas ter experiências já lhe causa imenso prazer."

Ela gostava dele e de Margery; viajando juntos, a simpatia aumentou, mas aquela preocupação dos irmãos em saber e classificar tudo tornava-os de vez em quando aparentados ao Chapeleiro Maluco e à Falsa Tartaruga. "Eles zoam e zunem como panelas no fogo", escreveu ela a Vanessa. "Nunca ouvi ninguém com mais de 6 anos falar tão incessantemente." A sede de informação que eles tinham, além do mais, era insaciável e, "nos momentos mais desesperados, quando o interior de Roger está desabando e Margery tem de fazer água instantaneamente ou morrer, basta alguém mencionar Temístocles e a batalha de Plateia para que ambos se tornem como jovens cheios de viço". Por partilharem com ela uma tradição intelectual e a criação vitoriana, eles motivaram Virginia a definir sua própria posição. Aos Fry, malgrado seu interesse por arte, faltava a visão de artista. Sua obsessão pelos fatos em si era quase inspirada — como uma das criações fantásticas de Lewis Carroll —, mas também limitadora. A questão se aclarou quando Margery surpreendeu Virginia sorrindo a sós com seus pensamentos e disse que "nunca um Fry tinha feito aquilo", ao que Roger acrescentou que não, porque não tinham "poder de dissociação". Queria dizer com isso, como Virginia entendeu, que lhes faltava o poder imaginativo de ir decompondo as coisas e rejuntar suas partes em novas combinações. E isso explicava por que eram tão maus pintores, apesar da importância que davam aos detalhes visuais — porque, concluiu ela, "nem por um segundo eles fervem".

Seu respeito por Roger, ainda assim, continuava a crescer — ele era tão humano, tão indômito — "de longe o maior admirador da vida e da arte com o qual já viajei". Gostava do entusiasmo dele por obscuras obras-primas e da exclamação recorrente que soltava — "Oh, venham só ver isto aqui! Garanto que é ótimo, é excelente" — ao apontar para um mosaico no teto de uma igreja, algum Cristo "vingativo" que, como dizia, era melhor do que tinha imaginado. No tocante à arquitetura grega, o templo em ruínas de Egina demonstrava o que o gênio é capaz de fazer num pequeno espaço, alcançando proporções perfeitas, e por isso era superior ao de Súnio, construído exatamente com a mesma planta. Seis polegadas de diferença entre suas proporções eram tão importantes quanto a diferença entre um cavalo de carroça e um reprodutor puro-sangue. Tudo dependia da precisão dos intervalos entre as colunas e as curvas dos capitéis. Em uma tarde, na igreja bizantina de Dáſnis, Virginia pôde observá-lo a esquadrinhar o interior, a encontrar visualmente seu caminho entre pilares e mosaicos, como se sua mente fosse um órgão sensório lançado por alguma "aranha prodigiosamente fértil". Depois ela se virou para a porta aberta e, olhando para fora, viu os renques de oliveiras e pinheiros cujas luzes e sombras formavam "ondas na encosta verde do morro". Exercendo seu poder de dissociação, era capaz de reconciliar as duas dimensões diferentes — Roger e as oliveiras, o interior da igreja e o arvoredo em torno.

[Virginia a Vita Sackville-West, 8 de maio de 1932]

Em torno de nós estava o mar em Náuplio — as ondas envolviam minha sacada, e de lá eu avistava os corações dos peixes embaixo. Depois atravessamos uma passagem terrível, que se enroscava sem parar, a cada volta mais alta, uma ou outra subida equilibrando-se perpetuamente sobre um precipício que se abria por 900 metros de rocha nua. Como eu tremi! E depois um desvio brusco numa curva, ao dar com um rebanho de cabras ou outro carro e ter de recuar, com as rodas traseiras raspando no topo dos pinheiros. Mas conseguimos sair ilesos de tudo e seguimos para Delfos, onde o esqueleto de um inglês, filho do meu mais velho amigo, foi encontrado pendurado numa árvore num desfiladeiro, com um relógio de ouro entre as costelas. Lá eu banhei meus pés na fonte de Castália; e todas as pedras estavam cobertas de campânulas lilases [...].

Sim, era tão estranho vir aqui de novo que eu mal sabia onde ou quando me achava. Meu próprio fantasma, com 23 anos, vinha descendo da Acrópole: e como tive pena dele!

Reviver o passado era penoso, mas também estimulante; na véspera de escrever essa carta, Virginia tinha estado no Partenon outra vez, e agora, usando quase as mesmas palavras da chegada ao país, disse que o fantasma de seu passado vinha para encontrá-la. Mas as palavras se compõem de um modo novo, revelando como esse encontro a inquietou. "Eu mal sabia onde ou quando me achava [...] e como tive pena dele!" A ida à Grécia em 1906, tendo começado como ingênua peregrinação literária, terminou em tragédia. Três de seus companheiros de viagem retornaram à Inglaterra gravemente doentes e, enquanto Virginia cuidava de seu irmão enfermo, cuja febre tifoide foi fatal por erro dos médicos no diagnóstico, sua grande amiga Violet, no outro extremo de Londres, também estava de cama devido à mesma doença. Vanessa continuava inválida. O mundo de Virginia, já despedaçado por várias mortes, estava desabando de vez, e nem se dar atenção ela podia. Temendo que a notícia da morte de Thoby fosse um choque violento para Violet, os médicos aconselharam Virginia a escondê-la a todo custo dela. Durante quase um mês, até Violet ler a verdade num jornal, Virginia lhe escreveu uma carta atrás da outra, dando detalhes da recuperação de Thoby além de informes sobre seu próprio estado de espírito, suas leituras e os ternos pensamentos em relação a Violet. A meticulosidade com que Virginia embarcou nessa ilusão sugere que ela não enganava somente à sua amiga, mas também a si mesma, para que verdadeiramente não mais pudesse saber onde e quando se achava. A moça dissociada, de quem Virginia sentiu imensa pena, entrava aí em questão.

As obsessões de sua juventude, aquelas presenças fantasmagóricas, inspiravam-na ainda a moldar e recompor os acontecimentos, a tornar fato em ficção, embora ela agora o fizesse como artista disciplinada. Mas sua carta, com a descrição maníaca de um precipício de 900 metros de rocha nua e um escalador perdido, reflete sua fascinação pela queda. Os vestígios recém-descobertos nas proximidades de Delfos sugerem uma paisagem mítica, onde Virginia banha os pés na fonte de Castália. O esqueleto com o relógio de ouro entre as costelas medita sobre a cena, enquanto as rodas traseiras de seu carro pendem sobre o precipício, raspando no topo dos pinheiros. Uma das cartas de Roger também descreve a travessia das montanhas pelo automóvel: "Todo o rebuliço provém do fato de a estrada ser tão esburacada que o carro tem de ir bem pela beira de terríveis alturas, mas nosso chofer é magnífico [...]. Às vezes surge uma ravina, cavada pela chuva de lado a lado da estrada, e é preciso parar de repente e deixar-se arrastar aos pulos com tremendos rangidos." A versão de Virginia, como mostra uma comparação com a de Roger, baseava-se em fatos, mas de tal modo ela os recombinara e impregnara de sua própria atitude que os fazia soar como uma crônica elizabetana. Cada palavra era verdade e cada palavra era ficção.

Ao resumir as impressões do último dia em Atenas, Virginia chegou à conclusão de que essas foram as melhores férias que em muitos anos eles tinham tido. Viera à Grécia com uma vaga ideia de reviver memórias de sua juventude, e o país em si, que por um lado ela achou mais rústico, por outro mais civilizado do que esperava, tornou-a consciente de sua própria respeitabilidade e rigidez de inglesa. Encantada com imagens juvenis de camponeses amáveis e uma paisagem "perfeitamente livre de vulgaridade", imaginou-se a escapar para um refúgio nas montanhas "onde cada centímetro tem sua flor silvestre". Alimentou a ideia de ir de ano em ano acampar em Creta, levando uma vida simples, a pão, iogurte e ovos, uma existência sensual sem leitura e escrita, mas incorporando seus valores artísticos ao dia a dia. Abandonaria "a pele respeitável; & toda a rigidez & formalidade de Londres; & fama & riqueza; & dar a volta & tornar-se irresponsável", ou seja, reconquistar uma inocência mítica. Creta, onde ela nunca estivera, embora ouvisse elogios à beleza local, era o lugar apropriado para essa fantasia; explicitamente ela o ligou a lembranças juvenis da Cornualha, concluindo que "poderia amar a Grécia quando velha [...] como outrora amei a Cornualha em criança".

Tais devaneios utópicos entrelaçavam-se com observações amistosas e desconcertantes de Margery, cujo humanitarismo brilhava em suas amabilidades com engraxates e atendentes de hotéis e uma preocupação genuína com os camponeses. À Margery faltava, porém, uma característica essencial. Virginia disse que ela, não tendo tido filhos, naturalmente estava condenada "a pintar e herborizar e observar aves e filantropizar para sempre".

Era mais uma vítima do "Anjo da Casa" vitoriano. Sua mãe, Lady Fry, proibiu-a quando moça de rir dos casos que os homens contavam, para não a tomarem por leviana. Assim domesticada e amordaçada, tinha sofrido intenso tédio, cujas marcas nunca deixou de arrastar, pois, educada para não rir quando jovem, não poderia fazê-lo agora, na velhice. A despeito de seu bom coração, ela carecia do charme da espontaneidade. Virginia contou a Vanessa uma anedota sobre o caráter da família. Recentemente, Margery se envolvera com a mãe, então com 97 anos, numa discussão sobre sua juventude frustrada. Ao olhar em retrospecto para a maneira como tinha criado as filhas, que ela guardava "em caixas fofas para servir o chá e regar flores", Lady Fry mudou de opinião e admitiu para Margery haver cometido um erro. Infelizmente, esse esforço de imaginação chegou com quarenta anos de atraso. Nenhuma de suas filhas se casou e, no tocante a Margery, todos os instintos maternais atrofiados tinham se fixado no talentoso irmão. "Ouso dizer que seria melhor se ela se casasse com Roger", escreveu Virginia.

Esses espécimes da história da família vitoriana coincidiam com as ideias de Virginia para seu livro sobre as mulheres e a ordem patriarcal, no qual vinha fazendo um trabalho mental "subterrâneo", em meio às ravinas e templos em ruínas. Pensamentos sobre a desigualdade entre os sexos mesclavam-se subversivamente com as trêmulas faias e o perfume das laranjeiras em flor. Em dados momentos, tão a fundo ela mergulhava em suas ideias — sobre a situação das mulheres e o poder do anonimato — que mal sabia onde se achava, se na Grécia ou na Inglaterra. Além disso, enquanto os Fry se ocupavam pintando, tinha lido a biografia de D. H. Lawrence por Middleton Murry e concluído que a masculinidade excessiva de Lawrence prejudicava sua escrita, porque "as virtudes masculinas nunca o são por si mesmas, mas como paga"; a questão de consequências práticas, "o que pagar", sempre esteve presente na obra dele como impureza. Mais para o fim da década, ela incorporaria essas ideias, junto à visão utópica inspirada pela Grécia, a seus argumentos contra a ordem estabelecida.

7
Anonimato e ritmo

Após sua visão de liberdade e "pilares incandescentes", Virginia teve dificuldade em se adaptar à rotina londrina de jantares e festas; mais uma vez se perturbava pensando em Carrington e Lytton. No ritmo flutuante de sua vida, a primavera de 1932 constituiu o entresseio de uma onda, um nadir físico e emocional. Saindo muito, não raro ela se sentia tolhida pela insinceridade das pessoas que encontrava. As crescentes demandas de seu tempo e atenção tornaram-na avessa a toda publicidade. Como escritora, acreditava que a arte deveria ser impessoal, sem ego, e era em resposta à desordem social e ao aumento da violência que se punha a ampliar sua "filosofia do anonimato". O termo anonimato, tal como utilizado por ela, referia-se não só à autoanulação, mas também a um incognoscível cerne ou centro do ser que floresce na obscuridade. Ao mesmo tempo, era forte seu desejo de fama, que muitas vezes a puxava na direção contrária, quando não simultaneamente nas duas.

Em 25 de maio, dez dias após voltar da Grécia, ela esteve à beira de uma grave depressão, mais perto de um de seus "clímaxes de desespero", como disse a Ethel, do que estivera por anos, sem conseguir enxergar por qual razão. Tinha tido um desagradável encontro com um primo de Vita, Edward Sackville-West, romancista e herdeiro do título de Sackville. Em seguida a uma desavença entre ele e o companheiro de Vanessa, Duncan Grant, Virginia, encontrando os dois numa festa, tentou propor uma trégua, pedindo a Eddy, com bom humor irrefletido, "para portar-se como um nobre britânico". Mortificado, ignorando o tom irônico de seu apelo, ele foi para casa e mandou-lhe um bilhete impertinente protestando contra suas observações "vulgares" — ao que ela respondeu, zangada, que a referência feita à posição social dele era "intencionalmente meio engraçada [...]. Mesmo para mim é muito ridículo pedir a você ou a Duncan que se porte como um nobre britânico". Virginia podia ser um terror, quando provocada, e suas palavras cáusticas mantiveram Eddy na retaguarda, mas ela detestava contendas, e por ora, até se atenuar a querela, preferia não o encontrar em reuniões. Por trás da altercação trivial jazia uma perturbação de alcance muito maior, um sentimento da inutilidade de sua própria existência, intensificado por uma visita à exposição de flores de Chelsea, onde os rostos duros da classe média, a seu ver, pareciam censurá-la. Foi esse o ânimo que marcou um incidente em 22 de maio, quando ela e Leonard, voltando de Richmond para casa, de carro, deram com um acidente. Perto da ponte de Mortlake, pessoas aglomeradas olhavam para um barco emborcado no rio. Os Woolf pararam o carro e desceram. Muita gente tinha entrado na água com a roupa em que estava e uma mulher desgrenhada ia boiando de costas, enquanto alguém a arrastava para fora do rio. Os dois, chegando à margem, salvaram-se. Virginia se impressionou ao ver o velho molhado subindo a se agarrar pela beira, com as calças coladas nas pernas, enquanto os espectadores impassíveis olhavam. Pareceu-lhe "um espetáculo calado, sórdido — esse salvamento heroico. Gente da classe média endomingada imersa na água fria". A imersão sugeria um rompimento na realidade de superfície, um "milagre", se bem que a cena não trazia nenhuma visão de "sublimidade ou terror"; parecia meramente grotesca, um sintoma da dissociação que a atingia e era generalizada.

Virginia também se perturbava com os problemas da Hogarth Press. Os altos e baixos do negócio — eles estavam publicando mais de vinte livros por ano — colidiam com seus interesses literários. Seu trabalho equivalia ao de um editor em tempo integral, ora lendo os originais que chegavam, ora promovendo livros e autores. Além disso, ela ajudava em outras fases — fosse escrevendo textos para divulgação, fosse fazendo embrulhos para o correio, quando havia um pedido grande a atender. Às vezes, ela mesma compunha em tipos móveis uma das edições limitadas que os Woolf ainda imprimiam à mão. E acompanhava Leonard em viagens de negócios, levando seus livros para livreiros do interior. Os problemas da Hogarth Press envolviam-na constantemente porque o casal morava em cima do local de trabalho. A editora ocupava o porão de sua casa na 52 Tavistock Square — uns cômodos mofados, de chão de pedra, que antes tinham sido uma cozinha e quartos de empregadas. Nos fundos da casa, depois de um pequeno pátio aberto, ficava o estúdio sem janelas onde Virginia escrevia à luz do céu. Nos dias frios, sentava-se diante de um aquecedor a gás, com um caderno no colo e a máquina de escrever ao lado, fumando um dos cigarros baratos que enrolava à mão. Seu estúdio também servia como depósito. Empregados que lá entravam para apanhar coisas no estoque a encontravam rodeada por pacotes de livros, como um soldado por trás de sacos de areia. No curso de sua vida diária, a gráfica, descendo por um corredor, não ficava senão a alguns degraus. Quando Leonard estava imprimindo, na sala dos fundos, ela ouvia a barulheira da máquina através do pátio, acompanhada pelos ruídos que chegavam da rua. Levava originais para o escritório da frente, onde, como uma sinfonia interrompida, a algazarra de três funcionários datilografando, preenchendo pedidos e fofocando prosseguia, cada vez que ela abria a porta.

Nessa primavera, Virginia se viu em grande enrascada pela tensão constante entre Leonard e John Lehmann, contratado pelos Woolf como gerente da Hogarth Press. Poeta com ambições empresariais, Lehmann, de 25 anos, era um amigo de Cambridge do sobrinho de Virginia, Julian Bell. Passara a trabalhar com eles na esperança, caso se dessem bem, de pôr dinheiro no negócio e tornar-se sócio mais tarde. John propiciava um elo útil com a geração mais jovem, ajudando a editora a atrair novos autores como Christopher Isherwood, Stephen Spender e C. Day-Lewis. Como sócio em potencial, o jovem poeta, persistente e atilado, foi de encontro à relutância dos Woolf em abrir mão do controle sobre uma filha dileta. Leonard tinha ideias fortes e não raro inflexíveis, do homem que se fez por si mesmo, sobre como o negócio devia ser tocado. A princípio, enquanto John aprendia os truques, Leonard foi um mentor admirável; sua análise cáustica da maneira como o comércio livreiro funcionava capacitou Lehmann a se enfronhar nas "minúcias essenciais da edição do modo mais agradável possível". Leonard considerava a editora, que uma só pessoa podia gerenciar, por ainda ser pequena, mais como um trabalho de amor que como fonte de renda. Escreveu Lehmann:

Se Leonard tinha um defeito, era permitir que o detalhe, às vezes, se tornasse grande demais. Um pequeno item que não pudesse ser justificado nos livros, um desentendimento sobre questões de produção eram capazes de irritá-lo de repente ao extremo, sem motivo aparente, e ele se preocupava tanto com aquilo como um cachorro com um rato, até enfim parecer que ele de fato era o rato e o detalhe, o cachorro.

Essa irritabilidade, acreditava Lehmann, provinha da longa ansiedade de Leonard em relação à saúde de Virginia.

Lehmann, malgrado sua aparência jovem, quase angelical, tinha sua própria dose de obstinação e ressentia-se de que Leonard o tratasse como patrão, sobretudo quanto a detalhes de procedimento que se considerava apto a resolver sozinho. Os dois discutiam asperamente. Vanessa, que gostava do amigo de seu filho, tentou mediar as coisas, argumentando que John trabalhava muito e ganhava pouco. Mas Leonard não via desculpas para o que tomava por atuação negligente, e o conflito, embora se suavizasse, permaneceu sem solução.

Virginia escreveu em seu diário, em 25 de maio, que se sentia quase esmagada — o problema do que fazer em relação a John fundia-se com um sem-fim de outras razões de ansiedade. Ela as citou em frases desconexas, observando o tormento que era sentir tão intensamente como ela as coisas, ser tão frequentemente "enrolada numa bola", ter tal temor pela rapacidade das pessoas que ela mal imaginava suportar aquilo por mais um ano, quem dirá vinte, não obstante houvesse pelo menos um fator de equilíbrio: "A bondade & firmeza" de Leonard; "& a imensa responsabilidade que pesa sobre ele." A insignificância de suas próprias queixas simplesmente mostrava que ela tinha sido infectada pela esterilidade geral. Comparou sua falta de filhos ao opulento estado maternal de Vanessa; lamentou não se interessar a fundo por roupas, o que transformava o ato de comprar em uma completa tortura. As dores se extravasavam; ora seus pensamentos saltavam das modas da Bond Street para a desordem cósmica, ora vinham em sentido inverso. Não havia um só refúgio onde ela pudesse descansar e dizer: "Aqui o tempo parou." Lembrou-se dos "duros rostos vermelhos na exposição de flores de ontem; a inane vacuidade de toda esta existência [...] Devo escrever outro romance; desprezo por minha falta de energia intelectual; lendo Wells sem entender; os filhos de Nessa; a sociedade; comprando roupas; Rodmell estragada; toda a Inglaterra estragada; terror noturno de coisas geralmente erradas no universo". Ela aqui usou o diário com intenções terapêuticas, não apenas para registrar sua depressão, mas também para debelar suas ansiedades, ao anotá-las. A imagem de violência se expandindo em ondas concêntricas em torno de Rodmell para engolfar a Inglaterra e por fim o mundo revela um tenso estado visionário, que se ergue acima de suas limitadas preocupações pessoais. A energia dessa violência irrompe pelo manto da depressão. A partir daí seus pensamentos retornam lugubremente ao suicídio de Carrington e à sombra que ele lançou sobre o futuro. Virginia se lembrou da noite escura em que viu "toda a violência & desrazão cruzando pelo ar: nós tão pequenos; tumulto fora: alguma coisa aterradora: a desrazão". E ela então se perguntou: "Devo fazer um livro disso? Seria um modo de reintroduzir presteza & ordem no meu mundo." A advertência sobre desrazão, quase bíblica de fato, profetizava um choque em progressão que dentro em breve todos sentiriam. Embora ela tivesse partido de uma noção de esterilidade, foi além disso, por fim recuperando confiança ao colocar em contraste os dois extremos, a anarquia social e o poder criador, e resistindo à desrazão ao invocar sua arte de escritora.

No dia seguinte, após falar de sua depressão a Leonard, ela comentou que estava vivenciando um conflito entre os lados crítico e criador de seu espírito. Andara às voltas com o trabalho analítico de rever seus ensaios e, ao mesmo tempo, sua percepção da desordem social aumentara, impelindo-a a usar ainda mais suas faculdades críticas. A época exigia de todos opor-se à "desrazão" com argumentos claros e fortes, mas como poderia ela satisfazer a essa exigência e realizar ainda assim sua arte? Entendido o conflito, ver-se-ia em condições de atender aos dois requisitos, dissolvendo a nuvem que a tinha impedido de se concentrar. Alguns meses depois, em 25 de maio, sua luta contra a depressão levou-a a experimentar uma forma híbrida de "romance-ensaio", uma tentativa de combinar ficção e crítica social, que suscitou questões que ainda a absorveriam por anos.

Seu temor de estarem as coisas "geralmente erradas no universo" coincidia com um aumento das tensões na Europa. Cada vez mais era óbvio ser inevitável a guerra, como muitos de seus amigos supunham. Ao considerar o ânimo da população em 1933, Leonard Woolf escreveu que uma mudança de atitude tinha ocorrido por volta de meados do ano anterior. Até aquela altura, a Liga das Nações contava com forte apoio popular, mas a conferência de desarmamento convocada por ela, que se iniciou em fevereiro de 1932 para chegar a um impasse, com vinte e sete planos incompatíveis sobre a mesa, tinha extinguido a esperança de que a razão prevalecesse. A Europa foi dominada por movimentos de ressurgência nacional e a ascensão do hitlerismo. Leonard registrou que europeus inteligentes de todas as nacionalidades partilhavam de um mesmo pessimismo em relação ao futuro, sendo esta a observação que ele mais frequentemente ouvia: "Estamos de volta a 1914." Reportando-se à confusa posição da Grã-Bretanha sobre o desarmamento, o historiador A. J. P. Taylor menciona a vulnerabilidade de Londres aos ataques aéreos, o que deveria ter levado os delegados britânicos "a concordar plenamente com a abolição da guerra aérea. Mas eles fizeram uma trapalhada. As negociações sobre desarmamento, descendo a minúcias, geralmente revelam perigos que não tinham sido notados antes e deixam seus participantes ávidos de ainda mais armamentos. Essa conferência não foi exceção à regra".

Virginia ouviu a opinião de Maynard Keynes sobre a situação europeia num almoço dado por ele em 1º de junho. A conversa era dominada por outro convidado, George Bernard Shaw, que aos 74 anos tinha a vivacidade de alguém na casa dos 20. Sua fala compulsiva variava dos mistérios da epistolografia e do caráter irlandês ao próprio método de Shaw para escrever história — ele inventava o que queria que as pessoas dissessem e depois encontrava fatos nos quais se basear. A força de sua inteligência reduzia-se um pouco por seu excesso de preocupação consigo mesmo. Virginia descreveu-o: "Seu rosto é vermelho vivo; o nariz encaroçado: olhos verde-mar como os de um marinheiro ou uma cacatua. Nem percebe direito quem está junto dele." Do outro lado da mesa, ela ouviu Keynes garantindo a Mrs. Shaw que a situação política era a pior possível; tudo somado, as coisas "nunca tinham estado tão mal. Podemos passar pelo perigo e na verdade devíamos — mas, como nunca foi como agora, ninguém sabe". Ironicamente, ela comentou que Keynes fez essas declarações funestas enquanto todos estavam mergulhados num almoço supimpa. Lembrou-se das palavras dele, no dia seguinte, ao passar de carro pelo Hyde Park, onde notou a profusão de Rolls-Royces e pessoas bem-alimentadas e babás a empurrar carrinhos — todos inconscientes de estar "à beira do precipício". Surpreendida por aquela imponente ostentação de luxo e riqueza, teve a impressão de andarem todos perigosamente como sonâmbulos, como inocentes de uma comédia-pastelão. Por trás de seu tom satírico assomava a premonição de violência e desrazão que era recorrente nas primeiras horas da noite.

Em 5 de junho, Virginia recusou um convite de Kingsley Martin, editor do *New Statesman* e um dos maiores companheiros políticos de Leonard, para escrever uma coluna sobre livros nesse jornal, alegando que levava três ou quatro manhãs para terminar um artigo que muitos jornalistas faziam numa só. No fundo, sua recusa se ligava aos conflitos com John Lehmann na editora, que continuavam. Todos viviam com os nervos à flor da pele, e em Leonard os efeitos daquela primavera difícil já se tornavam visíveis. John suspeitou que ele estivesse "sofrendo uma grave crise nervosa, de causa desconhecida". Seu diário contém um vívido esquete da situação vista por ele, com a imagem de um Leonard exaltado, quase histérico, a persegui-lo com "repetidas invasões do escritório, verificações ansiosas do trabalho em andamento, incômodas tiradas e impaciência e alarmes desnecessários sobre o que caminha com firmeza e adiantado em relação ao cronograma". Uma situação intolerável — que eles tentaram resolver fazendo um novo acordo. John permaneceria como consultor editorial, indo ao escritório duas horas por dia; outra pessoa seria contratada para assumir a gerência — um acordo que lhe daria mais tempo para sua própria escrita. Leonard, apesar de seu temperamento irascível, conduziu as negociações num espírito de justiça e conciliação. Virginia, por sua vez, pediu a John para ser "mais maleável & menos melindroso" e prometeu sair de seu estúdio mais vezes, para ajudá-los no convívio, até que entrasse em vigor o novo acordo, a partir de setembro.

Em 27 de junho, a volatilidade dos destinos políticos surpreendeu-a outra vez quando um emigrado russo, o príncipe Dmitri Mirsky, foi jantar em sua casa, levando uma dama russa "duvidosa". Impiedosamente, Virginia confidenciou a Ottoline Morrell: "Na segunda-feira recebemos Mirsky e sua prostituta." Historiador literário convertido ao comunismo, que Leonard tinha conhecido em Paris, no apartamento de Jane Harrison, a grande erudita clássica, Dmitri Mirsky estava escrevendo um estudo marxista, *The Intelligentsia of Great Britain* [A intelligentsia da Grã-Bretanha], que foi publicado na Inglaterra em 1935. O livro descrevia Virginia como a figura central do círculo artístico identificado com Bloomsbury e "inquestionavelmente uma grande artista", mas acrescentava que sua ênfase burguesa no sofrimento individual desviava os leitores da realidade material "para um mundo de estética". No jantar com os Woolf, Mirsky disse que estava farto de viver em pensões; ia deixar sua modesta função de professor na Universidade de Londres e voltar para a Rússia. Tinha a aparência tensa de homem muito sofrido, que escandia as palavras ao falar com uma ferocidade contida. A Leonard, parecia totalmente imbuído de fatalismo russo. Os Woolf objetaram que Mirsky, voltando para a Rússia, poderia cair numa cilada. Diante das advertências, ele apenas deu de ombros, mas ao fazê-lo parecia infeliz — de olhos bem abertos, ia ao encontro de seu destino. Virginia imaginou esse futuro abstrato em termos absolutamente concretos: "Quando eu vi o olhar dele brilhar & embaçar, pensei — em breve uma bala vai lhe varar a cabeça. Este é um dos resultados da guerra: este homem no tugúrio com um pé na armadilha: mas isso não lubrificou nosso chá." Se ela tivesse confiado o pensamento a socialistas como Shaw ou Beatrice Webb, que viajaram pela Rússia soviética e a admiraram no início, provavelmente a rotulariam de fantasista. Ela, porém, estava certa. Tal como previu, poucos anos depois Mirsky morreu, de causa desconhecida, num dos campos de trabalhos forçados de Stalin.

Durante o verão, Virginia teve outra explosiva desavença com Ethel, cujo temperamento violento e exigente comprometeu gravemente a amizade entre elas. Tudo começou com uma carta que escreveu a Ethel em 1º de julho, reconhecendo como as visitas constantes a exasperavam — era um tal de gente pedindo para vê-la e ser vista que mal lhe sobrava tempo para escrever ou ler. Fixou-se com certa crueldade na voz passiva do verbo ver: "Todo dia é o mesmo — alguém que insiste em ser visto;

que se julga no direito; e ficará ofendido se eu disser não." Nesses termos, "ver-se" era um ritual estéril, uma ofensa aos ritmos naturais da vida. E ironicamente "as pessoas que eu quero ver [...] eu só vejo de raspão: e algumas nunca vejo de todo". Tudo isso para esquivar-se habilmente da pergunta de quando ela poderia ver Ethel.

Uma semana depois, quando jantava com amigos no salão quente e barulhento do Ivy, um restaurante de Londres, Virginia passou mal de repente, sentindo tudo ao redor rodopiar e sumir. Ao voltar a si, viu-se amparada por Clive e uma mulher com sais de cheiro a seu lado, cena logo seguida pelos solavancos da volta para casa num táxi e "o deleite absoluto de escuro & cama".

As sequelas do episódio foram relativamente poucas — forçada a ficar de cama por um dia, ela teve de cancelar um almoço já combinado com Florence, a viúva de Thomas Hardy. No entanto, considerando como sua saúde dependia da manutenção de um delicado equilíbrio, foi levada a indagar-se: "Por que fazer o que não se quer, seja o que for?" Ela gostava do judicioso conselho que o filólogo Joseph Wright, cuja biografia estava lendo, recebera da mãe e transmitira à sua futura esposa: "Sempre agrade a você mesmo — pelo menos fará alguém feliz." Ethel soube de seu desmaio por Vita e não pôde resistir a lhe oferecer conselhos; observou que Virginia, por diversas razões — seu desejo de agradar, o amor à fama, o "elemento palrador" de seu caráter —, carecia da necessária força de vontade para "recusar aspirantes a entrevistas". Ela devia endurecer-se, disse Ethel, e instituir um sistema de seleção para os eventuais "aspirantes", conselho ao qual Virginia reagiu indignada, dizendo que nunca recebia estranhos — os que iam vê-la tinham razões pessoais para a visita. Não poderia mandar uma carta polidamente formal a algum velho amigo de seus pais ou a companheiros de infância. O problema não tinha nada a ver com eventuais "aspirantes a entrevistas", termo que ela aliás detestou, e era um agravante que Ethel a imaginasse passando seu tempo "de vestido rosa-chá, assinando autógrafos", como se fosse uma vã caçadora de prestígio que abraçasse indistintamente a todos. Deveria lembrar à conselheira como a própria amizade entre elas teve início? Malgrado a irritação em que estava, Virginia concluía em tom mais conciliador, admitindo pelo menos isto: que tinha "um dos prazeres mais intensos da vida, 'vendo pessoas' [...]. Daí minha dificuldade; daí o desmaio".

O problema poderia ter terminado aí, mas Ethel fez questão de se justificar em pessoa. Aparecendo em 21 de julho, montou uma cena tão terrível e exaltou-se em tal frenesi, que tudo poderia passar por uma briga de amantes, embora unilateral. Virginia se queixou mais tarde de que Ethel tinha feito uma degradante "sucessão de piruetas" — alternando-se entre posturas de adoração e abuso, "sendo altiva; desesperada; melodramática & vacilante & fraca, tudo ao mesmo tempo". Ameaçou sair de cena, por fim, de maneira trágica. Virginia quase cedeu à tentação de deixar que ela se fosse, mas chamou-a de volta, ao pensar nos telegramas e explicações que deveriam seguir-se, e aparentemente conseguiu acalmá-la com caçoadas e pitos. Em seguida, Virginia tentou atenuar toda a desagradável cena — não houve maldade alguma, apenas Ethel não conseguiu controlar sua natureza exuberante — e especulou que a "gana de emoção" da velha senhora era produzida por um ego devorador, que a impulsionava a bravatas e a fazer "as piruetas enérgicas [...] vendo-se, dramatizando-se, em vez de ser alguma coisa". Ethel era incapaz de ver os outros ou de encontrar seu próprio modo de "ser" essencial porque seu ego grudento lhe barrava o caminho.

Da violência de Ethel, mesmo assim, perdurou um fascínio, embora de ordem negativa, cujos ecos perturbavam tanto que Virginia sentiu-se horrorizada com sua própria reação a ele. A cena permanecia em sua imaginação e bruscamente, quando era menos capaz de defender-se, vinha atacá-la. Tendo revivido tudo num sonho, como escreveu a Ethel uma semana depois, ela acordou num tal horror, sentindo-se "tão degradada — tão humilhada — como eu costumava sentir-me depois de uma discussão com Nelly", que aquilo, a partir de agora, seria um empecilho à amizade. Não obstante, seu tom era desapaixonado e sóbrio na maior parte do tempo; Virginia admitiu que seus estilos e temperamentos diferentes eram a verdadeira causa do mal-entendido, pelo qual ninguém tinha culpa. Mas poucas linhas adiante a lembrança da repugnante discussão a incomodava ainda — era veneno —, ela continuava temendo a infecção e isso a debilitava, sentia-se mal, "não só por você — mas por mim também". Virginia acrescentou, à guisa de conclusão sensata, que Ethel tinha o direito de expor suas opiniões e até, se fosse o caso, de se permitir violentos desabafos. Porém, tendo em vista sua própria e sem dúvida exagerada sensitividade, o futuro das duas, para ela, parecia "cheio de dificuldades".

O tom solene, pontifical de Virginia, entremeado de exclamações de desgosto de si mesma, teve efeito imediato sobre Ethel, que respondeu contritamente que ela também achava a briga terrivelmente penosa — a ideia de ser uma simples *coisa* na qual Virginia pisoteava lhe era tão insuportável que ela faria tudo para evitar que acontecesse de novo —, renunciando até mesmo à amizade, apesar de nesse caso o sol se pôr para ela. Virginia concordou hesitantemente a continuar como antes, embora se tornasse mais cautelosa quanto a ver Ethel a sós.

"Ver" permanecia para Virginia uma palavra densa, expressando o conflito entre sua carreira pública e a privacidade de que necessitava. Por ironia, era maior do que esperava a atenção que recebia de estranhos que não sabiam quem ela era — ela que nem em Londres se misturava simplesmente com a massa. Leonard afirmou que não podia ir a parte alguma sem que houvesse gente a espiá-la. As pessoas viam algo de "estranho e inquietante" em sua aparência — não só suas roupas eram ligeiramente excêntricas, mas dela também se irradiava uma aura especial que levava populares na rua a se cutucar e rir. Tal atenção indesejada convergia com as obrigações sociais impostas pela carreira. Num momento de extrema fadiga, ela refletiu que as pessoas não sabiam "o que fazem comigo quando me pedem para as 'ver': como me mantêm sob a luz causticante: como eu seco & murcho: como eu fico acordada e querendo descansar de noite". Em seu idioma reverso, "ver" pessoas significava ser vista por elas, mantida sob a luz e exposta aos indiferentes olhares. A pressão sobre ela, de resto, aumentava. As vendas de *As ondas* tinham recentemente chegado a dez mil exemplares — mais que qualquer outro de seus livros anteriores; da visibilidade, Virginia progredia, como seu pai, para a eminência. A "luz causticante" da qual falou reportava-se ao fato de ela esperar em quatro dias nove visitas, sem contar o irmão, a irmã e a sobrinha. Valorizava o anonimato, por conseguinte, por razões práticas, tanto quanto morais.

Goldsworthy Lowes Dickinson, que havia escrito comovidamente a Virginia após ter lido *As ondas*, morreu em 3 de agosto. Virginia recebeu a notícia em Monks's House, onde passava o verão. Suas lembranças daquele "espírito encantador", que lamentava não ter conhecido mais, misturavam-se a ideias sobre a vaga imensidão que nos circunda, algum "esplendor" inerente ao ser "capaz de morrer", embora o desígnio, caso existente, esteja além da compreensão humana. Apesar dessas ideias, a vida em Rodmell parecia saudável, estável, tranquila, ancorando-se, depois do dia de trabalho, em passatempos domésticos que ela descreveu no fim de uma carta a Vita, quando falou para a ex-amante de sua vida simples no campo: "Tenho de ir botar minha torta no forno; e há sorvete para acompanhar — temos uma geladeira, sabe? — com framboesas frescas. Depois ligamos o alto-falante — Bach hoje à noite — e eu escuto os meus bebês de coruja aprendendo a voar na torre da igreja — depois eu leio Lord Kilbracken — que livro bom — depois eu penso que tal uma cama?" Uma união aparentemente inconsútil de prazeres velhos e novos — Bach e a geladeira, lembranças vitorianas e bebês de coruja.

Uma semana depois, em meio a uma terrível onda de calor, Virginia sofreu outro desmaio, caindo entre suas roseiras — um ataque mais grave que o do restaurante e que lembrava a insolação que ela tivera dois verões antes. O episódio, com importantes consequências no final do mesmo ano, foi desagradável e aflitivo ao extremo. Mas ela também o achou altamente interessante — como ter um véu que por um momento se erguia, capacitando-a a "irromper pelo usual de modo assim tão violento e súbito". Recorreu à imagem das pistas de corrida para descrever o espasmo que lhe percorreu todo o corpo. Ela estava sentada no terraço, com Leonard, e sem mais nem menos "o galope dos cavalos disparou na minha cabeça". Os "cavalos" foram soltos pelo esforço de distrair sua sogra e o irmão de Leonard, que ela havia recebido para almoçar nesse dia. A velha senhora se mostrara "cativante"; levou-lhe de presente seus próprios brincos de pérola, quase arrancando lágrimas de Virginia. Mas a polidez e a distração desses encontros com parentes, em especial Mrs. Woolf, velha teimosa, eram sempre um suplício. Após a partida das visitas, ela e Leonard sentaram-se no jardim, curtindo a brisa da noite; o ar refrescante ainda trazia um resíduo do calor do dia. Diante deles refluíam a chapada e a silhueta do monte Caburn, que voltava à escuridão, seguidamente ter "ardido como sólida esmeralda o dia todo". Na quietude, a predatória "coruja branca passava para caçar ratos no brejo". Virginia estava pensando em "silêncio e fresca" quando inesperadamente seu coração "deu um pulo; parou; desembestou como uma carruagem. Não posso parar com isso, eu disse. Meu Deus, agora está na cabeça. Essa batida deve deve deve quebrar alguma coisa". Caiu no meio das flores. Leonard correu em casa e voltou com pedras de gelo que lhe pôs sob a nuca. Por meia hora ela ficou ali prostrada, incontáveis pensamentos fragmentários correndo por sua mente, enquanto Leonard vagava aflito por perto. Finalmente ela melhorou e teve forças suficientes para se arrastar até seu quarto. A Ethel, que quis saber os detalhes precisos, confidenciou que tinha usado o penico, mas que tremia demais para manter o termômetro entre os dentes. O esforço de se pôr na cama causou um novo espasmo de "dor, tal qual de parto; & depois isso também passou pouco a pouco; & me estiquei a presidir, como luz trêmula, como mãe das mais solícitas, sobre os despedaçados, estilhaçados fragmentos do meu corpo".

Seu relato descreve uma força invasora que irrompe através de seu corpo para centrar-se finalmente no útero. Tendo atingido todas as bases das emoções, da mente e da sexualidade, tal força decresce para deixá-la dobrada como "mãe solícita" sobre esse corpo devastado — uma imagem de fragilidade e poder, com a artista envolta pela dor e a observá-la de fora, como se desse à luz a si mesma. Além disso, ao se deter nos cavalos metafóricos — "essa parelha indócil na cabeça: galopando, batendo" — ela absorve o ataque em sua própria mitologia pessoal, sua autoimagem como criatura que é impelida por forças naturais incontroláveis. Os cavalos sexualmente impregnados alinham-se com a sensibilidade que a fazia escritora e periodicamente desembesta com ela. O ritmo natural, como Virginia disse em "A Letter to a Young Poet", é "o mais profundo e primitivo dos instintos".

Não muito antes, em *As ondas*, ela usara uma metáfora equestre para descrever a noção que um escritor tem do ritmo. Neville, que se baseia em Lytton Strachey, luta para escrever um poema, mas as palavras indóceis lhe escapam e o deixam para trás: "Como elas galopam", diz ele, "como sacodem as longas crinas e os rabos." No final do romance, Bernard, que representa o autor, insiste que "o ritmo é a principal parte da escrita" e se retrata como um cavaleiro alegórico que cavalga em desafio da morte. Para Virginia, em agosto de 1932, essas imagens poéticas mesclavam-se com as impressões colhidas numa visita que realmente ela fez ao hipódromo de Lewes, onde, entre famílias a devorar piqueniques e *bookmakers* a berrar prognósticos, teve um vívido vislumbre dos cavalos que passavam correndo, chicoteados por jóqueis de rosto muito vermelho. Ao admirar sua beleza muscular, enxuta, imediatamente ela notou que a chapada ventosa, além da pista de corridas, parecia tão selvagem que era possível "repensá-la como terra ainda inculta". Os cavalos em disparada proporcionavam uma imagem do curso da vida entre estados reais e ideais, a multidão multicor e os campos remotos no horizonte.

Mais tarde, em setembro, ela usou uma variação da metáfora da pista de corridas quando o editor do *Times* convidou-a para escrever um artigo sobre o centenário de seu pai, que ocorreria em 28 de novembro. Embora pensasse em recusar, ela acabou por escrever um breve e gracioso ensaio. No intervalo, enquanto hesitava, teve a mente repleta de memórias, algumas das quais comunicou por escrito a Ethel, elogiando a completa sinceridade, a falta de interesses mundanos e a vitalidade de Leslie Stephen como montanhista; lembrou-se também, se bem que certamente predisposta a esse modo de ver, de que "ele era bonito à maneira específica como um cavalo de corrida, até mesmo um cavalo feio, é bonito". No ensaio, ela recordou que muitas vezes ele explodia num "estranho canto rítmico" ao subir pela escada de seu estúdio ou ao caminhar pelo campo. Correr e subir e escrever, tudo isso requeria uma atenção cuidadosa aos ritmos interiores — um equilíbrio entre impulsos instintivos e condicionados.

Os médicos consultados por Leonard e Virginia sobre sua insolação ou "exaustão nervosa" foram de muito pouca ajuda, além do desnecessário conselho de evitar expor-se ao sol. Quando, poucos dias depois, ela voltou à sua rotina, Leonard, não permitindo que carregasse nada, seguia-a por toda parte com dedicação canina. O desmaio que sofrera, apesar de subestimado por ela, foi grave o suficiente para livrá-la de obrigações não desejadas e limitar o número de pessoas que podia ver. No decorrer de setembro, Virginia trabalhou nos últimos capítulos do satírico *Flush*, que deixara de lado por meses — era o mais breve de seus livros —, entregando-se a uma "escrita indolente e fácil".

Em plena época assim tão expansiva, John Lehmann anunciou bruscamente que não poderia mais trabalhar para eles e estava saindo da editora. Sua carta chegou em 1º de setembro, o dia em que o novo acordo entre eles entraria em vigor, e na mesma hora em que Virginia recebia para um chá T. S. Eliot e a esposa, Vivienne. Leonard viu nessa decisão de roer a corda no último momento uma afronta infantil e resolveu não dar resposta. O comportamento de John, que Virginia também julgou grosseiro, todavia não lhe desagradava no fundo. Foi uma felicidade para ela ver-se livre da presença do rapaz egotista na porta ao lado de seu estúdio. Não era mais necessário tolerar as ciumeiras e vaidades dele: "Que dádiva! Agora eu posso perambular pelo porão sem que ninguém perturbe." John desapareceu completamente da vida dos Woolf por uns tempos, mudando-se para Viena, onde presenciou as convulsões políticas que estavam sacudindo a Europa e editou um periódico, *New Writing*. No final da década de 1930, feitas as pazes com o casal, voltou para a Hogarth Press. Àquela altura, a partida dele simplificou a vida de Virginia, estando em feliz coincidência com sua impressão de que a doença tinha limpado a atmosfera. Ao passar a época em revista, ela a tomou por ser, em especial, um "verão feliz e ativo".

Nesse estado de espírito, sentindo-se mais complacente consigo mesma, foi capaz de extrair algum humor de seu ódio vulnerável pela publicidade. Em 16 de setembro, entrou subitamente em pânico ao saber que uma fotografia nada lisonjeira dela apareceria num livro sobre sua vida e obra, por Winifred Holtby. A descoberta estragou-lhe o dia de escrita, mas seu relato do ocorrido efetuou uma transação delicada entre seu medo de se expor e o autoconhecimento irônico. Muito agitada para se concentrar, ela anotou às pressas no diário: "Fazendo-me formar minhas cartas, porque — oh ridícula pétala amassada — Wishart vai publicar o instantâneo que L. bateu de mim [...] mostrando as pernas; & sou revelada ao mundo (ao menos 1.000) como uma velha desmazelada." O parêntese sobre a murchidão de sua vaidade, embora escrito com mão trêmula, punha todo o incidente em perspectiva. Ela admitia ter um "complexo" relacionado a privacidade e pernas, agravado pela notícia recente de que os campos em torno de um de seus passeios favoritos, com "hera florindo", estavam para ser leiloados e sem dúvida novas monstruosidades seriam construídas ali. Este era outro item do "complexo": tanto seus momentos de privacidade, andando ao longo do rio, quanto a modéstia em relação às suas pernas compridas vinculavam-se a um medo de violação. Antes, nesse mesmo ano, a chapada e o brejo tinham-na extasiado, e agora, num misto de reverência e caçoada de si, ela acrescenta que a atmosfera que os envolvia parecia "quase inteiramente satisfatória (oh minhas pernas no instantâneo). Quero dizer que eu posso me agarrar a um dia bonito, como uma abelha se fixa num girassol". O campo sintetizava "a velha beleza habitual da Inglaterra: os prateados carneiros se juntando; & a chapada se alteando", uma visão que fez sua mente cintilar com sensações como as inspiradas pelos filhos de sua irmã, mas talvez ainda mais profundas, por serem quase religiosas. "Há nisso uma santidade. Isso há de continuar depois que eu tiver morrido."

Outro era o tipo de sobrevivência sobre o qual refletia. Na véspera, ela e Leonard foram levar ameixas de seu pomar para uma vizinha doente em Rodmell, Mrs. Gray, de 92 anos, que se sentava diante de uma porta aberta, a emoldurar uma seção da chapada, de pouco mais de 1m por 2m, sem que seus olhos fracos focassem nada. Com inchaços nas pernas, ela vivia confinada à cadeira. Tendo sobrevivido aos filhos e amigos, todas as noites rezava pela morte, mas os médicos da paróquia não lhe permitiam finar-se. Sua insistência em prolongar a vida a qualquer custo, disse Virginia, demonstrava uma extraordinária "ingenuidade humana em tortura". A velha senhora, carregando a cruz de seu corpo gasto, apresentava uma das atrocidades casuais da vida, era "uma gralha na porta de um celeiro, mas uma gralha que ainda vive, mesmo com um prego no peito".

O risco de tornar-se incapacitada e presa era um dos maiores horrores de Virginia. Mas sua ansiedade quanto ao frontispício do livro de Holtby foi prematura, já que o editor acabou cortando do retrato as pernas tão ofensivas.

Pernas e andanças, com a chapada, formavam uma corrente cujos elos envolviam ainda sua escrita, o fantasma do pai e seus próprios ritmos profundos, incluindo os "cavalos" em disparada. Os efeitos do desmaio foram contrabalançados por sua alegre percepção da chapada e do poder do mundo natural. Um verão libertador, como ela concluiu, na esperança de se dar, por algum tempo mais, a prazeres tão comuns como conversar com os amigos. Sem demora retornaria ao furor artístico. Ela herdara os nervos do pai, legado que reconhecia no "retrair-se e empacar" de seu temperamento, mas pretendia acicatar a imaginação e pôr esses impulsos mais selvagens a serviço de sua escrita: "Sim, minhas pernas estão começando agora a correr mais suavemente."

A sensação de poder de Virginia persistiu após ela voltar para Londres no começo de outubro. Estava otimista quanto à sua capacidade de continuar em mudança e desenvolvimento; não se aterrorizava por ficar mais velha, agora que estava com cinquenta anos. Os dois meses em Rodmell tinham realçado sua impressão de liberdade — fazendo-a sentir-se "apoiada" pela chapada. Suas observações foram inspiradas por D. H. Lawrence, cuja lenda floresceu depois de ele ter morrido em 1930. À luz dos clamores proféticos de Lawrence, Virginia, ao ler a correspondência completa dele, pôs seus próprios valores em relevo. Os dois nunca se encontraram — ela o vira de longe certa vez, numa plataforma de estação, e isso era tudo —, mas Woolf e Lawrence eram ligados por amigos em comum, especialmente Katherine Mansfield e Ottoline Morrell, ambas com importantes papéis desempenhados na vida de Virginia. Ela, muito antes de ler um livro dele, tinha ouvido falar a seu respeito. Quando pegou Sons and Lovers [Filhos e amantes], já com atraso, em 1931, admirou suas evocações da vida da classe trabalhadora. Havia uma grande vivacidade no livro, como se as cenas se desdobrassem contra uma "cortina verde" invisível que acentuava cada fato e objeto, mas ela chegou à conclusão de que a falta de raízes e a insegurança do autor o impediram de encontrar a forma artística que as interligasse. Mesmo assim, deplorava a perseguição que ele sofreu e simpatizava com sua campanha contra as devoções convencionais. Considerando-se uma desenquadrada, ela sentia que a opressão que sofria como mulher tinha um peso bem maior que seus privilégios como lady. Os dois autores eram aliados em potencial, mas a rebeldia os levou em direções politicamente opostas: Lawrence pregou uma forma autoritária de vitalismo pagão, enquanto Virginia se alinhou com a resistência pacifista à autoridade.

Em 2 de outubro, ela resumiu sua reação a Lawrence em algumas linhas desconexas: "Não que ele & eu tenhamos muito em comum — a mesma pressão para sermos nós mesmos; de modo que não escapo quando o leio." A frase elíptica aponta simultaneamente em ambas as direções; Virginia garante que eles dois não têm muito em comum, mas se contradiz ao admitir que ambos revelam "a mesma pressão para sermos nós mesmos" — ou seja, um egotismo tenaz. A diferença, acrescenta, é que ele cede a isso, e assim ela se sente, ao ler sua obra, mais confinada que libertada. Os escritores que mais admira, como Proust, nos capacitam a nos esquecermos de nós e descobrir outros mundos.

A aspereza do combate de Lawrence tornara-o um doutrinário, e ela odiava suas provocações. Desde a juventude, quando fora atormentada por primos religiosos que se esforçaram para convertê-la, Virginia se ressentia violentamente de qualquer tentativa que fizessem para enfiar-lhe coisas na cabeça. Além do mais, tendo sofrido abuso sexual por parte de seus meios-irmãos, era particularmente sensível a qualquer invasão de seu espaço pessoal. Decidida a esquivar-se de todas as redes doutrinárias, deplorava a necessidade de Lawrence de tudo encaixar em seu "sistema", com sabor de autoengrandecimento. Para medir pessoas e crenças, ele usava um padrão ideológico, ao passo que a arte exigia objetividade, o poder de apreender "as coisas em si".

Esse horror à sistematização deu forma aos planos de Virginia para seu novo romance, intitulado provisoriamente "Os Pargiters" (e afinal, *Os anos*), que seguiria uma típica família inglesa desde os tempos vitorianos ao presente, explorando a repressão sexual e o domínio patriarcal. Ela buscava uma alternativa para a espécie de análise redutora de Lawrence, que não passava na prática da "repetição de uma ideia". Certamente sua crônica carecia de uma estrutura de pensamento social, de algum padrão que a unificasse, mas seu "sistema", se ela tivesse de o ter, deveria ser inclusivo e não linear. "Por que criticar tanto assim os outros? Por que não um sistema que inclua os bons? Que descoberta isto seria — um sistema que não deixasse de fora."

* * *

Quando começou a escrever "The Pargiters: A Novel-Essay Based upon a Paper Read to the London/National Society for Women's Service" ["Os Pargiters: Um romance-ensaio baseado numa palestra feita na National Society for Women's Service/Londres"], mais uma vez Virginia estava preocupada com o "Anjo" insidioso contra cuja influência ela advertira em seu discurso de 1931. Seu livro tinha o objetivo stracheyano de expor as mentiras e a autocensura vitorianas que ainda exerciam "um efeito de paralisia e distorção" sobre a sociedade inglesa. A parte "romance" consistia em cinco excertos de uma imaginária crônica familiar, e cada episódio era seguido de um ensaio explanatório. As cenas fictícias, segundo ela, transmitiriam a realidade vivida, permitindo que os leitores se esquecessem de si e se transformassem momentaneamente nas suas próprias bisavós. Os ensaios forneciam comentários sociais e informações quanto ao meio. Finalmente, ao considerar que essa forma compósita era pouco maleável, Virginia acabaria dividindo seu romance-ensaio em dois livros à parte, mas de outubro a dezembro ela escreveu 60 mil palavras, o equivalente a um pequeno volume, a maior parte das quais aproveitou nas versões posteriores.

"Os Pargiters" foi um exercício libertador no qual Virginia ultrapassou as fronteiras sociais e estéticas que havia respeitado no passado. Numa crônica expansiva, por que razão não dizer tudo? Ao fazer a tentativa, ela descobriu que muito do que sabia sobre a vida de suas avós tinha ficado simplesmente invisível, fora do alcance e além do poder de resolução de sua ficção anterior. Tanto sua ira quanto seu idealismo foram obscurecidos por essas coerções. Mas a perspectiva de abrir a cabeça, por mais penosos que os fatos pudessem ser, lhe foi bem-vinda, e ela se comprometeu "a pôr de tudo, sexo, educação, vida &tc.; & vir, nos saltos mais ágeis & possantes, como um camelo a atravessar precipícios, de 1880 ao aqui & agora". Seu tema, como exuberantemente anunciou em 19 de dezembro, era "a totalidade da vida humana". A primeira versão foi dedicada a escavar fragmentos da história vitoriana, desolados camafeus da repressão sexual — como a garotinha que é traumatizada por um homem que se exibe para ela na rua e depois, em dobro, por sua incapacidade de contar a alguém o ocorrido; ou as moças à míngua de sexo que, espiando pelas venezianas um homem que bate na porta ao lado, são advertidas pela irmã: "Vão pegar vocês olhando"; ou o estudante reprimido que escreve falsos poemas sentimentais de amor para sua prima Kitty, que ele mal conhece. Virginia equilibrou essas cenas inquietantes com o relato de um relacionamento esclarecido entre os sexos. No quinto episódio, Kitty, filha de um eminente professor, encontra nova atitude em relação às mulheres na casa de um erudito de Oxford que provinha da classe trabalhadora. Mr. Brooks, em "Os Pargiters", baseava-se em Joseph Wright, autor de um monumental dicionário de dialetos, cuja biografia Virginia tinha lido nesse mesmo ano. Nascido na pobreza em 1855, Wright aprendeu a ler sozinho, aos quatorze anos de idade, e com a ajuda da mãe tornou-se um grande filólogo. Ao dar um curso na Association for the Higher Education of Women, apaixonou-se por Lizzie Lea, filha de um pastor, que partilhava de seu interesse por filologia, e com ela se casou sob a promessa de jamais haver em casa um senhor e dono. Deveriam os dois ser iguais e um só. Virginia citou trechos de suas cartas de amor para a futura esposa:

> Eu levaria uma vida das mais infelizes e, ouso dizer, das mais desgraçadas — creia-me —, se em quaisquer possíveis circunstâncias você viesse a se tornar uma simples *Hausfrau* [dona de casa] [...]. Minha maior ambição é que você *viva*, não meramente exista; e também que viva de um modo de que não muitas mulheres viveram antes, se o autossacrifício e a devoção ilimitada, de minha parte, puderem fazer alguma coisa para atingir esse objetivo.

A família Brooks, na ficção de Woolf, põe a igualdade sexual em prática, e Kitty sente poder ser ela mesma na residência modesta do casal, como nunca o conseguia de todo em sua própria casa muito mais luxuosa. A revelação de um novo mundo lhe é feita, onde as mulheres não precisam imitar a "Mulher perfeita" do poema de Wordsworth, que brilha com uma "luz angelical", mas podem desenvolver seus verdadeiros talentos. O episódio é escrito com leveza e alude ao País das Maravilhas na passagem em que Kitty, com seus ossos imensos, sentindo-se grande e bem-vestida demais entre as mesas entulhadas de badulaques, tem medo de bater com a cabeça no teto. Esse eco animado de Lewis Carroll sugere que Virginia, tal como Kitty, considerava libertadora a travessia indireta das fronteiras de classe.

A liberdade de se concentrar ininterruptamente em seu trabalho foi a grande descoberta do inverno de 1932, por ela descrito como "uma grande estação libertadora". Armada da desculpa de que se mantinha em repouso por ordem médica, Virginia começou a livrar-se de indesejadas obrigações sociais. O estado delicado de sua saúde dava-lhe a "permissão" de recusar convites e ver apenas as pessoas que queria ver. Às vezes, ela exagerava sua fragilidade, dizendo a Nelly para fazer a doença parecer pior do que era. Mantendo esse regime mais restrito, esperava escapar dentro de um ano às compulsões da fama e ser "livre & inteira & absoluta & dona da minha vida [...]. Ninguém virá aqui em seus próprios termos; nem em seus termos me levará à força". Graças a seu cansado coração, sem parar ela escrevia, todas as manhãs, e passava a maior parte das noites lendo um monte de coisas, como gostava de fazer — não somente pilhas de manuscritos, mas também livros —, encontrando seus amigos de tarde, na hora do chá.

Sua reclusão era apenas relativa — em outubro ela saiu com frequência —, mas em 2 de novembro sofreu um novo desmaio, causado pelo nervosismo sobre seu trabalho. Acordou de noite num estado de "incandescência" que de novo lhe trouxe ao coração os cavalos em disparada. Lutando para contê-los e raciocinando consigo — ela tinha de resistir, pois sua escrita é que ficaria emperrada se desembestassem com ela —, murmurou: "Morte eu te desafio &tc." Finalmente ela despertou Leonard, que providenciou uma bolsa de gelo e uma infusão de boa conversa para acalmar-lhe os nervos. O fato justificou limites ainda mais estritos para sua vida social, dando a ela mais tempo para escrever. Nunca se sentira tão feliz, disse, mencionando a intimidade de sua vida com Leonard e sua obra; sua vontade era que tudo continuasse assim por mais cinquenta anos. O romance-ensaio jorrou a uma velocidade espantosa — todos os "fatos" já gravados de há muito a fundo, em sua memória, pelo silêncio e a tirania doméstica.

A reação de Virginia às conversas insinceras e às mentiras sociais causou atritos com alguns velhos conhecidos, como o editor e ensaísta Logan Pearsall Smith. Ele pertencia a um grupo da alta-roda que Virginia conhecia desde a juventude e achava cada vez mais repulsivo. Suas diferenças eram simbolizadas pelo contraste entre o elegante bairro de Chelsea, onde Logan morava, e o despretensioso endereço de Virginia em Bloomsbury. Ela odiava o esnobismo delicado e o chauvinismo de Chelsea; Logan, um americano que há muitos anos vivia na Inglaterra, nem sequer tinha a desculpa de ter nascido lá. Após espalhar maliciosos rumores sobre ela e seus amigos, escreveu a Virginia uma carta enorme, perguntando por que não era convidado a ir vê-la — afinal, ele bisbilhotava sobre todo mundo. Virginia respondeu jamais estar muito certa do que Logan pretendia dizer, já que as palavras dele, tantas vezes irônicas, facilmente eram mal-entendidas. Mas admitiu que uma tarde de mútua zombaria poderia até ser agradável. Causticamente ela escreveu que Logan era bem-vindo para "vir e rir de mim e do meu trabalho e dos meus amigos na minha cara, o mesmo que eu farei com você". O *tête-à-tête* ocorreu realmente em 15 de dezembro; durante o chá, fazendo o possível para receber elogios, Logan fez observações levemente depreciativas sobre o sexo feminino, deixando Virginia entediada e ofendida. Logo após o Natal, ela escreveu a Ottoline Morrell (que já sofrera ofensa semelhante, como anfitriã, e entenderia), afirmando que Logan era "grosso e nojento e, para falar francamente, seria fétido, se fosse peixe".

A hostilidade declarada era de longe preferível às mentiras polidas que a faziam duvidar da razão de sua própria existência. Melhor seria que se desse à correria dos cavalos — que ao menos lhe pertenciam e relacionavam-se de alguma forma à sua escrita. O mesmo impulso de disparada inspirou "Os Pargiters", que, como ela disse ao começá-lo, mover-se-ia pelo tempo "nos saltos mais ágeis & possantes, como um camelo a atravessar precipícios". Em 19 de dezembro, tendo esgotado, por ora, o que tinha a escrever, ela anotou que recentemente dera um passeio pela barulheira de Southampton Row, obviamente a declamar fragmentos de cenas fictícias, e preveniu-se para tomar cuidado, até o livro ficar pronto, quando atravessava ruas. Tudo somado, as semanas precedentes tinham passado em "tal correria, tal sonho, tal violenta impulsão & compulsão", que ela mal sabia onde estava. Seu louvor do anonimato, a que daria mais tarde um tom político, começou como defesa desse ritmo interno particular contra o trânsito e as multidões dissonantes. O ritmo era tudo.

* * *

Nas férias de Natal em Monk's House, Virginia pôs seu romance de lado. Os Woolf permaneceram no campo de 20 de dezembro a 14 de janeiro de 1933, ocupando-se ela, a maior parte do tempo, com a revisão final de *Flush*, à média de dez páginas por dia. Virginia o considerava uma obra insatisfatória e ansiava por retornar ao trabalho sério em "Os Pargiters". Os episódios vitorianos da abertura relembravam-lhe a influência de Lytton — como eles dois tinham conspirado juntos, na juventude, contra os mais velhos que os sufocavam. Às vezes, num estranho lapso, parecia ouvi-lo falar no quarto ao lado, na conversa sem esforço que "eu sempre quero continuar". Seu verdadeiro tributo a Lytton não seria o insignificante *Flush*, mas sua nova crônica social, que daria prosseguimento ao diálogo iniciado por eles havia um quarto de século. Numa recapitulação em seu diário, no último dia do ano, ela falou diretamente a Lytton, como se desse resposta a seu velho aliado no quarto ao lado. "Você há de entender", ela disse.

[Diário de Virginia, 31 de dezembro de 1932]

Sim, naturalmente esse outono foi uma tremenda revelação. Você há de entender que todos os impedimentos ruíram de súbito. Foi uma grande estação de libertação [...]. Eu disse que não serei mais entravada por nenhum vínculo artificial. Sem rebuços portanto falei com Eddy em minha própria voz & tentei circunscrever Logan. Bem — sempre é duvidoso saber quão livre pode ser um ser humano. Os vínculos não são puramente artificiais. Não se pode traçar um caminho absolutamente reto. Garanti-me, todavia, uma estação de esfuziante alegria. Mas não tenciono me permitir pagar por isso com o costumeiro desespero negro. Pretendo esquivar-me astutamente desse fantasma que sobrévem — e que por trás das minhas glórias sempre arrasta as suas asas molhadas. Hei de estar muito precavida, muito tendente — como agora — a escrever languidamente para evitar uma dor de cabeça. Suprimir a si mesmo & escapar em livre alegria, ou rir com impessoais alegrias & risadas — eis a prescrição tão simples & inteiramente infalível [...].

Se a pessoa não se recosta & faz um resumo & diz ao momento, este momento aqui, oh, para, és tão formoso, qual será o seu ganho, morrendo? Não: pare, este momento. Ninguém nunca diz isso o bastante.

Antes, em maio, ela sentira que não havia refúgio em parte alguma — até mesmo a chapada estava sendo estragada —, nem campos a explorar onde pudesse "expandir-se & dizer Tempo pare aqui". Agora, referindo-se a uma passagem-chave do *Fausto* de Goethe, chegava a uma conclusão mais feliz. Seu apelo ao momento, "Oh, para! És tão formoso", repete as palavras de Fausto, mas inverte seu significado. Deter o momento, no drama de Goethe, subentende perder a própria alma. A fala em que Fausto propõe a Mefistófeles sua famosa aposta diz assim:

FAUSTO
Se eu me estirar jamais num leito de lazer,
Acabe-se comigo, já!
Se me lograres com deleite
E adulação falsa e sonora,
Para que o próprio Eu preze e aceite,
Seja-me aquela a última hora!
Aposto! E tu?

MEFISTÓFELES
Topo!

FAUSTO
E sem dó nem mora!
Se vier um dia em que ao momento
Disser: Oh, para! És tão formoso!
Então algema-me a contento,
Então pereço venturoso!
Repique o sino derradeiro,
A teu serviço ponhas fim,
Pare a hora então, caia o ponteiro,
O Tempo acabe para mim! *

---

* Johann Wolfgang von Goethe, *Fausto*, trad. Jenny Klabin Segall. Belo Horizonte: Villa Rica, 1991, p. 83. [N. T.]

Fausto, que dominou todos os campos de conhecimento e a todos considerou vazios, se consorcia com o Diabo para escapar do desespero. Põe à prova os limites humanos, ignorando coerções morais e sociais, na esperança de justificar sua existência. Virginia subverte a dicotomia de Goethe entre mente e sentidos quando dá a entender que o ser se expande e desenvolve por completo em momentos de tempo estacionário. Naquela era de crises ela temia ser engolfada por acontecimentos políticos. Os "fatos" sociais que enumera em "Os Pargiters" e seu apelo para deter o momento foram respostas iguais e opostas a tal pressão. O diário reflete seu próprio combate faustiano com o niilismo. Ela invoca um adversário, o fantasma da depressão que se arrasta por trás de suas "glórias". Ao dar nome a essa sombra em meio a seu ânimo celebratório, como em tempos de fartura alguém pode admitir anos de escassez, ela também o incorpora ao momento privilegiado.

Lembrou-se de permanecer "muito precavida". Sua defesa contra o excesso de empolgação, que poderia causar uma arriscada queda, foi refugiar-se nos objetos simples e na vida caseira bem regrada. O anonimato pressupunha um espaço privilegiado, uma esfera de privacidade doméstica e de visão artística, ambas ocultas dos olhares intrusos. Entre "impessoais alegrias e risadas" era preciso que ela cultivasse seu próprio ritmo interno. Em sua ficção, via sentido num par de botas velhas ou no pavio gasto de um lampião, explorando-os como poços de verdade emocional. Entendia, era sensível às corujas na torre, às framboesas na geladeira. E falar em sua própria voz com Eddy e Logan, embora tais gestos sempre fossem apenas parciais, aguçava-lhe as faculdades e a força de dizer a verdade. Ao desacorrentar sua memória em "Os Pargiters", ela recuperava legiões de fatos que nem supunha saber.

Virginia fez seu próprio ajuste com o espírito de negação, propondo testar os limites humanos e talvez expandi-los. Não raro, no decorrer da escrita, ela chegava "à beira da extinção total" — frase em que não há exagero. Levava-se a seus limites, sob risco de esgotamento nervoso, mas tendia ao mesmo tempo a parar bem por perto, para poder continuar trabalhando. Seu bem-estar dependia de manter esse estado criador rarefeito. Ao resgatar o passado, em "Os Pargiters", previu que seria dolorosamente difícil transformar o assunto do ofegante enredo numa cópia aceitável. Já avistava outra prova de resistência à frente, um teste pelo qual teria de passar no futuro.

Tendo rompido os vínculos artificiais nessa "estação de libertação", Virginia também tinha de apaziguar o fantasma "que por trás das minhas glórias sempre arrasta as suas asas molhadas" — e que era seu antagonista e seu duplo. Sem essa sombra a espicaçá-la, não poderia ter chegado tão longe.

8
A demissão de Nelly Boxall

Durante a juventude de Virginia, uma família típica da alta classe média tinha várias empregadas morando em casa — uma cozinheira, duas ou mais arrumadeiras e uma babá para as crianças. Na residência dos Stephen havia sete. Após a Primeira Guerra Mundial, as famílias menores e os novos aparelhos domésticos, que poupavam tempo, simplificaram as formalidades que outrora haviam permitido a todas essas pessoas coexistir sob o mesmo teto. Ao se gabar de servir sorvete com suas framboesas, Virginia atestava a chegada de uma silenciosa revolução em Rodmell. O luxo de ter uma geladeira acabava com a necessidade de fazer compras diárias. Menos idas à venda, menor a dependência de empregadas. As comodidades modernas — o telefone, o aquecedor de água, o rádio, o gramofone — mudaram a forma da vida cotidiana.

Desde 1927, os Woolf tinham automóvel — outra comodidade que simplificava sua rotina, principalmente em Monk's House, que distava vários quilômetros do comércio e dos trens. O carro, por outro lado, tornava mais fácil e agradável viajar pelo campo. Poder explorar Sussex e atravessar a chapada na direção que bem quisessem dava mais elasticidade a seus fins de semana e feriados. "Que vida livre", disse Virginia em 1932, ainda um pouco espantada com o poder adquirido por eles com seus ganhos literários. Tinham um Singer, carro relativamente modesto, mas em janeiro de 1933 esperavam que o vendedor entregasse um veículo maior e mais luxuoso — um Lanchester. Depois de muitos atrasos, o carro finalmente apareceu diante de Monk's House em 14 de janeiro, um dia de imensas nuvens, quando o céu parecia protegido por "escudos de prata". Leonard estava no jardim, podando arbustos; Angelica e Julian, que tinham vindo de Charleston para passar a tarde, iam sair para comprar doces na venda.

Era um automóvel caro, com a carroceria verde esmaltada e o teto conversível prateado, "bonito compacto modelado estável", como Virginia se gabou, acrescentando, porém, que não era "rico demais — não um carro endinheirado". Disse isso para se garantir quanto à imagem do Lanchester, o maior dos quais rivalizava com o Rolls-Royce Silver Ghost; embora o deles fosse um modelo simplificado, de dezoito cavalos, suas credenciais de puro-sangue eram para Virginia uma fonte de orgulho e embaraço. Os Woolf, levando vida modesta, opunham-se a qualquer forma de consumo ostentatório, mas precisavam de um bom carro de trabalho, não só para o ir e vir a Rodmell, mas também para as viagens pela Inglaterra a fim de colocar nas livrarias os livros da Hogarth Press. Ao andar nessa carriola elegante, Virginia sentia-se resguardada e protegida, como numa cabine de trem. Numa carta a Vita, que estava fora, num ciclo de palestras nos Estados Unidos, ela exagerou nas metáforas: o carro tinha a rapidez de uma andorinha, a força de uma tigresa deslizando por Bond Street e Piccadilly. Virginia se comprazia com os termos técnicos, novos e chiques, que faziam o carro soar como se fosse iate: ela adorava o volante a fluido futurista; e a velocidade "de cruzeiro" a cinquenta milhas por hora. A contrabalançar tal entusiasmo, deu ao carro um apelido satírico, "O Dilúvio", a esconjurar os Rolls-Royces enfileirados no Hyde Park, com seus donos conduzidos em enfatuado conforto para o esquecimento. "O Dilúvio" — um insulto à complacência dos ricos e um tributo irônico à vindoura luta de classes. Como a geladeira e o rádio, o luzidio Lanchester estacionado na ruela da aldeia encarnava a agitada era moderna. Para os Woolf, era um sinal tangível de privilégio e trabalho duro.

Planejaram pôr o carro à prova, naquela primavera, atravessando os Alpes para ir à Itália. Seria uma viagem fácil e livre de preocupações — a Europa parecia se abrir diante deles. Nesse exato momento, os nazistas chegaram ao poder na Alemanha. A designação de Hitler como chanceler, em 30 de janeiro, não causara no exterior nenhum alarme excessivo. O Terceiro Reich se instalou, tendo em vista seu caráter revolucionário, com falaz suavidade — as peças se encaixaram facilmente, a partir de ações bem planejadas e rápidas que não deixavam margem à resistência: o incêndio do Reichstag em 27 de fevereiro, usado pelos nazistas como pretexto para solapar o governo parlamentarista; as eleições gerais de 4 de março, nas quais Hitler consolidou seu poder; e o ato institucional de 23 de março, que o autorizou a governar por decreto. Em menos de dois meses, ele havia subvertido a frágil República de Weimar e assumido poderes de ditador absoluto, disfarçando o golpe de estado sob uma fachada de legalidade. Enquanto sucediam tais fatos, os governantes da Inglaterra, dirigindo com os olhos fixos no espelho retrovisor, mantinham suas noções obsoletas do que era politicamente vantajoso e aceitável — posição que Hitler explorou com habilidade. Seus inimigos, disse ele, tomavam-no por alguém muito confuso que se perderia nos labirintos da burocracia. Esperavam que se arruinasse por má gestão no governo, mas ele cortaria o nó górdio: "Nós não vamos esperar que eles ajam. Nossa grande oportunidade é agir antes que o façam. Não temos escrúpulos nem hesitações burguesas [...]. Eles me consideram um bárbaro sem instrução. Sim, nós somos bárbaros. Nós queremos ser bárbaros. É um epíteto honroso."

A ditadura, que no entender de Virginia se enraizava na tirania doméstica, constituía um segundo plano implícito em "Os Pargiters", uma ambiência invisível que tingia sutilmente o romance. Ela descreveu suas dificuldades com o livro como um choque entre ficção e comentário social, donde a questão que se punha: como conciliar os comentários com "a vida desperta e comum de Arnold Bennett em forma de arte"? Tudo que se contém em sua esfera, ideias, fatos, imagens, a "forma de arte" é capaz de transformar, mas o desejo da autora de enfrentar questões tópicas, de propor um epítome dos "dias de hoje", bem como uma retrospectiva vitoriana, tornava difícil realizar essa mágica. Quando voltou ao livro, no fim de janeiro (na semana em que Hitler reuniu seu primeiro gabinete), ela decidiu omitir os entrecapítulos e compactar sua mensagem na própria história, por temer que as partes ensaísticas pudessem tornar o livro muito didático. Essa mudança apenas deslocou o problema para outro nível. O "romance-ensaio" original refletia uma dicotomia entre arte e política, poesia e fato, que se aprofundava à medida que ela prosseguia. Seu romance de fatos exigia grande atenção para a situação mundial, que se mantinha em mutação contínua, enquanto ela se ajustava aos ânimos prevalecentes. Chegar ao tom adequado, com o presente anárquico a incidir sobre sua escrita, era cada vez mais árduo.

Virginia estava desenvolvendo suas ideias políticas, que pouco a pouco evoluíram para uma posição mais militante. Em 26 de março, ela escreveu ao vice-reitor da Universidade de Manchester, que lhe oferecera um título honorário de doutora em Letras, lamentando não poder aceitá-lo, por ser contra o recebimento de honrarias públicas, de qualquer tipo, por escritores. Para suavizar a recusa, usou uma fórmula polida: "Estou certa de que o senhor entenderá meu ponto de vista." O vice-reitor talvez não tenha entendido; não lhe seria agradável saber que ojeriza ela nutria pelas aulas, os exames e as graduações do sistema professoral. Causava-lhe particular desagrado a redução da literatura inglesa a uma área acadêmica — um sistema que deixava de fora os leitores de instrução comum. À Dama Ethel, ela mesma já "corrompida" por honrarias, denunciou sardonicamente esses rituais e condecorações — que serventia têm, "quando a única honra é o ar azul vazio, não mais nem menos — para que esse culto à honra? Pura palhaçada!". Ela estava escrevendo, no momento em que a oferta de Manchester chegou, e bem no meio de uma cena em "Os Pargiters" na qual Elvira, dando voz à própria ira de Virginia, acusa a sociedade inglesa de ser profundamente corrupta e decide não colaborar com o sistema nem aceitar suas propinas. Como era estranho, pensou, que o desafio fictício de Elvira coincidisse tão exatamente com sua própria situação — "Mal sei quem eu sou, ou onde estou: Virginia ou Elvira; dentro ou fora dos Pargiter". Posteriormente, num jantar dado pela parlamentar trabalhista Susan Lawrence, uma das outras convidadas, esposa de um professor de Manchester, falou de sua grande expectativa de ver Mrs. Woolf receber o título — cortesia que a pegou de surpresa. Efusiva, a mulher do professor foi em frente, até Virginia se interpor sem jeito: "Mas eu não vou aceitar" — ao que uma discussão sobre o sentido e utilidade de tais gestos envolveu todo mundo. Virginia sentiu-se presumida e exposta, mas apenas superficialmente.

Por dentro, sabia estar justificada, não se deixando nem um pouco tentar por "toda aquela impostura". Ficou contente porque Vanessa, que também estava no jantar, resolutamente apoiou-a e apresentou alguns dos argumentos que ela teria usado; tranquilizava saber que ela e a irmã partilhavam de uma desconfiança instintiva de tal publicidade. O desinteresse de Virginia pela "pura palhaçada" fundia-se com sua descrição de vidas atrofiadas em "Os Pargiters" e seu ódio contra a elite patriarcal.

Após trabalhar assiduamente em "Os Pargiters" e conduzir a narrativa até o episódio de 1907, ela fez uma pausa, em meados de abril, para planejar um ensaio sobre Oliver Goldsmith, transferindo a continuação do romance para depois das férias na Itália. O ensaio emergiu, em suas linhas gerais, durante uma permanência de dez dias, na Páscoa, em Rodmell. O tema era que Goldsmith viveu numa época de transição entre dois contextos culturais completamente distintos. Em meados do século XVIII, os escritores que antes dependiam de mecenas aristocráticos dirigiam-se a homens e mulheres comuns que iam comprar suas obras, por centavos, num livreiro. Eram toscos os novos gostos do público, mas o escritor ganhava a "dignidade da independência"; Goldsmith, malgrado não mais tivesse o prestígio de andar numa carruagem de conde, vestia-se como bem queria e fazia amigos e inimigos sem se preocupar se ofendia ou não um magnata nobre. Livre para viajar e alargar sua visão de mundo, perambulou pelas estradas da Europa e explorou suas grandes cidades. Preferia ser tido por "cidadão do mundo, não inglês". Surpreendia-o que franceses e ingleses estivessem em guerra no Canadá, por causa de pedacinhos de pele para debruar suas luvas, devendo consequentemente entrematar-se e roubar dos povos aborígenes a terra que lhes pertencera por milhares de anos.

Pouco antes de viajar para a Itália, Virginia recebeu outras notícias sobre as perturbadoras mudanças que ocorriam na Europa. Em 28 de abril, ela foi apresentada ao grande maestro Bruno Walter, um velho amigo de Ethel. Desalinhado no aspecto, mas dotado de uma intensidade desprendida que sugeria gênio, Walter falou obsessivamente sobre o "veneno" de Hitler, que ele não conseguia mais tirar do corpo. Depois de ter sido regente da sesquicentenária Gewandhaus Orchester de Leipzig, ele agora era evitado por antigos amigos e impedido de trabalhar na Alemanha, por ser judeu. Mas disse que a perseguição aos judeus chegava a empalidecer em comparação com o colapso geral dos valores civilizados. A mudança tinha ocorrido com uma velocidade surpreendente. Logo após Hitler subir ao poder, Walter voltara de navio para a Alemanha, e a atmosfera entre os passageiros era densa, com indiretas políticas e ameaças veladas. Em Leipzig, ele teve a sensação de ser espionado; as ruas foram tomadas por soldados em marcha e pela música militar que o rádio trombeteava — a memória o atormentava e ele parecia "já quase louco" com a reviravolta. Como era possível que a Alemanha, com sua música, sua cultura, tivesse sucumbido a "esse pavoroso império da intolerância"? Virginia respeitou a intensidade com que ele vivia seus sentimentos — suas opiniões a impressionaram e reforçaram-lhe a própria posição pacifista. Alguns anos mais tarde, ao escrever seu manifesto contra a guerra, *Three Guineas*, ela faria coro ao apelo de Walter para resistir aos opressores por meios não violentos. "Devemos nos recusar a encontrar qualquer alemão", ele insistira. "Não devemos comerciar nem tocar com eles — mas deixar que se sintam como proscritos — não lhes dando combate; ignorando-os."

Os Woolf saíram de férias em 5 de maio, seguindo ao longo da Riviera francesa e descendo pela Itália até Siena. A suspensão muito macia do Lanchester, a liberdade de escolha de trajetos e horários, os piqueniques improvisados à beira de riachos na montanha deliciaram Virginia, apesar de uns momentos tensos em que o volante a fluido emperrou. Mesmo assim, ela ansiava pela "embriaguez" de escrever, e durante a viagem não conseguiu parar de imaginar novas cenas de "Os Pargiters". Em 12 de maio, visitaram a casa onde Shelley morava quando se afogou. Tanto o ambiente quanto os moradores de Lerici conservavam muito da aparência de um século antes. A atmosfera da baía exposta ao vento e das ondas rebentando se difundia pela casa, e Virginia imaginou Mary Shelley na sacada, impaciente à espera da pequena escuna de [P. B.] Shelley[*], que já tinha emborcado num vendaval no mar. Instantaneamente, Shelley foi assim transportado para um reino mítico, tornando-se ele mesmo um mito — o poeta que se afogou "a rolar

---

[*] P. B. Shelley, marido de Mary Shelley, foi um poeta inglês que morreu afogado no mar após sair com seu barco.

cercado de pérolas". Virginia anotou também que seu corpo encharcado fora trazido à costa, a poucos quilômetros dali, e cremado na praia diante de seus amigos. A casa em Lerici, tão batida pelo mar, pareceu-lhe em suma "o melhor lugar e leito de morte que eu já vi".

Suas impressões das montanhas toscanas e de amistosos camponeses foram obscurecidas por lembretes, especialmente nas cidades, de que uma ditadura fascista, por sorte ineficiente, usurpara aquela antiga herança; ela brincou sobre a presença de um camisa-negra às escutas sob sua janela, sentindo-se dividida entre o amor pela Itália e o ódio ao fascismo.

Já de volta para casa, passaram uma noite muito quente em Viena, onde Virginia recebeu suas cartas e ficou sabendo que a Book Society tinha escolhido *Flush* como seleção do mês, o que lhe renderia entre mil e 2 mil libras — provavelmente mais do que eles pagaram por seu Lanchester. Junto com isso veio a notícia de que Cynthia Mosley, esposa do líder fascista britânico, que Virginia conhecia por alto, tinha morrido de apendicite aguda aos 34 anos. O momento era de fortes contrastes. Ela estava sentada num café, ouvindo distraidamente as conversas nas mesas próximas: um datilógrafo e alguns em pregadinhos falavam sobre os hotéis de Lyon, e ela pensou nas vidas que levavam, em como a pobreza os fazia cegos para tudo de fora de seu círculo. Na rua, crianças brincavam, passavam soldados fardados de volta do Marrocos e os homens não paravam de ir ao mictório público — ela avistava as pernas, por baixo da divisória, em estranhos ângulos. Carregava-se de significação o momento: sendo "altamente pictórico, composto, em particular as pernas", sua singularidade mundana gravou-se em sua mente com grande precisão.

Virginia lutou muito, em seu romance, para retomar o fio da meada, depois que voltou da Europa. Durante essa transição, entreviu algo com o que às vezes já contara, a "síntese" criativa de sua personalidade, "como composta apenas pela escrita: como nada faz um todo a não ser que eu esteja escrevendo". Essa foi uma primeira abordagem; havia uma verdade mais essencial que se reportava aos dois níveis em que sua mente operava. Escrever para ela, na superfície, não raro era uma luta renhida, toda feita de esforço e desespero; mas num nível mais profundo, menos consciente, simultaneamente ela estava modelando e ordenando suas ideias. Mesmo quando parecia planar na superfície, tinha uma forte impressão de exatidão quando a imagem interna se resolvia alterando-se, entrando "em foco: sim: a proporção está certa". Escrever, com todo o esforço feito à tona, garantia "proporção", enquanto a incapacidade de escrever implicava desordem, perda de controle, não apenas em relação à sua arte, mas também à vida diária. Um dia que passasse com a sogra, como ela disse, "rebentava 'a proporção'".

Ao falar de "proporção", Virginia fazia eco a Mary Wright, a esposa do lexicógrafo, cuja biografia de Joseph Wright tinha inspirado o primeiro esboço de "Os Pargiters". No diário, Virginia lançou às pressas sua versão muito condensada do diálogo de Mary Wright com o futuro marido: "Ela disse 'faça os detalhes parte de um todo — acerte nas proporções' — pensando no casamento com Joe. Curioso como é raro encontrar pessoas que dizem coisas que nós mesmos poderíamos ter dito. A atitude delas em relação à vida é bem a nossa." O resumo aforístico, "faça os detalhes parte de um todo — acerte nas proporções", tanto é invenção de Mary Wright quanto da própria Virginia, explicitando a "síntese" desta. As passagens originais, consideradas tão compatíveis por Virginia, aclaram o ponto de vista que ela assumiu em "Os Pargiters". Mary Wright centrou-se na questão de como equilibrar suas obrigações de dona de casa com uma vida de atividades intelectuais. Cabe à mulher, disse ela, não permitir que os detalhes de somenos de cada dia de trabalho lhe ocupem toda a mente; melhor que os ponha "a se encaixar no lugar certo e fazer parte de um todo. Muitos 'detalhes' não são 'formas isoladas', porque estão relacionados a princípios gerais, e, se você se mantiver observando bem os princípios, os detalhes se ajustarão". Além disso, disse que era essencial passar "uma razoável proporção dos próprios dias na simplicidade e em busca da verdade [...]. Quero ter controle das proporções relativas das coisas e não dar muita atenção ao que não tem importância". Ao anotar e resumir essas ideias sobre o "acerto nas proporções", Virginia generalizou-as, evitando qualquer referência específica aos detalhes do casamento e da manutenção da casa. Apesar de se recordar do contexto original, ela aplicou suas frases aforísticas principalmente ao ofício de escrever, fazendo um trocadilho entre "right" [certo] e "Wright". A ideia de exatidão de Virginia baseava-se concretamente num "dia" proporcionado e integral, numa completa amálgama da escrita com as atividades domésticas — o equivalente da "simplicidade e busca da verdade" de Mary Wright.

A noção de proporções certas que trazia no íntimo era capaz de levá-la a atravessar um barulhento encontro público, se bem que as cerimônias e discursos, mesmo por uma boa causa, lhe parecessem cada vez mais fúteis. Em 20 de junho, ela assistiu ao congresso da Women's Cooperative Guild, organização que mantinha lojas e programas educacionais para mulheres da classe trabalhadora. Virginia tinha apoiado essa guilda desde a Primeira Guerra Mundial, quando atuara como secretária da seção local. Mas, apesar de sua simpatia pelos objetivos em pauta e do respeito pelas trabalhadoras presentes, um grupo que se impunha, tendo os pés bem no chão, ela odiou o evento. Os discursos das estrelas do Partido Trabalhista, Margaret Bondfield e Susan Lawrence, sobrecarregados de um falso otimismo, ressoaram em frases sobre o vindouro "triunfo da cooperação" e o novo mundo que todos viveriam para ver. Uma negação irritante dos perigos reais à frente — nem um pingo de verdade naquilo, lamentou-se Virginia, "nem uma palavra que convença — tudo gasoso, soprado ao vento, com emoções elementares". O evento a fez sentir-se simplesmente apática, vazia, embora ela se restaurasse lembrando-se de seu trabalho. Essa política que se reduzia a aparências era mais que inútil; o dia tinha tido menos realidade, refletiu ela, do que se o passasse escrevendo, em seu habitual estado de concentração.

O verão de 1933 proporcionou-lhe um interlúdio calmo e raro: ela pôde desfrutar dos prazeres da vida na aldeia e concentrar-se sem grandes distrações em "Os Pargiters". Nos muitos dias de inteira criatividade dessa estada em Monk's House, escrevia pela manhã, depois dava seu costumeiro passeio e mais tarde datilografava e revia o que tinha escrito bem cedo. Seu romance, prescindindo de uma trama convencional, progredia em cenas de interior minuciosamente observadas, como aqueles momentos de evocação caseira que a pintura de gênero holandesa reteve. Virginia necessitava de intervalos assim tranquilos, às vezes dedicados, conforme o dia, a simples afazeres domésticos, e tinha mais tempo para "as velhas e caras repetições" desde que passara a ter mais controle sobre sua vida social. Queria fazer suas longas caminhadas e levar uma "vida completamente espontânea e infantil" com Leonard, como ela disse, pontuada por "jantar; chá; jornais; música; tenho horror de 'ver' pessoas".

No fim de agosto, eles tiveram um fluxo de visitas contínuas e nem sempre bem-vindas, como a de um colega de Leonard, Kingsley Martin, o editor liberal de *New Statesman*, cujas opiniões solenes e maneiras desleixadas à mesa irritaram Virginia. Ela, a despeito de seus frequentes resmungos, era altamente sociável, mas adorava os intervalos entre uma e outra visita, notando que esses dias eram "perfeitamente equilibrados [...]. Como é bom, quando as pessoas vão embora, pegar o nosso jantar & sentar-se a sós & ir para a cama no meu quarto arejado onde o sol nascendo sobre as maçãs & aspargos me desperta, quando eu deixo a cortina aberta". Poucos dias depois, em 2 de setembro, ela registrou uma breve e amigável conversa com Percy Bartholomew, o jardineiro, que entrou com o balde de água suja na mesma hora em que ela punha a chaleira no fogo. "A senhora nunca teve um verão assim", disse ele. E ela replicou: "Pois é, tem estado bom desde o Natal" — o que se aplicava não só ao tempo, mas também ao seu estado de espírito. Leonard supervisionava melhorias no jardim, que seriam pagas pelos ganhos de Virginia com *Flush* — estavam recuperando o lago velho dos fundos e cavando um novo. Nesse dia, ela pensou em um título novo e ainda provisório para "Os Pargiters" — "Aqui e agora" — e depois se lembrou de que Goldie Dickinson tinha usado a expressão "aqui e agora" em seu tributo a *As ondas*; ele elogiara o livro por ser ao mesmo tempo contemporâneo e atemporal — pertencente ao "aqui e agora", mas apresentando temas universais. A expressão sugeria o duplo objetivo do romance: combinar uma visão geral dos anos que conduziram à época moderna com flagrantes de quartos da atualidade e de seus moradores ou, como ela disse, "a pressão da vida normal diária a prolongar-se".

Um verão feliz, como anotou em 26 de setembro, acrescentando que até se esquecera de uma ideia que queria escrever no diário, de tanto que se entretinha com os prazeres "de alimentar o peixe dourado, de olhar para o lago novo, de jogar boliche". Absorvida em escrever sua crônica familiar, expondo as mentiras do passado e sua repercussão no presente, ela estava contente, pelo momento, nesse mundo autocontido. Se às vezes a história parecia sinistra, era de sua própria invenção, e dia a dia ela se sustentava com "as velhas e caras repetições". O mundo além da chapada e do canal da Mancha, por um breve momento, desapareceu a distância. O dia de verão não acalentava reflexões que pudessem nublar sua felicidade.

Em 9 de setembro, T. S. Eliot, com quem os Woolf mantinham relações amistosas, embora formais, desde 1919, quando a Hogarth Press publicou uma seleção de seus poemas, chegou para passar uma noite em Monk's House. Tom, como Virginia o chamava, tinha acabado de se separar da esposa, após dezessete anos. Vivienne Eliot descendia de uma família artística e intelectualmente destacada — era uma dançarina talentosa e escritora, com quem Eliot se casou durante a Primeira Guerra Mundial. Era então uma moça cheia de vida, com um olhar satírico e o dom de encontrar motivos comicamente baixos para inocentes ações de seus amigos. Durante a década de 1920, quando a carreira e a reputação de Eliot floresceram, ela entrou em desintegração progressiva e apresentou por fim, segundo opinião de um psiquiatra, "paranoia completa com delírios". No processo, viciou-se em drogas que os médicos receitavam para sua doença. Eliot se dedicou à esposa, dela cuidando com longa e sofrida paciência, se bem que o efeito de sua natureza puritana sobre a de Vivienne, impulsiva e tensa ao extremo, provavelmente tornasse as coisas piores. No começo da década de 1930, ela já estava semi-inválida; certa vez, em 1932, foi visitar os Woolf usando um vestido de cetim branco esfarrapado e carregando um lenço encharcado de éter cujo cheiro impregnou a sala. Numa foto tirada por Leonard, parece se encolher em si mesma: é uma mulher muito magra, que mantém os olhos baixos e as mãos rigidamente ocultas nas costas. Durante essa visita, ora se mostrava hostil, ora amorosa, vertendo uma tal aura de desordem que Virginia temeu voltar a vê-la.

No final de 1932, Eliot fixou residência por seis meses em Harvard, atendendo a um convite para fazer um ciclo de palestras sobre poesia, e ao retornar, em junho de 1933, recusou-se a ver Vivienne, informando-a por carta que o casamento estava acabado. Desvairadamente ela tentou descobrir onde ele estava. Virginia escreveu a Quentin Bell que Vivienne a acusava, e também a Ottoline, de serem amantes de Tom e ameaçava ir atrás delas com uma faca de cozinha — piada que não tinha mais que uma ponta de genuíno alarme. Circularam outros rumores de que Vivienne, abatida pela dor, montara em seu apartamento um altar com flores e fotografias de Tom.

Após anos de paciência, Eliot foi inflexível quanto à separação e garantiu a Virginia, em 9 de setembro, que Vivienne estava apenas tentando manipulá-lo. Era tudo encenação, na qual, porém, a própria atriz quase chegava a crer. "Ele não admite desculpá-la pela insanidade", relatou Virginia, "acha que ela está fingindo; e tenta acreditar na farsa".

A transformação de Eliot num importante personagem era divertida e desconcertante para Virginia, que lamentava o desaparecimento do poeta mais tímido, mais tateante. Sua conduta na crise conjugal reforçava a impressão de que ele mesmo afetava se dar muita importância. Escrevendo-lhe quando se achava em Harvard, satiricamente ela lamentou que a maioria dos originais submetidos à Hogarth Press eram agora "sobre um homem chamado Eliot; ou à maneira de um homem chamado Eliot — como detesto esse homem chamado Eliot! Eliot no café da manhã Eliot no jantar — graças a Deus Eliot está em Harvard. Mas por quê? Volte logo". Um elogio às avessas, sob o qual avultava seu desagrado dos papéis que os escritores são estimulados a representar para o público. Ver Tom, recém-chegado dos Estados Unidos, com o ego tão para cima por seu renome internacional, a fez voltar a seu debate consigo sobre as seduções da fama e os malefícios da publicidade.

[Diário de Virginia, 10 de setembro de 1933]

Ele está 10 anos mais moço: firme, lépido, um escoteiro glorificado de calça curta & camisa amarela. Ele está se adorando. Está brilhante & impenetrável como uma joaninha (não estou escrevendo para publicação). Mas ainda há água de poço nele, fria & pura. Sim eu gosto de conversar com Tom. Mas a asa dele se abre curva & como cimitarra em torno do próprio centro. Ele está se decidindo com certa seriedade a ser um grande homem. Keats não foi assim [...]. Disse que as pessoas exageraram a intelectualidade & erudição de sua poesia. "Ross Williamson, por exemplo, no seu livro a meu respeito [...]." Diz isso com toda a gravidade. Eu não conseguiria citar Holtby com a mesma candura [...].

Seu pai era um negociante de tijolos em Saint Louis [...] & morreu *hélas* antes de Tom ter se tornado — bem, felizmente a mãe viveu para vê-lo o que ela considerava (& ouso dizer que Tom também) um grande homem. A que esquisita e ingênua vaidade tudo isso se resume! Mas é claro que, quando te jogam como uma azagaia na couraça do mundo — isso pode ser uma definição de gênio —, você fica grudado; & Tom grudou. Fechar-se, concentrar-se — isso é talvez — talvez — uma das condições necessárias.

O ceticismo de Virginia referia-se tanto à importância que Tom se dava quanto à própria ideia de "grande homem". Ela o vê como um híbrido, o poeta privado e oculto a se fundir precariamente com a figura absurda do "escoteiro glorificado", ainda imaturo e atormentado por seu puritanismo estreito. A água de poço bem em seu fundo raramente é acessível; o dom poético, que deveria libertá-lo, perversamente se endurece em instrumento do amor-próprio, a asa que se estende se torna a cimitarra cruel. Ela reconhece o poder de concentração de Tom, a capacidade de se fechar, que é "talvez — talvez" um sinal de grandeza poética. Mas diz isso relutantemente, como se contra melhor juízo; a insistência em "talvez" reflete seu desejo de outra imagem do artista, mais como Keats, que não viveu para bancar o grande homem. A força penetrante de Eliot "pode ser uma definição de gênio". Ela achava que a poesia dele se impunha às vezes por pura violência, mas também sentia um estreitamento — os versos muito incisivos não permitiam perspectivas mais amplas, atacando apenas "uma diminuta província de sua imaginação". Afinal, há melhores maneiras de impressionar o mundo do que grudar na couraça.

A mistura de sentimentos de Virginia tem outra fonte. Por trás do magisterial Tom assoma o pai que dominou sua juventude e de quem lhe veio sua primeira ideia de grandeza. Ela retratou Leslie Stephen em *Ao farol* como o tirânico Mr. Ramsay, que exaure a esposa com súplicas de simpatia. Para os filhos ciumentos, que rivalizam com o pai pela atenção da mãe, ele parece uma desumana máquina de meter, um cruel "bico de bronze, a árida cimitarra do macho, que batia impiedosamente, repetidas vezes, implorando simpatia". Mr. Ramsay toca as notas do teclado intelectual em ordem serial, pois se treinou para se concentrar e encerrar-se, em agonia por sua incapacidade de atingir as outras notas da escala, onde a grandeza jaz. O irônico retrato de seu pai por Virginia vinha com o conhecimento de que ela nunca poderia satisfazer tais padrões — apesar de seus dons, nunca poderia ser o que ele mais teria admirado — um "grande homem".

A desconcertante vaidade de Tom Eliot levou-a a examinar mais atentamente a própria situação em que estava. A influência dele complementava estranhamente a de Ethel Smyth, outra grande egotista, a quem ela havia dado alguns conselhos sobre escrita, nesse mesmo ano. Em junho, Ethel lhe pedira para ler o manuscrito de sua nova coletânea de ensaios sobre carreiras musicais de mulheres, *Female Pipings in Eden* [*Flauteios feminis no Éden*]. Virginia julgou constrangedores os fatos mencionados por Ethel sobre o mundo musical dominado pelos homens. Indignou-se com a questão, mas enfraqueceu-a ao incluir uma lista de suas façanhas e motivos de queixa, que incitaria os críticos a descartá-la como mulher infantil muito absorta em si mesma. Virginia corou com os comentários pessoais em meio ao registro factual. Ela própria tinha discutido as mulheres escritoras em *Um teto todo seu* e ficcionalizado seu caráter, convertendo-se numa figura emblemática para assim evitar a indecência do egotismo e de argumentos especiosos. "A menção de 'eu' é tão potente", sustentou, deixa "uma mancha violeta tão forte — que um numa página já basta para colorir um capítulo." Ao ler o livro revisado em novembro, gostou de ver que Ethel tinha omitido a maior parte do que a pregação indicava, dando, portanto, grande força às suas alegações. A ausência do "eu" a libertava para encontrar seu natural ritmo atlético, galopando "tão elástica na grama como um cavalo de corrida".

Em outubro, uma enxurrada de solicitações de vários estranhos, para entrevistas e fotografias, motivou Virginia a escrever ao editor do *New Statesman*, instando com os leitores para resistir à mania de publicidade. Sua carta também pedia a artistas e intelectuais famosos para não permitir que relatos de sua vida privada ou sobre suas personalidades fossem publicados nos jornais, mas que em vez disso resistissem à sutil coerção de publicistas, admiradores e fornecedores de cultura oficial — uma proposta modesta com implicações radicais. Ela admitia que, ao publicar seu apelo à privacidade, chamava atenção sobre si mesma — contradição que refletia sua atitude complexa ante a ação pública, simultaneamente engajada e em busca de distanciamento. Ao mesmo tempo, tentava persuadir-se de que não importava o que os jornais e revistas dissessem a seu respeito, de que resenhas e notícias não passavam de distrações menores, meros "pingos de chuva". Mas sua suscetibilidade as tornava muito mais importantes do que sugere a metáfora.

Implicitamente, ela se dirigia ao bizarro par de egotistas, Tom e Ethel. Tinha, afinal, sob controle sua "filosofia do anonimato", como escreveu no diário em 29 de outubro, dia seguinte ao da publicação de sua carta no *New Statesman*. Essa carta, disse ela, foi uma declaração tosca e incompleta de suas opiniões, uma decorrência de sua libertadora decisão, no último inverno, de cortar os vínculos sociais sem sentido. Sua resposta aos escritores homens, como Eliot, que poderiam tentá-la a perseguir essa aparência ilusória de "grandeza", foi recusar-se a jogar pelas regras deles: "Não serei 'famosa' 'grande'. Continuarei me aventurando, mudando, abrindo minha cabeça & meus olhos, recusando-me a ser carimbada & estereotipada. A questão é libertar o ser na pessoa; deixá-lo encontrar suas dimensões, não o bloquear." Sua mente multiforme e flexível, evitando as fórmulas e doutrinas, inventava modos de incluir, não de alijar. Fiel a esse princípio, ela, que nunca tinha tido religião, nem na infância, resolveu ler o Novo Testamento.

No mesmo dia, numa carta a Ethel, mencionou o termo "anonimato" num sentido mais especial. À noite, Virginia iria ao jantar pelo aniversário de sua sogra de 84 anos, um grande encontro de parentes judeus, que a deixaria muito pouco à vontade. Como artista criadora, sua necessidade mais profunda era "não ter consciência de [si mesma]. E todas essas pessoas insistem que é preciso dar-se conta de si". A inconsciência e o anonimato, como disse a Ethel, eram as únicas condições nas quais podia escrever. Não se dar conta de si significava ter acesso ao ser inconsciente mais profundo que evitava a luz do dia e alimentava toda sua vida criadora. De modo análogo, ela lutava para dominar sua extrema suscetibilidade a críticas e a preocupação com sua imagem pública. Em 22 de novembro, anotou que tinha resistido à tentação de ler um artigo sobre sua obra em *The Criterion*, a revista de

T. S. Eliot. Por ora, ela se erguia acima da batalha, olhando de longe para uma mera efígie da eminente Virginia. "Veem-se pessoas acuando & atacando uma coisa que parece um cavalo de palha & de forma alguma sou eu." A ideia de despreocupar-se de vez com sua reputação e levar a vida inteiramente privada a enchia de alegria — e ela acordava de noite sentindo-se "extraordinariamente feliz". Seria isso o que a irmã dela, que usufruía do equilíbrio e perspectiva que lhe faltavam, sentia o tempo todo — esse distanciamento sereno? Virginia teria, com isso, uma forte carga de energia para dedicar a Leonard e às coisas que realmente lhe importavam. Contudo, à medida que se alegrava com essa "grande libertação", uma voz interior a lembrava de que seu próprio estado natural era diferente do das outras pessoas. Ela chegava à calma por dissociar-se das vicissitudes e preocupações costumeiras, não por comprometer-se com elas. Essa tendência e os perigos que trazia estão implícitos em sua abrupta anotação sobre o estado eufórico: "Eu me pergunto se isso se relaciona a algum dos famosos sentimentos humanos" — afirmação que reconhecia que não raro sua visão estava fora ou além do comprimento de onda mais comum.

Ela odiava a ideia de se empedrar numa figura pública, na estátua de um escritor consagrado. Em vez de dar mais polimento ao estilo que aperfeiçoara na década de 1920, modificava-o agora, seguindo em parte o exemplo de Henry James, a quem estivera lendo durante sua viagem à Itália. Ao contrário dos que o imitavam sem força, ele tinha "o calejado poder de quebrar o molde que usou", de despedaçar o tipo de frase bem urdida que havia inventado e começar de novo. De igual modo, em "Aqui e agora" (o novo título provisório de *Os anos*) ela exerceu uma dura disciplina, forçando-se, como disse, "a quebrar todos os moldes" e criar novas formas de expressão que contivessem novas maneiras de sentir.

"Mas isso impõe esforço constante, ansiedade & risco. Aqui (em 'Aqui e agora') estou quebrando o molde feito por As ondas." Quebrar os moldes, romper com os padrões estereotipados nos quais sua obra se cunhava — essas rupturas a ajudariam, a longo prazo, a acertar nas proporções.

Sua "filosofia" entrelaçava dois elementos distintos, um artístico/visionário, o outro político/iconoclasta. Fundindo-os, ela elaborou sua própria voz profética, embora não impusesse, como D. H. Lawrence, um sistema dogmático. Politicamente, o "anonimato" armou-a contra o perigo de ser cooptada pelo *establishment*, adulada ou corrompida para posar de "grande homem". Artisticamente, produziu um estilo mais acessível, que combinava fato e visão e destinou-se a uma audiência mais ampla. Apesar do imenso valor que dava à privacidade, ela acabou por escrever seu manifesto e submeter suas opiniões militantes à consideração pública, insistindo, porém, em definir as questões em seus próprios termos. Seu objetivo era quebrar os moldes patriarcais e lançar sua própria insurgência não violenta.

Virginia disse certa vez para Ethel: "Todos os que eu mais estimo são silenciosos." Nos diários e cartas de Virginia há um silêncio que ecoa, onde as pessoas de que ela mais gosta sempre estão presentes, mas não são esboçadas com a mesma nitidez que há em seus amigos circunstanciais. Leonard e Vanessa estavam muito próximos, e o entendimento que ela tinha com eles era silenciosamente partilhado ou ganho em pequenas frações diárias, muito impalpáveis para registrar. Virginia e sua irmã escreviam-se frequentemente; mas suas cartas eram lembretes práticos, bem terra a terra, que raramente revelavam a profunda ligação entre as duas. Um silêncio de igual ordem, se bem que menos intenso, cercava os sentimentos de Virginia em relação aos filhos de Vanessa.

Aos 23 anos, seu sobrinho Quentin Bell — "o sonhador pausado e charmoso", como ela o chamava — passou meses adoentado, com eventuais melhoras. No verão, ao voltar para casa de uma viagem à Espanha, teve coqueluche. Depois, em agosto, contraindo pleurisia, foi forçado a uma longa recuperação em Charleston. Temeram que ele pudesse precisar de cirurgia, mas os médicos concluíram que as duas doenças se relacionavam à tuberculose e mandaram-no passar três meses num sanatório na Suíça para cuidar dos pulmões. Vanessa se preparou para voar com seu filho até Genebra, e em 3 de novembro os Woolf atravessaram Londres de carro para levá-los ao aeroporto de Croydon. Virginia e Leonard ficaram no terraço vendo o avião decolar, cena que a impressionou com seu funesto poder dissociativo. O aparelho pareceu tornar-se rarefeito a seus olhos; os motores foram ligados, passaram a trabalhar mais rápido e "simplesmente evaporaram: aí o aeroplano faz uma lenta corrida, circula & sobe". Vê-lo diminuir e desaparecer pouco a pouco no espaço distante, implacavelmente levando Vanessa e Quentin para longe, confirmava seu próprio senso de afastamento. "Isso é a morte eu disse, sentindo como o contato humano tinha sido completamente rompido. Eles foram para o alto com ar sublime & sumiram como uma pessoa que morre, partindo a alma." A sensação intensa lhe inspirou mais tarde um esquete impressionista, "Flying Over London" ["Voando sobre Londres"] sobre um voo imaginário em que o piloto, após dar voltas pelo campo, vira o nariz do avião para cima e sobe a uma altitude serena onde o mundo recua e a "extinção" se torna desejável. Pende no ar a ameaça de morte. Ela mesma se sente sendo mais arrastada e de bom grado recebe o impulso que a leva para onde os lampejos de luz e de saber se obscurecem, mas o piloto, como Caronte levando os mortos numa balsa para transpor o rio Lete, está rodeado de chamas. O avião retorna, tendo alcançado aquele extremo limite, e lentamente desce para o mundo dos gasômetros e campos de futebol. O passageiro detecta, bem lá embaixo, milhões de anônimas figuras que parecem ser insetos, mas se aclaram, conforme o avião vai descendo, nas conhecidas ordens sociais — grandes magnatas em Rolls-Royces, mulheres de joelhos a limpar com escovões degraus de entradas. O mundo como ele é, o dia comum — de retorno ao qual o aparelho faz sua rápida e saltitante aterrissagem; por um momento, tudo para; a cena roda na mente, a fantasia se dissolve e ela escuta o piloto anunciar que, devido a um problema no motor, o voo que ainda estava no início foi chamado de volta.

A anotação no diário de Virginia sobre a cena real em Croydon terminou enigmaticamente: "Vi o avião se tornando uma manchinha no céu. Um bom funeral bem poderia ser feito" — como se evocasse talvez uma antiga nave funerária a transportar os mortos na última viagem.

Essas ideias prenunciaram sua angústia de três dias depois, quando Vanessa deveria estar de volta e Virginia sentava-se à espera de que o telefone tocasse para anunciar que o avião tinha pousado, sem a notícia chegar. Recebendo a visita de Lady Simon, a reformista social, ela se dava à conversa de salão e ao mesmo tempo alimentava por dentro a certeza de ter havido um desastre. O avião, atrasado por um denso nevoeiro em Paris, teve de dar várias voltas sobre o aeroporto antes de aterrissar. Vanessa, calma e autocontrolada, ao chegar em casa após o voo desmanchou-se em lágrimas. Virginia, ao ouvir mais tarde sua descrição dos Alpes vistos de cima, reconheceu que eles eram provavelmente a mais bela das paisagens terrestres — o pai delas escalara todos aqueles picos quando jovem —, mas implorou a Vanessa que nunca mais andasse de avião. "Oh meu Deus", exclamou a Vita, "como eu odeio tomar conta dos outros!"

Durante os meses seguintes, ela escreveu regularmente a Quentin, em seu refúgio nas montanhas, uma série de cartas indiscretas e divertidas, cheias de juízos argutos e hipóteses fantásticas sobre as pessoas que encontrava — uma legião de personagens. Como a mãe dela, que tinha tido vocação para a enfermagem, Virginia acreditava que uma dose de sátira era fortificante e ajudava a curar a maioria dos males. Metade da alegria de ver pessoas, além disso, era entrar em outros mundos, onde recolhia os indícios a partir dos quais teceria suas histórias fictícias. Para Quentin, ela gostava de bancar a tia indecorosa que era capaz de dizer qualquer coisa. A notícia sobre a filha de Mary Hutchinson, Barbara, por exemplo — amigas sobre as quais ela realmente deveria ser discreta, mas [...] Barbara estava noiva de um dos Rothschild, um judeu, o que depunha completamente em favor dele, disse Virginia, porém ela se perguntava se [...] Ele levara para Barbara um presentinho, numa caixa de papelão, da qual pularam para fora, quando ela a abriu depois que o noivo se foi, um monte de joias da família, cravejadas de diamantes e rubis. O rapaz mais rico da Inglaterra, tão presunçoso, tão cheio de si — Virginia previu que o casamento não iria durar. E com alívio informou que Vanessa tinha a mesma opinião, "não gostava do cheiro do judeu. Lembra carne de porco crua, ela disse. Por certo uma frase um pouco indelicada?". Não só. Além de indelicada, profundamente antissemita, mas quem o disse foi Vanessa, não ela.

Um dos que a visitavam muito era Stephen Spender, que chegava e falava sem parar sobre sua própria escrita e as carreiras dos grandes poetas. "Um jovem poético, simpático [...] de olhos brilhantes como um tordo gigante", masególatra e, sendo muito moço, sofridamente obcecado pela necessidade de afirmar seu gênio ante o olhar de um mundo em dúvida. Stephen vivia por ora em Maida Vale, um bairro londrino de escritores homossexuais, entre os quais E. M. Forster, W. H. Auden e William Plomer, todos eles romanticamente ligados aos trabalhadores, mais do que a membros de sua própria classe. Virginia se indagou: "Por que essa paixão pelo porteiro, o policial e o engraxate?" Referindo-se ao endereço deles em Maida Vale, indevidamente batizou-os de "Lírios do Vale" — um tipo de sarcasmo que raramente se permitia agora e que evocava as atitudes homofóbicas e xenofóbicas de sua juventude.

Cada vez mais desencantada com a classe dominante inglesa, Virginia ainda tinha, contudo, íntimas ligações com integrantes influentes do *establishment*, como seu primo H. A. L. Fisher, diretor do New College de Oxford. Em 30 de novembro, ela pernoitou na impressionante residência oficial que desde 1370 se destinava ao detentor da função. Primo Herbert, um historiador, tinha servido no governo de Lloyd George durante a Primeira Guerra Mundial e sua conversa transbordava de anedotas de "quando eu estive no gabinete". Esse gosto do poder, de ter privado com Arthur Balfour e Winston Churchill, era para ele "o que uma árvore de Natal é para uma criança". A visita, como ela disse a Quentin, ajudou-a a obter uma visão mais completa da vida contemporânea. Herbert e a esposa, Lettice, viviam totalmente absorvidos em suas funções oficiais, e Virginia pôde ver, enquanto esteve com eles, que tudo aquilo fazia pleno sentido. Eles tinham por trás a tradição — eram dignos, requintados, exangues — e num lampejo ela viu os dominadores da Inglaterra, que pareciam assomar por sobre o ombro de Herbert. Eram figuras quadradas, convencionais, carentes de imaginação e de calor humano: "Pequenos; mas não malignos." Ao contar seus casos dos gloriosos dias de 1916, representando sua própria e aprovada versão dos grandes homens, Herbert se tornava um deles — cortês e lacônico "como um mordomo acostumado às melhores famílias".

Virginia compareceu a uma recepção na qual o primo careca e de ar clerical levou estudantes tímidos para encontrá-la, como vítimas a se aproximar de um altar. Lá plantada, limitou-se a jogar conversa fora — "Você está no primeiro ou no terceiro ano?" —, a fazer perguntas sobre um conhecido sobrenome ou um lugar, até que, já não tendo mais assunto, falou da liquidação na Selfridge's. Ela, entretanto, pôde ver que alguns daqueles garotos tão sem jeito e de rosto tão viçoso teriam sido agradáveis companheiros se o encontro não fosse tão artificial — "se ao menos eu tivesse podido me recostar em almofadas e jogar rosas para eles". Mas não, apenas frases polidas e sinos institucionais ecoavam pelo ar, trazendo cada hora um novo leque de obrigações. Lettice Fisher, que administrava a intensa programação social de seu marido com uma renda assaz modesta, tinha sido transformada, pelo esforço, numa matrona dura e sovina. Muito gentil por natureza, mas enfiada num molde que excluía a imaginação e o humor, ela confirmava a oposição de Virginia à vida institucional que lhe destruíra a espontaneidade. "Por que os burocratas", perguntou-se Virginia, "são tão nobres, mas tão frios?" Olhando para os Fisher, ela vislumbrava um cortejo de magníficos diretores e assoberbadas esposas — já retratara um desses casais em "Aqui e agora" — a retroceder no passado.

Após levar a narrativa de "Aqui e agora" até as vésperas da Primeira Guerra Mundial, Virginia fez uma pausa no feriado de Natal e preparou-se para o capítulo seguinte relendo os velhos diários do tempo da guerra, quando seu casamento estava nas primeiras etapas. Olhando para o começo de tudo, concluiu que era bom o que ela e Leonard tinham feito de suas vidas. Ambos eram criativos, ambos trabalhavam duro; continuavam a estabelecer e desenvolver amizades com escritores mais jovens, como Stephen Spender, Kathleen Raine e William Plomer, vivendo plena e afoitamente, com seus dias acamados "numa rica terra porosa". Tendo reorganizado sua vida social, ela seguia uma rotina equilibrada e simples. Na quarta-feira, 20 de novembro de 1933, por exemplo, trabalhou pela manhã e no fim do dia, escrevendo o ensaio sobre Goldsmith a partir do esboço que tinha feito em abril, e depois do jantar, leu e aprovou um original de ficção para a Hogarth Press. Nos intervalos, ela e Leonard deram uma volta pela praça com Pinka, cuja visão já se perdia; Virginia foi até a Oxford Street, à procura de um aparelho de jantar, e viu xícaras de porcelana das quais gostou na Waring's. Ao voltar para casa pela hora do chá, passou pela de Vanessa, que ficava a dois quarteirões, na Gordon Square, e viu "Angelica recortando bichos de papel prateado". Antes de irem para a cama, os Woolf ouviram no rádio uma sinfonia de Haydn. Um "bom espécime de dia".

Ironicamente, o que mais pressionava sua liberdade agora era o velho sistema de manter uma empregada em casa, no qual eles continuavam, sobretudo por inércia. A relação com Nelly Boxall, como sempre, era das mais complicadas. Virginia oscilava entre a fácil familiaridade e a extrema irritação com a cozinheira. Se o ânimo de Nelly fosse amistoso, Virginia chegava a achar que a longa história já vivida por elas enriquecia a rotina dos trabalhos domésticos, acrescentando-lhes um lustre, "como líquen nos telhados". No entanto, na maioria das vezes, sentia-se exasperada com aquela desconcertante estranha, que a servia, que lavava e cuja vida diária se entrelaçava com a dela num perturbador composto de intimidade e desconfiança. A tensão com Nelly atingiu novo ápice no começo de 1934, quando Virginia esteve doente, com gripe e dor de cabeça.

A casa, 52 Tavistock Square, estava cheia de trabalhadores. Primeiro vieram os eletricistas, para trocar a fiação e instalar um aquecedor elétrico de água. Seguiu-se, em fevereiro e março, um batalhão de pintores e estucadores, pois o proprietário tinha ordenado que redecorassem todos os quartos da casa. Além disso, um fiscal, decidindo que os soalhos corriam risco de desabar sob o peso de seus livros, determinou que os escorassem com vigas de aço, obra muito cara que os Woolf tiveram de pagar. Durante toda essa azáfama, Virginia lutou para voltar a escrever "Aqui e agora" após semanas de doença. As relações com Nelly, por causa de uma pendência sobre um forno, já não andavam nada boas. Eles queriam instalar um forno elétrico, mas Nelly se negava terminantemente a experimentar a nova engenhoca. Finalmente a tensão explodiu em forma de outra briga violenta sobre seu dia de folga. Nelly saiu de casa, num acesso de raiva, e os patrões comeram apenas ovos no almoço; de noite, viram-se reduzidos a pagar caro por um jantar muito mal-feito num barzinho local — e isso foi a gota-d'água. Silenciosamente, Virginia se comprometeu a despedir Nelly, de uma vez por todas, na Páscoa.

Antes, tinha tomado a mesma decisão numerosas vezes, persuadindo-se depois a aplacar-se. Nelly já vivia com eles há dezoito anos, e de quando em quando Virginia se sentia oprimida pela presença de uma intrusa há tanto tempo na casa. "Todos os que eu mais estimo são silenciosos", ela havia dito, e Nelly, uma tagarela, estava sempre a seu lado. Muito antes Virginia já notara que suas empregadas tomavam a conversa por um rito social, fosse o que fosse que dissessem. Um dia, quando ela repousava, doente, no sofá da sala de estar, ouviu Nelly e Lottie trocando ideias com uma vizinha, como em incontáveis outros dias, nos degraus da entrada da casa. A falação não terminava, e ela anotou suas impressões do que era dito em frases telegráficas: "Espanto expressado — risada alta — concordância [...] mais & mais enfática [...] acho que conversar para elas é uma espécie de atividade muscular, porque nunca dizem muito: só repetem a mesma coisa & não param." A melodia dessa falação, que ora fluía, ora se entrecortava de sons bruscos, gravou-se em sua memória pelas repetições incontáveis. Em 1929, dando uma olhada em seus diários, ela pensara que a história de suas relações com Nelly propunha um enfoque revelador de sua própria vida, o tipo de indício que não raro procurava em diários.

Mas em fevereiro de 1934 a tensão na casa era quase insuportável. Ao mesmo tempo, ela assistia à contínua deterioração da atmosfera política. Suas conversas com os amigos centravam-se nos recentes e alarmantes acontecimentos na Europa. Dollfuss, o chanceler direitista da Áustria, tinha mandado tropas para reprimir trabalhadores que estavam controlando o governo municipal em Viena. Em 18 de fevereiro, Virginia anotou que houve graves conflitos entre socialistas e fascistas nas ruas, com civis mortos a tiros; as notícias chegaram em casa, mais depressa do que o normal, porque John Lehmann, que apareceu candidamente para oferecer à Hogarth Press seu último livro de poemas, tinha acabado de voltar de lá. Virginia escreveu a Quentin que o golpe bem-sucedido de Dollfuss era considerado o começo do fim — um presságio de que os fascistas britânicos de Mosley ficariam em condições de tomar o poder dentro dos cinco anos seguintes. "Acho que você e Julian estarão aí para isso. O que Angelica vai viver para ver me assusta muito."

Tais temores proféticos fundiram-se com o desconforto diário de ter trabalhadores em casa. Era entre cheiro de tinta e marteladas que agora os Woolf viviam; com os móveis amontoados, acampavam num canto, comendo com seus pratos no colo, pulando sobre pilhas de livros e tapetes enrolados, ou às voltas com o pó de gesso que ia cair nas xícaras de chá. Virginia lutava para voltar a escrever, apesar dos pintores, dos vidraceiros — e apesar de Nelly, que estava "alegre & gárrula como uma cotovia". Não queria ser provocada para a violenta cena de hábito, que a exauria tanto. Muitas vezes, no passado, Virginia tinha dado vazão à sua raiva e depois concordado, por fraqueza, com uma reconciliação, mas agora não. Nelly desconfiou de seu controle e os encontros das duas tornaram-se instantes de um silencioso duelo, com a empregada a sondar a patroa que tentava evitá-la. Um dia, Nelly, indignada, disse: "A senhora não demonstra confiança em mim; não me trata como empregada." Virginia teve vontade de responder: "Então vai embora!", mas pensou melhor e não abriu a boca. Quando a pintura e as marteladas chegaram ao auge, os Woolf foram passar três dias num quarto emprestado na casa dos Strachey em Gordon Square, onde ainda moravam duas das irmãs de Lytton. Esses incômodos domésticos, ante o problema de Nelly, diminuíam, porém de vulto. O medo da cena final, sentido por Virginia, era visceral; interrompia o fluxo de sua escrita e estragava seu prazer em tudo. À medida que Virginia retrocedia, Nelly se tornava mais insistente, seguindo-a por toda parte a insinuar seus favores — "Deixa eu fazer um chá para a senhora — está parecendo tão cansada" —, o tipo de atenção materna a que Virginia dificilmente resistia. Nelly, quando queria, podia ser "um Anjo", e cozinhava admiravelmente bem.

Virginia estava decidida a não discutir seus planos com Leonard, por desconfiar de que ele tentaria dissuadi-la.

Andava com as emoções em turbulência. Por dez dias passara as tardes espanando livros, devolvendo-os às estantes, prateleira a prateleira, com as nuvens de poeira ecoando seus sentimentos revoltos. Anos de hábito e familiaridade adejavam e se dispersavam como partículas no ar. Novas perspectivas se abriam — ela mal reconhecia seu estúdio, que parecia maior, com as paredes antes enfumaçadas todas pintadas de branco. Despedir Nelly a libertaria de um sistema social ultrapassado, disse a si mesma, embora contrafeita, porque o sistema ainda significava segurança e conforto em algum lugar de seu cérebro. Serviçais, como membros da família, eram utensílios domésticos, acessórios humanos que a pessoa aceitava, quer tivessem defeitos, quer verrugas. Ela renunciava a tudo aquilo — tinha sido um modo de vida sufocante. Cultivando a partir de agora o anonimato, recorreria a diaristas, que exigiam menos dos patrões, ou talvez contratasse outra empregada fixa, mais autossuficiente — seria um grande ganho de liberdade, ainda que talvez perda de alguma coisa também.

A poeira girava em torno dela — um turbilhão de ansiedade, agora que punha as cartas na mesa; somando tudo, ela disse que esses dias foram dos mais desagradáveis que já tinha vivido. Manteve-se de boca fechada e controlou seu temor "até quase morrer disso". Pretendia despedir Nelly na véspera de sua partida para Rodmell, deixando o mínimo de tempo possível para as inevitáveis recriminações. E passou as últimas 24 horas a sentir-se como "carrasco & vítima num só". Seu consolo foi dizer-se que "o dia imitigável da espera" passaria — dia que foi pior do que o fato. Mas ela estava decidida e não havia alternativa. "Eu me digo que isso tem de ser vivido." Era preciso que tivesse em mente todas as desavenças passadas e reprimisse quaisquer ideias subversivas sobre as dificuldades de trabalhar para duas pessoas tão nervosas como os Woolf.

Em 27 de março, seis semanas depois da briga sobre o forno, Virginia chamou Nelly à sala de estar, o agradável espaço de janelas altas que davam para o arvoredo da praça, onde a luz batia em cheio na mesa entulhada de livros e periódicos. Nelly se manteve à porta, exposta e na defensiva ante a claridade, "com sua cara engraçada meio boba teimosa toda franzida". Virginia, fiel ao roteiro, fez o discurso de antemão preparado, dizendo que tinham de se separar, pois a tensão se tornara grande demais, dirigindo-se a Nelly "corretamente [...] persuasivamente" e distanciando-se com frases polidas: "E creio que você também queira arranjar outro lugar." Bastante ponderada, quando Nelly começou a protestar, Virginia a interrompeu. Isto era uma coisa nova — Nelly reduzida ao silêncio, ficando ali aturdida enquanto Virginia lhe dava um cheque de 25 libras e uma nota de uma libra para consertos de roupas. Nelly conseguiu apenas dizer: "Mas a senhora não me deve nada", antes de Virginia sair, descer pela escada e voltar para seu estúdio nos fundos, deixando a casa nas mãos da cozinheira.

Mais tarde, passado o impacto do choque, Nelly partiu para a esperada "explosão de desaforo e desculpa, e histeria e apelos e ameaças maníacas". Disse que eles não podiam mandá-la embora; recusando-se a aceitar a decisão de Virginia, enfiou o cheque, um presente generoso para a época, novamente no bolso da patroa e recorreu a Leonard, que não quis se intrometer. Lamentou-se, apelando para a consciência de classe deles, do dano à sua posição social entre as empregadas da vizinhança — que veriam sua demissão com maus olhos. Fez uma pressão tão forte que Virginia, mais uma vez expulsa do estúdio pelos trabalhadores, saiu às pressas e foi andar de um lado para outro na Oxford Street, com um vento frio, apenas para ficar longe dela. Em meio a desaforos e lágrimas, no dia seguinte o casal partiu para Rodmell. Nelly, na pia, com um pano molhado nas mãos, olhava; Leonard estendeu-lhe a mão, mas Nelly, como se o repreendesse, se retraiu: "Não, senhor, realmente eu não posso." Leonard e Virginia foram andando para a porta, e ela gritando atrás: "Não e não e não, não vou me separar de vocês." Ao que Virginia respondeu com firmeza: "Ah, mas você deve", enquanto eles saíam, batendo a porta.

Por carta, Virginia contou toda a história a Ethel, que como sempre era ávida pelo noticiário mundano. E disse que, na hora da decisão, não sentiu culpa nem o menor remorso. Pelo contrário, reteve uma impressão muito forte do egotismo de Nelly e de como isso a tinha prejudicado no passado. "De fato eu vi tão fundo em sua mente pobre aterrorizada aturdida, mas totalmente interesseira que me senti mil vezes tranquilizada." Em Rodmell, à medida que se fortalecia a certeza de não estar mais enredada naquela relação semifeudal, veio-lhe a volúpia da calma. Nelly escreveu, mandou recados, fez tudo em que podia pensar para induzi-la a alterar a decisão, mas Virginia não respondeu.

Não obstante, logo ela encontrou uma substituta para Nelly — "a calada disciplinada abnegada Mabel [Haskins]" — que Leonard também achava irritante e tolerava apenas por atenção a Virginia. Essa, apesar de ainda depender de empregadas, tinha renunciado ao modelo vitoriano de vida familiar, pois já estava muito longe dos móveis imponentes e dos quartos cercados por cortinas de sua infância.

Nelly, por sua vez, quinze anos após a morte de Virginia, apareceu em público através de uma rápida entrevista de rádio à BBC. Portando-se da melhor forma possível, nada revelou sobre seus próprios sentimentos e pouquíssimo falou de Virginia; ateve-se mais ao que a patroa preferia comer, confidenciando que "ela gostava de escalope de vitela com cogumelos e um acompanhamento e adorava uma boa sopa e a sobremesa favorita dela era *crème brûlée* ou sorvete com calda de chocolate quente". Quando Virginia fazia pão ou preparava o jantar, "usava todos os pratos da casa e deixava tudo por lavar". Nelly disse ainda que Virginia sempre a elogiou como cozinheira e havia sido muito afetuosa quando ela teve de ser hospitalizada. "Ela foi me ver na enfermaria levando um enorme abacaxi e foi direto para a minha cama para me abraçar."

A única insinuação de alguma desavença entre elas foi a observação de Nelly de que, ao sair da casa dos Woolf, o que lamentara fazer, ela tinha ido trabalhar para Charles Laughton. Esse ator de cinema e sua esposa, Elsa Lanchester, também atriz, moravam num apartamento alugado na vizinha Gordon Square, o que permitiu a Nelly manter as amizades já feitas com outras empregadas do bairro. Como Laughton e Lanchester nunca tinham horários regulares, frequentemente a casa parecia um hospício mantido em ordem, e eles às vezes a exasperavam por isso, se bem que a respeitavam por sua paciência e sensatez. Segundo Lanchester, ela era uma cozinheira excelente.

9
Atos de uma peça

Durante a primavera e o verão de 1934, Virginia escreveu os episódios finais, "Present Day" ["O dia presente"], de "Aqui e agora". Ao recapitular no longo encerramento os temas do romance, pôde perceber a inteireza da forma que tinha pela frente. Todas as cenas dramatizadas e detalhes de época que ela anotara tão rapidamente, à medida que jorravam do inconsciente, contribuíam agora, com suas notas variadas, para um complexo desenvolvimento musical. Ao conceber as últimas cenas, chegou à conclusão de que a festa no fim, na qual três gerações dos Pargiter celebram uma reunião de família que dura a noite inteira, deveria dar a entender "o lado submerso", ou seja, as fundações psicológicas, da precedente crônica dos "fatos". O manuscrito, um calhamaço de 200 mil palavras no qual trabalhara por dois anos, em tais arroubos de entusiasmo e desafio, formava agora, mesmo ainda inacabado, uma obra de arte coerente, com vida própria.

E era novo — quase o contrário de tudo o que ela havia escrito antes, fato que a enchia de alegria. Em 25 de julho, no começo de um longo verão em Rodmell, Virginia sentiu-se privilegiada e com sorte ao pensar nos dias por vir. Na véspera, tinha se livrado de suas obrigações sociais ainda pendentes — tomou chá com a velha mãe de Leonard, que se instalara numa pousada à beira-mar, a uma hora de carro de Worthing; depois ouviu Mr. Fears, o carteiro da aldeia, defender suas concepções para a seção local do Partido Trabalhista — e agora estava contando com dois meses de imersão em sua escrita, tempo suficiente para concluir a primeira versão, perspectiva essa que restaurava ordem e proporção em seu mundo. Era "um dia quente ventoso ermo — rasgante o vento no jardim;

todas as maçãs de julho na grama". Tal como o que se achava por fora do pavilhão onde ela escrevia: uma visão do ermo em cultivo que confirmava sua impressão de liberdade. Não se deixaria forçar, como escritora, a um molde predeterminado; não se repetiria nem se escravizaria a expectativas alheias, mas obstinadamente levaria seu mais recente experimento à conclusão imprevisível. Uma liberdade que só podia ser conquistada, como disse a si mesma, pela aceitação de "constante esforço, ansiedade & risco". Ao se aproximar dos limites de sua própria experiência, lutando para dar alguma forma à desordem das circunstâncias em causa, sentia-se cheia de energia, desperta e ratificada em ser ainda capaz de encontrar "uma forma nova de ser, isto é, de expressão, para tudo o que eu sinto & penso". A forma nova, que renunciava à obscuridade poética e se movia em direção a uma linguagem mais acessível, refletia sua acentuada consciência política. Em "Aqui e agora", disse ela em suma, "estou quebrando o molde feito por As ondas".

Seria o mesmo que dizer que Virginia passou das visões líricas de sua obra inicial para um interesse pela transcrição da vida diária, muito embora os detalhes de superfície se tornassem cada vez mais carregados de sentido simbólico à medida que o romance prosseguia. "Aqui e agora", com sua ênfase nos diálogos, suscitava questões sobre a relação entre os romances e as peças teatrais, tema que se imbricava com algumas das ideias de Virginia sobre Shakespeare. Quando assistiu a *Macbeth*, em abril, ela observou que a produção tinha criado uma realidade de tipo todo especial, de que os romances poderiam se aproximar a seu modo. Usando o meio dramático, que impunha "ir ao topo", Shakespeare foi capaz de captar todo o espectro da experiência humana. Virginia refletiu que um romance poderia combinar "os diferentes níveis da escrita", indo diretamente dos fatos objetivos para o plano psicológico subjacente, sem intervenção do narrador. Recorrendo ao ritmo e à intenção da música, era isso o que ela estava tentando fazer em "Aqui e agora". Ademais, especulou que a ficção poderia apresentar o "inferior superior", ou seja, abarcar num só ato imaginário o que há por cima e por baixo. Essa fusão das "diferentes camadas do ser", segundo acreditava, recriaria o modo sintetizador que a mente assume naturalmente ao pensar.

* * *

Nessa mesma primavera, antes de se dedicar ao término da primeira versão de "Aqui e agora", Virginia tomou duas semanas de folga para viajar pela Irlanda com Leonard. A romântica mitologia desse país, aonde nunca fora, inspirou-lhe uma de suas fantasias de desastre, que misturava premonição e sátira: ela seria "varrida pelo vento no mar", como escreveu a Vita, e lançada numa ilha selvagem "onde as focas berram e as velhas cantam sobre corpos de homens afogados". Partindo de carro de Rodmell, ela e Leonard cruzaram uma Inglaterra rural, que parecia praticamente intocada pelo século XX, e prosseguiram pelo País de Gales, onde nuvens de chuva se alternavam, ora escurecendo os morrinhos pontilhados de carneiros, ora se abrindo em nesgas de sol. Em 27 de abril, eles chegaram ao ponto de embarque em Fishguard. Sentada no salão do hotel nessa noite, à espera da balsa que partiria à meia-noite, Virginia, esquadrinhando os demais usuários, meditou sobre a obtusidade da classe média inglesa. Um vento tempestuoso, lá fora, erguia ondas picadas encapeladas sobre o canal da Irlanda; seria uma travessia difícil, diziam. Mas Virginia olhou para um casal no outro lado da sala — da nobreza rural, pela aparência —, que, absorto na página de esportes de um jornal, lia em voz alta as notícias do *cricket*, discutindo os melhores pontos. Impossível manter a atenção fixada no romance que tinha em mãos, *Sodome et Gomorrhe* [*Sodoma e Gomorra*], de Proust, com aquele casal tão terra a terra e sólido em frente — bem do tipo de gente que Ethel admirava, que nunca ligava a mínima para contendas artísticas ou ditadores ou quaisquer dos assuntos com que seus amigos de Bloomsbury se preocupavam. Em vez de seguir com Proust, que pôs de lado, ela escreveu a Ethel e fez um esboço satírico desses admiráveis ingleses cujas faces têm um ar "de perfeita adequação [...]. Como eles são calmos, como são corretos, como se enraízam a fundo". A senhora, numa voz que transpôs a sala, disse para o marido que estava com alguma coisa por dentro e teria de ir a um médico. Mas, em sua satisfação consigo mesma, nenhum sinal de ruptura. O comentário de Virginia trazia farpas de ironia: "Oh, Senhor, como eu gostaria de poder ser eles!" Ela observou o modo descuidado com que o marido chamou o garçom para pedir um *drink*, usando precisamente o tom correto de voz. "Sim, é assim que se diz [...]. Aqui está o uisquezinho com soda — e como eles bebem bem!" Virginia vivia num mundo em tudo menos estável que o deles, sempre batido pelas ondas e em fluxo. Aquelas respeitáveis figuras punham-se em notável contraste com sua insegurança e sua própria rebeldia. Sim, um vento forte encapelava o mar, ela escreveu à devota Ethel; a balsa afundaria, e ela, com um pouco de sorte, pelas 2h da madrugada veria Deus. Em outra carta, endereçada a Quentin, retomou o mesmo tema, garantindo-lhe que ali estavam as últimas linhas que ele recebia dela. Lá fora, disse, com um pouco de licença poética, "a chuva caía uivando", e pela madrugada seu corpo já estaria no fundo do oceano, a rolar de um lado para outro como os marinheiros afogados de Tom Eliot. Mas, ao contrário de Tom, ela não tinha fé religiosa que suavizasse esses pressentimentos. "O que direi eu para congros enguias? Quando na aurora encostarem seu focinho em mim."

No dia seguinte, após uma travessia sem problemas, Virginia notou, na Irlanda, a beleza desolada do campo, impressão que persistiu durante a visita à romancista Elizabeth Bowen, em cuja propriedade familiar eles passaram a noite. Solar de pedra cinzenta, Bowen's Court era "um barracão", como uma mansão urbana esvaziada em parte e posta numa paisagem deserta, se bem que dominasse um belo prado com fileiras de árvores. Num antigo poço dos desejos que foram visitar, Leonard desejou que sua cachorra, Pinka, nada farejasse; o casarão dos Bowen, malgrado certa distinção e charme, sugeria "desolação & pretensão grandes pianos desafinados, velhos retratos falsificados, manchas nas paredes". Tudo confirmava sua impressão inicial da vida irlandesa como "decrépita & meio esquálida".

Seguindo de carro pela costa ao sul da Irlanda, os Woolf foram para Waterville, onde, em 1º de maio, Virginia soube, por um exemplar de dois dias antes do *Times*, que seu meio-irmão mais velho, George Duckworth, tinha morrido. A notícia a aturdiu — mal sabia se por significar muito ou tão pouco. Em sua infância, ele havia sido uma figura importante, cujos abraços incestuosos a traumatizaram depois da morte da mãe. Mas a parte que lhe coube, em sua vida de adulta, era insignificante; nos últimos vinte anos, pouquíssimas vezes ela estivera com ele. Aqui, nos descampados de Kerry, a morte de George parecia estar muito ao longe e, ao mesmo tempo, causava uma estonteante "impressão de tempo se movendo & vida virando irrealidade", individualidades extintas, enquanto o mundo seguia em sua marcha, indiferente à ausência delas. Ela havia sentido, durante uma rara visita à casa de George no ano anterior, um "ardor autêntico", e a memória, naquele momento, reavivou certa ligação, logo seguida, no entanto, de raiva. Inevitavelmente seus sentimentos se embaralhavam, "um desse ano, outro daquele". Agora estava tudo acabado, mas sua infância tinha sido impregnada por ele. Lembrou-se das gentilezas que ele fazia para ela e as outras crianças da família: levava-as a chás e em passeios de ônibus, ensinava-lhes a pegar corretamente o taco de *cricket*, passava horas e horas a entretê-las. Virginia escreveu a Vanessa que sentia mais afeição por ele agora do que dez anos antes. Os "atributos meio insanos" de George e a excentricidade de suas opiniões sobre alimentação e família lhe pareceram quase cativantes, mas depois, ao se lembrar de ter lido uma lembrança escrita por Vanessa, a ideia da influência dele sobre aquelas vidas em flor a inundou de horror.

Anos antes, em 1921, ela lhe demolira o caráter num ensaio escrito para uma associação de amigos de Bloomsbury, o Memoir Club. O George Duckworth que conheceu em menina era um jovem solteiro, bem-educado e com renda razoável. Alto, bonito, com uma fé inabalável na "retidão moral", era avidamente procurado pelas elegantes anfitriãs de Londres. Por certo, era "anormalmente burro", mas isso não o impedia de brilhar em sociedade. Tinha a virtude de ser um perfeito cavalheiro inglês, que "correria milhas para ir buscar almofadas [...] e se lembrava dos aniversários das tias e mandava sopa de tartaruga aos inválidos". O catálogo das filantropias de George prosseguia exaustivamente. Uma certa Miss Willett, de Brighton, escreveu uma ode ao seu heroísmo — já que durante uma viagem ao exterior ele salvou do afogamento uma camponesa na Itália. A ode, que o comparava ao Hermes de Praxíteles, era um dos tesouros mais preciosos de sua mãe. Tudo isso muito bem, acrescentou Virginia; mas "olhando-o atentamente você notava que uma de suas orelhas era pontuda; e a outra arredondada; notava também que apesar de ele ter os cachos de um Deus e as orelhas de um fauno, tinha inequivocamente olhos de porco. Raramente pode ter existido uma mistura tão estranha". Superprotegido pela mãe, que ele adorava, George se permitia estranhas demonstrações de sentimento. "Quando arrancou um dente, jogou-se nos braços da cozinheira num ataque de choro. Quando Judith Blunt o recusou, sentou-se à cabeceira da mesa soluçando alto, mas continuando a comer." Após a morte de Julia Stephen, o opressivo George insistia em levar Virginia a jantares e bailes, onde ela poderia encontrar homens solteiros, tão aceitáveis como ele. Essas reuniões sociais, com seu *glamour* superficial, enchiam-na de nervosismo e tédio. As demonstrações de afeto de George tornaram-se cada vez mais eróticas e ele começou a invadir o quarto de Virginia, ainda sob o disfarce da devoção fraterna. Ela descreveu um desses incidentes, depois de voltarem de uma noite na alta sociedade; já estava na cama, quase dormindo, quando a porta se abriu sem fazer barulho. "'Não se assuste', sussurrou George. 'E não acenda a luz, oh meu amor. Minha querida —' e se atirou na minha cama e me pegou em seus braços." Não se sabe quão longe foi essa intimidade; a adolescente Virginia achava-se perturbada e embaraçada demais para protestar. Finalmente Vanessa, também submetida aos abraços ilícitos de George, queixou-se com o médico da família, e seus abusos pararam.

A extrema inibição de Virginia em relação à sua aparência em público, seu complexo com o vestuário, era uma consequência permanente do hábito que George tinha de inspecioná-la, antes de os dois saírem para as altas-rodas. Ela se lembrava de ser examinada de alto a baixo, como um cavalo em exposição, e de sentir-se terrivelmente exposta num vestido verde esquisito que havia improvisado com seus poucos recursos. A lembrança da reprovação moral de George — que achou o vestido vergonhosamente excêntrico — ainda a fazia estremecer, assim como o desprezo contido em seu veredicto sádico: "É melhor rasgar isso."

Virginia comoveu-se bastante com sua morte, a ponto de soluçar compassivamente quando mais tarde esteve com a viúva, mas a dor que sentia era de modo geral muito restrita. "Não, não estou profundamente pesarosa", confidenciou ela a Vita, "apenas egoistamente, pois meu passado agora está muito distante e a cova, suponho, mais perto."

* * *

Num ponto bem a oeste de sua volta pela Irlanda, perto de Galway, os Woolf pararam num penhasco a cavaleiro do mar, de onde viram ao longe o contorno das ilhas Aran. Um dia muito ventoso e agitado. As grandes nuvens se abriram, lançando uma réstia de luz; Virginia e Leonard colheram gencianas-azuis ao vento violento que quase os derrubou do penhasco — assim ela escreveu a Elizabeth Bowen, assaltada mais uma vez pela ideia de ser varrida no mar. No diário, registrou a intensa cintilação do azul-escuro da água, com a crista alta das ondas. "Pessoas juntando algas marinhas & carroças para carregar. Pobreza extrema."

Indo de Galway para Dublin, onde passaram os dois últimos dias antes de voltar para casa, Virginia visitou lugares intimamente associados a Jonathan Swift, cuja biografia seu pai havia escrito e cujo lendário amor por duas moças afetara a história de sua própria família. Na catedral de Saint Patrick, ela leu as "tremendas palavras" do epitáfio de Swift e, em pé diante do túmulo dele, ouviu um indignado zelador protestar porque o bispo tinha removido uma placa de bronze que marcava o lugar em que, segundo a tradição, a amada de Swift, Stella, jazia enterrada a seu lado. Era grotesca pudicícia, declarou Virginia, separar esses amantes não casados; além do mais, "se Swift foi enterrado no túmulo [de Stella], isso parece redundar em casamento". Os Woolf foram também ao campo, nas cercanias de Dublin, para visitar a abadia de Marlay, à beira do rio Liffey, onde morou a outra amada de Swift, Esther Vanhomrigh, conhecida como Vanessa. De longe viram a casa vazia, de um falso gótico, mas estava tudo fechado, e Virginia imaginou Vanessa sentada no meio de um arvoredo que se esgalhava junto ao rio. Ao olhar para as janelas da catedral, com densas ramagens e tijolos em volta, refletiu sobre o momento culminante em que Vanessa escreveu a Stella, querendo saber se eram verídicos os rumores de que essa tinha se casado em segredo com Swift, que era seu tutor. Carta impulsiva de uma jovem apaixonada, à qual se seguiria, como disse Virginia, "a famosa entrevista com os olhos azuis". Num acesso de raiva, Swift, que não tolerava interferências, dirigiu-se à casa de Vanessa, atirou-lhe sem mais nem menos a carta e saiu sem nada dizer. Ela, que temia suas diatribes, já havia se referido às suas "fatais palavras fatais", mas esse silêncio foi realmente mortal. Virginia registrou a cena no ensaio que escreveu sobre Swift. "Quando aqueles olhos de um azul brilhante arderam com toda a força diante dela, quando ele atirou a carta sobre a mesa e sem nada dizer se retirou, sua vida estava acabada." Vanessa, cuja saúde já andava abalada, morreu poucas semanas depois.

Tais fatos traziam particulares associações para Virginia. Dar nome a uma criança pode ser um ato profético, e Leslie Stephen tinha uma enteada chamada Stella, que lhe veio de sua segunda esposa, Julia Duckworth. Ao nascer outra filha, por acaso, no dia do aniversário dessa Stella, deu-lhe o nome de Vanessa, tendo em mente Swift, cuja biografia ele escrevia na época. Publicou-a três anos depois, em 1882, ano em que Virginia nasceu. Na história da ambígua relação de Swift com duas jovens, uma das quais sob sua guarda, havia um paralelo para a dependência que o próprio Leslie Stephen tinha de suas filhas e seu apego todo especial a Virginia, que se tornaria sua substituta e herdeira literária. Stephen, vítima de irritabilidade nervosa, tinha escrito indulgentemente sobre as "ligações egoístas" de Swift. A menção de Virginia ao papel de Swift como guardião de Hester Johnson (Stella) aplica-se exatamente a Leslie Stephen e a ela própria. "A influência dele estava por toda parte — em seu espírito, suas afeições, nos livros que ela lia e em seu jeito habitual de escrever, nos amigos que fazia e pretendentes que rejeitava. Com efeito, ele era em parte responsável pela existência dela."

Virginia considerou a Irlanda, em suma, um lugar melancólico, apesar do povo acolhedor, que correspondia à reputação de serem bons de conversa. Dublin surpreendeu-a como paródia de uma capital que se alimentava das "sobras de Londres". Tudo era um pouco inferior, e a pobreza e as sequelas da guerra civil reforçavam essa impressão difusa; por trás, furtivamente se moviam amargos sentimentos anti-ingleses, o que a deixava intrigada, já que havia recebido cordiais boas-vindas de lojistas e de pessoas entregues ao trabalho, a maioria dos quais partilhava da atitude do homem da balsa: "Não queremos esse ódio — que não faz bem a ninguém." As pessoas do povo eram sensatas, concluiu ela, sendo o ódio deliberadamente fomentado pelos políticos. O mal-estar irlandês se refletiu na atitude da eloquente dona de uma pousada em Adare, que se dirigiu aos Woolf em melodiosas frases bem-formadas — um desempenho e tanto, embora Virginia percebesse, por trás da máscara loquaz, "alguma coisa desalmada". A eloquência daquela senhora, estudada demais, era no fundo performática, e suas frases atuavam como um intoxicante para suavizar a atmosfera deprimente. "Eles passam a vida conversando", anotou Virginia alhures, "não se importam tanto assim com a pobreza." Para ela foi um alívio voltar para o campo inglês onde reinava a ordem, onde os prósperos proprietários rurais reuniam-se nas estalagens de beira de estrada para beber cerveja e conversar "sob retratos de famosos cavalos de corrida [...], esses moradores do próprio coração do país". Numa dessas estalagens, os outros fregueses a fascinaram tanto que Leonard teve de adverti-la para parar de olhar.

A caminho de casa, os Woolf pararam para ver Stratford-on-Avon, que estava em sua rota. A "bela cidadezinha inconsciente de si" revigorou Virginia; depois das encenações na Irlanda, o memorial de Shakespeare parecia reconfortantemente modesto. O jardim estava em flor; a casa espaçosa em que ele viveu tinha sido demolida, mas ela o imaginou sentado a uma janela que dava para canteiros semelhantes, escrevendo *The Tempest* [*A tempestade*], e ouviu o sino da capela bater, tal como naquela época. Toda a cidade, onde ao longo do rio se alinhavam lindos chalés elizabetanos e sólidas casas do século XVIII, irradiava uma "ensolarada impessoalidade". O espírito de Shakespeare impregnava o lugar sem se impor — ela o podia sentir como presença incorpórea que parecia murmurar: estou aqui, "mas você não me achará exatamente encarnado".

Além de impalpável, ele era prático e sensível; escapando da tirania do egotismo, não tinha desejo de impor-se aos outros, e seu espírito conferia um senso de liberdade. O diário de Virginia colocou-o como a figura central de um idílio utópico: "Serenamente ele é presente-ausente; tudo junto; irradiando ao redor da gente; sim; nas flores, na velha entrada, no jardim; mas nunca para ser sujeitado." Ao entrar na igreja, ela viu o busto comicamente floreado de Shakespeare, por um escultor desconhecido, e a simples lápide sobre seu túmulo, ambos em contraste com a grandiosidade do memorial de Swift. O epitáfio de Shakespeare, lembrando ao visitante para não levantar seu pó nem remover seus ossos, confirmou sua impressão de que ele era "todo de ar & sol a sorrir serenamente & no entanto lá embaixo a alguns palmos de mim jaziam os ossinhos que difundiram pelo mundo essa vasta iluminação". Tal radiância e liberdade sintetizava o estado por ela chamado de "anonimato" — impessoal, presente-ausente, aqui e não aqui, impossível de sujeitar. O Shakespeare de Virginia tinha abraçado a vida comum do dia a dia e sagazmente se esquivado de suas complicações ilusórias.

"Ensolarada impessoalidade" era justamente a virtude que ela buscava em sua escrita — estava pensando no encerramento de "Aqui e agora" — e sua visão de Shakespeare coincidia com sua concepção desse episódio. A atmosfera luminosa de Stratford celebrava a vida criadora. Suas construções despretensiosas e firmes, rodeadas de jardins floridos e assentadas no "próprio coração do país", constituíam um admirável refúgio, a comunidade modesta e estável onde ela imaginou que Shakespeare podia encontrar serenidade em meio "ao furor & tumulto do pensar". E também um escape do ego do "grande homem". Aprovando, ela observou que ele nada havia deixado que pudesse revelar seus hábitos ou gostos pessoais — de sua própria assinatura não havia senão um exemplo autêntico, como lhe informou o zelador do local, e todos os demais pertences dele, livros, móveis, quadros, tinham sido destruídos pelo tempo. Assim, no final de "Aqui e agora", a velha Eleanor Pargiter vibra de felicidade ao pensar que o mobiliário e os adornos de sua juventude vitoriana desapareceram, mas sua visão sobrevive. Nada deixar por trás, a não ser um luminoso corpo de obras, estar completamente presente-ausente e além do desejo de fama, extravasar-se na criação era a ideia que Virginia tinha do paraíso do artista. "Agora penso que nisso [Shakespeare] foi muito feliz, que não havia impedimento à fama, mas seu gênio escoou dele & ainda está lá, em Stratford."

De novo em casa e voltando a escrever, Virginia se lembrou de que o final de "Aqui e agora" demandava paciência e destreza — era forçoso permitir que o tempo deixasse "o tenro mundo subconsciente se tornar populoso". Após terminar o manuscrito, restar-lhe-ia ainda fazer a revisão e os cortes; e ela achava que um ano inteiro passaria antes de o livro aparecer impresso. Imergiu, portanto, no trabalho, mas a estática dos acontecimentos políticos de quando em quando a distraíam e se infiltravam na escrita. Em 1º de julho, os jornais noticiaram que Hitler ordenara a matança de centenas de camisas-pardas, seus seguidores, entre os quais o comandante dessas forças de assalto, Ernst Roehm, a coisa mais parecida com um amigo de que ele dispunha. Foram todas execuções sumárias, só justificadas pela alegação infundada do próprio Hitler de que as vítimas tinham planejado um golpe contra ele. O alto comando do exército, que desprezava a milícia dos camisas-pardas, de um milhão de homens, saudou com entusiasmo a decapitação da força rival. Tolerando os assassinatos, inclusive o de um membro dirigente de sua própria casta, os generais comprometeram sua independência e autoridade moral, abrindo caminho para o poder absoluto de Hitler, cujos decretos se tornaram, pouco depois, a única legislação da Alemanha.

Os Woolf reconheceram que esse expurgo sangrento refletia uma acelerada degenerescência em barbárie. Dois anos antes, após a morte de Carrington, Virginia tinha visto uma aparição de "violência e desrazão a se cruzar no ar", visão essa subsequentemente confirmada pelo maestro Bruno Walter com sua narrativa da nazificação da Alemanha. Agora as notícias da sanguinolência de Hitler reavivaram em Virginia o desejo de escrever um texto político, "On Being Despised" ["Sobre ser desprezada"], sobre as ligações entre o fascismo e a opressão das mulheres, conquanto isso devesse esperar até o término de seu romance. O expurgo de Roehm também impulsionou Leonard a escrever seu livro *Quack, Quack* [*Quá-quá*], que apresentava uma análise dos movimentos totalitários e seus apologistas. A Europa estava em crise, sustentava ele, porque as elites tinham juntado forças com os "bárbaros" para impedir as reformas democráticas e continuar a manter a maioria excluída. Seguindo os exemplos de Carlyle, Nietzsche e Spengler, muitos intelectuais aderiram a essa charlatanice, apelando para os instintos primitivos que se moviam às ocultas sob a superfície da vida civilizada. "A psicologia da civilização", escreveu Leonard, "é de desenvolvimento relativamente recente, uma fina crosta de razão, cultura e humanidade que reveste e encobre as ardentes paixões e instintos de um animal e os toscos enganos de um selvagem." Consequentemente, todas as sociedades abrigam cidadãos respeitáveis que escondem "o coração de um gorila ou de um selvagem por baixo de uma farda, um traje de gala ou uma jaqueta de golfe". Figuras de retórica como esse gorila incrustam-se em longas passagens de estéreis análises políticas, mas Leonard mais uma vez sublinhou seu ponto de vista com as ilustrações fotográficas, que mostram os rostos contorcidos de Hitler e Mussolini discursando para seguidores. Os dois retratos vão de par com imagens de deuses da guerra da Polinésia, cujas máscaras ferozes correspondem aos rostos dos ditadores que rosnam, refletindo, como o texto explica, a mesma bárbara intenção de atemorizar inimigos. Iam-se, com isso, as pretensões nazistas de superioridade racial. Os comentários de Virginia sobre o expurgo de Roehm foram igualmente exaltados, embora outra fosse sua ênfase. Em 2 de agosto, ela anotou que Osbert Sitwell lhe havia telefonado para falar de assuntos literários e depois trouxe à tona "esse caso monstruoso na Alemanha", ao qual ela reagiu com veemência.

[Diário de Virginia, 2 de julho de 1934]

"Uma das poucas ações públicas" eu disse "que nos deixa aflitos." Depois tentando, quão ineficazmente, expressar a sensação de sentar-se aqui & ler, como um ato de uma peça, como Hitler correu para Munique & matou esse aquele & outro homem & mulher na Alemanha ontem. Um belo dia quente de verão aqui & nós levamos Philip [Woolf] Babs & 3 crianças ao Zoo. Entrementes esses tiranos cruéis vão por aí de máscara & capuz, como garotinhos fantasiados, representando esse pandemônio idiota, insignificativo, brutal, sangrento. Enquanto Herr assim & assado está almoçando eles entram: botas de ferro, dizem, rangendo no piso, matam-no; & sua esposa que se precipita para a porta a fim de impedi-los. É como olhar o babuíno no Zoo; só que ele lambe um papel que serviu para embrulhar sorvete, & eles atiram com revólveres. E aqui nós nos sentamos, Osbert eu etc., observando que isso é inconcebível. Um singular estado de sociedade. Se por trás disso houvesse alguma ideia, alguma visão: mas veja as máscaras que esses homens usam — caras brutais de babuínos, lambendo papel açucarado. E pela primeira vez eu li artigos com raiva, ao vê-lo chamado de verdadeiro líder. Muito pior do que Napoleão.

Enquanto Leonard associava os matadores à natureza demoníaca (o gorila ou o selvagem), fazendo-os de aparência maior do que o normal, Virginia invoca o babuíno ou o jovem imaturo e lhes reduz o tamanho. Seu tom sardônico esvazia a invectiva convencional. Por monstruosos que seus crimes sejam, os que os perpetram são comuns e absurdos — tiranos de *playground* ou símios com jeito de palhaços. Sua sequência de adjetivos — "insignificativo, brutal, sangrento" — sugere uma raiva inarticulada, que ela aguça ao registrar alguns detalhes concretos do assassinato do general Kurt von Schleicher, o antecessor de Hitler como chanceler da Alemanha. Os instantâneos mentais espocam tão rapidamente que ela é capaz tão só de fixá-los: o general almoçando em casa e os invasores arranhando o soalho com as botas, enquanto o arrastam da mesa para nele atirar diante de sua esposa, em quem atiram também quando ela tenta intervir. Informações sangrentas que se chocam com os inocentes do zoo. Seguindo seu método usual de misturar fantasia e fatos naturalistas — o babuíno lambedor, as botas de ferro —, Virginia põe o assassinato em foco e acentua sua própria impotência como espectadora de tais fatos. Concluindo a anotação, ela observa que o calor do verão e as cartas recém-chegadas, entre as quais dois convites e um cheque de seus editores americanos, já haviam começado a embotar sua percepção. Antes de se agravar o embaçamento, ela explodiu irada contra Ethel, que recebera na Alemanha sua educação musical e defendia o nacionalismo alemão: "Como você ou qualquer um pode explicar o último fim de semana?" — escreveu à amiga. "Hitler! Pense nisso que pende à nossa frente como o ideal da vida humana!" A reprimenda se ligava à sua generalizada aversão pela respeitável classe média que falava de *cricket* e cavalos e ia à igreja aos domingos. Virginia se estarrecia igualmente com os representantes literários dessa classe, como um amigo de Ethel, Maurice Baring, que escrevia romances por demais corteses. Bem sabia ela que os ingleses iriam sobre-excitar-se e proclamar os velhos truísmos, enquanto os vândalos totalitários continuavam sua conquista da Europa.

Os perigos políticos vinham muitas vezes à tona durante as conversas com os amigos em Rodmell, onde os Woolf recebiam frequentemente em visita Maynard Keynes, cujos informes sobre a atividade econômica alemã proporcionavam uma advertência para a turbulência maior à frente. Em 7 de agosto, ele foi lá para um chá e comunicou que as manufaturas alemãs se viam incapazes de pagar uma conta relativamente pequena por tecidos de algodão do Lancashire. Por quê? — seriam os judeus que retiravam seu dinheiro? Mas o governo alemão continuava a comprar grandes estoques de cobre, minério essencial à indústria bélica, o que indicava que o país se rearmava em segredo, deixando a economia nacional à míngua para poder suprir o exército. "Estão fazendo uma coisa doida — nenhum controle dos soldados pelo Tesouro." Ainda no verão, porém mais tarde, ela registrou uma conversa à mesa do chá sobre a ameaça à civilização. Leonard dizia que os bárbaros estavam ganhando em toda a Europa e citava o número perturbador de ditadores instalados ou em potencial: Hitler, Mussolini, Pilsudski, Schuschnigg, Mosley. A conversa deprimiu profundamente um colega de Leonard, Kingsley Martin, que disse não ver razão para seguir com seu trabalho de edição do esquerdista *New Statesman*, "se a nossa civilização não tem futuro". Virginia anotou que na manhã desse dia ela escrevera uma cena fictícia na qual Peggy, uma jovem médica, pensando nas constantes notícias sobre brutalidade e tortura, raivosamente protesta contra as pessoas que pensam somente em suas ambições pessoais, os literatos que continuam a escrever "um livrinho e depois outro livrinho", em vez de "viver de outra maneira". Mas seu rompante ofende os que a escutam, e o episódio, que Virginia escreveu com mãos trêmulas e rosto esbraseado, termina num desconcertante silêncio. Apesar de Virginia ter modificado a forma de sua ficção em "Aqui e agora", aparentemente se movendo para um maior realismo, a visão oblíqua que o narrador tem dos fatos excluía qualquer tratamento detalhado de batalhas ideológicas ou dos desagradáveis acontecimentos da vida política. Quanto a isso, havia grande disparidade entre sua reação a fatos como o expurgo de Roehm e o tom impessoal de seus episódios em "O dia presente". Nada em "Aqui e agora" se comparava à violência de sua tirada contra os "babuínos" nazistas, nem chegava perto. Suas opiniões sobre o desapego artístico e as barreiras que ela impunha à propaganda mantiveram sua escrita numa esfera emocional relativamente restrita.

A angústia política de Virginia veio à tona numa desavença em curso com Ethel, cujo otimismo cristão lhe parecia outra forma de insularidade.

Em 26 de julho, logo após chegar a Rodmell, ela ouviu os sinos da igreja a ressoar em seu jardim e escreveu a Ethel, provocando-a: "Por que será que o cristianismo é tão persistente e triste?" Ela havia notado que os moralistas religiosos não raro tinham prazer com a desgraça alheia. Estava lendo uma vida de seu tataravô, Henry Venn, influente pastor evangélico do século XVIII, o qual se tomou de grande alegria quando uma senhora mundana engoliu um alfinete, contratempo que lhe trouxe ideias de morte e assim levou a tal mulher a parar de "chamuscar as asas" em público, quer em bailes, quer às mesas de jogo. Depois disso, ela se tornou "uma cintilante luz" — um anjo como aqueles que nossos antepassados punham em pedestais. A presunção do pastor representava tudo o que Virginia mais detestava, no tocante à religião, e ela desafiou Ethel a justificar isso: "Misericordiosamente ela engoliu um alfinete! Como você pode pertencer a um credo tão cheio assim de hipocrisia?"

Ethel se defendeu com ardor, declarando que sua fé a ajudava a resistir à tirania de seu próprio e exagerado egotismo. Em seguida, partiu para uma audaciosa manobra pelos flancos, perguntando se Virginia, que parecia inatamente religiosa, teria perdido essa faculdade se não houvesse se casado com um ateu como Leonard. Também lembrou à amiga o comentário de Roger Fry sobre as proporções clássicas de certas colunas arquitetônicas — que uma tal perfeição não podia ser explicada somente pela razão. A arte mostra que há verdades que não há como provar, e Virginia devia admitir, apresentando em sua escrita uma espiritualidade tão profunda, que o mesmo se aplicaria à religião.

Como a crítica implícita de Ethel a Leonard tocava num ponto particularmente sensível, Virginia começou sua carta seguinte com um ataque impiedoso ao romance mais recente de Maurice Baring, que Ethel admirava. Ethel tinha comparado *The Lonely Lady of Dulwich* [*A dama solitária de Dulwich*], de Baring, ao *Carmen*, de Prosper Mérimée, sugestão que Virginia recebeu com ironia e espanto. O livro de Baring, escreveu ela, era

> fino como uma folha de grama que uma borboleta põe a tremer. Lá [em *Carmen*] a sombra é tinta preta; aqui, rala como chá fraco. *Lá* o sol é azul; aqui, uma coisa aguada. É um truque de prestidigitação de um escriba.

Olhe só para o meu chapéu! E olhe bem — porque dele agora sai um coelho [...]. Isto é tudo que ele é — um livro sem raízes, veracidade, sombra ou sol. Um livro que é um guarda-sol — um colete branco vazio.

O romance de Baring era uma síntese perfeita do formalismo das classes privilegiadas inglesas, cujas ideias se mostravam irremediavelmente antiquadas. E como, perguntou ela, como podia Ethel elogiar esse "desarranjo?" — que equivalia, explicou Virginia, à "diarreia de neném". Logo após, sua atenção se voltou para a humildade cristã de Ethel, que era vergonhosa e somente servia para promover a superioridade da própria Ethel. E isso levou-a ao ponto realmente nevrálgico: a hipocrisia de certas "larvas religiosas" que pretendiam monopolizar a virtude e se julgavam no direito de converter os outros. Mas "o meu judeu tem mais religião numa só unha do pé — mais amor humano, num fio de cabelo". Seu tom, perdendo o gume satírico, tornou-se simplesmente indignado. "O meu judeu tem mais religião [...]." Ela dava a entender, aqui, exatamente o que queria expressar.

Ethel respondeu de imediato, afirmando que decerto Leonard tinha "mais amor na sua unha do pé do que a maioria das pessoas de qualquer crença que fosse", mesmo que ela ainda deplorasse a hostilidade dele para com a fé religiosa. Não tendo isso apaziguado Virginia, Ethel recuou para voltar à carga, explicando que não tinha querido ofender Leonard, cujo exaltado ateísmo era no fundo uma espiritualidade ao inverso, uma reação exagerada que provinha do fato de ele pertencer à "raça mais intensamente religiosa do mundo — a raça que escreveu a Bíblia". A discussão, com as simpatias de Ethel em favor da Alemanha em implícito segundo plano, poderia ter se agravado, mas Ethel não compactuava com as atrocidades de Hitler e, além do mais, valorizava muito sua amizade com Virginia. Uma semana depois, quando ela veio para um chá e aí "bancou a coruja", Virginia constatou que ainda gostava da velha ave voraz, as quais as penas eriçadas tinham "aumentado consideravelmente as distrações do fim de semana. Sentamo-nos para vociferar, sobre Deus e Dulwich".

A vociferante visita ajudou Virginia a dissipar em parte sua irritação, com o que se aclarou o ar entre as duas. A disposição de Virginia também melhorou bastante com um de seus longos passeios pela chapada, onde, em 29 de agosto, ela descobriu uma trilha totalmente nova, um pouco além de uma fazenda que jazia oculta num recôncavo entre duas encostas. Com essa novidade a encantá-la, voltou para casa andando ao longo do rio pardo, que transbordava de cheio. O céu, encoberto de nuvens, vertia sobre a terra uma luz cinza-pérola que lhe instilou a sensação de atravessar uma agradável paisagem setecentista. Ao olhar para o rio, ela viu as águas se abrirem e uma "toninha deu um salto & arfou. Choveu. Dissolveu-se toda a feiura". Esse senso de comunhão com a terra acentuou-se ainda mais, depois da volta para Monk's House, com uma súbita queda de granizo — uma nuvem negra, bem no alto, mandou torrentes sucessivas de pedrinhas brancas de gelo que violentamente açoitavam o chão, enquanto os Woolf punham Brahms para tocar no gramofone.

10

Sobre ser desprezada

"A vida de uma pessoa não se confina a seu corpo e ao que ela diz e faz", escreveu Virginia em "A Sketch of the Past" ["Um esquete do passado"],* mas relaciona-se a um plano mais amplo, a um padrão oculto por trás do "algodão cru" da vida cotidiana. Vislumbramos diminutos detalhes desse padrão, fragmentos de figuras que se repetem, e os vislumbres nos fornecem as "varas de apoio ou concepções" pelas quais medimos nossa existência. Uma diversificada repetição nos governa a vida; tudo volta a acontecer, e a cada vez um pouco diferentemente, trazendo-nos momentos de presciência e *déjà vu*. Assim como é do mundo natural que um poema recebe seus motivos, nossas ações são comandadas por esse fundo estampado. O padrão nos absorve e une a alguma coisa maior do que nós mesmos. "O mundo todo é uma obra de arte", e nossas vidas individuais lhe fornecem suas frases poéticas ou melódicas — "nós somos as palavras, nós somos a música." A tarefa do biógrafo, como disse Woolf, é revelar os motivos ímpares do sujeito que lhe serve de tema, as varas de medir ou concepções pelas quais vive essa pessoa.

O diário de Virginia, no verão de 1934, apresenta um desses temas recorrentes de sua vida interior. Ela trabalhava então no último capítulo de "Aqui e agora", depois de passar dois anos sobre o massudo manuscrito, que se estendia por novecentas páginas. Sua concentração se interrompeu com a notícia, em 12 de setembro, de que seu velho amigo Roger Fry, que tinha fraturado a bacia ao escorregar num tapete, morreu

---

* Memorial experimental de Virginia Woolf inacabado. [N. E.]

subitamente no hospital. A amizade entre os dois datava de 1910, quando ele organizara a primeira exposição de pinturas pós-impressionistas a ser feita na Inglaterra. As opiniões de Fry influenciaram o retrato do artista por Virginia em *Ao farol*, livro que a certa altura ela pensou em dedicar a ele. Ao anotar a notícia em seu diário, ocorreu-lhe registrar o fato em linguagem tão direta e simples como a de uma criança:

> "Roger morreu domingo. Eu ia andando pelo terraço com Clive quando Nessa chegou. Ficamos sentados no banco lá por um tempo." Atordoada e incapaz de trabalhar — a morte estendeu "um tênue véu de negrume sobre todas as coisas" —, Virginia sentiu ainda mais profundamente o choque por causa de sua irmã. Embora o caso de Vanessa com Roger tivesse acabado em 1913, a íntima amizade entre os dois continuara sem interrupção; frequentemente ele a visitava e brincava com as crianças como um tio querido. Vanessa, por sua vez, agora estava arrasada. O estrépito de sua voz, quando ela atravessou o terraço gritando "Ele morreu!", calara fundo em Virginia. O único consolo que podia dar à irmã era a compaixão em silêncio: "Ficamos sentados no banco lá por um tempo."

Analisando seu próprio estado de espírito, Virginia observou que mal sabia o que estava sentindo ou como prantear a morte de Roger; caíam-lhe as lágrimas, mas "os famosos sentimentos humanos", como os chamava, desconcertavam-na como um traje exótico que ela jamais aprendera a usar. "[Leonard] diz que as mulheres choram: mas eu não sei por que choro — principalmente com Nessa." Examinando-se, ela então se perguntou se esse distanciamento paralisante era o risco ocupacional do escritor. Maupassant, cujo diário andara lendo, observou que a sina dos escritores é investigar e analisar tudo o que lhes acontece, nunca sendo capazes de simplesmente sentir: observam suas próprias reações, mesmo em meio a crises, e tomam nota do estado em que se acham "depois de cada alegria e depois de cada soluço". Virginia refletiu sobre seu distanciamento traumático quando morreu sua mãe, memória que parecia confirmar o juízo de Maupassant.

"Lembro-me", ela escreveu, "de me afastar da cama de minha mãe, quando ela tinha morrido & Stella nos levou lá, para rir, secretamente, da enfermeira que chorava. Ela está fingindo, eu disse: com 13 anos. & tive medo de não sentir bastante. Como agora."

A morte de Roger, fazendo eco a esse primeiro choque, reavivou seu velho temor de desligamento. Posteriormente, em "A Sketch of the Past", Virginia retornou mais uma vez ao trauma da morte de sua mãe, que havia alterado a fundo o curso de sua vida. Lembrava-se de duas visitas ao leito de morte, embora as tenha fundido numa só no diário. Poucos minutos após Julia Stephen falecer, as crianças foram levadas até o quarto dos pais por seu meio-irmão George Duckworth. Ao se aproximar da porta, Virginia cruzou com o pai, que saía cambaleando pelo corredor. Ainda tentou detê-lo, esticando os braços, mas ele seguiu em frente como se não a visse. Quando entrou no quarto ensolarado, ela notou o grande espelho e o lavatório, as velas que ardiam em plena claridade e uma das enfermeiras soluçando ao fundo — visão que a fez estremecer, reprimindo o riso. Na grande cama de casal jazia a mãe. Enervada pelo mau acolhimento do pai, Virginia examinou seus próprios sentimentos e concluiu, meio culpada e meio desafiadora, que não sentia "absolutamente nada". Desde essa época, frequentemente ela fazia o mesmo teste, nos momentos de crise, e chegava à mesma conclusão. O rosto da mãe ainda estava quente quando se dobrou para beijá-lo. No dia seguinte, sua meia-irmã Stella levou-a para dar adeus uma segunda vez, e seus lábios roçaram numa superfície dura, "fria como ferro e granulosa". Foi "como beijar um ferro frio".

Virginia adaptou essa experiência às cenas iniciais de "Aqui e agora", situadas em 1880. As crianças Pargiter reúnem-se à cabeceira de sua mãe moribunda, mas Delia, que ficou para trás do resto da família, olha em pé para fora, pela janela do corredor, enquanto pingos de chuva rolam pela vidraça. Seu pai sai às pressas do círculo dos enlutados e aos tropeções passa por ela, andando às cegas, com os braços estendidos e os punhos fechados, a gritar o nome da esposa. Delia, que é muito parecida com o pai, calada o acusa de insinceridade: o gesto abortado dele é meramente histriônico. "Você fez isso muito bem, Delia lhe disse [sem falar], quando ele passou por ela. Foi como a cena de uma peça." Ao observar os pingos de chuva que deslizam pela vidraça, brilhando e indiferentes, ela nota que eles refletem uma imensidade, um dilúvio que a pode engolfar e aos demais circunstantes. "Uma parede de água parecia fender-se; as duas paredes se mantinham à parte", o que evocava a imobilidade entre duas ondas. A visão depois se dissolve numa penumbra cinza, enquanto Delia acompanha as gotas que resvalam e rolam juntas pela janela abaixo.

É significativo o modo como esse episódio se afasta da cena original — aqui o pai é retratado a estender os braços, mas foi Virginia quem o fez na vida real para alcançar o pai que dela se esquece, quando sai do quarto da mãe e passa rápido por ela, "gritando alguma coisa que eu não consegui entender; tresloucado". Ao transferir o gesto para o coronel Pargiter, Virginia inverteu ou neutralizou seu efeito. E a mesma ação dos braços que se esticam foi descrita por ela, num deslocamento semelhante, em *Ao farol*, onde a parte central, intitulada "O tempo passa", enquadra a morte da mãe. Ao contrário da longa parte inicial do romance, que dá uma imagem em mínimos detalhes da vida familiar dos Ramsay, durante umas poucas horas, em sua casa de verão, "O tempo passa" muda o foco para a própria casa, que fica vazia por dez anos, enquanto o sol e a chuva, as trepadeiras e as plantas rasteiras ameaçam miná-la por inteiro. Os atores principais em "O tempo passa" são forças impessoais, como as insidiosas e leves "brisas desprendidas do corpo do vento" que farejam ao redor da casa, sondando fraquezas em sua estrutura, persistindo incansavelmente quando a noite cai e voltando, noite após noite, à medida que as estações se sucedem. "O que é uma noite afinal?", pergunta o narrador. "O inverno encerra-as em grande quantidade e as distribui imparcialmente, equanimemente, com dedos infatigáveis." Contra esse fundo de decadência, o narrador insere um breve parêntese, dispondo o personagem principal do romance numa única frase que se tornou moderna pedra de toque:

> [Mr. Ramsay, andando aos tropeções no corredor numa manhã escura, esticou os braços, mas, como Mrs. Ramsay tinha morrido repentinamente na noite anterior, seus braços, apesar de esticados, continuaram vazios.]

Focando o gesto do pai, essa afirmação enroscada repassa mais uma vez o perturbador incidente original. Como sugerem tais variações fictícias, Virginia foi duplamente traumatizada, tanto pela morte da mãe quanto pelo fracasso do pai em consolá-la ou reconhecer sua presença quando ela mais precisava dele. Seu tratamento da morte de Mrs. Ramsay, a despeito da aparente objetividade, espelha um ressentimento profundo contra o pai; o ânimo é vingativo. "Mr. Ramsay, andando aos tropeções numa manhã escura [...]." Assim também o coronel Pargiter, um opressor, saiu "aos tropeções", e Virginia, em seu memorial, escreveu que seu pai passou "cambaleando" por ela. "Mas, como Mrs. Ramsay tinha morrido repentinamente na noite anterior [...]." Ao colocar a morte não só entre parênteses, e sim também como apêndice casual de uma frase que é modificadora, a narradora dá a entender que despreza Mr. Ramsay e os gestos com os quais ele se dramatiza, ao mesmo tempo que sublinha sua impotência atual: "Seus braços, apesar de esticados, continuaram vazios." A última e redundante cláusula repisa a inutilidade de tais gestos; os braços que estão vazios agora permanecerão assim para sempre.

Centrando-se na afirmação encerrada nesses parênteses, toda a parte "O tempo passa", com sua descrição das forças naturais que agem às cegas, reflete uma fria dissociação das preocupações humanas. Essa parte está contida entre dois relatos pormenorizados da vida familiar normal, mas o romance trata os estados dissociados e "sãos" com um distanciamento imparcial, sem dar nenhuma indicação de que uns sejam mais legítimos que os outros.

A vida de Virginia, nos dias que se seguiram à morte de sua mãe, assumiu índole alucinatória. Chegaram amigos, vozes murmuravam por trás da porta da sala de visitas onde seu pai viúvo sentava-se e de onde logo saía um visitante com vestígios de lágrimas no rosto. Com as cortinas fechadas, a família vivia numa luz artificial, numa atmosfera silenciosa e abafada que tornava mais intensa a impressão de irrealidade. "Nós fomos feitos para desempenhar papéis que não sentíamos; para nos atrapalharmos à procura de palavras que não sabíamos." A lembrança de sua mãe se emaranhava com "as convenções do sofrimento", e todas as particularidades daquela vívida personalidade eram obscurecidas pelo nevoeiro geral.

A certa altura, Virginia foi esperar seu irmão Thoby, que voltava para casa para assistir ao funeral, e viu o sol que se punha iluminando a arcada envidraçada da estação de Paddington, visão que a inundou de emoção. Ali em pé na plataforma, ela se banhava na brilhante luz vermelha e amarela, enquanto o trem entrava na gare, "olhando em êxtase para aquela suntuosa réstia de cor". A cena tremeluzia, como se um vidro ardente tivesse sido posto sobre todas as coisas. Outra iluminação lhe veio quando ela estava nos jardins de Kensington, lendo um livro de poemas: as palavras ficaram transparentes; parecia-lhe olhar através delas para uma esfera radiante onde "a poesia se tornava verdade". Anos mais tarde, ao evocar esses momentos visionários em *Ao farol*, ela faria aparecer um farol sobre um rochedo. Porém, aos treze anos, sua euforia declinou muito rápido, antes de a escuridão se revelar mais intensa. Ao voltar para casa, onde ouviu seu pai chorando enquanto andava de um lado para o outro no cômodo contíguo, Virginia sentiu que nada do que ela tinha dito ou feito continuava mais a ser verdade.

Um esfriamento semelhante atingiu-a agora, após a morte de Roger Fry. A simplicidade do enterro, ao qual os amigos compareceram sem rituais nem discursos, deixou-a firme, embora não dissipasse a impressão de futilidade. Aninhado entre flores, o corpo ficou numa sala clara cujas portas se abriam para um jardim — com música se misturando ao silêncio. A visão do caixão a recuar lentamente pela portinhola do crematório, enquanto tocavam uma antiga música anônima, instilava um "tremendo sentimento" de trágica perda e desafio. Ela então voltou a escrever o último capítulo de seu romance num estado de empolgação, convencida de que Roger o teria aprovado e, ao longo da duração do trabalho, teve a boa impressão de estar "acima do tempo", além do alcance do inimigo invisível que o havia silenciado. A empolgação de escrever o fim de "Aqui e agora", como ela disse mais tarde, tingiu a morte de Roger de "todas as cores do sol crepuscular". Virginia terminou a primeira versão de "Aqui e agora" em 30 de setembro e largou sem euforia a caneta, mas com uma sensação de "paz & amplitude, eu espero". Esse conjectural "eu espero" era um reflexo de suas apreensões quanto ao manuscrito, que tinha mais do que o dobro da extensão de *As ondas* e exigiria revisões infinitas. Agora que ela chegara a um intervalo de calma em seu trabalho, o impacto retardado da morte de Roger alcançou-a enfim — um "branco terrível" contra o qual se preveniu por concentrar-se no sofrimento da irmã, afirmando e negando simultaneamente o que ela própria sentia. A ausência do amigo, disse ela, expunha "um tal muro em branco. Um tal silêncio. Uma tal pobreza. Como ele reverberava! E eu sinto isso através de Nessa".

Pensando na provação da publicação em breve, ocorreu-lhe endurecer--se contra a exposição ao público. Em 11 de outubro, o suplemento literário do *Times* estampou um anúncio de *Men Without Art* [Homens sem arte], livro de Wyndham Lewis que continha um capítulo sobre a obra de Virginia Woolf. Sabendo do zelo destrutivo de Lewis, como crítico, e de sua hostilidade a Bloomsbury, ela contava com um ataque maldoso, mas não pôde resistir à tentação de ler seus comentários, sentindo-se atraída, como disse, pelo "estranho e indecoroso prazer de ser ultrajada", que era inseparável de outros prazeres ilícitos, como a publicidade e o martírio. A crítica de Lewis, segundo ela, acusava-a de ser "alguém que espia, não que olha, fundamentalmente uma pudica". Dada a timidez de Virginia quanto a ser vista em público, o inverso do espiar, tais observações eram ferinas, e ela resolveu enfrentá-las o mais diretamente possível, porém sem alterar sua visão a fim de aplacar seus críticos. Sua escrita florescia, disse, quando ela se retirava da luz para uma zona enigmática de "populosa obscuridade". A afronta de Lewis tinha até algum valor, dava-lhe mesmo um "estranho prazer", na medida em que a impelia para seu reino de sombras. Afinal, "ser relegada à obscuridade também é salutar & agradável". Assim raciocinava ela consigo, tentando esquecer da ferroada, mas consciente ao mesmo tempo de que seu desejo de manter-se oculta poderia ir longe demais. Sua aversão à exposição ao público era equilibrada pelo temor de ser esquecida. Virginia esperava, era inevitável, que sua reputação literária viesse a declinar no decorrer dos anos seguintes; sua obra poderia mostrar-se efêmera, e ela entreviu abruptas "investidas sobre o nada" que se abriam para engolfá-la. Encarando o abismo do não ser, por volta das 2h da madrugada, lembrou-se de que Yeats, que ela encontrara na casa de Ottoline, tinha se referido ao *As ondas* como uma obra representativa da época, junto com *Ulysses* [Ulisses] de Joyce e *The Cantos* [Cantos] de Pound.

Ao pensar nisso, veio-lhe um rompante de energia que a fez sentir "uma impetuosa força sem olhos" — seu ser primal, indiferente à fama e não visto, que avançava com a cega concentração de uma toupeira.

Em 15 de novembro, ela anotou que tinha sobrevivido ao "momento horroroso" em que se viu forçada a acalmar-se para reler e emendar "Aqui e agora", nisso afinal encontrando um grande alívio. Antevia uma luta "danada de desagradável" para reduzir à coerência aquele monte de páginas, mas suas queixas eram meramente preventivas — fórmulas de rotina para aplacar a ciumeira dos deuses.

No fim do ano, os Woolf e os Bell colaboraram na montagem de um espetáculo de teatro amador para a família e os amigos — uma das costumeiras diversões particulares de Bloomsbury. Virginia aproveitou o feriado do Natal para dar acabamento a "Freshwater" ["Água doce"], peça de circunstância em comemoração do aniversário de Angelica Bell, que então fazia dezesseis anos. A farsa, baseada em um esquete escrito em 1923, proporcionou-lhe um alívio cômico para a seriedade de "Aqui e agora". O espetáculo encenado em 18 de janeiro no estúdio de Vanessa, para uma plateia de cerca de oitenta convidados, foi um tributo irreverente aos antecedentes vitorianos de Bloomsbury, com Angelica no papel da atriz precoce Ellen Terry, que representara em sua época uma nova geração artística.

Em "Freshwater", Ellen aparece como uma jovem fogosa que está murchando numa estufa de arte dominada por três eminentes vitorianos: seu marido G. F. Watts, dito "o Ticiano moderno", o amigo dele Alfred Tennyson, que declama poesia, e uma tia-avó de Virginia, Julia Margaret Cameron, uma pioneira na fotografia de retratos. Ellen tem dezesseis anos, como Angelica, e passou anos no palco, como menina atriz, antes de se casar com Watts, um idoso pintor pré-rafaelita. A propriedade dele na ilha de Wight constitui um reino enclausurado de macieiras em flor e rouxinóis perpétuos. "A lua brilha. Com abelhas no espinheiro. E gotas de orvalho sobre a grama", suspira Ellen Terry, sentindo-se deslocada entre seus companheiros moralistas e tão mais velhos. Ela está posando, como modelo, para seu marido, cuja pintura *Modesty at the Feet of Mammon* é cheia de simbolismo sexual, embora ele não demonstre nenhum interesse carnal pela jovem esposa. Mais tarde, andando ao léu à beira-mar, Ellen encontra um bonito oficial da Marinha que se propõe a levá-la daquela ilha artificial para um lugar mais realista onde ela se alimentará de salsichas e arenques defumados, uma delícia irresistível. Como Ellen nunca parava de sonhar com calçadas cheias e ônibus, ela dá sua aliança para uma toninha comer e foge com o marinheiro, que tem uma grande casa em Gordon Square, Bloomsbury, deixando para trás para sempre os ares silvestres e as desbotadas grinaldas. E foi assim que teve início a atual geração artística, da qual tanto os atores como os espectadores eram integrantes.

O trabalho de rever "Aqui e agora" para revelar a luz interior que incide sobre objetos mundanos criou às vezes tais dificuldades para Virginia que sua cabeça parecia quase rachar. A tensão se intensificou com a notícia de que Francis Birrell, outro velho conhecido, tinha morrido de um tumor cerebral em 2 de janeiro. Poucos dias depois, ainda abalada, cheia de gratidão ela reconheceu a felicidade de sua vida em comum com Leonard. Tendo eles passado em Monk's House o Natal e o Ano Novo, a proximidade da chapada acalmou-a por espelhar uma coisa elementar e forte, uma paisagem em harmonia com seu estado de espírito. "Oh quantas milhas tenho andado", escreveu ela a Ethel, "bem em vales remotos; com um espinheiro e uma carapaça. Sempre eu penso que o gelo só derreteu na chapada há um ou dois anos atrás — o gelo primevo — gelo verde, gelo acetinado." Em 11 de janeiro, depois de outra manhã de combate com seu indócil romance, sentiu-se incapaz de concentrar-se — tinha pretendido ler Dante, mas o torpor a impediu de ir em frente e ela voltou mais uma vez a pensar na morte, volta arriscada para a qual o antídoto foi fixar sua atenção numa coisa prática: o ato de calçar suas galochas para andar os 15 metros, pelo jardim encharcado de chuva, com um vento forte a soprar nas árvores, entre seu pavilhão e a casa onde o almoço estava à espera — ovos mexidos e salsichas para Virginia, fígado para Leonard e Louie Everest, a nova diarista. A concretude desses fatos tranquilizou-a e ela saiu fortificada ao aprender com Louie "que o fígado de cordeiro é mais macio que o de vitela [...] preenchendo assim um vazio em meu conhecimento do mundo". Talvez pudesse enganar a morte concentrando-se nos ovos com salsichas e na suculência do fígado de cordeiro.

T. S. Eliot apareceu para um chá com os Woolf em 4 de fevereiro. Ele e Leonard envolveram-se numa discussão filosófica sobre guerra e pacifismo, mas em dado momento Eliot começou a falar, cheio de emoção, sobre suas crenças religiosas e o sentido da imortalidade, dando a Virginia um vislumbre raro de sua alma infeliz por trás da máscara afável. Surpreendeu-a o fato de ele, malgrado sua celebridade e influência, "ter tão pouca alegria ou satisfação em ser Tom" — o sucesso, muito pelo contrário, parecia tê-lo alienado ainda mais. Virginia gostava desse "homem solitariamente muito sensível, todo envolvido em fibras de autotortura, dúvida, vaidade, desejo de [...] intimidade". Sua atitude em relação a ele sofrera uma evolução. Dois meses antes, num jantar, ela admirara a facilidade com que Tom desempenhava seu papel de grande homem, notando como ele se tornara sisudo e peremptório. Acrescentou que essa "importância divina" não a fazia mais sentir-se posta à margem — podia ignorá-la e ainda relacionar-se com o poeta tímido que se depreciava e que outrora ela havia descrito como "um velho tolo querido". As lutas de Tom tinham lhe inscrito novas rugas no rosto. Sua cabeça, notou ela, era "muito invulgar; um tal conflito; tantas forças violentamente movidas contra ele: o olhar arisco parado; mas tudo pétreo, amarelo, fendido & contraído". Fixando-se no olhar arisco, Virginia chegou à conclusão de que ela e Tom eram parecidos pela confiança que ambos tinham em evasão e disfarce. A sinceridade da fé religiosa dele a impressionava, e ao mesmo tempo ela se sentia indecisa, cônscia de "um vasto sofrimento por trás da vida nesse inverno".

A sombra do totalitarismo. O estado de espírito de Virginia correspondia à atmosfera que se toldava. Seu trabalho diário de bater "Aqui e agora" na máquina de escrever, cujo barulho a desagradava, produzia não só a habitual luta com as palavras, mas também uma irritabilidade profunda, insinuações de um vasto sofrimento, que a fazia perder a paciência às vezes com "esse maldito Capítulo [...] essa dro...ga de capítulo". Mostrou-se então penosamente filosófica sobre a possibilidade de sua escrita vir a ser "odiada & desprezada & ridicularizada". No final de março, ela e Leonard tinham em vista passar duas semanas de ócio passeando entre tulipas na Holanda, de onde iriam de avião para Roma, onde Vanessa ficaria durante a primavera. Virginia mencionou isso numa carta de 3 de abril a Quentin Bell, mas uma semana depois o plano sofreu uma mudança drástica. Seria agora uma viagem de carro, que começaria na Holanda e depois seguiria diretamente para o sul até a Itália, o que significava, como Virginia observou, atravessar toda a extensão da Alemanha "escondendo o nariz de Leonard", isto é, sua condição de judeu. Não mais as férias simples e relaxantes que originalmente haviam planejado, mas uma travessia "heroica". Na carta a Quentin, antes da mudança de planos, ironicamente ela sintetizou a ameaça nazista, usando uma sátira negra, como fazia com frequência, para debelar ou conter sua ansiedade. Leonard previa, escreveu ela, que em breve os alemães jogariam sobre Londres algum gás venenoso, matando não só jovens prescindíveis, como Quentin, mas também pessoas do mais alto calibre como ela própria. Imaginou uma "fumaça amarela" a baixar sobre a Oxford Street, enquanto andava pela rua, e ela a afundar na sarjeta. Os teutônicos chegariam aos magotes e Bloomsbury seria transformada "numa Platz [praça] com uma estátua do Líder". Era preciso uma alternativa para essa figura marcial, que Quentin poderia dar, talhando uma escultura de uma "grande Deusa flamejante" — a um só tempo uma declaração antifascista e um tributo a Bloomsbury. Esse rasgo sinistro de fantasia apreendia a psique coletiva, com suas audaciosas imagens sobrepondo-se às abstrações dos políticos e dos redatores de editoriais. Por seu próprio prisma, Virginia vinha pensando constantemente sobre o fascismo — ou seja, perguntando-se como e por que as agressões triviais da vida cotidiana degeneravam em plenas atrocidades. Sentia ultimamente uma grande necessidade de escrever um panfleto antifascista sem rodeios, como prelúdio a seu livro já pensado sobre as mulheres e as carreiras profissionais. Ela discutiu essa ideia com Leonard em 26 de fevereiro, quando ele já estava quase acabando o libelo *Quack, Quack*, e concluiu que seu plano teria de ser adiado até ela desenvolver sua própria maneira de abordagem, à qual o conhecimento especializado de Leonard muito pouco poderia acrescentar, já que ao escrever "é a posição crítica de cada um o que conta". Entrementes, continuou a recolher material para uso futuro, registrando as experiências de sua prima Janet Vaughan, que perdeu uma bolsa de estudos porque o *establishment* médico, masculino, considerava as mulheres incapazes de pesquisas avançadas. Subsequentemente, ela anotou fatos semelhantes sobre a carreira jurídica, que sufocava sob o peso de tradições tacanhas, e sobre os cerimoniais do prefeito de Londres, que eram escandalosamente perdulários.

A aversão de Virginia pelo militarismo e o estado patriarcal dominou suas impressões da Torre de Londres, aquele quartel massudo e "local de masmorras", que ela e Leonard visitaram em 26 de março. Descreveu-o como "o reformatório no reverso da história; onde matamos & torturamos & prendemos". A exibição de joias da Coroa pareceu-lhe simplesmente de mau gosto, e a parada dos soldados em treinamento no pátio, batendo os pés e fazendo meia-volta em uníssono, enquanto um segundo-sargento berrava ordens grosseiras, era um espetáculo degradante.

A ansiedade política tingiu a reação furiosa de Virginia a uma conversa com E. M. Forster na Biblioteca de Londres. Forster disse que o conselho da biblioteca, ao qual ele pertencia, havia discutido a hipótese de escolher uma mulher para integrá-lo. A observação trazia associações pessoais para Virginia, uma vez que seu pai tinha sido presidente da biblioteca, cargo no qual sucedeu a Tennyson. Ela achou que Forster já estava a ponto de convidá-la para participar do conselho e preparou-se para recusar, mas ele lhe confiou que os demais membros se opuseram à escolha de uma mulher. Na época de Leslie Stephen, havia sido escolhida uma tal de Mrs. Green, colaboradora e viúva de um conhecido historiador, que se mostrara extremamente incômoda; agora o conselho nem sequer consideraria o leve endosso do sexo oposto por Forster, insistindo que "Não não não, as mulheres são impossíveis". Virginia ouviu calada o relato e seguiu seu caminho sem dizer ao velho amigo que estava profundamente ofendida. Ele não chegara a afirmar que o nome dela tinha sido mencionado, mas ela assim presumiu. E ser desqualificada para o órgão outrora chefiado por seu pai, imaginar-se cogitada e depois rejeitada, a fez contrair-se e arder de raiva. Leslie Stephen, lembrava-se, tinha passado de bom grado noites em companhia da objetável viúva Green. Ao escrever sobre o incidente, Virginia tinha as mãos trêmulas. Raramente ela usava o diário como um veículo de ficção, mas esse fato provocou-lhe um tal afluxo de emoções que logo começou a inventar uma ligeira cena fictícia para seu livro sobre a opressão das mulheres. No esquete, uma mulher que polidamente recusou uma honraria pública confidencia a uma amiga seu desprezo por toda a trapalhada.

[Diário de Virginia, 9 de abril de 1935]

E eles pensaram realmente que eu iria aceitar. Ficaram surpresos, palavra de honra, até mesmo com a minha recusa muito moderada & humilde. Então não lhes disse o que pensava deles por ousarem sugerir que você devia esfregar o nariz naquele balde de sobras? Eu ponderei. Nem por cem anos, ela observou [...]. Sim, essas explosões são muito boas para o meu livro: pois vão fervendo pouco a pouco & se tornam transparentes: & eu vejo que posso transmutá-las em prosa bela clara sensata irônica. Que Deus amaldiçoe Morgan por pensar que eu aceitaria aquilo [...].
    O véu do templo [...] ia ser erguido & como uma exceção ela receberia permissão de entrar. Mas e quanto à minha civilização? Por 2000 anos nós fizemos coisas sem sermos pagos por fazê-las. Vocês não podem me subornar agora.
    Balde de sobras? Não; eu disse enquanto agradecia profundamente a hon... Em suma temos de mentir & aplicar todos os emolientes ao nosso alcance à pele intumescida da vaidade terrivelmente inflamada dos nossos irmãos. A verdade só pode ser dita por aquelas mulheres cujos pais vendiam carne de porco & lhes deixaram uma participação na indústria suína.

A raiva de Virginia pendia em equilíbrio instável com seus impulsos artísticos: por um lado, a necessidade de devolver o insulto a quem a tinha feito sofrê-lo e, por outro, o desejo de aproveitar essa energia para sua obra criadora. Era uma variação do conflito entre arte e propaganda; enquanto ela se indignava, comprometida a recusar qualquer suborno, em seu íntimo a escritora profissional maquinava para converter essa ira em prosa clara e eficaz. Ela, no entanto, tinha dúvidas quanto à brecha cada vez mais larga entre suas emoções e a judiciosa voz pública de seus ensaios. Imaginou-se a distilar sua raiva até deixá-la belamente "transparente" e, quase no mesmo fôlego, amaldiçoou Forster por cooperar com os açougueiros que vendiam carne de porco. A razão pedia ocultamento e ditava frases polidas que lhe davam vontade de calar-se: "Enquanto agradecendo profundamente a hon..." Mas seu ódio haveria de permanecer inexpresso "por cem anos"; amadureceria fervendo em fogo lento, supunha ela, ao passo que os açougueiros que vendiam carne de porco continuavam a encher baldes de sobras — imagem na qual se refletiam outros ressentimentos, contra os perpetradores de abusos como George Duckworth, com seus olhos de porco, e contra os carniceiros nazistas com caras de babuínos.

Revendo seu relato do incidente na biblioteca três dias antes, Virginia concluiu que aquela anotação forneceria algumas frases úteis para seu livro, apesar do tom bombástico. Anotou simultaneamente que ela e Leonard estavam fazendo seus planos de viagem e haviam decidido seguir de carro até Roma, via Alemanha. Esperavam, segundo Leonard, que uma travessia assim desapressada lhes desse melhor compreensão da "política internacional e da natureza humana". Os motivos por trás do plano eram complicados, já que a época era de "alarmes enfáticos", quando Leonard sempre voltava para casa, depois de cada reunião política, com novos informes sobre a guerra iminente. Virginia encarou a viagem como uma ocasião para humor negro, predizendo que eles seriam internados ou "esfolados vivos", por ser "o nariz de Leonard tão comprido e curvo". Quentin Bell, em sua biografia de Virginia, notou que o trajeto deles, na ocasião, o deixara muito espantado, pois qualquer pequeno contratempo na estrada poderia ter causado "um incidente desagradável e assustador", com perigosas consequências para a saúde de Virginia. O Ministério do Exterior britânico havia aconselhado aos judeus, em caráter reservado, a não viajar pela Alemanha. Os Woolf sabiam disso e sua decisão de ir assim mesmo parecia inexplicável; foi esse o único momento, tanto quanto soube Bell, em que "Leonard expôs os nervos de Virginia a um risco injustificável". Leonard explicou, porém em retrospecto, que a decisão tinha surgido de um espírito de contestação e (apesar de seu ceticismo generalizado) de uma fé surpreendente na imunidade conferida pelo passaporte britânico. "Parecia-me absurdo que qualquer cidadão inglês, fosse judeu ou gentio, tivesse de hesitar para entrar num país da Europa." Tanto ele quanto Virginia queriam saber como o país andava e conferir com a realidade seus pressentimentos.

Sua preocupação quanto aos perigos foi de fato de tal ordem que eles consultaram um diplomata que vivia numa aldeia perto de Rodmell. Ralph Wigram, um funcionário, mais jovem, do Ministério do Exterior, tinha acabado de voltar de Berlim, onde fora assistente do secretário John Simon em suas conversações com Hitler. Parecendo intranquilo sobre a questão dos judeus na Alemanha, esquivou-se de falar disso ao telefone, mas ele e a esposa foram para um chá em Monk's House em 22 de abril. Os Wigram causaram uma impressão perturbadora. Ralph, com placas de ferro numa das pernas, andava mancando e apoiado por muletas. Sua mulher, que era loura e pálida e já começava a engordar, parecia "uma margarida velha ou outra simples flor de jardim; se uma flor pudesse parecer muito infeliz". Virginia achou que sua tristeza refletia um vago desgosto pela deformidade do marido, o que era agravado pelo ônus de cuidar de uma criança excepcional. Wigram, pelo jeito e o temperamento, parecia um típico representante de sua casta: "Um inglês simpático rígido honesto de boa escolaridade." Começou a falar de imediato, descrevendo a típica docilidade de rebanho dos alemães mais comuns e a eficácia hipnótica de seu líder. Nada que sustentasse a teoria de que os nazistas eram bárbaros primitivos que fracassariam graças à própria incompetência — pelo contrário, Hitler impressionara Wigram como um político extremamente capaz, que havia feito uma análise cabal e detalhada, falando por vinte minutos, sem se interromper e sem notas, e demonstrando dominar perfeitamente os assuntos. Mas esse desempenho se associava a sinais de assustadora volubilidade. Uma figura impenetrável, que não tinha princípios nem ideais, apenas cálculos de dominação, e que ostensivamente se gabava de que restauraria o poderio militar da Alemanha para apagar a derrota durante a última guerra. O discurso impressionante e a atitude ameaçadora de Hitler tinham chocado a delegação da Inglaterra. Virginia compôs um quadro geral de uma "máquina totalmente equipada & poderosa" que dominava uma população de escravos complacentes, sobre os quais ele gravava sua imagem como "uma grande matriz que era arriada sobre a parda substância gelatinosa". A situação se tornava ainda mais alarmante quando alguém se perguntava como os governantes da Inglaterra haveriam de ter-se ao pôr as cartas na mesa com um tal adversário. Virginia concluiu que não estariam muito melhor preparados do que Wigram e que o futuro, nesse caso, mostrava-se ainda mais desolador do que ela havia pensado.

Aqui na Inglaterra nós nem mesmo compramos as nossas máscaras contra gases. Ninguém leva isso a sério. Mas, tendo visto esse cachorro louco, os ingleses frágeis e rígidos estão realmente com medo. E se tivermos apenas uns simpáticos garotos de escola [como Wigram] para nos guiar, suponho que há alguma razão para esperar que a Oxford Street seja inundada de gás letal um desses dias. E daí então? A Alemanha há de ter suas colônias.

No tocante à viagem dos Woolf, Wigram descartou como tolice a advertência do Ministério do Exterior, propondo sua opinião pessoal de que não havia razão para eles não irem, embora devessem ser cuidadosos para manter-se longe de quaisquer cerimônias públicas ou desfiles nazistas. Como garantia, deu a Leonard uma carta de apresentação para o príncipe Bismarck, conselheiro da embaixada alemã, que era pessoa tranquilizadora e afável. Não havia motivos de apreensão, insistiu o príncipe — naturalmente eles deviam ir à Alemanha! E ele deu a Leonard outra carta, que recomendava indistintamente aos funcionários alemães a dar toda a assistência possível aos distintos viajantes ingleses. Tal documento poderia vir a ser útil, como Virginia escreveu a Ethel, "já que a nossa condição judaica é tida por um perigo — (não seriamente)".

Num jantar em 28 de abril, três dias antes da partida, Virginia conversou com seu sobrinho ativista Julian Bell sobre a necessidade de se encontrar substitutivos para a guerra. Julian argumentou que sua geração ansiava por aventura e risco — touradas, montanhismo; era "a emoção do risco" que estava impelindo os jovens a ingressar no Partido Comunista, que oferecia a excitação de lutar por uma causa e o consolo de uma visão de mundo coerente. Virginia assinalou que o romantismo da guerra perdia a graça com muita rapidez — havia excitações mais duráveis. Julian replicou que nada poderia comparar-se ao duplo estímulo representado por "ânsia e risco". Era viável a esperança de orientar as pessoas para fantasias menos destrutivas, mas isso só poderia ser feito muito gradualmente. Ao longo da conversa, Virginia surpreendeu-se com a vibrante energia do sobrinho e a cegueira dele para seus próprios motivos. Motivos esses que ela não citou — mas pode-se inferir que pensasse na ligação entre ele e Vanessa, que Julian considerava "quase o relacionamento humano mais satisfatório que eu tenho" e da qual ele se distanciou ao rejeitar os ideais pacifistas de Bloomsbury. Em relação ao pacifismo, à Virginia não faltavam razões para sentir-se em solo instável após haver diagnosticado a ameaça "desse cachorro louco", Hitler. A conversa incitou-a a começar a esboçar novamente seu "livro das profissões", mesmo que ela estivesse consciente de remar contra uma irresistível maré. Compreendeu o que Julian dera a entender por "emoção do risco", e a imagem de Wigram "a se apoiar numa bengala" projetava uma sombra, sugerindo a futilidade dos apelos à razão. "De que adianta tentar fazer pregações", protestou ela, "quando a natureza humana é tão aleijada?".

As ruas de Londres estavam cheias de galhardetes e seus prédios públicos cobertos de flores. Bandeiras pendiam das janelas, coroas de papel azul e rosas vermelhas adornavam os postes; de noite, os galhardetes brilhavam em vermelho e rosa contra o céu escuro. Toda a Inglaterra se preparava para celebrar o vigésimo quinto aniversário da ascensão ao trono do rei George V, celebração que pretendia marcar o retorno à prosperidade e evocar as passadas glórias imperiais. Virginia, que pouco via o que comemorar, ficou contente de ir para o exterior. Em 6 de maio, Dia do Jubileu, ela e Leonard já estavam passeando pelo campo holandês, onde as vacas usavam agasalhos e os ciclistas deslizavam "em bandos como estorninhos". Por toda parte eles notavam a completa domesticação da natureza — a terra e o mar sob controle, fazendas e cidades a dividir entre si todo o país, numa configuração harmoniosa. Moradores prósperos se aglomeravam nas ruas, vagando por entre uma infinidade de lojas e casas imaculadas dos séculos XVI e XVII. "Velhas senhoras penteando seus gatos na janela", escreveu Virginia. "Nem um mendigo, nem um cortiço — riqueza uniforme sólida", o que sugeria um notável grau de complacência, mesmo por padrões ingleses. Ela se sentia como se tivesse sido transportada para um tempo anterior a 1914, quando a guerra parecia uma coisa do passado, como a peste bubônica. Por sua vez, Leonard chegou à conclusão de que os holandeses representavam a civilização da classe média em sua forma mais pura e, ponderando as condições no resto da Europa, aquele abrigo de beleza e mau gosto tinha muito a recomendá-lo.

Leonard levava também consigo uma passageira minúscula, Mitzi, uma fêmea de sagui de estimação, que se empoleirava em seu ombro enquanto ele dirigia, ou se enroscava no meio da bagagem, no banco de trás. O animal, adoentado, tinha sido salvo por ele, no ano anterior, das mãos de donos indiferentes. Com a saúde recuperada, graças a seus cuidados, Mitzi se tornara apaixonadamente apegada a ele. Leonard se orgulhava de seu sucesso com ela, notando que os saguis raramente vivem por muito tempo em cativeiro e que seus métodos de alimentação e adestramento davam mais certo que os dos tratadores do zoo. Como o tempo na Holanda tinha esquentado muito, eles viajavam com a capota do Lanchester conversível arriada, e Mitzi atraía pequenas multidões sempre que paravam. As pessoas se extasiavam com aquela bola de pelo que parecia um esquilo a espiá-las de trás da cabeça do dono, com o rabo pendurado na frente de seu blusão. Entre exclamações de surpresa com "a criaturinha querida", enchiam-se de boa vontade e perguntas banais. Mitzi tornava mais fáceis as formalidades da viagem, granjeando a simpatia de estranhos para si mesma e os Woolf e inspirando-lhes um caloroso senso de humanidade em comum. Mas Virginia não dava o menor sinal de partilhar desses sentimentos por animais ou pessoas.

A fronteira com a Alemanha era guardada por soldados de aparência implacável que deixaram Virginia bem nervosa, quando a atravessaram. À medida que Leonard ia à alfândega, ela ficou no carro, tentando se concentrar em seu livro, *Aaron's Rod* [*O cajado de Aarão*], de D. H. Lawrence. Mas logo se perguntou, ao se dar conta de que dez minutos já tinham transcorrido desde que Leonard desaparecera no escritório com grades nas janelas, se deveria ir atrás dele. Na alfândega holandesa, não levaram nem um minuto. Para seu alívio, ele então saiu de lá, e os guardas os deixaram passar. Ela notou que sua noção de liberdade já sofrera um abalo. Quando os oficiais sorriram para Mitzi, ela e Leonard responderam com exagerado prazer: "Nós nos tornamos subservientes", anotou Virginia, "curvando-nos pela primeira vez." Mas Leonard contou que o atraso na alfândega foi causado por um incidente que envolvia a pessoa que ia à frente deles, um camponês numa carroça de fazenda. O chefe da alfândega sentava-se à frente de uma parede decorada com um retrato de Hitler. Quando o camponês se aproximou de sua mesa, o funcionário explodiu numa invectiva violenta contra o "porco insolente" que não tinha tirado seu boné perante a imagem do *Führer*. "Este escritório é como uma igreja!", gritou ele. Ao testemunhar essa cena, Leonard foi tomado pela desagradável sensação de que poderia afinal necessitar da carta do príncipe Bismarck. A exibição intimidante, que ele chegou a desconfiar ser encenada para sua audiência, na condição de estrangeiro, dava a entender que a "selvageria" já havia penetrado profundamente na vida cotidiana da Alemanha.

O desconforto de Leonard aumentou quando seguiram pela rodovia entre Colônia e Bonn; o deles parecia ser o único carro na estrada, que era guardada por soldados com fuzis, a intervalos de 20 metros. Em Bonn, deram com a estrada fechada à frente, e o policial que reorientava o trânsito lhes informou que o "Herr Präsident" estava para chegar. Ao procurar uma via alternativa para entrar na cidade, Leonard cometeu um erro, vendo-se na exata situação que Wigram lhe aconselhara evitar. A população parecia ter saído às ruas em massa para esperar por Göring, que era aguardado a qualquer momento. As calçadas estavam cheias de moradores e crianças de bandeirinhas nas mãos, em pé por trás de uma fileira das tropas de assalto. Os Woolf, não tendo outra opção, continuaram pela única e estreita passagem entre os espectadores, que aparentemente formavam um "interminável cortejo de entusiastas nazistas". Para piorar mais as coisas, faixas atravessadas na rua continham *slogans* como "O judeu é nosso inimigo" e "Não há lugar para judeus em —". Uma cena enervante, apesar de eles não terem por que se preocupar. A multidão festiva, tal como os holandeses, tomou-se instantaneamente de amores pelo atraente sagui no ombro de Leonard, que era saudado com exclamações de prazer, com o típico *Heil Hitler* dirigido ao animalzinho e seus donos. Alegres estudantes aglomeravam-se em filas, e Virginia, muito séria, retribuía aos acenos. Quilômetro após quilômetro, o carro seguiu em frente, encurralado pela "multidão dócil histérica", cujos gritos e risos programados tornaram-se crescentemente opressivos. Por fim, incapaz de continuar aguentando aquilo, Leonard dobrou numa transversal e eles encontraram um hotel enorme e vazio que dava para o Reno. No salão do restaurante, de cujas janelas avistavam barcaças de carvão descendo o rio, eram os únicos hóspedes. Após o jantar, tentaram conversar com o gerente, para sondá-lo sobre o novo regime. Muito precavido, nada o homem quis dizer. Mas, quando Leonard mencionou que eles moravam em Tavistock Square, bruscamente ele os tomou por confiáveis e desfiou sua história. Tinha trabalhado como garçom num restaurante à beira do Tâmisa e retornado à Alemanha, poucos anos atrás, para se casar; antes de sair da Inglaterra, recebera uma proposta de emprego para gerenciar um hotel em Tavistock Square, porém que ele recusou, porque sua nova mulher não falava inglês. Viam-se agora, ali, numa armadilha. O negócio tinha sofrido uma queda drástica após a chegada do nazismo ao poder; em dias idos, estudantes universitários vinham de Bonn pelo rio para beber e farrear, mas atualmente os exercícios militares os deixavam sempre ocupados e eles não tinham mais tempo para sair por prazer. "Se alguém diz uma palavra de crítica", confidenciou, "corre o risco de levar uma surra. Tudo são desfiles e marchas e treinamentos." A Alemanha se tornara uma prisão da qual jamais sairiam.

    A atmosfera sombria desanuviou-se um pouco quando a viagem dos Woolf os levou mais para o sul, se bem que todas as cidades ostentassem enormes cartazes anunciando que os judeus não eram bem-vindos. Foi-lhes forçoso imaginar como teriam reagido as pessoas que se juntavam ao redor de Mitzi, caso soubessem que a condição de Leonard era essa. Mitzi lhes granjeava atenções amistosas por onde quer que passassem, tudo tingido de irrealidade. Em Augsburg, num engarrafamento, um policial sorridente mandou que os outros carros esperassem e acenou para que o sagui e seus donos fossem para a frente da fila. Leonard observou, embora ainda preocupado, que nunca teria de mostrar o salvo-conduto do príncipe Bismarck, pois "era óbvio até para o soldado mais antissemita das tropas de assalto de Hitler que ninguém que levasse no ombro uma 'coisinha tão fofa' poderia ser judeu".

    Virginia, antes da viagem, permitira-se ironicamente antecipar desventuras, lembrando aos amigos que o nariz comprido e curvo de Leonard os expunha à perseguição e incluindo casualmente a si mesma entre as vítimas em potencial. "O fato de nós sermos judeus é tido por um perigo", escrevera ela a Ethel. Mas eles, na realidade, despertaram atenção e receberam ajuda. Em Virginia gravou-se a visão das massas expectantes que saudavam um macaquinho enquanto aguardavam para olhar de relance o apóstolo da purificação racial. Malgrado o desgaste de seus nervos, em público ela preservou uma frieza bem inglesa. Seu diário de viagem adotou o mesmo tom objetivo e frio, mesmo que ela avaliasse os ajuntamentos e assim descrevesse a vacuidade de suas risadarias: um "entorpecido sentimento de massa mascarado de bom humor". A travessia da Alemanha a fez sentir-se desanimada e exausta. Ao relatar a existência dos cartazes contra os judeus, nada mais ela disse, como se ao ódio que estampavam seu estremecimento se dissolvesse no ar ralo. Nada havia acontecido — a não ser que Virginia, tendo antes planejado escrever um texto, "On Being Despised" sobre ser desprezada, percebeu uma presença de violência e desrazão que ela não pôde conter com suas tiradas de humor negro nem transformar, como os insultos de Wyndham Lewis, em fonte de prazer indecoroso.

A passagem pela Alemanha deixou vestígios obscuros, como um padrão de interferência ou um silêncio culposo. Depois que eles cruzaram a fronteira com a Áustria, Leonard sugeriu a Virginia que ela agora já podia falar de novo a verdade. Mas ela disse que não — partes da realidade, ou seu poder de registrá-la, tinham sido obliteradas. "Eu esqueci 2 dias de verdade." A viagem para Roma, onde eles se encontraram com Vanessa e seus filhos, propiciou um alívio a esse estado de dormência. Leonard observou em sua autobiografia que as pessoas comuns do povo, na Itália, vinham adquirindo civilização há mais de 2 mil anos e que nem sequer os fascistas tinham sido capazes de lhes perverter o espírito humano. Era óbvio que Virginia e ele não iriam "precisar de um sagui nem de um príncipe Bismarck para se proteger dos selvagens nativos". Ainda assim, também aqui a desintegração política tinha alcançado um estágio adiantado. Recentemente, Mussolini fizera reclamações territoriais sobre a Abissínia, ameaçando recorrer ao uso da força se elas não fossem atendidas, e essa crise irresoluta ainda pairava no ar.

Virginia, durante a estada em Roma, recebeu numa carta de seu primeiro-ministro a oferta de recomendá-la para os Companheiros da Honra, comenda que se incluía entre os festejos pelo aniversário do rei. Ela viu nessa oferta uma oportunidade de recusar ainda outro suborno e de mexer com Ethel, que então já fora feita Dama do Império Britânico, sobre o costume de usar uma fitinha vermelha para fazer propaganda da importância social ou artística da pessoa em questão.

A viagem de volta, pela França, foi um anticlímax: a chuva caía numa paisagem cinzenta e sem contornos que fez Virginia desejar estar em casa de novo, reescrevendo "Aqui e agora". Depois de só ver o mundo, durante horas, pela janela gotejante de um carro, foi para ela um alívio parar em Chartres, onde visitaram a catedral já ao cair da noite. Em pé na nave, Virginia viu os vitrais das janelas, entre pilares e arcadas escuras, como "o esqueleto & os olhos da catedral brilhando ali. Meros ossos & os olhos em azul e vermelho". Um alto trifório de granito, acentuado por explosões de cor intensa: "Tão nu, tão arquitetônico, uma expressão de proporções, a não ser pelo vidro cor de fogo & azul-escuro, pelo vidro variando de tenebroso a transcendente."

Ao chegarem em casa, em Monk's House, em 31 de maio, eles souberam que Pinka, sua cachorra *spaniel*, tinha sofrido três misteriosos ataques e morrido repentinamente na véspera. Uma perda deprimente, que fez Virginia sentir que o que enterraram no pomar era uma parte das distrações de sua vida privada.

O interlúdio das férias, com a passagem pela Alemanha nazista, a perturbara, e ela ficou vários dias relaxando, entregue a ligeiros afazeres domésticos, à espera de restabelecer-se em seu fértil estado "inconsciente". Ao rever a parte ainda inalterada de "Aqui e agora", sentiu profunda aversão por "este capítulo maldito duro árido vazio". O estilo pouco afiado, composto num desafio implícito a seu modo poético de antes, parecia uma tentativa mal orientada de sair da própria pele. Ao mesmo tempo, ela começou a reestruturar o final do romance, notando como ele dependia tanto dos diálogos e se parecia cada vez mais com uma peça. As cenas dramatizadas deveriam combinar a solidez arquitetônica à leveza, criando uma forma narrativa. "As arcadas e os domos hão de subir pelo ar", tinha escrito antes da viagem, "com a firmeza do aço & a leveza das nuvens." Agora, à medida que o livro entrava em foco outra vez, sua ansiedade diminuía. Em 6 de junho, andando ao crepúsculo pelo Regent's

Park, ela viu que os canteiros de flores cintilavam na bruma, vívidos como vitrais. Um êxtase de luz emanava dos "montinhos de flores vermelhas e azuis que ardiam em úmido esplendor através da neblina verde-cinza". Tal visão ativou sua imaginação e frases de histórias não escritas inundaram-lhe assim a mente. Pouco tempo depois, ela se absorveu esculpindo o último capítulo de "Aqui e agora" e recompôs a longa versão original em episódios altamente condensados, tarefa que se provou difícil. Sentia o cérebro congestionado e as palavras lhe vinham lentamente, tal como ocorrera quando escreveu *As ondas*. Virginia se perguntou se isso queria dizer que aquele livro era bom e prosseguiu no esforço, notando que o principal problema era clarear sua estrutura: "Sinto que eu tenho uma série de grandes pilares para pôr de pé."

Câmera lenta:
Os anos

Depois de ter lido um longo poema de Stephen Spender, "Vienna" ["Viena"], sobre o massacre de trabalhadores austríacos por tropas direitistas, Virginia lhe escreveu uma carta, em 25 de junho de 1935, falando da dificuldade em conciliar poesia e política. A intenção didática de Spender levava-o a um enfoque muito estreito dos fatos de superfície e a negligenciar assim seu sentido interno. Cabe à poesia fazer sondagens nas profundidades do ser, disse ela. "Daí também a minha aversão por pregações aos berros e estrondos. Não creio que você possa fazer suas palavras virem antes de estar quase inconsciente; e a inconsciência só vem quando você já passou, quebrado, esmagado, por todo tipo de trituração e moagem." Seus comentários, como um prolongamento da discussão que ia travando consigo, procediam de sua luta para rever "Aqui e agora", que se mostrava cada vez mais problemática. Ao mesmo tempo que aconselhava Spender a não misturar poesia com ação política, desejava ela mesma escrever um texto polêmico e acabara de dizer à editora argentina Victoria Ocampo que pretendia publicar uma sequência de *Um teto todo seu* denunciando o fascismo, mas antes disso tinha de terminar seu romance. Sua decisão de excluir de "Aqui e agora" todas as ideias políticas, a não ser as mais gerais, era o mesmo que censurar certos argumentos poderosos que retrocediam à forma original do livro como romance-ensaio. Ela sentia grande necessidade de publicar seu manifesto político e, quanto mais cuidado tinha para evitar o tom polêmico em sua ficção, mais aqueles argumentos a obcecavam. De vez em quando, à medida que acompanhava os acontecimentos durante o verão e o outono de 1935, a vontade de escrever seu livro antifascista, ao qual se referia agora como "The Next War" ["A próxima guerra"], tornava-se predominante, e logo ela rascunhava passagens para esse livro, antes de retornar ao romance. Embora existisse sobretudo em sua imaginação, o livro gêmeo ou fantasma tinha seguido passo a passo as pegadas de "Aqui e agora", absorvendo as sobras da ira e os protestos não escritos. Escrever o romance lhe exigia estrita contenção; planejar o texto polêmico era uma libertação, um escape, a investida por um terreno desconhecido onde seus sentimentos, como disse Virginia, corriam "absolutamente desenfreados, como se um tubarão os puxasse". A intensidade dessa reação sinalizava como era grande a ansiedade mantida sob controle. Entrava em causa, além do mais, uma corrente subterrânea de decepção, porque ela havia desistido, ao separar da ficção o comentário social, da tentativa de dizer num só livro tudo o que tinha em mente.

Foi preciso muita autodisciplina para continuar revendo "Aqui e agora", já que estava amarrada, havia meses, à sua mesa de trabalho, batendo e rebatendo o manuscrito corrigido. A pura rotina mecânica associava-se à dificuldade de remodelar episódios sem trama para deixá-la exausta; ansiando por pegar de novo a caneta e sentir a sensualidade das frases se arredondar sob sua mão, ela observou que as frases datilografadas, vindas de um rascunho preexistente, não a satisfaziam tanto como as frases manuscritas, que pulavam "frescas da mente". Mas ela se obrigava a continuar ao teclado. E o final do "livro eterno impossível" recuava cada vez mais no horizonte.

As rápidas mudanças sociais perturbavam igualmente Virginia. Seus princípios democráticos eram torpedeados às vezes por atitudes de classe herdadas que lhe incutiram uma queda por anfitriãs aristocráticas e a fascinação pela realeza. Um dia, quando Leonard reclamou sobre o café e levou Mabel às lágrimas, por achar que ela estava demorando demais, Virginia observou, aplicando instintivamente os padrões de sua juventude, que ele nunca poderia ser amável e natural ao lidar com empregadas, por "não ser um *gentleman*".

A atitude dela em relação a Peggy Belsher, jovem e atraente secretária da Hogarth Press, recém-casada com um funcionário da alfândega, foi condescendente. Em 18 de julho, pouco antes de partirem para o verão em Rodmell, os Woolf foram a um chá com o casal, sendo levados a conhecer sua casa. A visita obrigatória fez Virginia lembrar-se de como as velhas distinções de classe tinham se atenuado — mudança que se confirmou para ela pela sucessão de artigos novos, lustrosos, nas lojas ao longo de Tottenham Court Road. Ela aceitava os argumentos socialistas por uma justa distribuição da riqueza, mas não o materialismo que parecia vir com mais igualdade. Em "Aqui e agora", Eleanor Pargiter e seu amigo Nicholas sonham com um novo mundo utópico; na prática real, o advento do novo mundo foi marcado por um dilúvio de suítes vulgares e estojos de cutelaria. Ao percorrer a casa de Miss Belsher, Virginia notou que o jovem casal vivia com mais conforto do que seus pais tinham vivido, cinquenta anos antes, em Hyde Park Gate. Os recém-casados, contentes com suas posses, pressurosos em mostrá-las, sentiam-se muito satisfeitos de si, certos de que a felicidade está em "ter o que todo mundo tem". Miss Belsher, que tinha o marido sob controle, pretendia conservar seu insípido nome de solteira, em vez de passar a usar o dele, Standgroom. Virginia leu com pesar os sinais dos tempos, saudando a liberdade que aí se refletia, mas deplorando a aparente indiferença do casal por qualquer coisa além de seus próprios interesses materiais. "Eles têm o mundo que querem. Suítes são feitas para eles; toda a Tot. Court Road é deles; o mundo está tal como gostam." O progresso científico que permitira aparelhar sua casa tinha também produzido armas poderosas — e talvez, em vista dos perigos políticos, Miss Belsher nem quisesse ter filhos, porque ela e o marido se contentavam em aceitar o mundo como o encontraram. Virginia comentou, taxativa, que sua secretária estava "por cima da situação. Bateu no meu ombro. Sem esnobismo. Sem noção de diferenças de classes. E a ciência ajudou-os com a torradeira elétrica".

Todas as conversas políticas, naquele verão, giravam em torno das ameaças de Mussolini contra a Abissínia, que fazia fronteira com a colônia italiana da Somália. Ele vinha se preparando para incorporar esse vizinho mais fraco ao império africano da Itália e, desde 1928, a linha divisória entre os dois países tinha desaparecido dos mapas italianos. As tentativas de resolver a crise, por intermédio da Liga das Nações, fracassaram. Agora, já com tropas se acantonando na fronteira, a Liga fazia um último esforço para chegar a um acordo. Os dias de Virginia eram dominados por "Aqui e agora", que ela estava redatilografando mais uma vez — tinha acabado em 17 de julho uma "primeira versão corrida" e esperava fazer agora cem laudas por semana —, mas as conversas sobre a última ameaça de guerra sempre surgiam ao fundo. Em 21 de agosto, ela anotou que em Rodmell as amoras já estavam maduras; e não havia cogumelos à vista; Stanley Baldwin, o líder conservador que sucedera a Ramsay MacDonald como primeiro-ministro, tinha voltado de suas férias em Aix-les-Bains para presidir uma reunião de emergência do gabinete; e Mitzi tinha fugido, pois a empregada se esqueceu de fechar a porta, e passado a noite fora.

Em 4 de setembro, com a Liga prestes a realizar, já sem grandes esperanças, uma última reunião sobre a Abissínia, ela observou que os jornais diziam ser esse o dia mais crítico desde que o rei George V declarara guerra em 1914. E acrescentou, na margem de seu diário, que tinha decidido intitular seu romance "Os anos", título que evocava sua preocupação com a passagem do tempo em *Ao farol* e *As ondas*. Na véspera, quando foi a Londres, viu *slogans* pró-fascistas pintados nas paredes: "'Não lute por estrangeiros. Bretão que cuide do que é seu'. E depois um símbolo num círculo" — a insígnia do raio circunscrito da British Union of Fascists, de Mosley. Por vinte e cinco xelins, comprou uma sombrinha cara, com borlas, a primeira nova em anos, e sentiu-se sem jeito quando um homem, no ônibus, olhou para a sombrinha e para ela. Pela manhã, chovendo um pouco, Virginia a usou no jardim. Ela e Leonard, no gramado, deram com uma agonia: uma cobra comendo um sapo, engolido até o meio e sugado bem devagar. Leonard, com uma vara, mexeu no rabo da cobra. Virginia teve a impressão de que a presa estava sufocando seu devorador — numa explosão de violência em câmera lenta que se gravou a fundo em seu íntimo. "A cobra enjoou com o sapo esmagado", ela escreveu, "& eu sonhei com homens cometendo suicídio & pude ver um corpo se atirando na água." Tais imagens — a Itália postada para engolir o indefeso vizinho, os *slogans* fascistas, a cobra e o sapo, depois o corpo de um suicida na água — convergiam. Nessa noite, ouvindo no rádio, entre chiados, um programa sobre a recusa de Mussolini em negociar, Virginia sentiu um tremor de medo por seu país — reação inesperada, já que não acreditava em patriotismo. Na manhã seguinte, os jornais estavam menos melodramáticos, prevendo que a crise se arrastaria por algum tempo e hostilidades não eram iminentes. Sobre o tempo ventoso e o sombrio clima político, Virginia fez esta observação: "Vento violento & chuva; sol violento & luz, & eles continuam conversando, ameaçando, avançando e recuando em Genebra."

Pensou na cobra e no sapo depois de assistir ao congresso anual do Partido Trabalhista no pavilhão abobadado de Brighton, em 1º de outubro. O clímax do congresso surgiu com a discussão sobre se a Inglaterra deveria estar pronta para apoiar sanções econômicas à força, se Mussolini invadisse a Abissínia. O líder do partido, George Lansbury, falando pela velha escola dos socialistas internacionais, apoiou nominalmente a Liga das Nações e seu sistema de segurança coletiva, mas se opôs ao mesmo tempo a sanções à Itália, que a seu ver aumentariam as possibilidades de guerra. Leonard Woolf descreveu-o como

> um desses homens bons, sentimentais, confusos e ligeiramente insinceros que em teoria têm pretensões tão boas e na prática fazem tanto mal. Era firmemente convicto da desejabilidade de se ter o melhor de dois mundos contraditórios, de submeter-se à obrigação, sob a Liga, de resistir à agressão sem fornecer as armas que seriam necessárias para a resistência.

Falando depois de Lansbury, seu rival Ernest Bevin respondeu com um ataque pessoal cuja impiedade ainda perturbava a consciência de Leonard muitos anos mais tarde. Em sua autobiografia escreveu que Bevin tinha

> malhado tanto o pobre homem que lhe deu morte política — Lansbury renunciou em seguida à liderança — e, apesar de politicamente eu me alinhar com Bevin nessa controvérsia, não pude me impedir de retrair-me diante da crueldade quase indecorosa com a qual ele arrasou Lansbury, que se tomava por modelo de virtude, levemente lacrimoso.

A reação de Virginia foi mais dura e cética que a de Leonard. Enquanto ele focalizava as questões, ela olhava o evento em si, observando não só os oradores, mas também a dinâmica do encontro e os modos pelos quais a atmosfera incitava mais ao espetáculo do que às discussões racionais.

A performance de Lansbury, baseada no papel do "cristão maltratado", levou a audiência, e a própria Virginia, às lágrimas. Foi fascinante, para ela, ver o que acontecia, "tão bom quanto numa peça", mas tudo mais do que inútil para o debate político e apenas obscurecendo as questões. O discurso truculento de Bevin foi tão calculado como o de Lansbury; afundando "a cabeça em seus ombros largos até ficar como uma tartaruga", ele denunciou o líder do partido, que se roía de raiva, como uma dessas pessoas que "gostam de apregoar suas consciências em público", pretendendo uma duvidosa superioridade moral, enquanto ele, Bevin, simplesmente expunha os fatos, por mais desagradáveis que fossem. Virginia suspeitou que ambos, dando-se ali em espetáculo, tinham motivos ocultos.

> Retórica em excesso, & que visão mais facciosa: alterando a estrutura da sociedade: sim, mas quando está alterada? Confio eu em Bevin para criar um mundo bom, quando ele tiver os seus direitos iguais? Se tivesse nascido duque...

As opiniões dos oradores, destinadas a manipular os outros e moldadas pelos preconceitos da audiência, eram inevitavelmente facciosas. A mão direita não sabia o que a esquerda estava fazendo, e Bevin, malgrado sua retórica, seria um natural autocrata, se subisse ao poder. Seu ataque esmagador a Lansbury, como "uma cobra engolindo um sapo", foi a parte mais dúbia de todo o espetáculo, mas nem por isso a fez simpatizar com a vítima. Nenhum dos lados, observou ela, nem os idealistas nem os pragmáticos, pensava realmente em dar direitos iguais para as mulheres. Uma mulher, a dada altura, falou por seu sexo, protestando que já era hora de parar de lavar roupa suja — uma voz fraca e autêntica, refrescantemente clara, como "um som tirado de um caniço, mas que chances teria ela contra todo esse peso de rosbife & cerveja que é obrigada a cozinhar?". Virginia também ouviu com agrado a voz dissidente de um pacifista radical que propôs enfrentar a agressão com não resistência e disse que a Inglaterra deveria dar um exemplo, entregando suas próprias colônias tropicais a um organismo internacional. Ela apoiou as opiniões do pacifista, mas, sendo estranha à política, "sem instrução e sem voto", sentiu um amargo consolo por pensar que não era responsável pela confusão atual.

No dia seguinte, a barulheira e a animação do congresso ainda lhe ressoavam na cabeça, impedindo-a de se concentrar no trabalho, mas ela achou que a interrupção tinha valido a pena, pois lhe fornecera novas ideias sobre a estrutura da sociedade e os meios para mudá-la. Seria bom começar observando questões domésticas das mais corriqueiras, como a própria relação mantida com Louie Everest, a cozinheira e caseira em Rodmell, que acabara de dizer que gostava de trabalhar para eles e lamentava quando voltavam para Londres — "a seu modo também um bom trabalho". Como ela poderia conciliar seus instintos políticos com suas responsabilidades como artista? Leonard, com quem ela conversava sobre isso enquanto eles atravessavam o brejo, disse que "a política devia ficar separada da arte". Naturalmente ela concordou, mas essa fórmula não dissolveu sua raiva nem modificou seu desejo de integrar-se à luta contra o fascismo. O congresso do Partido Trabalhista motivou-a a articular sua posição. Sentira-se tão empolgada com a solitária voz da mulher a clamar por liberdade, tão repelida pela aura de autoridade masculina, que passou os três dias seguintes num estado de "agitação febril" ao rascunhar um capítulo de "The Next War" (por fim intitulado *Three Guineas*). Evidenciou-se como o tema era oportuno quando, em 3 de outubro, indo ela em meio dessa discussão pacifista, Mussolini de fato enviou suas tropas para a Abissínia. Rapidamente, a Liga das Nações aprovou sanções econômicas que não tiveram nenhum efeito notável.

Escrevendo para Ottoline Morrell na véspera de voltar para Londres, Virginia descreveu os aguaceiros no campo, em Sussex, com "o brejo alagado e temporais gigantescos desabando nos morros" e os troncos úmidos das árvores cheios de manchas de um marrom bem escuro, beleza turbulenta a contrastar com a feiura das desordens no mundo. Leonard ligava o rádio e instantaneamente ela se sentia expelida de seu mundo fantasioso para o outro, o discordante. "Quando nem eu posso dormir à noite por pensar em política, as coisas devem mesmo andar numa grande barafunda. Todos os nossos amigos e vizinhos só falam de política, política."

* * *

Além de rascunhar fragmentos do ainda vago panfleto antifascista, Virginia tinha começado a planejar outro livro, uma biografia de Roger Fry, que só decidiu escrever depois de longas conversas com sua irmã Margery. Hesitara a princípio porque a suscetibilidade dos parentes e amigos de Fry tornaria difícil dar um bom quadro da vida privada dele, mas seu amor pelo gênero — constantemente ela estava lendo vidas e cartas e insistindo com amigos para escrever memórias — prevaleceu. Começou a ler e a tomar notas em setembro, após reunir grande quantidade de cartas e outros documentos. A pesquisa biográfica, que ela fazia principalmente à noite, contribuía para atenuar a tensão de rever *Os anos*, pois lhe permitia usar "o outro lado do cérebro", embora aumentasse a pressão sentida para acabar rapidamente o romance.

A sensação de Virginia de pertencer a dois mundos incompatíveis, num dos quais era uma artista distante, no outro uma marginalizada rancorosa, seguiu-se de mudanças abruptas em seu julgamento de *Os anos*. O livro às vezes a animava, mas também a deixava crescentemente inquieta e insatisfeita, chegando até a experimentar, numa só hora, alegria e tristeza, ou a fundi-las num só parágrafo de seu diário, como fez em 27 de outubro. Começou a anotação num espírito expansivo, jurando não se precipitar com sua escrita, que tinha relido e julgado bem razoável. Deixaria o livro amadurecer, mesmo que isso tomasse mais um ano. A insistência num ritmo desapressado não era habitual em Virginia, que fazia cronogramas e media sua vida pela quantidade de páginas que havia escrito. A frase seguinte indicaria que seu ânimo não andava nada calmo e a imaginação estava furiosamente ativa.

> A despeito do terrível freio à minha impaciência — nunca eu consegui me conter tão drasticamente assim — estou gostando dessa escrita mais & com menos esforço. Quero dizer que ela está me dando um prazer mais natural do que as outras. Sinto, porém, uma tal pressão de outros livros batendo calcanhares pelo corredor que é difícil continuar, muito lentamente.

O trabalho a estimulava tanto que era preciso ela exercer um fabuloso autocontrole para não ir atrás de cada nova ideia; seu lento progresso, nas malhas desse prazer, já era quase doloroso. Alguns dias depois, ela observou que a tentativa de misturar "fato e ficção", isto é, de planejar o panfleto antes de terminar *Os anos*, tinha emperrado sua escrita, e lamentou ser incapaz de controlar a "terrível flutuação entre os 2 mundos".

Esse estado de divisão foi reforçado por uma série de "dias-espécimes", termo usado por Virginia para os dias dominados por obrigações sociais e profissionais ou, como disse Quentin Bell, espécimes das "distrações, preocupações e absurdos que constituem a vida pessoal". Geralmente, ela passava as manhãs escrevendo, mas as tardes e as noites eram tomadas por assuntos mundanos e obscurecidas pela sinistra situação política. O reino do "não ser" avançava continuamente sobre suas horas criadoras. Descrevendo um "espécime do ano de 1935" em seu diário, em 5 de novembro, ela traçou um panorama dos eventos públicos, a começar pelo vindouro casamento do terceiro filho do rei, o duque de Gloucester. A Inglaterra estava às vésperas de uma eleição geral, informou também; houve ameaças de uma revolução fascista na França e as tropas de Hailé Selassié estavam lutando contra os invasores italianos na Abissínia. Londres se comprazia no clima fresco, mas ainda agradável, de novembro. Na tarde desse dia, ela estivera na BBC, onde ouviu um homem que falava umas bobagens sobre literatura, e de onde foi para representar a Hogarth Press numa exposição de livros no *Sunday Times*. Depois disso, ainda tinha mais dois compromissos, e em ambos uma tintura política. Às cinco e quinze, ela recebeu a visita da baronesa Nostitz, sobrinha do marechal de campo Hindenburg, que Virginia concordara em ver a pedido de sua velha amiga Ethel Sands. Um embaraço só. A baronesa, que tentava recrutar jovens poetas ingleses para palestras na Alemanha, casualmente afirmou que as coisas, sob Hitler, estavam melhores. Virginia registrou a observação sem comentá-la, mas retratando a senhora como uma aristocrata impassível, dura, "marmórea e monolítica e exatamente como uma estátua na rua". À baronesa seguiu-se um hindu que disse ter sido brutalmente expulso do vagão de primeira classe de um trem por colonos britânicos em Bengala. Após a saída desse, sucedeu-se um telefonema de E. M. Forster pedindo-lhe que recebesse o escritor francês Jules Romains. Um espécime das atividades típicas que alimentavam sua fome de romancista por vislumbres e a inundavam de mais fatos e impressões do que podia absorver.

Ela assistiu à *Murder in the Cathedral* [*Assassinato na Catedral*], a peça de T. S. Eliot sobre o martírio de Thomas Becket, em 12 de novembro. As falas poéticas, de que tinha gostado quando primeiro as leu, soaram-lhe, no palco, sem vida e sem consistência. Eliot apresentou um drama religioso rarefeito, e Virginia reagiu com veemência anticlerical, escrevendo a Ethel, alvo usual de tais reclamações, que o mundo precisava de "sanidade e substância e não das lamúrias de eunucos americanos adoentados e verdes". Os sentimentos magnânimos dele a fizeram sentir-se como se estivesse "rolando numa caixa de cinzas; e enchido a boca de algum modo com os ossos de um gato decomposto que uma desmazelada de asilo jogou lá". Não obstante, à sua "moda espasmódica", ainda gostava de Tom. Ela disse a Ethel, três dias depois, para não levar sua explosão a sério, pois fora apenas um "rompante violento", se bem que tais reações orgânicas tivessem seu valor, e a peça lhe parecesse ainda uma série de solilóquios desmembrados. Sintetizou sua irritação numa carta com notícias de Bloomsbury para seu sobrinho Julian Bell, que estava na China desde setembro, ensinando literatura inglesa na Universidade de Wuhan. Foi repelida pelo tom de Eliot, escreveu ela, "a estreiteza, a frieza, o torpor, o culto generalizado de putrefação e esqueleto". Os raciocínios sobre orgulho espiritual e sacrifício, naquela época de atrocidades reais, contrariaram profundamente Leonard, que ela quase teve de carregar pelo teatro afora, murmurando protestos. Ao final do ano, Virginia chegava perto de terminar sua revisão de *Os anos*, porém sem ter certeza de que seria realmente a última. Por ironia, essa crônica onde o próprio tempo figurava com tal relevo tinha derrubado por terra todos os seus cronogramas de trabalho. Mas não havia pressa, mais uma vez ela se disse, ela não era "serviçal do tempo"; poderia fruir, em seu próprio ritmo, dessa etapa final. Em 27 de novembro, após uma série de dias-espécimes que a impediram de escrever, ocorreu-lhe comentar na voz irônica de alguém que se mantinha muito animada, sabendo disso: "Não consigo escrever, porém, que Deus me ajude, tenho a sensação de ter chegado à terra de ninguém que eu procuro; & posso passar de fora para dentro & habitar a eternidade." Essa miragem da "eternidade" se dissipava, contudo, assim que ela voltava para a ralação real da revisão. Até mesmo seu atual estado de espírito era subvertido pela imagem opaca da terra de ninguém, que não sugeria transcendência, mas sim campos de batalha, como se inconscientemente ela tivesse extraído seu vocabulário de "The Next War".

Durante o feriado do Natal, que os Woolf passaram em Rodmell, Virginia terminou e não terminou *Os anos*. Em 28 de dezembro, revisando as últimas páginas, perguntou-se se ainda voltaria algum dia a escrever um longo romance, considerando como fora difícil ficar com toda a obra na cabeça durante quase três anos. Era pouco provável que o fizesse. "Nem tento me perguntar se vale a pena." No dia seguinte, mal tinha escrito essas últimas palavras, relacionou numa lista tudo o que ainda precisava fazer, condensar, enfatizar, suprimir repetições, antes de ter o original preparado para a gráfica. Mesmo assim o trabalho a deixou com uma impressão de "vitalidade, fecundidade, energia". "Jamais me agradou tanto escrever um livro, penso eu." No tom dúbio desse "penso eu" refletia-se sua grande incerteza: afinal, teria valido a pena o esforço? O livro tinha menos intensidade que *As ondas*, ela acrescentou, mas era mais completo, apresentando a totalidade da vida, e pusera em ação todas as partes de sua mente.

O esforço intenso nesses dias causou-lhe uma forte dor de cabeça; a chuva pesada que caía já transformara o prado em lama. Virginia concluiu seu diário de 1935 com um esboço do momento presente, uma coda de frases a acompanhar as batidas de sua vida interior. "Noite úmida e tempestuosa — tudo alagado: chove quando eu vou para a cama: cachorros latindo: vento açoitando. Agora vou deslizar para dentro, acho, & ler algum livro remoto."

As apreensões de Virginia sobre *Os anos* iam se intensificando à medida que ela corria para ter o original pronto para Leonard ler, antes de o mandar para a gráfica. Tinha passado mais de um ano, desde novembro de 1934, à máquina de escrever, no processo de "comprimir perpetuamente & sempre reescrever esse mesmo livro", e ansiava pelo alívio físico de voltar a escrever frases novas. Em 16 de janeiro, lamentou-se de raras vezes ter se sentido tão infeliz como depois que ela releu o final. Tentou consolar-se com Leonard, que a lembrou de que ela sempre se queixava quando estava terminando um livro, mas ela disse que não, que nunca tinha sido tão ruim como agora — era "uma tal tagarelice débil, um tal conversar de lusco-fusco", e nisso se ateve por um tempo. No dia seguinte foi menos rigorosa, constatando que algumas páginas tinham criado um vasto e rico mundo de ficção, mas esse estado esperançoso não durou muito. A amigos, disse que o livro era monótono, vazio, terrivelmente entediante, e nos momentos em que esteve mais brava se maldisse por tentar "fazer todas as coisas que a natureza nunca quis que eu fizesse", mas era preciso correr o risco, acrescentou, ou ficar "para apodrecer no próprio esterco". Em 16 de março, para sua orientação futura, ela anotou as constantes mudanças de juízo que tornaram tão penosos esses últimos meses. Nunca, desde seu primeiro romance, *The Voyage Out* [A viagem], havia sentido "um desespero tão agudo ao reler, como dessa vez". Na aflição que a entorpecia, pensou até em simplesmente jogar o livro fora, mas continuou a datilografá-lo e, "uma hora depois, a linha começou a esticar-se". Posteriormente, relendo-o mais uma vez, achou que poderia ser seu melhor livro. Os ciclos de desespero, ao se repetirem seguidos pela renovada esperança, afetavam-lhe gravemente os nervos; sugeriam a presença de um conflito não resolvido na própria concepção da obra que ela insistia em rever.

A política gerava tensões de que podia raramente escapar, porque as constantes atividades de Leonard no Partido Trabalhista afetavam toda sua existência. Em 7 de março, encorajado pelo fracasso da Liga das Nações em deter Mussolini na Abissínia, Hitler avançou com suas tropas pela desmilitarizada Renânia, violando assim o tratado de paz de Versalhes; a França e a Inglaterra nada fizeram, revelando mais uma vez a impotência das democracias europeias. "Como você bem pode imaginar", Virginia escreveu a Julian, "no momento estamos todos sob a sombra de Hitler." Sentindo que as armas já se aproximavam demais de suas vidas privadas, ela sonhava frequentemente com a guerra e parecia ouvir canhões detonando por trás das fachadas de uma segunda ou terça-feira comum. Até mesmo Vanessa e Duncan, que em geral eram indiferentes a assuntos não relacionados com a pintura e as artes, sempre pediam a opinião de Leonard sobre algum nome em evidência, quando começavam a conversar agora. Os amigos de Virginia debateram o emprego de sanções. Segundo Leonard, o perigo era tão grande — eles estavam à beira da pior catástrofe a ocorrer em seis séculos — que todos deveriam esquecer suas diferenças pessoais e apoiar o uso da força pela Liga das Nações. Virginia, não se persuadindo disso, concordava com o argumento pacifista de Aldous Huxley de que as sanções apenas intensificavam o fervor patriótico — os italianos, por causa delas, uniram-se em torno de Mussolini — e pioravam as coisas. A seu ver, era preciso ir à raiz das causas, nos níveis doméstico e local, a partir dos muitos grupos sociais que existiam para excluir outras pessoas e assim tornar mais difícil a resolução de conflitos. Era um modo de vida errado, como ela disse a Julian Bell, "fazer riscas de giz em torno dos próprios pés" e comunicar aos de fora: "Vocês não podem entrar."

Uma pessoa de fora, verdadeira marginalizada, foi à sua procura poucos dias depois. Na noite de 19 de março uma garota enfraquecida bateu na janela do porão da Hogarth Press para pedir um copo d'água. Tinha andado o dia todo, em busca de trabalho, sem comer coisa alguma além de um chá de manhã. Os Woolf levaram-na à cozinha, deram-lhe uma sopa quente e a mandaram para casa, para seu quarto em Bethnal Green, com uma fatia de língua defumada, dois ovos e cinco xelins. A infelicidade e a pobreza eram fomentadas pelo sistema de classes, no entender de Virginia, que se sentia pessoalmente responsável por isso, tendo em vista suas relações e sua renda pessoal. A cena foi pior porque a moça, que falava um bom inglês e, como Leonard, era judia, humildemente aceitou o oferecido, sem deixar de perguntar se não lhes faria falta. Virginia sentiu vergonha e culpa, mas não havia nada que ela pudesse fazer. (Dias depois anotou, porém, que Leonard estava entrevistando certa Miss Bernice Marks, não identificada de outro modo, que bem pode ter sido essa pessoa.) Virginia observou no diário que episódios como aquele, que tendiam a se tornar estilizados e a perder vivacidade quando ela os relatava, punham o próprio ato de escrever em questão. A presença real da moça tinha falado em língua própria e possante. "Torna-se visível um horror: mas em forma humana. E ela pode viver 20 anos [...]. Que sistema!"

A energia nervosa de Virginia, antes contida, extravasou-se numa de suas cartas a Ethel, que estimulava como sempre as confissões pessoais. O penoso trabalho de revisão, que ainda a absorvia nas suas melhores horas, exigia uma devoção ascética que levava à supressão de outras atividades — ela havia limitado sua vida social, recusando visitas e convites. O trabalho no original já se tornara um sacrifício, um fim em si mesmo, que engolia tudo mais, inclusive sua visão do livro, que se reduzia a quase nada à medida que ela se concentrava para tricotar frases juntas e inserir vírgulas.

[Virginia a Ethel, 10 de março de 1936]

Eu realmente não me livro do meu roteiro até o jantar: trabalho de 10h à 1h: depois de 5h às 7h. se se pode dizer que isso é trabalho: nada mais árido é concebível. E o livro desaparece; desconfio que é ruim; mas o que me importa é que eu consiga escrever Fim: e nunca mais volte a olhar para ele. Perdoe-me esse egotismo. Perdoe-me, mais ainda, essa minha apatia. Não tenho visto ninguém. Os meus amigos adoecem ou morrem. Sybil Colefax, que agora está viúva — coitada —, ainda quer vir para jantar. Leio apenas história sólida ou Dickens para tirar as vírgulas da minha mente. Amor parece uma coisa que nunca senti nem desejei e em que eu nunca tive fé. Por que alguém faz, pergunto, esse tipo de serviço? e quem manda fazer? Qual a razão? Uma sentada de 3 meses num porão. Quando o sol se põe, lá vou eu feito coruja dar uma volta até Nessa. À luz de uma vela nós contamos velhas histórias. Harold me pede para encontrar Lindbergh — mas não posso. [Lady] Oxford me pede para encontrar [Mrs. Wallis] Simpson — a nova cortesã real — também não posso [...]. Oh e é política o dia todo, todos os dias. L. está totalmente imerso. Eu poderia ser a arrumadeira de um primeiro-ministro. Mas um desses dias nós sairemos do túnel para o sol, a grama — e acredito nisso?
    Sim entintada e amarga e velha
    A tinta seca amarga como fel, sabia?

A visão artística de Virginia desaparecera, junto com o livro e a própria razão de ela o escrever, deixando apenas, em si, a tarefa despótica. Arte e política se associavam, por exceção, na aflitiva imagem do túnel, representando todas as ansiedades que a impeliam a transformar a tinta sacramental em fel.

Em 11 de março, Virginia anotou que eles tinham resolvido mandar compor o romance assim que ela acabasse sua versão atual, sem esperar que Leonard lesse o texto datilografado, como em geral ele fazia. Em vez disso, leria as provas de paquês, quando viessem da gráfica. Quentin Bell especula que ela temia ouvir seu veredicto e por isso retardava o momento o mais possível. E Leonard explicou que ela quis provas de paquês, e não provas de páginas, mais restritivas, para sentir-se livre para fazer novas alterações extensas. Mas com isso, eles também aceleravam o processo de publicação, pois fundiam numa só duas etapas, ao mandar compor o livro sem os comentários preliminares de Leonard. A intenção ainda era publicá-lo no outono, em grande parte porque os ganhos de Virginia no ano anterior tinham ficado abaixo de seus gastos, diferença que ansiosamente ela queria suprir. Arriscava-se a perder as £200 ou £300 que pagavam pela composição, caso o livro viesse a fracassar, mas já era um alívio ter se comprometido.

Tal era seu estado de tensão, ao se aproximar do fim das revisões em série, que Leonard insistiu para passarem uns dias em Rodmell, onde ela poderia rever as últimas páginas em relativa tranquilidade. Contudo, com a obsessão que a dominava, pouquíssima diferença fez a mudança, sobretudo porque choveu em grande parte do tempo e um vento forte do norte batia em suas janelas. Quando ela ia para o pavilhão no jardim, todas as manhãs, cambaleando, mal percebia o que tinha à volta, e não raro se desesperava no tocante ao livro. Seu trabalho se tornara uma rotina entorpecida que a fazia sentir-se, fechada para o mundo comum, como se não tivesse olhos, nariz, ouvidos, mas ela estava decidida a perseverar. Em 9 de abril, tendo finalmente mandado para a gráfica as últimas laudas do original, anotou que as provas de paquês dos capítulos de abertura já haviam chegado e esperavam por ela em sua mesa; tinha agora de começar a corrigir "seiscentas páginas de provas frias" — um horror. A sensação que descrevera para Ethel, de estar presa num túnel, evoluíra para a percepção de que ela se encaminhava para uma crise nervosa. Haveria de adentrar-se ainda mais pelo túnel, de pagar por fazer coisas que a natureza nunca lhe mandara fazer; os sinais já lhe diziam que uma "estação de depressão", um colapso inevitável, estava bem à sua frente: "Sufocamento depois de congestão."

Um dia depois, aconteceu; seus nervos, rebelando-se, trouxeram-lhe uma persistente dor de cabeça que a impediu totalmente de escrever. Em 14 de abril, numa carta a Ethel, que ansiava por saber de sua saúde, disse que passara dias completamente enturvada sobre duas cadeiras, de onde só se levantava para ir para a cama. Quanto ao romance, tinha guardado num armário as provas, para as quais nem olharia, antes de pelo menos um mês. Depois acrescentou que ela ainda não tinha lido *Os anos* do começo ao fim, nem sequer uma vez, e que já se esquecera do que se tratava. Sentia uma tal fraqueza que às vezes não conseguia ler o jornal nem compor cartas. Talvez isso melhorasse no outono; por ora, ela nada fazia, a não ser "olhar para um estorninho na chuva".

"Sufocamento depois de congestão." Virginia previu as consequências de sua longa servidão antes dos primeiros ataques da forte dor de cabeça, que vieram em sucessão, seguindo-se tão de perto uns aos outros que os dias e as semanas se fundiram num mal-estar contínuo. Nada de original ela então escreveu, nem mesmo em seu diário, e lutou para rever algumas provas do livro pelo tempo que seus nervos aguentassem — geralmente uma hora ou menos por dia. No começo de maio, quando sua saúde já parecia estar bem melhor, os Woolf partiram numa viagem de carro por Devon e Cornualha, na esperança de que uma visita ao oeste, região que ela adorava em criança, a restaurasse de vez. Em 11 de maio, quando pararam perto de Dartmoor, Virginia escreveu para Vanessa do salão do hotel, onde todas as poltronas eram ocupadas por casais de velhos gentis; um cachorro, dormindo, começou a roncar, o que inspirou uma conversa entre Leonard e uma dama solteira sobre cães em geral e, em particular, sobre o ronco dos *spaniels* — cena eminentemente respeitável, concluiu Virginia, que punha abaixo todos os temores sobre o fim da civilização.

Tendo acabado de ler o mais recente volume autobiográfico de Ethel, *As Time Went On* [*Enquanto o tempo passava*], recomendou-o a Vanessa, temperando de malícia seu entusiasmo. Surpreendia, disse, que os retratos dos amigos de Ethel fossem tão vívidos, "considerando-se que ela escreve como uma velha perua que cisca no cascalho com os pés [...].

Voa cascalho para todos os lados, mas ela insiste". Em tom de seriedade, Virginia acrescentou que tentaria usar a mesma técnica no momento em que escrevesse suas memórias. Numa segunda carta, endereçada à própria Ethel, logo ela reformulou essas opiniões, convertendo-as num elaborado elogio da espontaneidade, da desnecessidade de artifícios de Ethel, com apenas essa leve alusão à falta de estilo da perua velha. Exultante em sua liberdade, após as restrições das semanas precedentes, ela usou as memórias de Ethel como um pretexto para suas acrobacias verbais.

[Virginia a Ethel, 11 de maio de 1936]

> Sabe lá Deus como você faz isso — quero dizer que não consigo ver como foi feito — como surge um rosto depois do outro, quando aparentemente há tão pouco preparo, nem zumbidos nem pios, tudo bem solto, descosido e sem premeditação — tudo caminhos que se enroscam para cá e para lá — rios que correm, ventos que se cruzam — como é então que todas essas pessoas se levantam e vivem em seu próprio elemento com a vida de seu tempo se precipitando por elas, como o fariam peixes presos numa rede de água: vivendo, respirando e a ponto de irromper — toda a torrente que se derrama fluindo, nada definitivo e congelado como costuma acontecer com o hábil escriba habitual? [...] E você mesma preside — se não fosse mais exato dizer que circunscreve, como uma rajada de ar e sol — (pois você é muito cordata, além de ser indagadora) [...]. Estou obcecada pelo desejo de ser pintada por você: não é uma coisa que eu costumo sentir; mas seria uma revelação, sem dúvida dolorosa: mas como estar vendo a alma verdadeira, extraída de sua concha deformadora, de suas convoluções confinantes e enroscadas, pela fina ponta de prata, ou espada, do gênio de Ethel.

Virginia respeitava as despretensiosas virtudes de Ethel como escritora, mas sua retórica fantasiosa levou-a um pouco mais longe do que teria normalmente ido. A sugestão de querer ter seu retrato literário feito por Ethel era incomum, considerado seu ódio intenso a discussões de sua vida privada em público. Tendo recentemente descrito o caráter de Ethel como "shakespeariano", Virginia tornou essa fantasia mais rica com a imagem de uma presença solar circunscrevente a manejar uma ponta de prata e a exsudar um ar de impessoalidade, como o espírito que impregnava Stratford. De lá ela impulsivamente pulou para a visão de sua própria pessoa libertada de sua concha convoluta pela sonda mágica do "gênio de Ethel" — uma nota maníaca a insinuar que a doença ainda pendia sobre sua cabeça.

O clímax da viagem dos Woolf foi uma visita a Talland House, em Saint Ives, onde Virginia tinha passado muitos verões na infância e que forneceu o cenário para *Ao farol*. Entrando lentamente pelo jardim ao crepúsculo, ela olhou pelas janelas e talvez tenha se sentido acossada pela ideia de ver seu próprio duplo a olhar de lá para ela.

A doença voltou à carga depois de Virginia retornar a Londres; em 27 de maio, um almoço amistoso com Vita, sempre uma figura romântica, deixou-a em tal nervosismo, em tal agitação provocada pelos pensamentos revoltos, que ela não conseguiu dormir. Tomou um sedativo, que afetou ainda mais seus nervos, e passou a noite seguinte acordada, olhando para o frasco de hidrato de cloral e lutando contra a tentação de tomar mais uma dose. O episódio aterrorizou-a, como disse a Ethel, porque a insônia tinha precedido a manifestação de uma de suas piores crises mentais, anos antes, dando início a uma fase violenta e horrível "em que eu não conseguia me controlar".

O esforço para reconquistar o equilíbrio e prosseguir com o trabalho, a despeito das fortes dores de cabeça, dominou o verão de 1936. O silêncio de seu diário durante esse período — ela o mantinha sem interrupção desde 1917 — era um indício da intensidade da luta. Por um momento, em junho, o silêncio foi quebrado por três breves anotações, na primeira das quais ela informou que já havia dois meses que vinha numa luta constante contra um mal catastrófico. "Nunca estive tão perto do precipício pelo que eu mesma sinto desde 1913", isto é, tão perto de uma atitude suicida. Sentia-se melhor no momento, pelo que disse, mas a essa trégua sucedeu outra recaída. Em 21 de junho, ela anotou que tinha passado "uma semana de intenso sofrimento — manhãs de tortura mesmo — & eu não estou exagerando — a cabeça entupida como as narinas depois da febre do feno". Logo em seguida, como antes, conheceu novo alívio, mas não podia confiar nisso: qualquer choque ligeiro lhe causava depressão e dor de cabeça. "Meu cérebro é igual a uma balança: um grão a mais o faz descer. Ontem estava equilibrado. Mas hoje afunda." Sempre que possível, continuava a corrigir provas, porém com o máximo de lentidão. O esforço de reprimir seu entusiasmo criador e evitar toda e qualquer empolgação pedia-lhe um autocontrole heroico, disse ela, "como o punho de ferro de uma estátua nas rédeas de um cavalo".

A imagem heroico-cômica de Virginia como estátua em via pública sugere a ambivalência de sua luta. Ela era, ao mesmo tempo, o cavalo e o cavaleiro: o puro-sangue contido e o mandante que puxava as rédeas com um "punho de ferro" — paródia em bronze de fogo e espírito. Ao começar as férias de verão em Rodmell mais cedo, para esquivar-se do clamor de Londres, ela se comprometeu a manter algum vestígio de sua identidade passando uma hora por dia entregue às provas, ainda que corrigisse apenas umas duas do total de seiscentas páginas. Em 20 de julho, insinuou a Ethel que a coisa contra a qual batalhava era pior que doença. "Se eu fosse lhe contar a história dos últimos 3 meses — se eu fosse me orgulhar de mim mesma, o que não devo ter feito — bem, bem. Eu não quero entrar nisso." Seus acessos da doença, apesar de todo o risco, tinham certo fascínio. Excitavam-na, quando estavam a caminho, com irresistíveis terrores. "Você nem imagina que legado a insanidade deixa por trás", ela escreveu, "como saem espectros de uma noite sem sono." Às vezes, quando o pior tinha passado, os terrores pareciam quase seduzi-la, e ela notou que a viagem para dentro trazia suas próprias compensações, porque "a gente visita lugares tão estranhos e remotos, quando se estica na cama".

Para controlar os espectros da meia-noite, precisava de toda a sua esperteza; a escrita, que era sua maior defesa contra a depressão suicida, também podia provocar a doença, e isso lhe deixava pouquíssimo espaço de manobra. Seu sistema se rebelava, se por acaso ela trabalhasse alguns minutos a mais, e o vazio se abria à sua frente, se se refreasse de escrever. Para a dor que sentia, não achava uma palavra — "dor de cabeça" era suave demais para transmitir a violência do ataque, que lhe dava a ideia de "ratos com raiva me roendo a nuca". Durante todo o verão ela travou uma batalha tensa, imóvel, precipitada para dentro, mas para fora avançando pouco a pouco, quase petrificada em estátua. Ora amaldiçoava o livro, ora sua cabeça confusa, e continuava corrigindo, subdividindo seu tempo, escrevendo por meia hora, se não conseguisse por uma; às vezes, viu-se forçada a limitar seu trabalho a períodos de dez minutos. O mundo girava muito lentamente; uma página era mais extensa do que outrora tinha sido um capítulo; um mero fio de inspiração a sustinha. Se ela estava quase extinta, era, no entanto, em sua perseverança, monumental. Mais tarde, olhando para trás, comentou: "Eu me pergunto se alguém já sofreu tanto com um livro como eu com Os anos [...]. É como um parto prolongado [...]. Toda manhã uma dor de cabeça & eu me forçando nesse quarto ainda de camisola; & me deitando em busca de uma página: & sempre com a certeza do fracasso." As provas lhe pareceram estarrecedoramente repetitivas e monótonas, parecendo-lhe seu trabalho um parto feito ao contrário, uma espécie de sufocamento, a cobra que se engasga com o sapo que ela estava engolindo.

Virginia tinha simplificado muito sua vida e, quando a doença cedeu, pôde apreciar a tranquilidade da rotina diária em Monk's House. Leonard trabalhava à sua mesa e cuidava do jardim; de noite, ele saía com uma lanterna pelo meio das zínias para catar caramujos, cujas conchas ela o ouvia quebrando. Virginia, pela manhã, corrigia algumas provas. Depois dava umas voltinhas, cochilava sobre um livro, jogava um pouco de boliche e ia preparar o jantar. Raramente recebia visitas. O mundo exterior, com seus conflitos, tinha ficado muito longe, como ela escreveu a Vanessa, e "todas as vaidades são menos do que um caramujo na Zínia".

Sua ansiedade diminuiu, no sossego dessa atmosfera, e a saúde melhorou lentamente. No fim de agosto, sem grandes lamentações, ela chegou à conclusão de que não poderia acabar de corrigir Os anos a tempo para publicação no outono; teria de esperar até 1937. Pouco sabia do noticiário político. No começo do verão, no auge de seu "coma", tinha pedido para sair do Committee of Vigilance, um grupo de intelectuais antifascistas, e recebeu tantas ofensas, por causa disso, que jurou que nunca mais voltaria a assinar manifestos ou participar de reuniões, acrescentando que Leonard, com sua apaixonada dedicação às causas políticas, já fazia mais do que o suficiente por eles dois. Naturalmente, ela ainda pretendia escrever seu panfleto antifascista — a necessidade era maior do que nunca. O aparecimento daquela moça faminta a fez lembrar-se de que não temos como nos apartar, de que a desordem social nos persegue em nossa própria vizinhança. A situação na Europa se deteriorara ainda mais com a eclosão da guerra civil na Espanha, onde as tropas de Franco já lutavam contra as forças legalistas desde 16 de julho.

A crise de Virginia, medida pelo período em que se viu muito mal para escrever no diário, durou mais de seis meses. Ao retomar o diário, em 30 de outubro, ela observou que não tentaria analisar o verão prévio — tinha sido extraordinário, mas manter sua mente no presente era mais seguro. Três dias antes, fora visitar Sybil Colefax, anfitriã da alta-roda e colecionadora de celebridades literárias, com quem ela se relacionava há anos em termos cautelosamente amistosos. Mulher da sociedade, Lady Colefax valorizava acima de tudo sua própria posição social e seu prestígio. Quando morreu seu devotado marido, logo foi jantar fora e apareceu em festas, sem deixar passar um tempo, fato que intrigava Virginia, incapaz de decidir se era uma grande coragem ou uma insensibilidade extrema o que o comportamento dela indicava. Sybil agora estava vendendo a casa em Chelsea, onde recebera com tal prodigalidade, e a maior parte do que ali se continha ia a leilão. Virginia, ao chegar para a visita, encontrou estranhos circulando pelos quartos e os móveis com etiquetas de preços. Sybil, em cujo rosto geralmente ela via "um monte de cerejas brilhando num duro chapéu de palha", era a palidez em pessoa, com estrias profundas de ambos os lados do nariz. Estava nervosa e distraída, mas ainda envolvida nas maquinações sociais, tendo sido "por demais exposta à luz artificial para passar sem ela". Não conseguia parar de posar, pensou Virginia, divertindo-se com as tentativas de Sybil para, por sua causa, parecer poética e não mundana. Mas o denodo com que enfrentava a adversidade era de admirar-se. Virginia tentou dizer algo que a consolasse, sobre os presentes que Sybil havia dado aos amigos; Sybil retribuiu o elogio, mas ela não quis ouvir, insistindo na importância das contribuições sociais de Sybil para "pessoas vivas". Virginia tinha conhecido Arnold Bennett, George Moore, Noel Coward e muitos outros na elegante sala de jantar de Sybil. A memória lhe inspirava afeição pela anfitriã, embora ela achasse as reuniões em si, muitas vezes, entediantes.

Queria mais contato, mais proximidade com Sybil, que parecia partilhar desse impulso, mas a máscara atarefada que ela usava impedia qualquer intimidade autêntica. "Minha mão nua pousou por um momento na mão nua dela. Isso é simpatia, senti: mas não deve ser enfatizado nem prolongado." A advertência refletia o poder do papel social de Sybil, seu retraimento ao contato pessoal, que Virginia acentuou ao escrever duas vezes a expressão "mão nua", como se ela tivesse, esticando-se por uma barreira, conseguido tocar num membro de uma espécie exótica. Fosse como fosse, a empregada interrompeu-as, chamando Sybil para estar com alguém à porta, e logo o carro de Sibil estava a postos; ela tinha umas coisas para fazer, antes de um concerto e um jantar, e ofereceu carona a Virginia.

Em 1º de novembro, Virginia finalmente sentou-se para ler de cabo a rabo as provas de paquês corrigidas de *Os anos*. E achou que o livro, como temia, era de todo ruim — muitas frases precisavam ser reescritas e a forma em episódios o tornava parecido com uma simples conversa de lusco-fusco. Mesmo assim, forçou-se a ler, num estado de "desespero pétreo porém convicto", até que, muito deprimida para chegar ao fim, largou a pilha de provas sobre a mesa de Leonard, "como um gato morto", murmurando que agora não havia nada a fazer, a não ser jogar aquilo no fogo. Seu estado, desde o início, criou um dilema para Leonard. Ele tinha lido todos os romances de Virginia, assim que ela os terminava, e sempre dera sua opinião sincera, mas temia dessa vez que qualquer coisa que não fosse a aprovação total pudesse provocar uma grave crise. A própria Virginia não duvidava do desfecho e, por antecipação, se resignava. Saindo para um longo passeio, sentiu ter tirado um peso dos ombros, mas seu alívio não chegou a ser completo, pois fez-se acompanhar de uma impressão de perda e deslocamento. "Eu agora não era mais Virginia, a gênia, mas apenas o perfeitamente insignificante, porém contente — devo dizer espírito? um corpo? E muito cansada. Muito velha." O dia transcorreu nesse tenso distanciamento; à tarde, recebeu várias visitas, que porém não descreveu, e depois foi à exposição de livros do *Sunday Times*, onde conversou com velhos conhecidos, sentindo-se morta o tempo todo. De volta a casa, caiu em depressão profunda enquanto Leonard ia lendo, sem dizer nada, e começou a cochilar em torpor, como se o sangue já não lhe subisse ao cérebro. De repente Leonard largou as provas, tendo lido quase um terço do livro, e declarou-o "extraordinariamente bom — tão bom como os outros", reação tão diferente da esperada por ela, que Virginia custou a acreditar. "Milagres nunca deixarão de existir", ironicamente escreveu no dia seguinte, quando Leonard prosseguiu na leitura. Não chegou a duvidar de sua sinceridade, mas sentia-se confusa e inquieta; talvez tivesse notado algum sinal de reserva em sua voz.

Leonard não lhe disse toda a verdade sobre sua reação. Em sua autobiografia, lembrou ter lido com uma crescente sensação de alívio — *Os anos* era um livro que a maioria dos escritores teria orgulho de publicar —, mas acrescentou que estava bem abaixo do nível estabelecido por ela em *As ondas* e *Ao farol*. Preocupado com a saúde de Virginia, elogiou-o com mais entusiasmo do que teria feito se ela estivesse bem, posto que lhe dissesse também que estava um pouco longo no meio e precisava de uns cortes. Virginia ouviu-o, relatou ele, com sentimentos de alívio e satisfação. No diário dela esse episódio é apresentado sob uma luz diferente, indicando o caráter decidido dos comentários de Leonard e, entre descrença e prazer, a hesitação que a possuiu. O veredicto final dele foi anunciado por ela em 5 de novembro: "O milagre aconteceu. L. largou a última folha por volta das 12 dessa noite; & não conseguia falar. Estava em lágrimas. Diz que é 'um livro absolutamente notável — *gosta* mais dele do que de *As ondas*. & não tem um pingo de dúvida de que deve ser publicado." Ela acrescentou que acreditava na sinceridade de Leonard, tendo visto como ele estava comovido, mas estava insegura quanto a seu próprio julgamento. Cética por natureza, desconfiava dos milagres, e esse não era mais plausível do que a maioria dos outros. "Mal sei direito se estou plantada nos pés ou na cabeça — tal o espanto da reviravolta desde a manhã de terça. Nunca tive uma experiência como essa antes." Entretanto, no fundo, sua opinião não mudara. Poucos dias depois, em carta a Julian, ela disse que achava o livro ruim, nem merecia ser publicado, mas iria em frente assim mesmo, seguindo a recomendação de Leonard. "Estou tão enjoada dele que não consigo julgar."

Tinha acabado de escrever um artigo, sobre o artista e a política, "The Artist and Politics", para o jornal comunista *Daily Worker*, afirmando que os artistas, que em geral tentam manter-se fora dos debates políticos, deveriam renunciar a esse distanciamento em momentos de crise como aquele. O interesse comum do artista pelas paixões humanas e a percepção dos sentimentos das massas necessariamente o atrairiam, a ele ou a ela, para a luta, pois "a prática da arte, longe de pôr o artista fora de contato com sua espécie, aumenta ainda mais sua sensibilidade". Os artistas não poderiam ignorar as vozes que os chamavam para sair de seus estúdios e ateliês, devendo tornar-se ativos politicamente para garantir sua sobrevivência e a da própria arte. A esse artigo Virginia contrapôs, em seu diário, uma rápida anotação telegráfica sobre os combates na Espanha: "Estou cansada esta manhã: muita tensão & corrida ontem. Artigo para o *Daily Worker*. Madrid não caiu. Caos. Matança. Guerra circundando nossa ilha. Mauron voltou, & G. Brennan. Janto hoje à noite com Adrian." Gerald Brenan, que tinha sido namorado de Carrington e vivera muitos anos na Espanha, voltou para a Inglaterra devido à guerra civil. Virginia também notou que já não ligava mais para opiniões alheias sobre *Os anos*, desde que se livrasse do espinhoso livro, que ela agora justapunha à defesa de Madrid pelos trabalhadores, contra as tropas fascistas, e à habitual rotina de jantares e chás.

12
Um detalhe do padrão: *Os anos*

O Memoir Club foi fundado por um grupo de velhos amigos de Virginia que se reuniam para ouvir os textos autobiográficos que cada um escrevia e se entreter num falatório sério. Em 8 de novembro de 1936, Virginia escreveu a Molly MacCarthy, prometendo ler umas breves notas na próxima reunião, se bem que protestasse por não ser sua vez e, além disso, por nada de interessante lhe ter ocorrido ultimamente. Escrever tal lembrança deu-lhe um pouco de alívio da tarefa de fazer os últimos cortes e revisões em *Os anos*, à qual voltava relutantemente todas as manhãs. Seu irônico texto sobre o tema "Am I a Snob?" ["Serei uma esnobe?"] descrevia suas atitudes em relação à aristocracia e terminava com a narração detalhada de sua recente visita a Sybil Colefax. Quando moça, como ela escreveu, Virginia tinha conhecido uma dama titulada que pegava ossos sangrentos de seu prato de jantar e os dava para o cachorro, na mais completa indiferença pelos convidados à mesa, e por isso ficou simbolizando para sempre "a natureza humana em seu estado bruto, sem desbaste, sem poda". Os salões aristocráticos eram animados pelos caprichos e excentricidades de seus proprietários, gerando uma excitação que nunca se sentia em companhia burguesa. Virginia disse ao Memoir Club que achava aquelas criaturas de fábula irresistíveis, como cavalos de corrida ou espécies raras das savanas, e ela, se tivesse de escolher entre encontrar Einstein ou o príncipe de Gales, "se atiraria sem hesitação ao Príncipe". Quando pronunciou essas palavras, em 1º de dezembro, tinha acabado de ouvir os últimos rumores sobre o ex-príncipe de Gales, agora rei Edward VIII, cuja teimosia e indiferença pela opinião pública estavam se tornando notórias.

A notícia de que o rei pretendia se casar com a inadequada Mrs. Simpson produzia manchetes por toda parte, menos na Inglaterra, onde os jornais ainda se impunham o mais leal dos silêncios. Virginia soube da crise por Kingsley Amis, a quem tinham pedido para preparar e divulgar um artigo defendendo o lado do rei nessa questão. Seu informante falou em segredo estrito sobre a "dificuldade sexual" por trás da ligação do rei com a senhora, que estava justamente saindo de seu segundo divórcio. No dia seguinte à reunião do Memoir Club, o bispo de Bradford deplorou publicamente a irregularidade com que o rei ia à igreja, e em 3 de dezembro, seguindo a deixa, os jornais fizeram suas primeiras referências discretas ao dilema imposto por Mrs. Simpson. Com o caso exposto, todo mundo passou repentinamente a discutir o escandaloso romance, que vinha desviar a atenção dos deprimentes boletins internacionais. Virginia observou que "toda a Londres estava alegre & loquaz — não exatamente alegre, mas excitada", e tomou nota de opiniões variadas, desde a da moça da mercearia, que lhe disse "Ela não é mais real do que a senhora ou eu", até observadores mais democráticos que asseveravam: "Chega disso! A era de Victoria acabou. Que ele se case com quem quiser." Enquanto isso, os grã-finos do exclusivo clube de Clive Bell pareciam lúgubres como agentes funerários. Para Virginia, o escândalo era um reflexo fascinante sobre o caráter inglês — um assunto de família que se desenvolvia em escala nacional, cristalizando atitudes coletivas em relação a sexo, classe e poder. Os motivos do rei, considerando-se o impacto público de suas ações, chocavam por sua insignificância, e a cultura política tinha chegado a novos picos de trivialidade: "Estamos todos falando sem parar", escreveu ela em 7 de dezembro, "& é como se esse homenzinho insignificante tivesse deslocado uma pedra que provocou uma avalanche. As coisas — impérios, hierarquias — moralidades — nunca voltarão a ser as mesmas." A essa altura, quando as pessoas já começavam a enjoar da crise, murmurava-se que o rei mantinha a nação em suspenso "enquanto ele, sentado no quarto das crianças como um menino travesso, tenta resolver a questão". O espetáculo absurdo, acrescentou Virginia, ocupava todo o espaço do noticiário dos jornais — nada sobre a Espanha, a Alemanha, a Rússia, todos cediam às fotos chamativas de Mrs. Simpson saindo de seu carro ou a revelações sobre sua bagagem. Como observou

Keith Feiling, biógrafo de Neville Chamberlain, "por dois meses preciosos, enquanto o genro do Duce, Ciano, estava em Berchtesgaden, enquanto a Alemanha assinava com o Japão o pacto contra o Komintern e enquanto soldados fascistas entravam na Espanha", o governo britânico preocupava-se exclusivamente com o desejo desse homem insignificante de se casar com uma divorciada americana.

Em 10 de dezembro, com a abdicação aparentemente inevitável, Virginia relatou que a simpatia ainda remanescente do povo pelo rei tinha evaporado, cedendo vez "a uma espécie de desdém zombeteiro. 'Ele devia se envergonhar de si mesmo', disse a moça da tabacaria", comentário bem típico da desilusão generalizada. Ainda que a realeza vivesse em belas gaiolas, como todos sabiam, a expectativa do povo era que ela ainda representasse a natureza indomada, sem poda. O rei tinha comprometido esse mito, simplesmente por ser mimado e autocomplacente. Mary Hutchinson disse a Virginia ter sabido por amigos bem situados na Corte que ele morria de medo de perder Mrs. Simpson, cujo ardor parecia estar esfriando, e daí lhe vinha sua "obsessão burguesa (palavra dela) pelo casamento [...]. Diz ela que seus próprios amigos o consideram insano. Poderia ter continuado com Mrs. S. como amante até os dois esfriarem: ninguém fazia objeção". Longe de representar instintos selvagens, o rei foi domesticado e dependia de uma mulher. As pessoas sentiam-se humilhadas pela ideia de que tal cilada o fizera jogar seu reino fora, observou Virginia, surpresa de também pensar assim. Partes do falatório corrente, que ela citou, sugeriam que o desejo do rei por uma união respeitável resumia-se à procura de um orgasmo mais perfeito: "A cabecinha burguesa e desregulada do Rei, ao que parece, gruda rapidamente no serviço do casamento. Mrs. S. lhe dá, ao contrário de todas as outras amantes, alívio físico; o tempo dela se sincroniza com o dele." Que reino!, concluiu Virginia.

Uma declaração pública estava anunciada para aquela tarde, e ela pegou o ônibus para Westminster e foi juntar-se à multidão reunida diante da Câmara dos Comuns. Ao esquadrinhar os rostos à sua volta, detectou sinais contraditórios de tristeza, vergonha e excitação, impressões acentuadas pelo brilho das lâmpadas em série e a luz clara e amarelada que contornava as silhuetas das Casas do Parlamento. Ottoline Morrell, com ar de grande aflição, saiu do meio do ajuntamento. As duas logo encontraram outro velho conhecido, Bob Trevelyan, conversaram um pouco e, sem parar de falar e andando sempre, foram até um prédio público de fachada toda esculpida, cujos janelões iluminados tinham molduras de pedra branca. Por uma dessas janelas, disse Ottoline, Charles I tinha saído para ser degolado. Parecia que elas, por um instante transportadas da época atual, tinham retrocedido no tempo — os prédios, as luzes, o uniforme vermelho e prateado dos guardas perfilados a postos, tudo pertencia à aristocrática Inglaterra do passado. Virginia imaginou-se "andando no século XVII com um dos cortesãos; & não era a abdicação de Edward que ela lamentava [...] mas a execução de Charles. É horroroso, horroroso, dizia sem parar". Os pensamentos de Ottoline se voltavam, cheios de indignação e lástima, para o dilema do atual rei — certamente ele era vítima de seu próprio caráter atrofiado, pois agia como sempre tinha feito, como um "pobre e tolo garotinho [...] que sempre se descontrolava. Ninguém podia lhe dizer uma coisa de que não gostasse".

Mais tarde, no tempo em que ouviu o discurso de abdicação do rei, Virginia percebeu um vestígio de vulnerabilidade e, com ele, as marcas de "um cabeçudo de mente inflexível". A ocasião impressionava por si mesma — aquele "jovem tão comum" a falar de sua torre no castelo de Windsor, enquanto o país inteiro parava, com as ruas desertas e todos a ouvi-lo dizer as coisas certas sobre o primeiro-ministro e a constituição, e depois aquelas frases ritualísticas sobre sua impossibilidade de governar sem "a ajuda e o apoio da mulher que eu amo"; e sobre lhe ter sido negada a dádiva de que desfrutou seu irmão, o novo rei, de "um lar feliz com a esposa e os filhos", o que era um pouco xaroposo, mas a imaginação de Virginia foi acicatada pela escala do evento — um homem se dirigindo ao mundo.

A maioria das sequelas do longo suplício de Virginia com *Os anos* já se abrandara muito, e em 30 de dezembro, às vésperas de devolver para a gráfica as provas finais, pela primeira vez desde fevereiro ela se sentiu completamente livre daquele peso, sendo tomada de grande animação "como uma árvore que treme de tão carregada que está". Gostaria de novo de sair e ver gente, mas refletiu que para ela o trabalho era uma necessidade absoluta; precisava planejar antecipadamente o que iria escrever e ter dois ou três projetos em andamento. Seu objetivo atual era levar adiante o polêmico texto antifascista, agora intitulado *Three Guineas*, e a biografia de Roger Fry, o que a levaria muito além da data de publicação de *Os anos*. Sua energia criadora se reavivara e ela podia escrever sem o medo constante de desmoronar. "Nenhum vazio."

Em *Os anos*, ela manteve a atenção fixada em fatos externos e gradativamente, por indiretas e alusões, evocou a vida interior de seus personagens. Apurando a narrativa objetiva até que os próprios objetos se tornassem repletos de significado, tinha descoberto como combinar "o externo e o interno. Estou usando livremente os dois", escrevera ela. "E meu olhar já recolheu em seu tempo uma boa quantidade de externos." Cada episódio se abre com cenas da vida familiar, retratando onze momentos do calendário, de 1880 a uma data não especificada em meados da década de 1930 — fatias de vida entre as quais não há transições, mas sim longas extensões às escuras, de modo que os episódios vão deslizando assim como cenas vistas de um trem em movimento, com figuras que aparecem e somem nas janelas acesas. Os episódios apresentam a saga inconclusiva da família Pargiter, cujos membros reaparecem em várias etapas de suas vidas, aparentemente ao acaso, e toda a obra é mantida junta pela forte presença de Eleanor Pargiter, cujo humanismo visionário constitui um dos temas principais. Sua história admite paralelos com a *Antígona* de Sófocles, tragédia em que uma jovem é enterrada viva por um rei tirânico, à qual se faz referência em toda a extensão do romance. A história de Eleanor sugere ainda uma parábola do enterro em vida com renovação, uma longa passagem subterrânea que finaliza na ascensão à luz.

O livro se divide em três partes desiguais, embora sem títulos correspondentes no texto: os anos do pré-guerra, 1880–1914 (episódios 1–8), o período da Primeira Guerra Mundial (episódios 9–10) e "O dia presente" (episódio 11), traçando etapas do desenvolvimento espiritual de Eleanor. Como a mais velha das filhas do coronel Pargiter, esperava-se que ela assumisse a direção da casa e passasse a cuidar do pai na velhice, sacrificando sua vida à dele, um dever que cumpriu sem se queixar. Após a morte do pai, em 1911, estando então com 45 anos, ela partiu numa travessia da Europa, viajando pela Grécia, a Itália e a Espanha. De volta à Inglaterra, continuou a trabalhar pelas reformas sociais, tendo rejeitado os dogmas conservadores de sua criação vitoriana. Seu progresso em direção a uma visão tolerante passou pelo interlúdio reacionário da Primeira Guerra Mundial, tornando-se mais forte à medida que a destruição aumentava. Ao chegar ao dia presente, lúcida como uma velha profetisa, ela sabe que a civilização se acha novamente ameaçada pela disseminação do fascismo, entretanto, conclui que as coisas estão melhores agora do que quando era jovem. Ao ponderar sobre o esgotamento dos bons tempos de outrora, recusa-se a alimentar nostalgia e insiste que jamais tivera algo que pudesse considerar-se uma vida. Agora ela nada tem, a não ser o momento presente, no qual calorosamente se abre para a família e os amigos. Sua visão final de um jovem casal vindo para casa de madrugada para começar vida nova é de serena confiança, apesar de as notícias diárias sobre os preparativos de guerra parecessem desmentir sua crença na renovação humana.

O tom do romance se ajusta sutilmente à medida que os personagens, com a passagem dos anos, vão se conhecendo melhor. Nos episódios situados antes da Primeira Guerra Mundial, a narradora se mantém implacavelmente objetiva, narrando cenas domésticas, sem comentá-las, e dando muito pouca atenção à vida interior das pessoas. Esse estilo enganosamente neutro, com seu cortejo de "fatos" familiares, imita a sufocante atmosfera da casa patriarcal, onde os sentimentos fortes são mantidos sob controle por rígidas restrições sociais. O mudo desespero dos Pargiter reflete-se em sua incapacidade de falar de seus sentimentos ou mesmo de completar suas frases. O livro evita os clímaxes dramáticos, observando em meticulosos detalhes as rotinas comuns da vida cotidiana, e cada episódio termina com um escurecimento literal ou metafórico, à medida que os fragmentos resgatados do passado novamente se perdem na obscuridade, submersos no caudal do tempo que se precipita. O final do oitavo episódio, "1914", que é de suma importância e descreve a visão de prima Kitty no alto de um morro no norte da Inglaterra, parece ser uma exceção à regra. Tendo acabado de voltar de Londres para sua fazenda, o campo a impressiona por ser desabitado e prístino, um refúgio das pressões da cidade, que ela deixou na noite anterior, após presidir um grande e infecundo jantar. Quando olha para as nesgas de luz e sombra que diante dela se entrelaçam, as terras longínquas e enevoadas tremeluzem num dançante movimento de ondas. "Luz e sombra perpassavam por sobre os morros e os vales. Um murmúrio profundo cantava em seus ouvidos — a própria terra cantando para si, sozinha, em coro. Ela ficou ali ouvindo. Estava completamente feliz. O tempo tinha parado." A cena acontece bem às vésperas da Primeira Guerra Mundial e, contra esse fundo, a afirmação taxativa de Kitty de que "o tempo tinha parado", feita no mesmo tom trivial em que se descreve o clima da hora, torna-se sombriamente irônica.

Essa decisão ilusória nos prepara para um aguçamento da ironia no episódio seguinte, "1917", onde um jantar em família é interrompido por um ataque aéreo alemão. O jantar, dado por Maggie, prima de Eleanor, é um acontecimento comum, mas a guerra o torna extraordinário por demolir velhas barreiras e inibições que impediam as pessoas de falar francamente umas com as outras. Eleanor acaba de ser apresentada ao idealista polonês Nicholas, que diz que não conseguimos criar uma ordem social justa, que nossas leis e religiões estão cheias de imperfeições "porque nós não nos conhecemos" —, pensamento que a ela mesma ocorrera com frequência, embora nunca o tivesse expressado. A sirene do alarme os interrompe e o perigo cria uma impressão de comunhão, apesar de eles saberem como soa absurdo, de cócoras num porão, falar de liberdade. Quando o perigo passa, Eleanor nota o alívio que ele deixou como efeito. "Uma sensação de grande calma possuiu-a. Era como se outro espaço de tempo lhe tivesse sido proposto, mas, despojada pela presença da morte de algo pessoal, ela sentiu-se — e hesitava em busca da palavra — 'imune?'. Era isso o que ela queria dizer?" A ironia se aguça porque Eleanor se sente aliviada da insignificância dos motivos meramente pessoais, sentindo-se ao mesmo tempo mais em sintonia consigo mesma, como se as bombas que explodiam ao longe lhe tivessem dado uma vitalidade nova. Por que teriam de continuar a viver como "aleijados num porão?", pergunta ela, sabendo que pode esquecer sua reserva inglesa porque o volúvel Nicholas a entende.

O episódio revela uma grande brecha entre a moralidade pessoal e a pública, um conflito que oprime o marido francês de Maggie, Renny, que se enfurece por estar sentado num porão enquanto fora, no ar acima dele, há homens tentando se entrematar; Renny observa, desgostoso de si, que ele os ajuda a fazer bombas. É um homem apaixonado, pensa Eleanor, que a um só tempo sente muitas coisas — amor à pátria, ódio à guerra — e é atormentado por contradições. Toda a experiência dessa noite — o ataque aéreo, o idealismo de Nicholas, o sofrimento de Renny — rompe com a própria concha protetora de Eleanor, trazendo-lhe um momento de maior autoconhecimento. Pela primeira vez na vida, pensa ela, ao sair pela rua escura, tinha encontrado um homem com quem poderia ter se casado — mas que estava casado com sua prima, donde, há vinte anos, já era tarde demais. Nunca sentira por ninguém o que agora sente, nunca se permitira ter esses pensamentos. Andando pela rua, ela pondera que Renny e Maggie têm um casamento feliz, fato que acrescenta um sabor picante a seus sentimentos turbulentos. Enquanto isso, a luz de um holofote varre o céu da noite à procura de zepelins alemães, parecendo "pegar o que ela sentia e expressá-lo mais ampla e simplesmente, como se outra voz estivesse falando em outra língua". O movente feixe de luz, por um instante, dá a impressão de se fundir com sua iluminação interior; depois a luz para, esquadrinhando uma faixa do céu, e ela se lembra do ataque aéreo, que, por momentos, lhe saíra da mente. Sua capacidade de se esquecer tão facilmente da guerra, apesar do ataque aéreo, sugere a persistência de sua luz interior.

A justaposição de crescimento espiritual e desintegração política transborda para o episódio sobre o "dia presente". Ao longo de toda a demorada festa no final de *Os anos*, Eleanor, que agora está com setenta anos, pensa sobre a visível brecha entre as esferas pública e privada, enquanto as vozes de parentes e amigos, que se entrelaçam, apresentam variações sobre o tema. Tentando conversar sobre as reformas sociais, a busca de liberdade e justiça, um novo mundo no qual se viva outra vida, frequentemente eles perdem o fio da meada e caem em completo mutismo. O ardor com que peneiram as velhas frases gastas, na esperança de encontrar um vislumbre novo, sugere a profundidade de sua insegurança. Só de modo indireto eles se referem aos fascistas, como se nomeá-los pudesse aumentar magicamente o poder que detinham. North, sobrinho de Eleanor, que retornou recentemente ao país, após longos anos como solitário criador de ovelhas na África, choca-se com as mudanças na Inglaterra pós-guerra e acha a atmosfera sufocante. Queixa-se da predominância do materialismo, das pessoas que falam sem parar sobre dinheiro e política, ao passo que os que partilham de seu interesse por poesia e pela vida do espírito foram reduzidos ao silêncio. North resiste às várias ortodoxias políticas e continua tentando pensar por si mesmo. Quer fazer aparecer um modo de vida mais espontâneo, que flua como os jatos puros da "fonte firme e saltitante [...]. Não salões e retumbantes megafones; não marchar em rebanho, atrás dos líderes [...]. Não; começar a caminhar para dentro, e que o diabo tome a forma externa". Na hora, ele bebe um ponche espumante, e a visão das borbulhas que sobem pelo copo sugere que liberdade não significa separação das massas. É possível juntar-se à corrente coletiva e ainda assim preservar a individualidade própria e única, aprendendo a pôr "a borbulha e a corrente [...], eu e o mundo juntos". Porém, olhando as pessoas à sua volta, ele admite que esse ideal é ilusório, pois perdeu a fé nas formas tradicionais de patriotismo e religião e não mais se enquadra em parte alguma.

 A irmã de North, Peggy, médica que trabalha duro e nunca tira da cabeça as brutalidades fascistas, insiste que é imoral cada um continuar simplesmente a cultivar seu jardim. As próprias notícias estampadas nas esquinas das ruas, dando conta de tortura e matanças, convocam à ação as pessoas dignas. Ela se eriça quando Eleanor observa que Maggie e Renny têm um casamento feliz, pois isso indicaria que as pessoas agora são mais felizes e livres do que no passado. Eleanor se referia apenas à vida familiar, mas Peggy silenciosamente protesta que uma conversa sobre felicidade pessoal não faz sentido. O mundo se acha à beira da catástrofe; todos eles estão "se abrigando apenas embaixo de uma folha, que será destruída. E Eleanor ainda diz que o mundo está melhor porque duas pessoas, dentre todos esses milhões, são 'felizes'". Pouco depois, num rompante, Peggy denuncia seu irmão, North, por suas mesquinhas ambições e falta de consciência social. Ela, porém, não pretendia ser assim tão crítica. Pessoas a seu redor estavam brincando de desenhar um monstro híbrido, com cabeça de mulher, pescoço de ave, corpo de tigre e pernas de elefante, uma figura grotesca da qual Peggy riu muito. Relaxando um momento, ela então imaginou um estado de integridade e liberdade além dos limites "desse mundo fendido". Quer falar a North sobre esse consolador momento, mas dá consigo, em vez disso, a ralhar com ele, prevendo que há de se casar, ter filhos e "escrever uns livrinhos para ganhar dinheiro". Quando tenta explicar o que pretende dizer, ela apenas consegue se repetir, mas em tom mais perverso, insistindo que ele vai "escrever um livrinho e depois outro livrinho", e não "viver de modo diferente". Por trás disso avultam os argumentos da época sobre arte e compromisso político. Peggy ouve vozes, em silêncio, que afirmam que os escritores não podem se permitir o luxo do distanciamento; suas obras devem ter uma mensagem e ser socialmente úteis. Tais certezas a atraem, mas ela é incapaz de apoiá-las na prática. A brusquidão de seu rompante reflete não só sua insatisfação com North, mas também sua ambivalência sobre o espírito doutrinário da época. Apesar de se sentir ultrajada pela selvageria crescente, ela nutre a mesma desconfiança que o irmão pelos *slogans* políticos e a disciplina partidária. Colérica, sua consciência a intima a falar, mas uma resistência interna lhe abafa a voz e ela termina, como a maioria dos Pargiter, por balbuciar frases partidas e períodos infindos. Seu rompante surpreende e magoa North, que ao mesmo tempo percebe quantas coisas eles têm em comum. Irmã e irmão, embora opostos pelos temperamentos, tentam ambos recuperar a ideia de uma unidade despedaçada — a reconciliação de North entre a pessoa e o mundo, o vislumbre de integridade de Peggy — e para isso precisam da orientação de Eleanor, que instintivamente ignora as ideologias em guerra e encontra, pela via do meio, um terreno prático.

De todos os Pargiter, Eleanor é quem mais se aproxima de transmitir o ponto de vista da autora e a premissa central de *Os anos*. A certa altura, quando revisava o livro, Virginia comentou que ela havia posto abaixo um matagal de detalhes para o impedir de fazer sombra sobre o padrão geral. "Quero manter o individual", escreveu ela, "& a impressão das coisas vindo & voltando & no entanto mudando. E é isto que é tão difícil: combinar os dois." Combinar os dois, repetindo os motivos, sem deixar de observar suas mudanças constantes, significava de algum modo conciliar os extremos de contingência e ordem. A vida, conclui Eleanor, resiste a todas as nossas tentativas de a resumir ou explicar, sendo composta de uma série infinita de acontecimentos e sensações casuais. Como Virginia escreveu em "Modern Fiction" ["Ficção moderna"], as impressões vêm de todos os lados, numa "saraivada incessante de inumeráveis átomos". Eleanor é capaz de se lembrar de "milhões de coisas" que se juntam e se movem à parte, como numa dança de átomos, mas não seguem um plano coerente, parecendo deslocar-se por caminhos a esmo. Tudo está se movendo e tudo passa. No entanto, ela percebe uma ideia de ordem, apesar de suspeitar que isso seja meramente uma ficção consoladora. Algum dia, ela havia tido um pincel talhado em forma de morsa, um objeto corroído pela tinta, que costumava ficar em sua mesa e desapareceu agora, mas a pessoa que se lembra do pincel e sente a rara sensação de estar aqui "nesta sala, com pessoas vivas", sobreviveu. Agrada-lhe meditar sobre esse cerne persistente do ser, ou identidade, que ela chegara a desenhar às vezes, de forma simbólica, como um ponto do qual partiam raios, tal qual a imagem de luz de uma criança. Esse ponto luminoso, que se move com o mundo e mesmo assim continua estacionário, capacita-nos a interpretar o padrão de nossas experiências. É bem então que ela percebe seu velho amigo Nicholas, que está observando uma garota hesitante à porta. Eleanor, em sua mente, ouve-o dizer certas palavras que um momento depois ele profere em voz alta. Em momentos semelhantes, ele as dissera antes, e esse padrão de sua pessoa, imagina ela, corresponde a alguma regularidade no mundo exterior. "Tudo então volta de novo com uma pequena diferença?, pensou ela. Sendo assim, há um padrão; um tema recorrente, como na música; meio lembrado, meio antevisto?" Tal impressão de recorrência e mudança vindo juntas, de passado e futuro se ligando em outro plano qualquer, impregna as cenas finais do romance. A ideia de uma ordem unificadora seduz e intriga Eleanor — "dava-lhe extremo prazer: que existisse um padrão. Mas quem o faz? Quem o pensa? Sua mente falhou. Ela não pôde concluir o pensamento". Também não pode pedir ajuda a Nicholas; sua ideia é por demais fragmentária para ser explicada, mesmo a um amigo íntimo, e além disso ele está envolvido numa conversa com Sara, a poética prima Pargiter que ele ama, mas com quem não se casa, por ser homossexual. Quando a música soa e convida à dança, Eleanor observa os casais que rodopiam "lenta e concentradamente, como se estivessem participando de um ritual místico que lhes dava imunidade contra outras sensações". Parecem estar fazendo, em outra língua, uma declaração sem palavras. A imersão dos dançarinos no momento presente, sua "imunidade" contra eventuais distrações, a satisfaz. Um instante depois, Nicholas tira Sara para dançar, e Eleanor reflete, enquanto eles se afastam girando, que seus risos e o amor que há entre os dois revelam "outro detalhe do padrão".

Da contemplação da unidade, Eleanor se move naturalmente para a resolução de problemas práticos, encontrando um caminho intuitivo entre a poesia de North e a política de Peggy. E ela desfaz um nó em seu lenço — isto é, realiza um discreto e desinteressado ato de bondade. O nó era um lembrete para pedir a seu irmão, Edward, que ajudasse um garoto bem-dotado da classe trabalhadora, filho de seu porteiro, a entrar em Oxford — gesto através das linhas de classes que implicava desfazer muitos nós: do egoísmo e da discórdia social. A serena boa vontade de Eleanor corta e dissipa a visão sombria de North de multidões cantando *slogans* irracionais.

Ele sente ter estado "no meio de uma selva, abrindo seu caminho em direção à luz; mas dispondo apenas de palavras soltas, de sentenças partidas". Já Eleanor, ao simplesmente recorrer a Edward, que se oferece para conversar com o filho do porteiro, exemplifica a virtude dos esforços locais que funcionam sem a ajuda de alto-falantes e marchas organizadas. A concretude do ato de Eleanor contribui para minorar a confusão de North, que imagina meios de afrouxar, em seu próprio interior, a constrição que sentia. "Pois ele estava cansado de pensar sozinho. Pensar sozinho dava nós no meio da testa."

O impulso de North para dar fim a seu isolamento é um ganho pequeno e inconclusivo. As vozes dos Pargiter continuam a tecer sua tapeçaria verbal, que ainda está absurdamente desalinhada, como a figura híbrida que eles desenham juntos num papel dobrado. Mas a interação de ideias e opiniões é amplificada em outro plano por imagens que culminam numa cascata de luzes e pétalas quando o romance termina. Embora todas as vozes sejam tentativas abafadas, a sucessão de imagens celebra continuamente a luz interior. Tal sucessão, que parte de um luminoso pôr do sol, inclui a lembrança que Eleanor tem de um holofote na guerra e o restauro de uma flor sob a sujeira incrustada num quadro vitoriano. Eleanor, cujo nome é uma variante da palavra grega para luz, explicitamente faz ligação entre a luz e o cerne de seu ser. "Talvez haja um 'eu' no meio disso, ela pensou; um nó; um centro; e ela de novo se viu sentada à mesa a desenhar no mata-borrão, cavando buraquinhos dos quais se irradiavam raios." A luz é interceptada por sua irmã Milly, que ficou tão gorda que a carne já quase tapa os anéis de diamantes que ela traz nos dedos, mas revive no sonho de Eleanor com velas pendentes cujo brilho dourado a enche de felicidade. Vinda também do brilho de uma moeda, a luz se reflete nos sapatos prateados de Kitty para a noite; e desabrocha nas flores colocadas nas mesas do porão onde os Pargiter só irão jantar de madrugada. A atmosfera volta a escurecer no final, quando Eleanor fracassa em conquistar a atenção de seu irmão Edward — um momento alienante que nela instila a fria premonição da morte. "Para ela também haveria noites infindas; a infinda escuridão. Olhava para a frente como se visse bem ali diante dela um túnel muito escuro e comprido se abrindo. Mas, ao pensar no escuro, uma coisa a intrigou; o escuro de fato se tornava luz. As persianas eram brancas." Os velhos irmãos e irmãs, agrupados por um momento a essa luz, têm um ar estatuário e eterno, como que talhados em pedra. Maggie segura, em lindo arranjo, um buquê de flores, enquanto Eleanor chega à janela, olha para baixo e vê um táxi na praça que então se aclara.

Como os primeiros romances de Virginia, *Os anos* evoca sutilmente a passagem do tempo e o desenvolvimento da luz interior, mas não logra o mesmo êxito em sua tentativa de criar um panorama social. Ao endossar a visão interior de Eleanor e a ênfase por ela dada à melhoria da vizinhança imediata, o livro rejeita implicitamente a ação política das massas, que não raro acarreta violência. Assim como os alto-falantes distorcem a voz humana, as fidelidades partidárias transtornam as relações pessoais. À sua maneira, Virginia tentou escrever um romance político que se mantivesse livre de conteúdo polêmico, o que era provavelmente uma contradição em termos. Se enfocou sobretudo a política da vida em família, não obstante pretendeu evocar as lutas ideológicas daqueles dias. Ela acreditava que a adequada distância estética a protegeria de sua própria e sufocante raiva, como em certa medida o fez, mas só conseguia pô-la em funcionamento se minimizasse a ferocidade dos rancores políticos. Eleanor, numa das poucas afirmações explicitamente políticas do romance, rasga colérica a fotografia de um ditador gesticulante e gordo — referência bem clara a Mussolini — e joga o jornal no chão, denunciando-o como um "maldito [...] mandão". Numa mulher tão recatada, linguagem forte. O "maldito" surpreende sua sobrinha, Peggy, mas não passa de um sussurro se comparado à ira real de Virginia contra os babuínos nazistas que assassinaram Von Schleicher ou os magnatas da indústria suína da Biblioteca de Londres. A recusa da narradora em dar nome ao ditador é um típico gesto de esquivança. O mesmo recalcamento ocorre no rompante de Peggy contra North e seus "livrinhos", que Virginia escreveu com o rosto em fogo e as mãos trêmulas, de tão a fundo que o sentia. Não há, porém, voz que projete, na cena publicada, esse turbilhão de sentimentos. Peggy é incapaz de dizer o que pretende e não consegue senão reincidir em suas frases claudicantes sobre viver de outro modo.

    Resguardando-se das pregações de qualquer tipo, Virginia fixou limites em Os anos que, além de filtrarem as realidades mais sombrias, impediram-na também de se estender sobre sua própria posição humanista. Os personagens acham penoso expressar alguma fé ou pôr suas convicções em palavras, como se as mentiras tivessem contaminado a linguagem, forçando-os, cobertos de vergonha, ao silêncio. A caminho da festa no final, Eleanor e Peggy passam por um monumento a Edith Cavell, uma enfermeira da Primeira Guerra Mundial que foi executada pelos alemães, por ajudar prisioneiros de guerra aliados em fuga, e se celebrizou na Inglaterra pelo rigor da sentença que lhe aplicaram. Peggy, cujo irmão morreu nas trincheiras, diz com amargura que a estátua lembra "uma propaganda de absorvente feminino". Mas Eleanor, lendo a inscrição gravada no pedestal de pedra, nota que aquilo sempre foi a seu ver "a única boa coisa que se disse na guerra". As últimas palavras de Cavell, que na realidade nunca aparecem no texto de Virginia, são um apelo à indulgência cristã: "Patriotismo não basta. Não devo ter aversão nem raiva de ninguém." A frase sintetiza um dos principais temas pacifistas do romance, mas a narradora deixa por conta dos leitores, caso o queiram, fornecer as palavras de memória. Toda persuasão, por mais esclarecida que seja, parece fútil agora, pois apenas contribui para aumentar o fragor da discussão política, e a única atitude sensata é se manter em silêncio.

São oblíquas, mas de outro modo, as referências do romance à perseguição dos judeus. Sara, a excêntrica sobrinha de Eleanor, vive num bairro pobre, numa casa arrasada, onde divide o banheiro com outro morador, um judeu que deixa na banheira pelos escuros e marcas de sujeira. Londres, Sara adverte North, é uma terra estéril, uma poluída "cidade de gente morta" cujas ruas se enchem de escravos assalariados que passam a vida tocando a desalmada máquina. O judeu do banheiro, diz ela, a impeliria a tornar-se parte de tal conspiração, se ela não dispusesse de um talismã brilhante em forma de uma carta a um editor de jornal que conheceu seu pai em Oxford e presumivelmente a contrataria para escrever para ele. Apesar de sua pequena parábola parecer antissemita, o tom estapafúrdio e zombeteiro de Sara a torna algo mais: uma sátira abreviada. (O judeu é um trabalhador de "fábrica de velas de sebo" e não corresponde aos estereótipos racistas.) Nos voos da fantasia de Sara, reflete-se sua negativa em levar o fanatismo a sério; ao tratá-lo com seu estranho humor, ela neutraliza o veneno. Mais uma vez, contudo, o episódio atenua o poder do ódio racial, cuja virulência Virginia pôde ver em pessoa durante sua viagem pela Alemanha.

A atenuação de *Os anos*, a fim de excluir notas polêmicas, é ilustrada por seus cortes finais na parte mediana do livro, julgada muito extensa por Leonard. Um episódio suprimido, "1921", ambientado na feiura da Inglaterra do pós-guerra, revela um lado do caráter de Eleanor que é mais sombrio e misantropo do que tudo o que consta da versão publicada. O fim do episódio deriva da visão de destruição que Virginia teve na noite seguinte ao suicídio de Carrington, quando ia andando com Leonard por uma rua azulada, com andaimes de demolição, e "viu toda a violência & desrazão a cruzar no ar: nós mesmos pequenos; e um tumulto fora". Como Grace Radin assinalou, o local da demolição, recortado contra o céu da cidade, foi uma das "imagens seminais" que inspiraram Virginia a escrever esse romance. No episódio "1921" suprimido, Eleanor caminha pelo centro de Londres depois de jantar sozinha num restaurante onde a rapacidade e o embotamento dos outros comensais a tinham feito retrair-se em desgosto: "Que macacos, que felinos nós somos!" Quando ela olha para as vitrines iluminadas das lojas, sente-se ameaçada pela palpitação niilista da rua e vê a cidade como uma selva; jovens com "caras de animais" passam cheios de arrogância, cantando uma canção bem grosseira, e forçam-na a sair da calçada. Ela, andando em frente, chega a um quarteirão onde uma grande loja está sendo demolida e vê "uma fila de andaimes em zigue-zague no céu" — uma imagem recortada que prefigura o raio que servia de emblema à British Union of Fascists, de Mosley. No episódio "O dia presente", North verá a (não nomeada) luz no círculo, pichada na parede de um prédio. Em "1921", Eleanor toma os andaimes irregulares por sinal de "alguma coisa violenta e louca no mundo inteiro esta noite. Tudo tremia e ameaçava cair, como que preparando a catástrofe. As linhas tortas dos andaimes, o perfil recortado da parede quebrada, os gritos bestiais dos rapazes fizeram-na sentir que não havia ordem nem objetivo no mundo, mas sim que tudo desmoronava em ruína". Essa não é a Eleanor meditativa e saudável que encontramos alhures, mas uma mulher deprimida que é vitimada pela morbidez e a cólera, que se revolta com estranhos a seu redor e às vezes sente, como a própria Virginia, uma intensa aversão por toda a espécie humana. Suprimindo o episódio "1921", Virginia evitou fazer cortes no relato posterior da velhice iluminada de Eleanor, muito embora os tenha feito ao reduzir a complexidade do retrato e, por conseguinte, a ressonância do episódio final.

Ironicamente, o silêncio de que *Os anos* se reveste — todas essas recusas de dar nome aos totalitários, todas essas tentativas de amortecer o mal ignorando-o ou tornando-o risível, todos esses desvios da ira — constituem uma violência que Virginia impôs a si mesma. O corte do episódio "1921" deformou o contorno geral do livro e foi um ato de automutilação fantasiosa, que mais tarde ela lamentou. Como as outras omissões, reflete sua tentativa de cindir-se em duas, a parte artística e a parte política, na mesma divisão artificial e sofrida que quase a impediu de concluir o romance.

Sua ansiedade tinha cedido, mas ela sabia que a publicação de *Os anos* em 15 de março de 1937 reativaria suas dúvidas sobre o livro; contava com críticas negativas, que poderiam causar-lhe depressão imensa. A melhor defesa era imergir no trabalho e em 28 de janeiro ela começou a escrever seu livro contra a guerra, *Three Guineas*, notando que ao menos por ora o labor da criação eclipsava todos os demais interesses. Talvez a excitação de estar de novo envolvida num "tumultuoso sonho feliz" a ajudasse a transpor a fase das críticas hostis, quando o romance saísse. Entrementes, ela esteve extremamente ocupada, porque Margaret West, gerente da Hogarth Press por quatro anos, tinha morrido bruscamente de gripe e pneumonia. Enquanto procuravam um novo gerente, o próprio Leonard passou a se incumbir da direção do escritório, contatando autores e corrigindo provas. Durante o rebuliço na editora, Virginia o auxiliava em todas essas tarefas.

Passando pelo escritório vazio de Miss West, ela se criticou por não ter ido lá mais vezes quando havia ocasião para isso, não ter se interessado pessoalmente pela ativa gerente, que trabalhara com animação e eficiência "no cômodo do porão onde ela se sentava cercada de papéis em ordem; um cavalo malhado; uma flor entalhada em madeira & um pedaço de linóleo verde". O remorso de Virginia por sua indiferença mesclou-se a uma aflição bem mais vasta, pois a morte de Miss West tinha trazido à superfície "um ninho de víboras de sentimentos malcheirosos". Por muitos anos, ela vivera com sua amante mais velha, Miss Howlett. Mas a assistente de Miss West na editora também estava apaixonada por ela. As duas rivais tentaram dividir responsabilidades para cuidar da amiga doente, mas sentiam tanto ciúme que não conseguiram cooperar e deitaram tudo a perder — numa demonstração fascinante de atitudes sórdidas. No entender de Virginia, tinham de fato "a matado com sua idiotice insana". Ela percebeu uma sombra desse triângulo fatídico nos sentimentos negativos no funeral, que foi uma encenação sinistra, com chuva e neblina e um grupinho de amigas de Miss West postado em deprimido silêncio durante o hino — que falava de "santos recebendo o que lhes era devido", comentou Virginia —, enquanto a única pessoa a cantar era o homem da funerária. Após sumir o caixão, Miss Howlett, uma velha esmirrada com as mãos cheias de nós, empertigou-se para receber condolências dos demais enlutados. A amargura latente na ocasião parecia anular a jovial imagem de Miss West. Virginia, que detestava funerais, afirmou que os últimos ritos não lhe causaram mais impressão do que se "ela fosse um filhotinho de gata ou de cachorra". Poucos dias depois, a enlutada assistente, chorando, foi dizer a Virginia que Miss Howlett a acusara de matar sua amiga, e em breve saiu do emprego na editora.

Tais fatos se entrelaçaram com a notícia de que Julian Bell, antes envolvido num confuso caso de amor na China, ansiava por participar da ação política direta e tinha decidido largar seu emprego de professor para lutar pela causa legalista na Espanha. Planejara ir por mar de Marselha à Espanha, sem retornar à Inglaterra, e era isso o que mais inquietava. Mas Vanessa, sabendo de sua atração pelo perigo, escreveu-lhe implorando que viesse em casa primeiro e consultasse os amigos, o que Julian, impulsivo, mas cordato, concordou em fazer. Vanessa, envolta por sinistros presságios, mergulhou no abatimento. Virginia, sentindo a sombra que pairava sobre a irmã, teve suas próprias apreensões. "Nessa estava num dos seus momentos de prostração total", escreveu ela. "Sempre aquela extraordinária profundidade de desespero. Mas eu tenho de lutar, é o meu instinto." Discutiu a questão da responsabilidade política com Stephen Spender, jovem tão autocentrado, que tinha acabado de aceitar um convite para falar no rádio na Espanha. Spender achou que Julian estava certo — eles tinham de deter o fascismo antes que se alastrasse pela França e a Inglaterra — e acrescentou que o Partido Comunista, no qual ele ingressara naquele mesmo dia, "queria que ele fosse morto, para que assim pudesse haver outro Byron", uma observação interessante para Virginia, que andara recentemente especulando sobre a "psicologia da vaidade".

Ao longo de fevereiro, aproximando-se a publicação de *Os anos* e aumentando seu medo de ser malhada em público, ela se sentia "como o homem que era forçado a dançar sobre tijolos quentes". Trabalhando em *Three Guineas*, pelejava para manter a moral alta e ansiosamente jactava-se de que os críticos não poderiam atingi-la, pois tinha um couro grosso como o rinoceronte. Em 20 de fevereiro, quando ela se plantou diante da pilha de exemplares para a imprensa prontos para pôr no correio, a verdade se colocou de forma bem diferente. Já podia até ouvir os críticos gritando de alegria ao atacar sua obra, que tomariam pela "tagarelice pretensiosa e arrastada de uma afetada e pudica mente burguesa". Com mais amargura ainda, imaginou que seus amigos saudariam o livro com um desajeitado silêncio. Esperava pelo pior, e dizer isso por escrito em seu diário fazia a perspectiva parecer um pouco mais suportável, mas sua calma relativa tinha acabado. Para conseguir dominar a ansiedade era preciso que voltasse à sua "revelação filosófica" de 1932, quando prometera resistir às seduções da fama e cultivar o anonimato. Ante as "vaias & assovios" dos críticos, ela iria dar de ombros, recusando-se até mesmo a se defender, lembrando-se de "quão pouco eles importam na soma! Quão pouco, juntos com os outros, eles contam — quão pouco a bondade ou ruindade dos meus livros afeta o mundo". Tentava, desse modo, praticar a humildade; disse a si mesma que era imune a escárnios, mas seus nervos se negavam a obedecer. Em 1º de março, escrevendo a Ethel, queixou-se de que seu novo livro era tão ruim que, se Leonard não a impedisse, ela o teria jogado no melhor lugar para ele, que era a lata de lixo. Abominava publicar, além disso, e ser "fisgada e puxada para a superfície quando meu habitat natural é a escuridão das profundezas". Por outro lado, expandiu-se numa visão rapsódica de Ethel, cujo espírito indomável lhe trazia à lembrança um majestoso navio transoceânico escoltado por golfinhos. A hipérbole era uma válvula de escape, proporcionando um pouco de alívio enquanto Virginia se armava de coragem para enfrentar a iminente exposição ao público.

Em seu diário, nesse dia, ela examinou seu estado nervoso, provavelmente agravado pela chegada da menopausa, com precisão quase clínica. Sentia-se desolada e isolada, com impressões muito fortes e extremamente desagradáveis:

> Uma sensação física de eu estar recebendo leves batidas nas veias: muito fria: impotente: & aterrada. Como se eu estivesse exposta numa alta plataforma à luz plena. Muito sozinha [...]. Nenhuma atmosfera ao redor. Nem palavras. Muito apreensiva. Como se alguma coisa fria & horrível — uma risadaria às minhas custas, estivesse para acontecer. E eu não tenho forças para me desviar dessa coisa [...] que afeta principalmente as coxas.

Certa vez, olhando em seus próprios olhos no espelho, ela reconheceu no que ali via o terror de um coelho na estrada, ofuscado pela luz dos faróis. Sondando-se ainda mais, pôde observar como tinha o ser dividido. Na superfície, ela tremia de ansiedade, como se estivesse dançando sobre tijolos quentes. Mas havia em seu íntimo um observador distante, um ser misterioso que rondava em águas profundas. "Pois eu posso me entocar & olhar para mim mesma exibida desse modo ridículo & sentir uma completa calma submarina: uma espécie de calma que além do mais é suficientemente forte para levantar toda a carga." Não podia, entretanto, ter sob seu comando essa calma, nem a invocaria futilmente, se pudesse.

De noite, quando o pânico lhe vinha, ela caía nas garras de uma "loucura fria", que se alternava com períodos de um furor apenas comum. "Vou apanhar, vão rir de mim, vou ser submetida ao desprezo & ao ridículo", previu, como que em arremedo de si. Era capaz de ver que o que tinha pela frente seria ruim, mas na realidade não tanto assim. Notou ao mesmo tempo as estranhas flutuações de sua saúde e em 7 de março fez um mapa da febre, registrando que sua temperatura estivera em torno de 39°C nos últimos dias, mas voltara agora ao normal. Essa era a "semana fatal" do lançamento, que a submeteria a duras provas, mas contava com várias linhas de defesa: poderia pensar em seu próximo livro, sua independência econômica e sua vida privada tão completa, que não era "de jogar fora". No tocante a Os anos, tinha seu próprio critério — que neutralizaria as críticas que lhe viessem de fora. "Vai ser mesmo muito ruim, tenho certeza [...] mas o que importa é que eu mesma sei por que razão é um fracasso & que o fracasso é deliberado." Posteriormente, ela explicou a Stephen Spender que tinha querido traçar um amplo panorama social, virando "para a sociedade os rostos dos seus personagens", e por isso se descuidara de dar a animação necessária aos retratos individuais. Queria que tudo se amalgamasse por fim num "vasto grupo multilateral", uma figura coletiva que transcendesse qualquer vida isolada, sugerindo a possível "recorrência de algum padrão; que nós atores ignoramos é claro". Ao fazer isso, ela criava uma versão mais abrangente da figura de seis lados composta de seus personagens em As ondas. O esforço decerto fracassou, mas ela havia expressado seu próprio ponto de vista; havia exposto os males sociais, porém recusando-se a repetir os previsíveis chamamentos à luta. Ela, como mulher, era alheia à luta, como disse a Spender, e a "ação [violenta] geralmente é irreal. O que nós fazemos no escuro é que é mais real". Isso esclarece o que queria dizer quando considerou Os anos um "deliberado" fracasso. Escrever um romance, reconheceu, não é um ato isolado que possa ser mantido à parte das transigências impostas pela vida em grupo. Ela optou por não dizer nada que pudesse agravar a divisão existente, por não usar o emaranhado político como tema artístico. Esses escrúpulos forçaram-na a atenuar os conflitos e a eliminar a visão mais sombria do episódio "1921", pondo de lado por ora seu objetivo de unir "as diferentes camadas do ser".

São infindáveis as peças que a publicidade e a opinião pública podem pregar em alguém. As primeiras resenhas foram muito boas e as que vieram depois eram entusiásticas, louvando-lhe o lirismo, as cenas de interior, a evocação do tempo, a estranheza. Pareciam rivalizar umas com as outras na admiração pela beleza de seu estilo — era decerto prazeroso, mas também desconcertante, ver-se em evidência numa luz tão diferente da que havia esperado. Em 19 de março, ela escreveu no diário que os jornais "dizem quase universalmente que *Os anos* é uma obra-prima [...]. E essa é uma das minhas experiências mais estranhas. Se alguém me dissesse que eu devia escrever isso, mesmo há uma semana ou há 6 meses atrás, eu teria dado um pulo igual ao de uma lebre abatida".

Uma resenha por Basil de Selincourt agradou-lhe particularmente. Ao contrário do resenhista anônimo do *Times Literary Supplement*, que descreveu *Os anos* como uma simples "série de impressões refinadas", De Selincourt viu que era um livro "construtivo", voltado para graves problemas sociais. Ele selecionou duas passagens essenciais perto do fim, uma sobre o ideal de progresso social de Nicholas (que nunca consegue comunicá-lo), a outra sobre os filhos do zelador que cantam desafinados para os convidados da festa (pronunciando as palavras de tal modo que a canção se torna incompreensível) — visões complementares, segundo De Selincourt, de um futuro inimaginável. O livro assim seria levado a sério, concluiu Virginia, e seu significado debatido. Sua estratégia de manter as vozes artística e polêmica completamente separadas funcionaria, com *Os anos* estimulando o interesse do público para que *Three Guineas*, vindo logo após, encontrasse uma audiência receptiva.

As resenhas favoráveis não inspiraram, contudo, confiança a Virginia. "Ninguém chegou ainda ao ponto", ela observou. Estava certa de que

Ethel não gostaria do livro e aconselhou-a a não se incomodar de o ler; bastar-lhe-ia, se quisesse, para obter a substância, o episódio "O dia presente", mas mesmo esse era de valor duvidoso: "Tudo é muito ruim, mas bem-intencionado — moralmente." A pretensa indiferença não a protegeu do choque de uma resenha desfavorável pelo poeta Edwin Muir, que considerou *Os anos* decepcionante, depois da riqueza imaginativa de *As ondas*. Muir escreveu que falta à narrativa uma linha de continuidade entre as várias etapas das vidas dos personagens; eles não se desenvolvem e, assim, "não se tornam reais, tornam-se apenas velhos. Tem-se a impressão de que Mrs. Woolf quase os deixou de fora". Há algumas cenas brilhantes, acrescentou, mas, como os personagens são invariáveis, o livro é dominado pelo padrão que Woolf estendeu por cima deles, e o padrão parece "frio e artificial e sobretudo externo".

O ataque, de um tipo com o qual ela já contava, instantaneamente abafou as manifestações de aprovação e deixou tudo às escuras: "EM diz que *Os anos* é inerte & decepcionante [...]. Eu assim sou desmascarada & esse livro odiento que é um pudim de arroz é o que eu pensava — um fracasso bolorento. Não tem vida. Muito inferior à amarga verdade & intensa originalidade de Miss Compton Burnett." Muir reconhecera que o livro demonstrava um brilho ocasional, mas Virginia o teve por ser, de ponta a ponta, um pudim. Essa ideia venenosa, acordando-a às 4h da manhã, obscureceu o dia nascente. Mas ao cair da noite sua animação retornou, graças à ajuda de outra resenha favorável, e ela achou que era até bom, depois do acalento dos elogios, encontrar certa resistência. De fato, sentia-se agora revigorada e menos inquieta *por causa* da oposição de Muir, cuja crítica a levou a se encher de novas ideias. Declarou, então, que "o prazer de ser demolida é bem real. Por alguma razão a gente se sente preparada; entretida; instigada; combativa; mais do que por elogios [...]. Mais uma vez me sinto imune, de pés no chão, uma lutadora". Ao mesmo tempo, Maynard Keynes, cuja opinião ela respeitava, disse que achava *Os anos* seu melhor livro, mais terno e comovente que os anteriores. A incongruência dessas duas opiniões intrigou-a — sendo assim *Os anos* seria simultaneamente o mais humano e o mais inumano de seus livros. Suas ideias, na cabeça dos dois, tinham girado, e o inverso podia então ser virado e revirado depois — uma descoberta absurda que ilustrava o irônico prazer de "ser demolida". Mais sóbria em seu estado de espírito, como se tivesse parte da mente independente do ego desregrado, ela examinou seu romance com calma imparcialidade, quando explicou a Stephen Spender que, tentando apresentar um panorama muito amplo, "emudeceu demais os personagens para [...] manter seus rostos virados para a sociedade; e errou completamente nas proporções".

Ainda assim, o término da obra, somando-se ao aplauso inesperado, deixou-a em grande otimismo. Na manhã de 9 de abril, desde as primeiras horas, Virginia acordou com a sensação de estar de todo contente, e essa felicidade não era um devaneio passageiro, mas sim sua recompensa por ter travado uma luta tão árdua para concluir *Os anos*. A certeza de ter ganho a luta a inspirou: "Fico acordada na cama, tão calma e tão contente como se eu tivesse saído do mundo à roda para um espaço sereno azul profundo & existisse lá de olhos abertos sem danos; armada contra tudo o que possa acontecer." Momentos de idêntica serenidade, nunca antes conhecidos em sua vida, tinham sido vivenciados por ela, várias vezes, desde o verão anterior, quando seria capaz de escrever três frases e se arrastar de novo para a cama. A sensação a surpreendera no meio de sua "pior depressão, como se eu fosse lá para fora, largando para trás uma capa, e olhasse para as estrelas sem sair da cama, nessas noites em Monk's House". Centrando-se na singularidade da experiência, descreveu-o como "o pior verão da minha vida, mas ao mesmo tempo o mais iluminador".

A ironia final foi que *Os anos* trouxe-lhe um monte de dinheiro. O livro, desde o início, foi bem vendido na Inglaterra, e em 1º de junho ela anotou que ia ainda melhor em Nova York: sendo agora o número um dos *best--sellers* nos Estados Unidos, já tinha vendido muito mais exemplares que qualquer um de seus livros anteriores. Talvez os leitores ansiassem por uma voz humana. *Os anos* manteve-se no topo da lista, ou perto, durante todo o verão e lá continuou pelo outono, rivalizando com o primeiro do ano, *Gone With the Wind* [E o vento levou, de Margaret Mitchell], e vendendo mais que *Of Mice and Men* [Ratos e homens], de John Steinbeck.

13
As filhas de Antígona

O prazer de Virginia com o sucesso de *Os anos* só se arrefeceu um pouco com a ideia de que sua felicidade atual era provavelmente tão ilusória como o desespero passado. Ela ainda estava sem fôlego, depois da longa batalha, e quis a paz de Rodmel, para onde foi com Leonard por dez dias na Páscoa. Na manhã de 27 de março de 1937, recebeu um telefonema de um repórter do *New York Times* pedindo uma entrevista — justamente o tipo de atenção que ela mais queria evitar, embora lhe tenha dito que ele podia ir ver a casa deles, em Tavistock Square, por fora. Depois voltou a sentar-se ao fogo — era um dia frio e ventoso — para retratar a chapada cheia de nesgas de neve iluminadas por escassos raios de sol e envoltas pelas bruscas rajadas de "um polvo torrencial" que tornava o dia negro como tinta. De seu terraço, podia ver as encostas da chapada, distantes, arredondadas, das quais sempre gostava, fosse qual fosse o tempo; a vista, emoldurada por seu jardim e a velha igreja com o campanário ao lado, continha mais beleza, segundo ela, do que a capaz de ser absorvida por dois olhos — "bastante para fazer voar de felicidade toda uma população, se ao menos eles olhassem". Nessa tarde, um Daimler preto parou em frente da casa e, logo em seguida, um homem muito animado, num terno de *tweed*, apareceu no jardim, olhando em volta e tomando notas numa caderneta verde. Virginia, para não ser vista pela janela, viu-se forçada a abaixar a cabeça, enquanto Leonard, depois de ignorar por algum tempo o estranho, finalmente lhe disse "não Mrs. W [não] quer esse tipo de publicidade" e levou-o até o carro. Um incidente banal, porém do qual ela se retraiu enojada, sentindo que um inseto tinha pousado em sua pele e querendo esmagá-lo, raivosa por nem mesmo em casa estar a salvo de olhares inconvenientes. Rabiscando algumas linhas sobre o repórter invasor, ao qual chamou de John Bug [João Percevejo], descreveu-o como um hóspede indesejado que se sentou em seu jardim, "tomando ar e espaço", e pediu para "ser visto", um egotista a contorcer-se que tinha a cara massuda, com uma beiçola e "um buraco por boca". Ela dedicou 41 linhas ao tal "John Bug; James Bug Bug Bug Bug", espécime de beiço inchado que lhe lembrou um inseto semitransparente e coruscante, que "parecia sugar sangue enquanto falava", tornando-se seu corpo pálido ingurgitado de um fluido preto azulado, uma dessas coisas rastejantes e nocivas que se encontram esmagadas em paredes de pensões.

O estranho perguntou "se ela o podia ver", mas naturalmente tinha ido espioná-la com seus olhos de inseto, pois "ser visto" era um pretexto para ver, e a ideia daqueles olhos à espreita afetou gravemente os nervos de Virginia, provocando uma raiva fora de proporções com a ofensa feita, mas correspondente a alguma violência dela mesma, uma sombra de seu estado caótico no ano anterior.

O incidente trouxe-lhe uma forte dor de cabeça que até o dia seguinte melhorou pouco a pouco. Seu otimismo voltou; mas ela, precavida, lembrou-se de uns versos das "Elegiac Stanzas" de Wordsworth, escritos após a morte de um amigo, nos quais o poeta, pensando nos antigos prazeres, os considerava ilusórios: "Essa felicidade, sempre que conhecida, é de se lastimar, pois com certeza é cega." A advertência, porém, não se aplicava a ela — protestou Virginia, que conquistara sua felicidade no verão prévio, quando manteve o controle da realidade depois de olhar no vazio. Permitia-se saborear tal conquista, ignorando suas próprias advertências em *Three Guineas*, em cuja escrita estava imersa no momento, suas irônicas e iradas denúncias dos ditadores e patriarcas que se preparavam para a guerra. A escrita em si lhe dava intenso prazer, deixando-a notar o poder cada vez maior dos infantis opressores, sem ser paralisada por isso.

Havia outra fonte de ansiedade para ela. Julian tinha voltado para casa, declaradamente para traçar seus planos futuros, mas de fato, como Virginia logo se deu conta, para colocá-los em prática; ele já estava decidido: fosse como fosse, tencionava ir para a Espanha. Seu único problema era obter a concordância de Vanessa, porque a simples ideia a punha em crescente e grande aflição e ele prometera nada fazer sem o consentimento da mãe.

Jovem Apolo largadão, com buracos nas roupas, cabelo desgrenhado e um sorriso que desarmava, Julian era alto e fisicamente imponente, mas às vezes ainda parecia uma criança crescida, um menino que brincava de poesia e política, empolgado com uma boa discussão e sempre pronto a afiar sua sagacidade ante qualquer problema novo. Era indiferente aos perigos, como mostravam sua maneira irrefletida de dirigir um carro e a rapidez com que enfrentava os fortões que tentavam barrar demonstrações de esquerda. David Garnett, que durante a Primeira Guerra Mundial tinha sido parte integrante da família Bell, observou que Julian foi criado sem inibição e sem medo — "não o puniam em criança, mas raciocinavam com ele" — e mesmo aos 29 anos, seu rosto estampava às vezes "o adorável ar embirrado de uma criatura semidomesticada". Era atraente para as mulheres e teve uma porção de casos, nenhum durando mais de um ano ou dois. Sua partida da China foi precipitada porque o pegaram fazendo amor com a esposa do chefe de seu departamento. De regresso à pátria, Julian sentiu-se oprimido pela insularidade da Inglaterra e de seu próprio círculo familiar em crescimento; precisava ir aonde havia luta, para provar da realidade do perigo. Virginia notou que ele tinha amadurecido durante os dezoito meses na China; as linhas tensas em torno da boca e de seus olhos revelavam determinação e autocontrole; e também uma ponta de amargura, "como se na solidão ele tivesse pensado muito [...]. Alguma coisa para mim trágica na tristeza agora". Naturalmente, sempre havia razões para lembrar-se do Julian impulsivo e charmoso que ela sempre tinha conhecido.

Na esperança de que seus amigos o persuadissem de que ele seria mais útil assumindo na Inglaterra uma função política, Virginia convidou Julian para se encontrar com Stephen Spender e Kingsley Martin. O amante de Spender, que se alistara na Brigada Internacional na Espanha, tinha se desiludido completamente; e Martin era especialista em questões militares. Ambos poderiam falar com mais realismo da guerra, pensava ela, para esvaziar algumas das ilusões de Julian sobre o heroísmo legalista no campo de batalha. A discussão política, num jantar em 14 de abril, começou com a concordância entre os homens de que o pacifismo não era mais opção para nenhuma pessoa responsável. Surpresa com o rumo que a conversa tomou, Virginia reafirmou em seu íntimo, sem dizer nada, o voto de nunca ajudar nem instigar de modo algum os fazedores de guerra. Seus convidados, tendo descartado o pacifismo, valeram-se do conhecimento especializado de Kingsley Martin para conversar sobre granadas de mão, bombas e tanques, empregando o jargão militar com um zelo de estrategistas amadores. A atitude belicosa de Julian a impressionou; seus argumentos de linha dura, entrecortados por risos estridentes, pareceram-lhe insólitos, "porém honestos, porém indisciplinados, porém guardando alguma coisa na manga". Ele, refletindo sobre sua posição política enquanto esteve na China, tinha escrito dois extensos ensaios nos quais sustentava que a história de sua geração era essencialmente trágica, uma vez que eles foram forçados a abandonar valores humanos "e seguir o que é mau: violência, compulsão, crueldade. Devemos fazer isso porque essa é a escolha racional do mal menor, porque somente agindo assim podemos ter esperanças de evitar a catástrofe da extinção total". Os valores representados pelas dúbias figuras paternas, Clive Bell e Duncan Grant, que tinham sido objetores de consciência na Primeira Guerra Mundial, eram inviáveis e provavelmente obsoletos. "Ser contra a guerra, neste momento, significa submeter-se ao fascismo", fato que fazia parecer tola e inócua a maior parte das discussões políticas. Visto agora em retrospecto, o ensaio de Julian "War and Peace: A Letter to E. M. Forster" ["Guerra e paz: uma carta para E. M. Forster"] mostra uma apreensão de realidades básicas que escaparam à maioria de seus contemporâneos. Dizia ele que era inútil tentar aplacar os nazistas, porque a assinatura de Hitler num tratado nunca teria mais valor que a de Al Capone; as concessões só estimulavam o apetite voraz do ditador. Além disso, a coalizão antifascista era extremamente instável; os membros marxistas eram crentes fanáticos que pretendiam se humilhar "diante do salvador proletário". Indispensáveis em tempo de guerra como aliados, na prática eles estavam "mais para o mal", a despeito de estarem "mais para o certo" em sua interpretação da história. Para resistir ao insidioso apelo do fanatismo, segundo ele, era preciso confiar na integridade do soldado combatente ou do líder militar, "que pode nos livrar do medo, com coragem, e do ódio e do entusiasmo, com bom-senso". O enfoque militar, com seu realismo e desconfiança da pureza ideológica, oferecia paradoxalmente a melhor defesa para a vida artística e os valores humanistas ameaçados. Ao contrário dos políticos profissionais, os verdadeiros homens de combate sabiam muito sobre a guerra para se deixarem cegar por entusiasmo ou por ódio.

Convencido de que só tinha uma escolha, ir aos campos de batalha ou "ser torturado num campo de concentração", Julian concluía que lhe era muito preferível "acabar numa luta digna". O encontro com Spender e Martin limitou-se a confirmá-lo na decisão de ir para a Espanha. A ação e a excitação eram tão essenciais à sua paz de espírito, disse ele, como era para Vanessa a liberdade de pintar. Essa, depois de muito relutar, concordou com um meio-termo: ele iria como motorista de ambulância, na condição de não combatente, que era de todo segura; a organização humanitária, Spanish Medical Aid, já enviara para lá vários grupos de voluntários, sem sofrer nenhuma baixa — a não ser um homem levemente ferido. Dada por Julian, a informação de pouco adiantou para reduzir os temores de Vanessa. Como sempre acreditara na liberdade pessoal, ela tinha de aceitar a escolha do filho, embora certa de que seria morto. Consentindo e angustiando-se, agarrou-se com ele nessa primavera, enquanto ele estudava espanhol e primeiros socorros e aprendia a dirigir veículos pesados. A separação que se aproximava deixou-os mais juntos do que nunca.

Em 5 de junho, os Woolf foram jantar com Clive e Vanessa para se despedir de Julian. Virginia, sentindo-se culpada por impremeditadamente ter recusado antes um de seus ensaios, pediu-lhe para escrever na Espanha alguma coisa para a Hogarth Press. Ele disse que o faria, falando como sempre muito depressa e aos arrancos. Depois, quando em mangas de camisa entrou no carro, que custou a pegar, irradiava vitalidade, mesmo com o cenho franzido; bruscamente o carro arrancou e ele se despediu: "Adeus, até esta época no ano que vem." Mas por trás desse adeus o sentimento não expresso, que Virginia anotou, era que talvez fosse o último. Ela partilhava da premonição de Vanessa de que ele seria morto, mas, ao contrário da irmã, estava "decidida a não pensar nos riscos [...]. Eu tinha uma certeza jacente e não expressa, acho que pela morte de Thoby; um legado de pessimismo, que resolvi não analisar nunca".

* * *

Escrever *Three Guineas*, comentou Virginia, era como estar suspensa numa "bolha mágica" que a protegia dos choques vindos de fora. Uma percepção bem clara disso veio-lhe quando esteve a sós com Vanessa, em seu estúdio, e notou o incômodo contraste entre seu próprio espírito esperançoso e o abatimento que se apossara da irmã. O assunto Espanha, que pairava no ar e tornava igualmente penosos o silêncio e a fala, foi contornado por ambas com cautela. Finalmente, Vanessa começou a falar sobre política, e Virginia mais uma vez se perturbou com o atoleiro de "um desespero imensurável bem do outro lado do gramado sobre o qual nós andamos — no qual estou andando no momento com tal prazer & energia. Reação aos 9 meses do ano passado de desespero & desânimo, suponho".

Sua felicidade era cega, sem dúvida. Às vezes, quando ela estava cansada ou distraída, tornava-se violentamente consciente do "mundo baço e desiludido" fora de sua bolha mágica e pensava em Julian perto de Madrid. Pensar na Espanha e no fatalismo de Vanessa era algo que ameaçava atrapalhar seu trabalho, mas que ainda conseguia evitar. Ela mesma havia dito que seu instinto era lutar, não desistir. Como de hábito, tinha uma intensa programação social — tantas visitas que, em 7 de julho, tendo atingido seu limite, ela deixou de ir a um coquetel para Matisse, cuja reputação de grande chato praticamente equivalia à sua fama como pintor. Em Rodmell, fruiu de agradáveis interlúdios, entre os quais um fim de semana, prolongado e raro, sem qualquer intrusão mundana, mas apenas com as rotinas caseiras da vida calma da aldeia. "Nenhuma voz, nenhum telefonema", admirou-se ela. "Somente os pios da coruja; talvez o estrondo de um trovão, os cavalos descendo para os Brook & Mr. Botten chamando de manhã com o leite." O calor ardia, numa nuvem branca sobre os morros, e a alfafa crescia tanto no prado que chegava a cobri-la, quando ela deitava à beira do rio.

Julian escreveu da Espanha a Vanessa, soando um pouco esbaforido, mas numa disposição excelente e ávido por presenciar batalhas reais. Tinha passado os primeiros dias à espera de ser designado para um hospital e, enquanto isso, dirigira longas horas por estradas ruins, recolhendo feridos e suprimentos. Em comparação com os outros motoristas, geralmente uns "destruidores", ele disse que era um modelo de responsabilidade: cuidava de manter seu veículo lubrificado e em boas condições, embora certa vez tivesse dado uma freada tão brusca que quebrou o nariz de um passageiro contra o para-brisa. Madrid lhe dava uma impressão surreal de normalidade, apesar da proximidade dos combates — era possível ir de metrô para o front. "É totalmente impossível descrever o completo efeito fantástico de tudo isso, que eu, porém, julgo muito satisfatório e perpetuamente divertido."

Virginia escreveu em seu diário, em 19 de julho, sobre a morte de Janet Case, que lhe ensinara grego quando ela era ainda uma adolescente. Enamorara-se então por essa mulher austera que a fazia trabalhar tão duro na gramática grega e que demonstrava imensa paixão por Ésquilo e Eurípedes. Virginia se lembrou de suas aulas, em que a toda hora ficava quente e fria, e de uma ocasião posterior, quando se recuperava de uma crise nervosa, em que Janet veio ficar com ela durante uma ausência de Leonard. Nos últimos anos, as duas tinham perdido contato, mas em abril Virginia soube que sua velha professora estava morrendo de câncer e foi visitá-la em New Forest, onde ela dividia com a irmã, Euphemia, tratada por Emphie, um chalé ensolarado, mas coberto de palha. Em contraste com a dignidade e reserva de Janet, Emphie tinha jeito de ser meio desmiolada e animadamente volúvel. Ao conversar com Virginia, enquanto Janet cochilava no quarto ao lado, deixou cair algumas lágrimas e sem nenhuma inibição lhe confidenciou sua dor. Era uma grande amolação, disse, porque haviam planejado desfrutar da velhice juntas e a doença apareceu justamente quando elas estavam prontas para ingressar numa nova fase. "Nós queríamos fazer tantas coisas [...], ir à Holanda & olhar passarinhos." Mesmo assim, em vez de passar melancolia, como notou Virginia, ela ainda retinha algo de sua "natural alegria". Com um cotovelo na mesa, olhos fixos em algo além da cena imediata, Emphie falou de sua fé de que a morte não fosse o fim. "O que são 70 anos? Tão pouco — tão pouco — O que é tudo o que eu peço se isso acabar agora? Ah, não, a gente continua — estou convencida disso. Não poderia ser de outro modo." Sua irmã, no entanto, não acreditava no mesmo e nunca ia à igreja. Janet estava fraca demais para conversar muito, mas disse a Virginia que tinha lido um dos livros de Gerald Heard e partilhava sua crença em "alguma espécie de vida em comum, não como indivíduos. Alguma sobrevivência mística. Os mais jovens querem isso". Ela foi firme ao rejeitar a religião convencional e a esperança de imortalidade pessoal.

Pouco antes da morte de Janet, Virginia concordou em escrever seu obituário, porque isso agradaria a Emphie, embora ela sentisse que o gesto não fazia sentido. A própria Janet já tinha preparado um roteiro para seu funeral, escrevendo algumas palavras sobre delicadeza e fé numa página, com um espaço em branco para completar com o dia; não queria nada dito em voz alta, mas pedia que um adágio de Beethoven fosse tocado na hora. Havia "algo tão completo & apropriado para a memória dela, assim consumado", disse Virginia, que qualquer outra forma de lembrança pareceria redundante. Voltando às irmãs, pensou como coube à estouvada Emphie propiciar uma sólida base emocional para a classicista Janet, que era das duas a "contemplativa constante, ancorada em alguma fé particular que não correspondia aos mundos". E a timidez de Janet sempre a impedia de dizer o que ela estava sentindo; suas cartas eram prosaicas e frias, exceto a última, que começava por "Minha amada Virginia". Nada disso, entretanto, lhe fazia justiça, nem dava uma ideia aproximada do "grande papel visionário que ela representou na minha vida". Mas a longa ausência transformou a visão, que passara a ser "parte da vida fictícia, não da real".

As reflexões de Virginia sobre a morte de Janet misturaram-se em seu diário com outros vários assuntos, das últimas reações de leitores de *Os anos* a uma visita à sogra. Por fim, ela fez um relato de uma reunião do Partido Trabalhista em sua casa, em Rodmell, a cujos membros falou um convidado da aldeia, um "major com choque de bomba [...] que conversa com ratinhos & pega sapos na mão". O major surpreendeu a audiência com uma arenga estonteante sobre "a força & a religião, que é hereditária [...] é tudo uma questão de pensar, não é, & você não pode falar com um espanhol, mas com um maometano pode & é isto o que eu sinto, a religião está por trás" — uma embrulhada tão completa que Virginia, para se impedir de gritar, teve de fixar os olhos num cigarro aceso.

Por um tempo que ora vinha, essa visão de inanidade foi a última nota relativamente alegre em seu diário. No dia seguinte, 20 de julho, ela recebeu um recado de que Julian tinha sido ferido num ataque aéreo em Brunete e morrido num hospital em Madrid algumas horas depois.

* * *

Vanessa, de cama, olhos vermelhos, rosto em desalinho, contorcia-se de dor. Virginia foi logo ficar com ela nessa primeira noite, voltou no dia seguinte, voltou no outro, redigiu notas cancelando seus compromissos e explicou aos amigos que precisava estar o mais possível com Nessa, que a queria ter junto; ela vivia no estúdio de Fitzroy Street. Era a única pessoa, além de Duncan e dos filhos, capaz de consolar Vanessa com sua silenciosa presença e de dizer palavras consoladoras sobre seu passado em comum, sua intimidade. Não se apiedava nem se constrangia ao evocar Julian, falando simplesmente para fazer Vanessa se ligar em coisas de fora, não estorvando nem negando seu sofrimento, mas deixando-a livre. Mais tarde, Vanessa se lembrou de "jazer num estado irreal e ouvir a voz [de Virginia] que ia falando e parecia manter a vida junta, quando de outro modo ela teria parado".

A violência do sofrimento de Vanessa, ante o qual nada mais tinha importância, renovou em Virginia os velhos sentimentos de solidariedade por sua irmã. Se criticara a atitude superprotetora de Vanessa com seus filhos, em particular, e sinceramente a invejara por tê-los tido, ela agora não podia senão pensar na dor que a arrasava. Quando Vanessa se recuperou o bastante para viajar, levaram-na para Charleston, e Virginia ficou em Monk's House, de onde continuou a dar-lhe assistência; ia vê-la quase todos os dias e, quando não podia ir, mandava cartas calorosas. Fazia o que nunca tinha feito, cuidando da irmã formidável que desde a infância lhe proporcionara lastro emocional e a protegera após a morte da mãe — um papel invertido que alvoroçava e extenuava Virginia. Consolava-se um pouco por estar com a família de Vanessa, sentindo-se muito próxima a Duncan, Quentin e Angelica e "perdendo completamente o isolamento, a atitude do espectador que é querido". A despeito da "mania de expressão" que a fazia escrever sobre tudo, ela mal conseguiu dizer alguma coisa, em seu diário, sobre o esgotamento de Vanessa. Mas enfim rabiscou umas notas fragmentárias sobre os últimos dias traumáticos em Londres.

[Diário de Virginia, 6 de agosto de 1937]

Mas é preciso voltar a entrar na corrente. A ruptura foi completa; quase um branco; como um golpe na cabeça: um definhar. Indo lá [ao estúdio de Vanessa] aquela noite; & todas as outras vezes depois, & eu lá sentada. Quando Roger morreu, notei: & me culpei: penso, porém, que foi um grande alívio. Aqui não havia alívio algum. Um incrível sofrimento — que se tinha de ver — um acidente & alguém sangrando. Pensei então que a morte de uma criança é um novo parto; sentada lá ouvindo... Depois viemos para cá na última quinta-feira; & sendo removida a pressão, vivia-se; mas sem muito futuro. Esta é uma das características específicas dessa morte — como ela traz tão perto o vazio imenso & à inanidade leva nosso curto alcance. É isso o que pretendo combater [...]. Mas dia sim dia não tenho de ir a Charleston. Sentamo-nos à porta do estúdio. Ainda bem que está muito quente. Um quente feriado bancário — uma criança morta no topo; aeroplanos zumbindo. Tão estranho, não, tão incomum o modo como a ideia de Julian vai mudando: ora distante, ora perto; ora ele ali na própria carne; ora algum encontro físico — sub-repticiamente beijando-o: & assim por diante [...]. Uma sensação curiosamente física; como se a pessoa tivesse vivido em outro corpo, que é removido, & tudo que ali vivia se acaba [...].

Hoje Nessa está sozinha. Quentíssimo o dia — acrescento eu, para escapar de pensar nela.

"Vou me animar, mas nunca serei feliz de novo."

"Eu pensei ser infeliz quando Roger morreu —"

O diário de Virginia enfatiza o grande impacto físico da morte de Julian, retornando sempre ao mesmo tema — desde o "golpe na cabeça" do início à dor de "alguém sangrando", ao eco do parto e à curiosa impressão de que seu elo com outro corpo, que era uma parte dela mesma, tinha sido rompido. Perseguida pelos gritos inarticulados de Vanessa, ela entendeu que os sons provindos de sua irmã enlutada ecoavam e invertiam os gritos que acompanharam o nascimento de Julian. Quanto a ela, cultivou a arte de ficar "sentada lá ouvindo". Sua atenção, sua capacidade de ouvir aqueles ecos do parto, inspirou-lhe as palavras que disse para Vanessa — tornando-se a própria fala parte da arte de ouvir — e foi por isso que Vanessa disse mais tarde que a chegada de Virginia era o único momento do dia com o qual ela previamente contava.

Virginia, como Vanessa, ligou a morte de Julian à de Roger Fry, lembrando-se de seu entorpecido distanciamento no funeral de Fry. Naquela ocasião, como disse, ela "percebeu" — isto é, permaneceu fria e analítica, observando a si mesma e os outros com a objetividade de um Maupassant; sentiu-se então culpada por fazê-lo, ainda que esse distanciamento lhe tivesse parecido um grande alívio.

Agora não — ela agora estava à mercê de suas sensações físicas. As visitas diárias eram bem penosa tarefa; muitas vezes, quando Vanessa se punha em "estado submerso", Virginia dava consigo a se agitar na superfície dessas águas profundas, "como um peixe dilapidado". Julian era uma presença bruxuleante e mutável, uma miragem que vinha, chegava perto e logo se afastava no calor do verão. Tais horas contrastavam com a paz de Monk's House, onde ela encontrava Leonard trabalhando à sua mesa ou no jardim, cumprindo com a rotina de sempre, como há dezenove verões vinha fazendo. Sentia-se um pouco culpada por deixá-lo a se arranjar por tanto tempo sozinho. A casa estava cheia de toras de carvalho, que ele comprara de um velho numa carroça, e o cheiro da lenha impregnava os quartos, misturando-se ao das massas de lírios. Sobre as janelas baixas, densas trepadeiras tinham crescido, transformando a sala de jantar numa tal "gruta verde" que eles eram obrigados a comer na cozinha. Ao longe, além dos prados, a chapada passara, com o calor, a ser da "cor dos leões". Mas a tristeza maculava sua beleza. Vanessa ainda estava muito fraca, e havia dias em que parecia uma velha, apoiando-se no braço de Quentin para trôpega andar pelo jardim. À Virginia, sua frágil figura relembrava os últimos dias de seu pai. Sabendo como Vanessa tinha dependido da companhia de Julian após a morte de Roger Fry, ela se perguntava, diante de seu estado atual, se jamais a irmã se recuperaria de todo. Julian, refletiu Virginia, tinha um "estranho poder sobre ela — tanto de filho quanto de amante. Tinha lhe dito que nunca gostaria de outra mulher como gostava dela". Angelica Garnett deu uma explicação semelhante do vínculo amoroso entre eles em seu memorial *Deceived with Kindness* [*Iludida pela bondade*]; era óbvio como eram agarrados, disse ela, para qualquer um que o visse "debruçar-se no encosto da cadeira dela, com o tipo de sorriso que ela tinha no rosto". Angelica foi ainda mais longe, explorando motivos que Virginia preferiu não analisar. As partidas de Julian para a China e a Espanha, segundo ela, teriam sido causadas pela necessidade de escapar da atmosfera rarefeita de Bloomsbury e em particular de sua mãe. Antes de ir para a China, ele havia escrito a um amigo que o exílio podia ser considerado "uma forma elegante de suicídio". E a Vanessa garantira, do exterior, que seria difícil ele se casar algum dia, por ser muito mais devotado a ela que a qualquer uma de suas amantes. Tendo entendido que nem a China, com suas intrigas, dava-lhe a distração e o afastamento necessários, Julian tentou escapar da opressão sedutora de Bloomsbury indo para a guerra. Angelica concluiu que "era um supremo esforço conquistar sua liberdade, se possível sem ferir sua mãe". Impossível, naturalmente. Virginia, por sua vez, não se predispôs a uma sondagem profunda do elo entre o desejo de Julian pela ação violenta e o apego que tinha por sua mãe. Ele também dissera a Vanessa que os "sentimentos sobre a guerra e as fortes emoções [são as] únicas coisas realmente sérias nas quais nós somos diferentes", afirmação na qual se refletem tanto a grande intimidade entre os dois quanto sua busca de um estimulante ou antídoto para contrapor-se à influência dela.

Virginia fez ligeira alusão a esse tema do incesto numa lembrança datada de 30 de julho, onde observa que ela e Julian eram unidos pela "paixão" por Vanessa — "palavra não muito forte para nenhum de nós". Com declarações de amor fraterno, ela perseguia a mãe pesarosa, e aludia, por brincadeira, a sentimentos ilícitos. Em 17 de agosto, confessou-lhe estar "mais ligada em você do que irmãs deveriam" e, tendo adquirido recentemente um telescópio, comunicou a Vanessa que o apontaria em sua direção para espiá-la no quarto. "Se você perceber uma luz dançando na água, sou eu. A luz dá um beijo em seu nariz, outro nos olhos, e você não pode apagá-la; minha querida meu bem como eu te adoro, Deus sabe que não sou capaz de dizer o que significa para mim entrar no quarto e te encontrar sentada lá. Roger sentia o mesmo." Seu comentário sobre o ponto de luz que não se pode apagar referia-se a seus próprios e frequentes pedidos de beijos e ao retraimento instintivo de Vanessa ante qualquer ato demonstrativo.

Eddy Playfair, grande amigo de Julian, foi a Monk's House para testar o novo telescópio de Virginia; nessa ocasião, em meados de agosto, deu a Vanessa duas cartas que Julian lhe tinha pedido para entregar, caso morresse — uma inexplicável mensagem, escrita dois anos antes, quando Julian se encontrava a caminho da China, garantindo à mãe que ele não se entristecia nem se arrependia de nada, fosse o que fosse que acontecesse. Amava-a mais que a qualquer outra pessoa, dizia ele, e assim tinha sido "desde que eu posso me lembrar". Dizia também que desfrutara de "uma vida extraordinariamente feliz e completa", tendo nascido numa sociedade altamente civilizada e tendo feito quase tudo o que queria fazer; poderia morrer "com considerável equanimidade [...]. Prefiro muito mais, sabe, um fim violento, de sangue quente: por um, de fato, não me importaria de perder alguns anos". Alhures, já havia dito isso, ao declarar que "acabar de vez numa luta digna" lhe parecia melhor "do que apenas ir murchando numa câmara letal". As cartas de despedida insistem que ele não estava nem um pouco deprimido nem se sentia acabado, mas também revelam uma espantosa atitude de indiferença para com sua sobrevivência. Apesar de prometer não se expor a riscos desnecessários, claramente ele mostra que esperava uma morte violenta, ideia que não o atemorizava. As garantias que dava por consolo, de que estava bem e tinha a vida completa, transmitem uma impressão de fechamento, um otimismo superficial que servia para disfarçar estados bem mais sombrios. Tal fatalismo desagradou a Virginia, que lamentou ele ter encontrado uma saída fácil, quando demonstraria mais caráter se "ficasse na Inglaterra & enfrentasse a luta do trabalho". Ela, porém, reconheceu que havia certa grandeza em seu gesto de autoimolação: "Foi bom, como todos os sentimentos muito fortes são bons; e como de alguma forma também são maus entretanto; é preciso controlar com a razão os sentimentos."

Pelo fim de setembro, Virginia estava novamente escrevendo *Three Guineas* das 10h às 13h da tarde, todos os dias, e desenvolvendo mentalmente o livro, depois do almoço, enquanto andava uns cinco quilômetros até a aldeia de Piddinghoe ou Tarring Neville, impelida a tarde toda pelo precipitar das ideias "como um motor na cabeça pela chapada afora". Seu ritmo de caminhada, como de hábito, avivava o andar de sua prosa. Ao voltar para casa, ela jogava boliche no jardim com Leonard, das 17h às 18h, e passava uma hora lendo antes de preparar o jantar. Pelo rádio, ouviam as notícias do dia. Depois, ela retornava à leitura e, antes de ir para a cama, tomava um chocolate quente. Raramente terminava um "dia-espécime", na prática, sem que visitas a interrompessem. Mas estava imersa a fundo em seu livro, que se tornara agora um diálogo implícito com Julian, detalhando as razões para não ir à guerra, e era impelida pela lembrança de seu riso zombeteiro, que ela às vezes comparava ao de Clive Bell. Não podia compreender como Julian, que foi a primeira criança de Bloomsbury, tendo absorvido todas as ideias liberais do grupo e se desenvolvido num jovem tão desinibido e aberto, se rebelou, no entanto, contra o pacifismo de seus mais velhos. Por que teria ele tanta necessidade de luta, malgrado sua criação racional e humana? "Tinha de ser morto na Espanha", escreveu ela, "estranho comentário sobre a sua educação & os nossos ensinamentos." Havia, além disso, outras questões incômodas, como a relação com a irmã: tanto ainda por dizer, de ambas as partes, tanta junção e constrição entre elas. E uma pitada de ironia no fato de sua escrita estar florescendo agora, o que lhe daria um verão dos mais felizes se a morte de Julian — "essa extinção extraordinária" — não tivesse anulado tudo. "Não me deixo pensar. Esse é o fato", escreveu ela em 26 de setembro. "Muito do que isso significa eu não consigo encarar. Fechei a mente para tudo, menos trabalho & boliche."

Ela e a irmã eram parecidas em sua relutância em abordar certos assuntos pessoais. Enquanto Vanessa se impunha aos outros com uma reserva e um silêncio monumentais, Virginia os distraía e encantava com engenhosas palavras e fantasias. Mas ambas eram intensamente recatadas. Tão forte era a regra da reticência que Vanessa não tinha como agradecer diretamente a Virginia por suas atenções extremosas. Em busca de um modo de falar que a deixasse ao mesmo tempo permanecer em silêncio, como a esposa do rei Midas sussurrando segredos aos caniços, ela expôs seus sentimentos numa carta a Vita, que passou a mensagem para Virginia em 21 de setembro. "Jamais poderei dizer como Virginia me ajudou", escreveu Vanessa. "Talvez algum dia, não agora, você seja capaz de dizer a ela que isso é verdade." Algum dia, não agora — frases defensivas que sugerem seu retraimento ansioso dos abraços da irmã. Virginia achou a mensagem profundamente tocante — como se revelasse mais sobre a vida interior de Vanessa do que qualquer confissão direta poderia fazer. Invocando o silêncio, como fazia quando seus sentimentos mais profundos eram envolvidos, Virginia escreveu a Vita que a mensagem "queria dizer alguma coisa da qual não posso falar". A reticência, além do alcance da escolha consciente, era um estado que espelhava "a visão da sangria de Nessa" e a inaturalidade de os jovens morrerem antes dos velhos. Não lhe era possível retornar à sua costumeira postura de observadora fria e distante, de artista cuja maior responsabilidade é "prestar atenção" ao fato e registrá-lo com apuro. Ela tinha sido gravemente abalada pela dor de Vanessa e proibida de dizer qualquer coisa sobre isso. "Nada posso fazer com a experiência ainda [...]. Nem prestar atenção nem descrever eu posso, o que é estranho."

Em 13 de outubro, um dia após terminar a primeira versão de *Three Guineas*, Virginia esteve com Philip Hart, o cirurgião que tinha operado Julian em Madrid, de quem ouviu uma descrição mais detalhada de sua morte. Abrigando-se embaixo de sua ambulância durante um ataque aéreo, ele fora atingido de lado por um fragmento de bomba que penetrou num de seus pulmões; estava consciente, quando o levaram para o hospital, e quis saber que chances tinha — eram insignificantes, mas Hart mentiu e disse que eram de oitenta por cento. Julian parecia estar animado e concentrado de todo no momento, na expectativa da operação, e morreu tranquilamente, naquela noite, depois que ela terminou. Hart acrescentou, denotando culpa, que não deveriam tê-lo mandado para o campo de batalha, porque era muito inexperiente, mas eles não tinham se dado conta da extensão do perigo — metade dos motoristas da unidade de Julian foram mortos.

Profundamente intranquila, sem saber como encaixar essa morte no esquema geral das coisas, Virginia retomou seu trabalho, revisando para a gráfica a primeira versão de *Three Guineas*. As últimas etapas da escrita foram afetadas por uma particular premência, disse ela, pois as lembranças de Julian se misturaram com ideias que nela vinham tomando forma desde sua visita à Grécia em 1932. Sentindo cada vez mais a presença dele, a desafiá-la e pôr seus argumentos à prova, ela escreveu sob pressão intensa, varando suas manhãs a galope enquanto as ideias lhe jorravam "como um vulcão corpóreo".

Essa presença imaginária a fez apegar-se mais do que nunca àqueles de quem gostava. Em 22 de outubro, ela acordou de um cochilo com o impulso de tomar um avião para Paris, onde Vita passava férias com sua cunhada e amante, Gwen Saint Aubyn. Consultou uma tabela de horários e começou a traçar planos — mas, quando Leonard lhe disse que preferia não ir, seu entusiasmo cedeu e ela cancelou a viagem. Após vinte e cinco anos de casamento, não queria separar-se dele, nem mesmo por um fim de semana. Pensar em como eram ligados a inundava de felicidade, como ela disse para ele enquanto andavam pela praça "fazendo amor" sob os plátanos — um idílio cuja radiante claridade mais parecia ficção do que fato, um mundo que correspondia à forma de seus desejos e do qual ela recebia um "enorme prazer, sendo querida: uma esposa. E o nosso casamento tão completo".

Três dias depois, Virginia teve um momento de êxtase quando em tempo fechado ela ia de carro com Leonard pela orla marítima, enquanto ventos tempestuosos empurravam para a costa os esguichos das ondas altas e brancas; o mar revolto a absorveu e encheu de prazer: era uma "grande fonte espumante que para a minha alegria rebentava sobre o farol & o passeio público. Bem em cima do carro". Após estacionar em Cuckmere, eles desceram para a praia, cambaleando contra o vento que ameaçava arrastá-los, e foram se abrigar atrás de um barracão, de onde avistavam a rebentação e as aves que disparavam por entre os fortes borrifos. As grandes ondas encrespadas inebriaram Virginia, que escreveu a Ethel perguntando, como provocação, por que o embate das águas satisfazia a todas as nossas "aspirações religiosas. E tudo o que eu posso fazer é não me jogar lá dentro — uma excêntrica rapsódia animal, reprimida por (L.)". Um exagero para mexer com Ethel, embora o tom melodramático refletisse um desejo de se perder na pura sensação. "Rapsódias" bravias evocavam naturalmente o pulo no esquecimento, que delas só era separado por alguns poucos degraus. Virginia se permitia tais fantasias, sabendo que podia confiar em Leonard para contê-las — uma combinação de liberdade e disciplina que definia os limites de seu casamento feliz. Os dois conspiravam, como ela sugeriu na lembrança de Julian que escreveu, para "controlar com a razão os sentimentos".

* * *

A Hogarth Press tinha se tornado uma grave responsabilidade, fazendo exigências cada vez maiores sobre a energia e o tempo dos Woolf. Eles até pensaram em deixá-la acabar-se, ou reduzi-la apenas a um escoadouro para seus próprios livros, mas tinham levado vinte anos para transformá--la numa editora viável e não iriam abandoná-la agora, quando vicejava. Leonard então caiu doente em dezembro — talvez tivesse pegado um resfriado, mas havia sangue em sua urina, o que indicava algum problema na próstata ou nos rins. Virginia observou horrorizada que "este maldito ano de 1937" ainda os tinha em seu poder e não iria passar sem infligir novos tormentos. Durante o feriado de Natal em Rodmell, os sintomas de Leonard pioraram, impedindo-o de cuidar do jardim, e o médico recomendou-lhe repouso. Reduzido a viver de pudim de arroz, e passando na cama a maior parte do dia, ainda assim ele conseguiu fazer um monte de coisas, mas era óbvia a necessidade de diminuir sua carga de trabalho. Não lhe seria mais possível continuar em tempo integral como dono de editora, autor, jornalista político e assessor do Partido Trabalhista, tudo isso a uma só vez. Em 2 de janeiro de 1938, ele escreveu a John Lehmann (a carta estava na letra de Virginia, mas assinada pelo acamado Leonard), convidando-o a comprar a metade da editora que pertencia a Virginia. Lehmann, que tinha andado à procura de uma firma para sua revista literária, *New Writing*, teria uma oportunidade de publicar obras de autores jovens e supervisionaria de fato, no dia a dia, as atividades da empresa, recebendo um salário como diretor--gerente. Como sócios com partes iguais, ele e Leonard tomariam juntos todas as decisões editoriais e administrativas, garantindo assim que a editora mantivesse o caráter especial que os Woolf tinham definido para ela.

Mas Leonard continuava de cama, enquanto os médicos tentavam sem sucesso diagnosticar sua doença. Sendo os exames inconclusivos, a possibilidade de que ele precisasse de uma operação pairou no ar. Virginia tentou se concentrar nas revisões finais de *Three Guineas*, no que lograva um êxito esporádico. Quando a ansiedade a engolfava, as horas pareciam se arrastar lentamente e só o trabalho em seu panfleto, como ela disse, era capaz de restaurar uma impressão de normalidade: "O tempo então passa." Os sintomas de Leonard desapareceram, depois de duas semanas, e em 13 de janeiro o médico comunicou que ele aparentava estar bem. Para terem certeza de uma melhora completa, deveriam aguardar ainda um mês, mas Virginia já estava certa de não haver problemas graves e de que os médicos em suma não entendiam de nada. Em suas cartas a Vanessa, que tinha ido passar um mês em seu refúgio no sul da França, pouco falara da ansiedade que a possuiu, enquanto o desfecho era incerto, mas agora pôde escrever à vontade, anunciando seu "estupendo alívio". Ela supunha que os sintomas dele tivessem sido causados pela batida da maçaneta da porta de um carro em suas costas — mas isso já nem importava mais, desde que a ameaça de operação fora afastada.

Em 3 de fevereiro, ela anotou que o acordo com Lehmann estava praticamente acertado; ele já estivera com a então gerente do escritório, Dorothy Lange, e preparava-se para assumir suas novas obrigações. Como era a véspera do aniversário de Julian, ela escreveu a Vanessa algumas linhas, dizendo que se lembrava de tê-lo visto no berço e acrescentando como desejava poder ser útil à irmã. Vanessa respondeu que não teria sobrevivido sem a ajuda de Virginia e que se sentia imensamente grata, embora não o pudesse demonstrar.

Leonard, depois de ter lido o manuscrito completo de *Three Guineas*, comunicou sua aprovação, elogiando a "análise extremamente clara" feita por ela. Essa apreciação tão moderada a desapontou; tendo escrito o livro em fúria, carregara-o de audaciosas pinceladas satíricas que visavam provocar e agrupar as mulheres em dissensão, mas Leonard achou a sátira branda. Admirou-lhe a sensatez, quando ela tinha querido falar com línguas de fogo. Virginia se disse que é preciso contar sempre com uma "extrema diminuição da força", ou seja, com uma lacuna entre as emoções intensas do autor e os sentimentos tênues que se escoam até chegar ao leitor. Ela não podia esperar que sua análise social tivesse o mesmo tipo de força emocional que seus romances. Não — embora desejasse, da parte de Leonard, uma reação mais entusiástica, bastava-lhe saber que seu panfleto tinha algum valor prático e que ela pudera dar "uma boa amostra de trabalho árduo e insosso".

Three Guineas, que assume a forma de uma carta ao dirigente de uma organização pacifista, traça em linhas gerais as opiniões da autora sobre o fascismo, as causas da guerra e a opressão das mulheres. Segundo ela, o sistema patriarcal, tal como se reflete nas universidades e nas carreiras profissionais, estimula impulsos competitivos e autoritários que conduzem à guerra. Ao ramificar-se e subdividir-se, sua análise, que apresenta relatos documentados de discriminação contra as mulheres, deu origem a páginas suficientes para compor um volume, entre as quais mais de sessenta de referências e notas. A "carta" assim tão extensa contém elementos de um circunspecto tratado político, mas seu tom subverte sutilmente o discurso convencional, uma vez que a narradora irônica parodia o estilo do cientista social, recorrendo a uma linguagem bem-humorada e poética para ampliar o alcance de suas constatações. Tão pessoal e característica é a voz dela que o livro soa às vezes como ficção; onde a reportagem social se alia aos voos metafóricos, como quando ela descobre ovos fascistas depositados nos jornais por reacionários correspondentes homens, fato e ficção se misturam num produto composto e novo. Como a maioria de seus livros, *Three Guineas* é um experimento, uma forma híbrida que ao comentário social associa a sátira poética.

Ao assestar sua sátira, a narradora se coloca como uma simples coletora de fatos e números, uma observadora neutra, que se pasma ingenuamente com a hipocrisia que encontra na sociedade inglesa — espanta-a que as mulheres ganhem tão menos do que os homens; que elas tenham tão pouco poder para dar às suas filhas uma educação esmerada; que instituições veneráveis, como as universidades, a igreja, a advocacia e as faculdades de medicina conspirem para excluí-las. Digerindo esses fatos, ela reflete que as mulheres extraíram certas vantagens de sua situação como cidadãs de segunda classe, já que assim ficaram a salvo das influências corruptoras do poder e dos privilégios. Não lhes é forçoso aceitar as ideias convencionais de sucesso, algo que elas podem definir em seus próprios termos, abarcando valores espirituais que o patriarcado ignora. As observações aplicam-se principalmente a uma pequena minoria de mulheres que provêm de famílias da alta classe média, mas não partilham das ricas perspectivas de seus irmãos. Essas mulheres invisíveis são chamadas pela autora de "marginalizadas", para indicar que existem como uma classe em separado e não reconhecida. O relato de sua libertação, após séculos de servidão doméstica, constitui a principal trama secundária de *Three Guineas*, e a voz satírica, quando ela descreve tais mulheres, adquire intensidade profética. Por ter conhecido, em sua própria casa, a obscuridade e as privações, a marginalizada pode dar novo sentido aos tradicionais votos monásticos de castidade e pobreza (mas não de obediência), aos quais a narradora acrescenta outros dois itens, de "zombaria e alforria das lealdades irreais". Para sua própria classe, ela define esses termos. "Pobreza" é ganhar o suficiente para viver, não mais que isso. "Castidade" é exercer a profissão por prazer, não por dinheiro ou fama. "Zombaria" é recusar honrarias e, apesar do ridículo, continuar em dissensão. "Alforria das lealdades irreais" é rejeitar o orgulho de classe e as pretensões de superioridade racial e nacional.

Politicamente, a marginalizada deve obedecer à lei que está em seu íntimo e, como o desejo de combater "é uma característica sexual que ela não pode partilhar", convém que se recuse a apoiar como quer que seja os fazedores de guerra, cultivando uma atitude de completa "indiferença", o que significa não colaboração e expressivo silêncio. Ela deve ter em mente, a fim de tornar sua resolução mais firme, que a Inglaterra a escravizou no passado e ainda a oprime no presente. "Como mulher", irá dizer, "eu não tenho país. Como mulher eu não quero ter um país. Como mulher o meu país é o mundo inteiro." A indiferença ativa, como a narradora sustenta, não é uma negação incolor, mas uma escolha moral que pode ter fortes efeitos psicológicos, integrando-se a um esforço maior para mudar a ordem social — a visão de uma renovação por distanciamento.

Por muito tempo Virginia havia meditado sobre essas ideias, mas a morte de Julian deu-lhes maior premência, e ela notou que sempre estava pensando nele, enquanto escrevia. Em vez de censurar sua ira, como havia feito ao suprimir longos trechos de *Os anos*, pretendia que *Three Guineas* a usasse de um modo criativo. A *Antígona* de Sófocles novamente lhe forneceu um modelo da luta contra a tirania. Há uma linha contínua de descendência, diz a narradora, vinda do antigo tirano, Creonte, que enterrou viva num túmulo de pedra a dissidente Antígona, até o *pater familias* vitoriano e o ditador totalitário, por trás dos quais há fileiras de profissionais homens, políticos, generais e burocratas. Sua denúncia é aqui mais dura do que tinha sido em *Os anos*, embora não seja tão desabrida e amarga como em seu diário. Ela descreve os reles Creontes que infestam a Inglaterra como lagartas, vermes, criaturas vorazes que põem ovos misóginos e vão tirando todo proveito da "árvore sagrada da propriedade", a amoreira, em torno da qual circulam e cujas folhas devoram. Alterando a metáfora, ela acrescenta que a busca de riqueza e avanço profissional, nas palavras de um proeminente sacerdote, "destrói a mente e a alma" e cega os que nela se empenham, incapacitando-os para fruir da natureza ou da arte e fazendo-os perder o senso das proporções. "Tão competitivos se tornam, que não partilham o seu trabalho com os outros, embora eles tenham mais do que podem fazer sozinhos. Enfim, o que resta de um ser humano que perdeu a visão e o som e o senso das proporções? Somente um aleijão numa gruta." Um eco irônico da destruição que Creonte trouxe para si e seu reino ao enterrar Antígona.

Os descendentes mais ativos dele, na época em pauta, são os ditadores fascistas cujo fervor se exibe numas fotografias que ela tinha recebido pelo correio com apelos de ajuda à Espanha — imagens de casas em ruínas e de "corpos de crianças que morreram atingidas por bombas". Não é preciso ir à Espanha, diz ela, para lutar contra essa peste fascista; na própria Inglaterra os seguidores do ditador estão ativos, a infestação se espalha e primeiro é preciso ajudar a "esmagá-lo em nosso país". Poder-se-ia começar pela escola, onde as mulheres são treinadas para ingressar nas profissões e imitar os homens que têm como patronos. Ela se imagina a acender uma fogueira que consumirá esse prédio, queimando junto com ele as velhas hipocrisias, se bem que as chamas de sua visão sejam poéticas e elizabetanas: "Que a luz do prédio incandescente assuste os rouxinóis e ruborize os salgueiros. Que as filhas dos homens instruídos dancem em torno do fogo e atirem braçadas e mais braçadas de folhas secas nas chamas." Não que ela não seja tentada a começar um incêndio real, mas a razão lhe diz para usar sua energia a fim de iluminar outro prédio, a casa pobre onde as mulheres que trabalham vivem de seus escassos ganhos. Se ajudá-las a fazer com que as janelas lampejem como um farol, suas mães, após séculos de indignidade e abuso, "rirão nas covas". Mesmo agora, acaloradamente acrescenta, de bom grado, ela lançaria às chamas rituais a combativa palavra "feminista", que tanto antagonismo causou entre homens e mulheres. "Vamos escrever essa palavra em grandes letras pretas numa folha de papel-almaço; e depois solenemente encostar no papel um fósforo. Vejam só como queima!"

A veia satírica da narradora está aureolada de fogo. Ela se lembra da Espanha, mas seria agravante, senão inútil, aumentar essa conflagração. Mais uma vez a *Antígona* de Sófocles sugere outro tipo de resposta, porque o poeta da Antiguidade, apesar de condenar Creonte, também esboça um complexo retrato psicológico do tirano, dotando-o de uma cota de nossa humanidade comum, e assim, quando a cortina cai, o público pode até mesmo sentir certa simpatia por ele. Apesar de detestar e temer o ditador, ela procura erguer a máscara brutal e descobrir por trás uma criatura assustada — uma versão grotescamente crescida de um garotinho empertigado que pisa duro pelo pátio para chamar atenção, possuído por raiva e aspirações infantis. Desrazão. São execráveis os atos dele, mas a cegueira é lastimável. Ao situá-lo assim, ela conclui que nós devemos tomá-lo, como Próspero fez com Caliban, por um inseto nocivo, mas de nossa própria criação, e admitir que "não podemos nos dissociar dessa figura, posto que nós somos tal figura". Não temos como sair de cena, repelindo a responsabilidade — isso é impossível porque a realidade é dual: "O mundo público e o privado estão inseparavelmente ligados" e o mal que atinge um deles é ampliado no outro. Fizemos o mundo público e nós é que devemos mudá-lo, assim como fizemos o ditador e temos de derrubá-lo.

Esse imperativo acarreta grandes perigos, adverte a narradora, pois não convém usar os métodos do ditador para derrotá-lo. Ela enfatiza, em particular, a vulnerabilidade de sua profissão literária. É ainda Antígona que nos lembra como é importante preservar a verdade conservando-se a separação entre arte e propaganda. O artista é um puro-sangue, diz ela, treinado para um estado superior de consciência, e, se os escritores endossarem as mentiras e simplificações da propaganda, seus poderes visionários se atrofiarão e a literatura se tornará estéril, sofrendo "a mesma mutilação que o mulo sofreu; e não haverá mais cavalos".

Por fim, como detestam todas as formas de arregimentação, as marginalizadas se recusarão a organizar-se em capítulos ou células, fiando-se em vez disso em atitudes pessoais de dissensão. Uma Sociedade das Marginalizadas, caso existisse, seria justamente o contrário da maioria de tais organismos — informal, sem líderes, deveres ou até mesmo um local de reunião, traria de forma abreviada em seu nome o peso de muitos atos pessoais espontâneos, ou a maneira de reinventar a própria sociedade pela introdução de valores da vida familiar no domínio público. A narradora imagina, de igual modo, uma agremiação de artistas e intelectuais para substituir as instituições educacionais existentes, em síntese "uma escola pobre; na qual o conhecimento é procurado em si mesmo; onde é abolida a propaganda; e não há graus; e aulas não são dadas e sermões não são feitos".

Não lhe restam ilusões de que isso seja outra coisa além de invenções utópicas; ela é capaz de ouvir um leitor imaginário pedindo-lhe que pare de sonhar "com mundos ideais por trás das estrelas" e volte sua atenção para os fatos reais do mundo verdadeiro. Admite que sua campanha pela ativa "indiferença" por todas as atividades bélicas contará com poucos adeptos e que a Sociedade das Marginalizadas pode não ter outros membros além dela. Porém, se seu livro encorajar as mulheres, ainda que sejam poucas, rejeitando a cultura da violência, há de ter um valor prático e modificar certas vidas.

O programa de Virginia para as marginalizadas é limitado, pois exclui a ação política organizada e se dirige a uma classe muito pequena de mulheres. Ao mesmo tempo, é radical nos objetivos. Além de propor um pacifismo militante, ela defende a liberdade completa, para as mulheres, de seguirem qualquer carreira que escolham e de receberem pagamentos iguais pelo trabalho que fazem, incluídas as tarefas em casa como mães. O desejo que a toma é acabar com os privilégios de classe e as hierarquias tradicionais, causando a desestabilização gradual da classe dominante. Entrementes, enquanto espera pela criação de um mundo melhor, ela manda uma moeda de guinéu para cada um de três pedidos caritativos — para uma escola feminina, um grupo de mulheres trabalhadoras e uma campanha contra a guerra. O impulso revolucionário de suas propostas é abrandado pelo engenhoso tom da narradora, que em busca da verdade não se contenta com pouco, e complica-se ainda mais por seu emprego das imagens poéticas. "Tanto eu babujo & prateio a minha língua", observou Virginia, "que sua agudeza leva algum tempo para ser sentida." A filha irônica de Antígona, armada de razão a pronunciar julgamentos. Às vezes, ela vê "homens e mulheres trabalhando juntos pela mesma causa", mas o mais frequente é que encontre "um macho monstruoso [...] enfeitado como um selvagem com penas" e descubra novas evidências de que seu país sempre a tratou como escrava.

Virginia previu que esses argumentos haveriam de chocar seus leitores, despertando forte hostilidade, quer na direita, quer na esquerda, e duvidou que lhe restassem muitos amigos depois que o livro saísse.

Enquanto ela fazia as correções finais em *Three Guineas*, no continente europeu os acontecimentos mudavam para pior. Os nazistas da Áustria tinham feito sobre o governo pressão crescente e, quando o chanceler determinou um plebiscito para obter apoio popular à independência austríaca, Hitler se moveu para anexar o país a seu Terceiro Reich. Tropas alemãs cruzaram sem resistência a fronteira e entraram em Viena em 12 de março, marchando por avenidas embandeiradas com a suástica, ao longo das quais a multidão vibrava. Ao registrar o fato em seu diário, Virginia comparou-o à farsa dos julgamentos então em curso em Moscou, onde Stalin eliminava os rivais políticos com acusações forjadas de traição contra eles. Uma insanidade, um retorno à Idade Média — como ela disse, notando que os métodos de Stalin equivaliam aos de Hitler, "como gotas de água suja que se misturam". Nada ela podia fazer, a não ser continuar trabalhando, mas concentrar-se era difícil, porque as atividades políticas de Leonard lembravam-na constantemente da crise. No quarto ao lado, instalava-se intrusamente a esfera pública, com uma agitada sucessão de encontros do Partido Trabalhista, reuniões editoriais, telefonemas urgentes e negociações. Kingsley Martin, desesperado como sempre, falava sem parar e sem nexo de emigrar "de nossa Europa perdida". Virginia sintetizou toda a perspectiva sinistra em seu estilo telegráfico: "A Inglaterra, como eles dizem, humilhada. E o homem fardado enaltecido. Suicídios. Refugiados rechaçados de Newhaven. Aeroplanos zumbindo sobre a casa." Os rumores de guerra tornavam a morte de Julian, "de certa forma, não absurda", mas o clima primaveril e indiferente, apresentando "um azul suave e ensolarado", parecia negar a violência, e ela era incapaz de compreender sua ausência. Espantava-a que Julian não estivesse ali "para ver os narcisos; a velha mendiga — os cisnes". Visitando Vanessa em Charleston, tinha a impressão de sentir sua presença, de que ele poderia se materializar a qualquer momento.

Dias depois, reduziu-se a intranquilidade política, e os jornais voltaram a cobrir o caso Torso, um homicídio horripilante ainda sem solução. Virginia observou que os motivos subterrâneos para a guerra eram tão grandes como sempre, pois Hitler era insaciável — e "o tigre [...] quando digere seu jantar, pula de novo".

Ela se ocupava com os compromissos sociais rotineiros — convidar Elizabeth Bowen para um chá, planejar uma festa, comprar um vestido —, atividades mundanas que criavam uma ilusão de normalidade. Era falso, mas consolava-a o fato de ela ter se integrado à luta contra o fascismo em seus próprios termos. *Three Guineas* foi sua declaração de legitimidade e independência. Arriscara-se ao atacar as antiquadas doutrinas nacionais e exultava com a audácia da aventura. Os riscos que corria, por certo, eram principalmente emocionais — provavelmente a publicação do panfleto não afetaria suas vendas nem sua reputação literária —, mas a hostilidade do público e o ridículo, para o sistema nervoso tão sensível de Virginia, poderiam ser perigosos em si. Ela entregou as provas finais em 28 de abril, com grande satisfação, declarando-se "inteiramente livre. Por quê? Me comprometi. não tenho medo de nada. Posso fazer o que eu quiser". A bravata, como palavras de um prisioneiro em fuga, refletia certa ansiedade sobre assumir publicamente uma posição militante. Ela se defendia de antemão, como aconselhara as marginalizadas a fazerem, aceitando sua própria impopularidade, listando as vantagens negativas que ganharia com isso: "Não mais famosa; não mais sobre um pedestal; não mais assediada por sociedades: por minha conta para sempre." De qualquer modo, financeiramente garantida como estava, podia ignorar a pressão para entregar os mesmos produtos vendáveis que entregara no passado: ela "não precisava nunca recorrer nem repetir. Eu corro por fora. Posso seguir o meu caminho: experimentar com a minha imaginação a meu próprio modo. A matilha pode uivar, mas nunca irá me pegar". Mais bravatas, por trás das quais assomava o espectro da Europa em chamas, algo que poderia ocorrer a qualquer momento — "mais um tiro num guarda" e eles voltariam, com tudo igual, a agosto de 1914. Pelo vidro ondeado da janela, ao ouvir no ar um rosnado, ela viu um aeroplano que lembrava um tubarão pela forma. E lamentou que *Three Guineas*, que escrevera com tão apaixonada convicção, fosse consumido, na derrocada que estava a caminho, "como uma mariposa dançando sobre uma fogueira".

Olhando em retrospecto, viu *Os anos* e *Three Guineas* como "um livro só", uma obra composta na qual trabalhara com animação e desespero durante os últimos seis anos, cabendo ao panfleto transpor os temas de sua ficção para o registro polêmico. Ao tecer a crítica social em terreno próprio e à parte, ela evitou a necessidade de dramatizar sua cólera, ou seja, de nela entrar completamente com a imaginação de romancista. Se preservou seu distanciamento artístico, tinha limitado o escopo de sua ficção, fracasso que ainda a amargurava. A Ethel, que leu *Os anos* em fevereiro, ela escreveu que abominava o livro e via "uma mancha de suor, uma mancha de lágrima, um corte — 200 páginas cortadas — em cada página existente". Em *Three Guineas*, ela tentou completar o plano original do romance-ensaio, usando um meio que podia dominar com segurança para manifestar sua ira. O comentário satírico do panfleto, onde um excesso de razão mascara um excesso de sentimento, é um espelho das desordens da época.

14
Um fundo púrpura

Um anticlímax era o que Virginia mais temia agora. E se o livro escrito com tal convicção apaixonada passasse despercebido e sumisse sem causar nenhuma impressão? Mas ela também temia despertar uma atração malsã, pois *Three Guineas*, apesar do conteúdo político, era altamente pessoal e poderia até ser tomado por uma "autobiografia em público" — gênero que ela odiava. O livro tinha evoluído a partir de sua compreensão, em 1933, de que não precisava cortejar aprovação pública nem desempenhar o papel da escritora famosa, mas poderia "ir se aventurando, mudando [...] recusando-se a ser carimbada & estereotipada". Aquele momento de revelação, quando sentira certa "mão misteriosa" a se esticar para ela e prometera praticar sua filosofia do anonimato, tinha marcado uma "conversão espiritual". A última frase era imprecisa, disse, mas transmitia a alegria que sentiu por estar livre para escrever em seus próprios termos. Naquele dia, andando às pressas por Londres, tinha comprado uma lente de aumento e dado uma bela gorjeta a um músico de rua que lhe contou sua história. O episódio a libertara para escrever a polêmica contra a ordem patriarcal. Agora, sentia um pouco de seu costumeiro pavor antes da publicação, porém contrabalançado pelo "imenso alívio e paz" que obtivera por comprometer-se.

Além disso, estava imersa novamente na escrita. Em dois dias sucessivos, 1.º e 2 de abril de 1938, compôs as páginas iniciais de dois livros: sua biografia de Roger Fry e um novo romance satírico. Essa dupla aventura, que foi como um "mergulho no escuro", protegeu-a em parte do impacto dos acontecimentos superficiais. Tinha ainda algumas dúvidas sobre a biografia de Fry, para a qual vinha lendo cartas e tomando notas desde 1935. Baseado em sólida pesquisa, o livro estaria cheio de fatos, mas ela teria de ser discreta e seletiva ao relatar a vida pessoal de Fry, a fim de garantir a privacidade da família e dos amigos dele. Uma biografia autorizada, que ela nunca tinha escrito antes, mostrava-se um gênero incompatível, por deixar pouco espaço para a imaginação poética. Por outro lado, a vida de Fry lhe daria a oportunidade de tratar de uma influência importante em seu próprio passado artístico, e o livro seria uma oferenda a Vanessa, um memorial ao ex-amante dela. O trabalho era árduo, e Virginia julgou-o, ao mesmo tempo, estimulante e tedioso. Em 12 de abril, quando já tinha escrito vinte páginas, ela observou esperar que essa "maçada sóbria" a distraísse e fortalecesse seus nervos. Se ater-se aos fatos a limitava, de bom grado ela se submetia, porém, à disciplina formal e ao compromisso com as doutrinas estéticas de Fry, cujo humanismo racional, datando dos anos mais felizes do pré-guerra, dava uma folga da rigidez das ideologias da década de 1930. Ela passava a maior parte das manhãs escrevendo a biografia, mas às vezes se rebelava contra a dieta de fatos e voltava ao novo romance. A história se ambientava numa casa de campo, onde um grupo de parentes e amigos conversava sobre assuntos da aldeia, como água e saneamento, e episódios de seus respectivos passados. A cena estava contida entre duas preces satíricas, a primeira saudando um velho lampião a querosene, a segunda invocando um pássaro comedor de insetos, figuras simples, mas convincentes, para representar o espírito e a natureza.

A noção de absurdo de Virginia, sempre alerta, foi ativada por uma súbita declaração de amor de Philip Morrell, o marido de 68 anos de sua amiga Ottoline. Ele a cortejara várias vezes antes, da primeira propondo discretamente um caso, em 1917, e voltando à carga, com mais ardor, em 1927. Tratara-a com uma deferência acanhada, salientando sua própria inferioridade ante a beleza e a inteligência, para não falar da terrível agudeza de espírito dela. Todo esse charme o encorajara a vencer sua timidez natural. Virginia não se comoveu com a lamentosa postura, sabendo que ele tinha tido um filho com a secretária durante a guerra e uma série de outros casos. Conseguiu esquivar-se dos desajeitados avanços dele, mantendo-se amiga de Ottoline.

No começo de 1938, quando ambos os Morrell se recuperavam de doenças graves (Ottoline tinha tido um derrame), Philip leu o segundo romance de Virginia, *Noite e dia*, e escreveu-lhe em 31 de janeiro que a música encantadora de sua comédia de costumes o levara ao desejo de se pôr novamente em contato com ela. A seus olhos, disse humildemente, ela era, se possível, mais inteligente e bonita do que nunca. Vividamente ele se lembrava do passado — de Virginia andando pela chapada, ou de carro com ele, ou sentada a uma janela enquanto a filha dele recitava "Prufrock" para um grupo de amigos. Toda uma série de lembranças perpassava-lhe a mente. Uma vez, numa festa, dissera alguma coisa tola que ofendeu os sentimentos dela, e sofreu vendo-a alterar o semblante, já sem chance de retirar as palavras ofensivas. Várias vezes, recordava-se, ela o convidara para passar um fim de semana com ela e Leonard quando Ottoline estava ausente, como se gostasse dele pelo que era, e não apenas por ser marido de Ottoline. Numa visita, ela arrumara uma cama para ele na oficina gráfica, com tipos espalhados por entre as impressoras — o quarto de dormir mais memorável que já havia tido. Ainda era incrivelmente tímido, disse, e desejava ver Virginia sozinha porque falar livremente diante de Leonard ou de Ottoline lhe seria impossível. Poderia ela ir encontrá-lo uma tarde, na National Gallery ou em Westminster? Não que ele tivesse alguma coisa importante para dizer, queria apenas ver se se dariam bem; sua vontade, declarou ele, era reencontrar a Virginia original.

Ela respondeu, para agradecer-lhe pela referência elogiosa a *Noite e dia*, mas evitou continuar com a correspondência. Repelida por sua lúbrica tenacidade, divertiu-se, todavia, com o incidente, que comentou numa carta a Vita: "Tenho um amante. Marido de uma dama da alta. Quer me encontrar clandestinamente. Ponho isso aí para ver se consigo fazer ciúme [...]. Que estranho, essa flor vermelha numa árvore cinza! (Ele é grisalho: tal como eu.)"

O flerte unilateral, só da parte de Morrell, encerrou-se de súbito em 21 de abril, quando ele lhe escreveu que Ottoline, gravemente enfraquecida pelo ataque prévio, tinha morrido de um infarto nessa manhã. Sendo inútil pedir simpatia, que já não poderia ajudá-lo agora, solicitou apenas a Virginia para escrever um obituário para o *Times*, uma vez que ela tinha entendido Ottoline. Ele temia ler o que um estranho poderia dizer.

Virginia conheceu Ottoline por trinta anos e a criticou muitas vezes pelo temperamento imperioso e as atitudes teatrais, mas nos últimos tempos tinha descoberto outro lado dela — não a figura da sociedade, que atraíra artistas e cortesãos "como uma princesa renascentista", mas uma mulher tímida e estoica. Cada vez mais doente e muito surda, Ottoline se retirou de um mundo cada vez mais feio que estava "destruindo tudo que ela tinha amado". Num chá com Virginia, falou de certo antepassado, um excêntrico ou um poeta obscuro, mas não sem méritos, e a intimidade entre as duas mostrou-se então mais forte do que nunca. Agora, participando de seu funeral deprimente, de convencional recato, Virginia se deu conta de como sentiria falta de Ottoline e das visitas a Gower Street; aquela luz tinha se apagado. Duas semanas após o funeral, ela foi a Gower Street para escolher alguma coisa de Ottoline, como previsto em seu testamento, para guardar como recordação. Morrell lhe ofereceu várias lembranças — um grande anel verde, brincos de pérolas, um xale e um leque. Ela se envergonhou de aceitar tantas coisas — "um sentimento de abutre" — e a ideia incongruente de "se dar bem com algo tirado de Ottoline" causou-lhe um riso por dentro. Nada havia de afetado, na conduta de Morrell, mas ao sentir que suas mãos se tocavam, quando ele lhe deu o anel, ela passou por determinado incômodo. Seu obituário enfatizou as contradições do caráter de Ottoline, louvando-lhe o que realizou como grande anfitriã, mas reconhecendo que a personalidade exuberante tinha às vezes atraído ridículo. Philip declarou que era a melhor coisa já escrita sobre a esposa, mas Virginia tinha aversão pelo gênero e queixou-se de que "a notinha horrorosa me apertou o crânio".

Era um alívio dedicar-se ao novo romance, que ela começou com espírito de aventura e planejava escrever num estilo mais solto e leve do que se permitira usar em *Os anos*. Lembrando-se de quanto, desafiante como Jonas, tinha sofrido com esse romance, pedia agora para ver-se livre dos grandes temas e das visões proféticas.

[Diário de Virginia, 26 de abril de 1938]

> Não me imponha, imploro, esse pesado fardo outra vez. Deixe que tudo seja impensado & provisório; alguma coisa que eu possa soprar numa manhã, para desobrigar-me de Roger: não estenda um plano, imploro; convoque todas as imensidades cósmicas; & force o meu cérebro fatigado & acanhado a abarcar outro todo — todas as partes contribuintes — não, porém, por pouco tempo. Mas para me distrair, deixe-me notar: por que não Poynzet Hall: um centro: toda a lit. discutida em ligação com um real pequeno incongruente e vivente estado de espírito; & qualquer coisa que me venha à cabeça; mas "Eu" rejeitado: posto "Nós" no lugar: a quem no fim será feita uma invocação? "Nós" [...] compostos de muitas coisas diferentes [...] nós toda a vida, toda a arte, todos os acasos & achados — um todo incoerente caprichoso, mas de algum modo unificado — o atual estado da minha mente? E o campo inglês; & um cênico casarão antigo — & um terraço onde as babás passeiam? & as pessoas vão passando — & uma perpétua variedade & mudança da intensidade para a prosa.

O arremedo de prece de Virginia, no começo, é irônico e paradoxal. Ela está à mercê de seus demônios artísticos, porém dos quais ganha sua força. Dirige-se à escuridão de suas próprias intenções ocultas. Enquanto resiste a essa desconhecida influência, procurando adiar o momento em que irá "abarcar outro todo — todas as partes contribuintes", já está sentindo a sedução da tarefa. Seu rogo, "não porém por pouco tempo", aponta para os dias à frente, quando a ela se dedicará. Virginia diz que há de se distrair esboçando os contornos de seu novo livro. Sente-se livre para dizer o que bem lhe venha à cabeça e isso será parte de seu projeto artístico. Descreve-o em termos enganosamente simples, visando incorporar "toda a vida, toda a arte, todos os acasos & achados", isto é, unindo o "todo" coletivo aos "acasos" das circunstâncias individuais. Pretende integrar seus variados membros num "todo incoerente caprichoso, mas de algum modo unificado" — e de novo, com a ajuda desse ameno "de algum modo", preencher a lacuna entre o mero capricho e a unidade formal. Tal resultado depende da capacidade do artista de vencer seu egoísmo, substituindo "eu" por "nós" e obedecendo à regra do anonimato. A essa altura seu tom sofreu uma inversão, passando do displicente pedido de "alguma coisa que eu possa soprar numa manhã" para visões de "perpétua variedade & mudança". A ironia da abertura foi trocada pelo sério envolvimento da artista em seu novo experimento formal.

Absorta na escrita, Virginia aguardou a publicação de *Three Guineas*, em 3 de junho, em relativa calma, embora seu coração já batesse acelerado quando mandou exemplares para a imprensa. Logo seu coração adotaria o compasso das resenhas, previu ela, batendo "ao ritmo de escárnio entusiasmo entusiasmo escárnio". Mas o fato ocorreu quase sem dor; foi o "parto mais fácil" que ela teve, e os escárnios continham pouco veneno. Os jornais foram respeitosos; a maioria abençoou o livro, enaltecendo os louváveis motivos e o encantador estilo da autora. Uma resenha no *Times Literary Supplement* aplaudiu sua honestidade e considerou-a "o mais brilhante panfletista da Inglaterra", rótulo que, embora contrariando-a, agradou a Virginia. *The Listener* seguiu linha semelhante, notando que ela demonstrara uma "contenção quase puritana" para garantir que sua prosa sedutora não subvertesse "a razão e a lógica". Ela era "muito honesta e sincera para querer lograr seus leitores". O crítico do esquerdista *New Statesman and Nation*, cujas opiniões Leonard considerou tolas, mas bem-intencionadas, aprovou "a justeza das exigências de Mrs. Woolf" e "a beleza de seu evangelho". Em contraste com as vozes convencionais, o jornal feminista *Time and Tide* descreveu *Three Guineas* como a "revolucionária bomba de um livro delicadamente jogado no coração do nosso mundo maluco obcecado com armamentos". Essa foi uma voz isolada. Em sua maioria, os resenhistas leram somente o que queriam ler, os sentimentos idealistas de uma figura convencional, uma Virginia Woolf que existia apenas na imaginação jornalística. O *Times Literary Supplement* garantiu aos leitores que a eminente escritora não tinha nenhum desejo de causar conflito entre os sexos — pensar assim seria o "mal-entendido mais grosseiro", disse o resenhista, ignorando o conteúdo radical das propostas. Ao pratear sua língua, Virginia facilitara demais para os leitores minimizar o amargor das acusações que fazia. Por outro lado, como sugeriu Leonard, a estridência do discurso político então corrente dificultava a compreensão de suas ironias sutis. Ela tinha bastante incoerência para merecer resenhas favoráveis, mesmo que os jornais a elogiassem pelas razões erradas e o elogio subvertesse sua condição de marginalizada. Como esperava ataques ferozes, escapar de invectivas em público foi uma agradável surpresa. E o mais importante é que não a tinham descartado como uma simples tagarela charmosa. "Em geral 3Gs [*Three Guineas*] é levado a sério", concluiu ela em 11 de junho. "Muitos louvores; alguns rosnados [...] mas geralmente delicados, o que me deixa surpresa, & acabou-se."

Acabou-se porque os Woolf tinham escolhido esse mês para suas férias de primavera e, quando estivessem de volta, a primeira onda de resenhas já teria passado. Antes de sair de Londres, Virginia recebeu algumas das primeiras reações de seus amigos ao livro. Ethel leu *Three Guineas* com grande entusiasmo, questionando apenas a dureza do ataque ao patriotismo. Virginia respondeu que naturalmente era patriótica, se isso significava amar a Inglaterra, os lugares e o povo do país, mas que não podia aceitar a ligação tão comum entre o amor pela pátria e os instintos guerreiros. Como uma marginalizada, ela era capaz de detectar os modos como os políticos manipulavam as fidelidades do povo, mais até do que Leonard com sua sensitividade judia. Achava importante não sucumbir a reflexos chauvinistas impensados. "Devemos ampliar o imaginativo e manter a emoção sob controle."

Deixando Londres e essas explicações para trás, os Woolf seguiram para o norte, em viagem pela Escócia e ilha de Skye, parando primeiro num hotel em Northumberland, onde visitaram a muralha construída pelo imperador romano Adriano para barrar saqueadores escoceses. A muralha corria como uma estrada em ruínas pela paisagem, uma onda congelada, disse Virginia, com vestígios de torres que aqui e ali apontavam e um lodaçal na base. Sentando-se perto da muralha, enquanto Leonard limpava as velas do carro, ela leu uma tradução de poesia grega antiga e pensou na presença dos romanos, tão sutilmente ainda gravada ali no campo. A poesia lhe absorveu a atenção até sua mente zunir "como uma hélice de aeroplano invisivelmente rápida e inconsciente". O efeito provinha não apenas das palavras na página, mas também da paisagem a seu redor — estepes que se desdobravam pontilhadas de gado, "milhas e milhas de solidão colorida de lavanda", uma Campagna nórdica salpicada de flores e espinheiros do mato, com a faixa branca de uma estrada única. Como se em suspensão entre passado e presente, toda a cena tremulava, como as flores silvestres, brancas, ao sabor do vento. Há dois mil anos atrás os soldados romanos, a espiar de seus fortes solitários, tinham perscrutado as mesmas vistas que ela admirava agora, imaginando os acampamentos que faziam, com toscas barracas, cofres de tesouros, latrinas. Uma carga de sentido parecia envolver misteriosamente a paisagem. Escreveu ela a Ethel:

> Sabe que o campo enche uma bola de ar tão de repente na cabeça da gente, quero dizer que começa completamente um estado que já existia, mas sem ser expresso, de modo que cada curva da estrada é como meia lembrança, e pensar que isso não pode vir, mas depois então vem?
> — Um sentimento que um sonho dá? E também é a gente mesma — a verdadeira Virginia ou Ethel? Profunda paz envolvia os antigos campos de batalha.

Ela se lembrou, com desgosto, de ter recebido uma desagradável carta sobre *Three Guineas* pouco antes de sair de Londres. Era de Vita, que tinha achado o livro torturante e se disse ora encantada com a prosa de Virginia, ora exasperada por seus "argumentos enganosos". Vita não podia desafiar publicamente esses argumentos, "pois eu sempre perderia pontos na esgrima, se bem que se fosse a socos eu seria capaz de derrubá-la. Você, enquanto joga o jogo do *gentleman*, com a técnica do *gentleman*, sempre ganha". O tom de superioridade, como uma sombra passando pela terra, provocou um calafrio em Virginia, que disso tentou se libertar. Na mesma noite, escreveu uma resposta indignada, perguntando se Vita quisera acusá-la de desonestidade — que outra coisa poderia significar o termo "enganosos"? — e declarando que tivera "mais trabalho para apurar os fatos e relatá-los com clareza" do que em qualquer coisa que já fizera na vida. O que mais a feriu foi a insinuação de que ela era uma simples diletante, iniciando-se num "jogo de *gentleman*".

A beleza austera das montanhas da Escócia dispersou sua irritação; cruzando ermos desfiladeiros e rios "com cataratas", descobriu uma região que a lembrava de partes intocadas da Itália ou da Grécia e estalagens distantes onde as pessoas falavam com um sotaque tão enrolado que ela tinha de inventar o que diziam para contrapor à sua parte na conversa. Fez um apanhado da cozinha local, cheio de malícia, numa carta a Vanessa: primeiro tinha o peixe, dizia, que era divino para algumas pessoas, mas ela considerava como uma dúbia invenção. Leonard adorava os produtos de confeitaria, mas ela não partilhava de seu entusiasmo, pois desaprovava os bolos de chapa no café da manhã e deplorava o gengibre que punham. "Mesmo assim os bolos doces, mais frívolos, são muito bons", admitiu. "E o mingau de aveia é um sonho. Só que eu odeio mingau de aveia." Daí passou a uma litania da "boa sopa da terra [...] e o esplendor de salsichas, *bacon*, presunto, ovos, *grapefruit*, bolo de aveia e presunto grelhado no café da manhã". Depois de tantos apetitosos comestíveis, era quase supérfluo acrescentar que as pessoas que ela encontrava, como o padeiro que lhe mandava seus próprios biscoitos amanteigados, eram "amáveis além do que se pode crer".

De volta a Londres, viu que ainda estava zangada com Vita e escreveu-lhe de novo, rejeitando asperamente o insulto à sua inteligência. Vita a acusara de escrever uma "impostura capciosa [...]. E depois você me enlanguesce com elogios a charme e espirituosidade". Vita respondeu aflita que lhe enviara uma carta, aparentemente extraviada, em que esclarecia seus desastrados comentários. Nunca por um momento ela tinha duvidado da integridade de Virginia ou da exatidão dos fatos expostos, discordara somente por inferências que deles extraiu uma simples divergência de opiniões. Virginia sustentou, por exemplo, que as mulheres são pacifistas por natureza, "mas não é verdade que muitas mulheres são extremamente belicosas e forçam seus homens a lutar?". Era um horror para ela que suas observações apressadas tivessem causado tal mal-entendido. A desavença, não sendo grave, acalmou-se com desculpas de ambos os lados. Mas a reação exaltada de Virginia mostra como ela levava a sério seu papel de intérprete social. Quando entravam na questão fatos históricos, era bem a filha de seu pai, cultuando os deuses gêmeos da verdade e da razão. A insinuação de que havia adulterado provas chocou-a como se a tivessem acusado de ser indecorosa em público.

* * *

A crise europeia, que fervia em fogo lento desde a anexação da Áustria, voltou a esquentar no fim do verão, quando Hitler, em busca de novas oportunidades de expansão a leste, acusou a Tchecoslováquia de cometer atrocidades contra etnias alemãs nos Sudetos e postou suas tropas na fronteira. Como a França, a Inglaterra e a Rússia estavam obrigadas por tratados a defender a Tchecoslováquia, mais uma vez a guerra parecia iminente. Mas os líderes da Inglaterra, como de modo geral seu povo, resistiam a lutar por uma democracia tão distante e pequena. Hitler, explorando essa relutância, fez exigências cada vez maiores, enquanto as grandes potências contemporizavam, e finalmente ameaçou invadir a Tchecoslováquia, se essa não cedesse à Alemanha grandes partes de seu território.

Testemunhando esses acontecimentos, e vendo manobras militares até mesmo em sua aldeia pacífica, Virginia teve a impressão de que "todos se sentavam lá embaixo enquanto alguém morria lentamente". Em 6 de agosto, ao ver seis tanques com carretas de canhões que se arrastavam "como besouros pretos", descendo o morro perto de Monk's House, ela os menosprezou com escárnio e viu ali a ação de "uns garotinhos jogando uns jogos idiotas pelos quais eu pago". Uma semana depois, soube que uma mulher se afogou perto de Rodmell, uma viúva que vivia numa casa de colono em ruínas, num lugar da chapada chamado Mount Misery, e que "ficou esquisita" depois que o filho morreu. Virginia já a tinha visto a perambular com seu cachorro pela chapada. A mulher, indo à venda da aldeia, pediu um pouco de querosene para seu lampião. Estava sozinha no escuro e quase sem nada — à mercê do fazendeiro que queria expulsá-la. Finalmente, tendo matado seu cachorro, ela desceu até o rio, na maré alta, e pulou. Seu corpo, levado pelas águas, apareceu perto de Piddinghoe, no trajeto de uma das caminhadas habituais de Virginia.

Uma morte obscura que seria seguida em breve por uma infinidade de outras, se Hitler mandasse seus seis milhões de homens dar início à matança. Por ser a ideia tão horripilante, Virginia só conseguia se dizer para parar de pensar naquilo e tocar a vida de sempre. "O que mais pode fazer um mosquito numa folha de grama?" Eles estavam fazendo um quarto novo, no andar de cima de Monk's House, com portas de vidro dando para uma sacada aberta, onde poderiam sentar-se nas noites quentes de verão. A poeira caía, com todos os móveis sob lençóis, à medida que os trabalhadores martelavam. Refugiada em seu pavilhão no jardim, Virginia matutava sobre os problemas da biografia de Fry. Quando teria a mulher dele enlouquecido e como seria alguém capaz de "explicar loucura e amor em prosa sóbria, com datas anexadas?". Ela e Leonard jogavam muito boliche, que era sua "mania". E colhiam dálias. Apesar da política, foram de carro a Seaford para cruzar sua cachorra Sally e, depois de muita adulação, conseguiram.

Essa crise europeia, observou Virginia, era diferente das anteriores; o perigo de a Inglaterra ser arrastada ao conflito finalmente havia penetrado na relutante consciência popular. Os jornais, que de início, presunçosos, minimizavam a importância do rearmamento alemão, agora se mostravam alarmados. Em 5 de setembro, um dia após o impasse a que chegaram as conversações entre o governo tcheco e a minoria alemã rebelada nos Sudetos, Virginia escreveu: "Dessa vez todo mundo está alvoroçado. Essa é a diferença [...]. Estamos começando a sentir o impulso de rebanho. Todo mundo pergunta a todo mundo: Alguma notícia? O que você acha?"

Ela havia transposto um limiar bem seu, aproximando-se de uma região onde suas convicções pacifistas pouca orientação lhe davam. Só tinha certeza de que todas as facções políticas eram afetadas e confundidas pelo delírio de poder de um "homenzinho ridículo. Por que ridículo? Porque nada disso se encaixa. Não contém realidade. Morte & guerra & negrume não representam nada para que algum ser humano ligue um pingo, seja o açougueiro ou o primeiro-ministro". Mas dizer que tudo era irreal não explicava nada. Faltava-lhe uma compreensão das coisas. Negando-se a deixar que seus pensamentos se atardassem nos partidários e capangas, descartara-os como babuínos ou pestes ou garotos travessos. Assim, tinha se amortecido contra as notícias de atrocidades. Mas agora a "indiferença", com a atitude de escárnio que a seguia, já não bastava. Em 10 de setembro, ela observou que, mesmo sendo irreal a crise — menos real, por exemplo, do que os fatos sobre a vida de Roger Fry em 1910 —, a infecção tinha vencido todas as tentativas de a conter. Repetiu sua parábola dos garotinhos destrutivos, invertendo-lhe a direção. Escreveu ela:

> Todos esses homens sinistros parecem-me crianças crescidas olhando incrédulas para um castelo de areia que por alguma inexplicável razão se transformou num castelo de verdade imenso, sendo preciso pólvora & dinamite para o destruir. Ninguém em seu bom-senso pode acreditar nisso. Porém ninguém deve dizer a verdade. Assim esquecem.

Essa imagem de forças destrutivas incontroláveis refletia uma mudança de enfoque, uma compreensão mais profunda que estava além da sátira. Era preciso ler o zumbir dos aviões voando sobre a chapada e a estridência das sirenes em teste. Presságios. Virginia concluiu que eles tinham chegado novamente a "1914, mas sem sequer a ilusão de 1914".

Se os moradores comuns de Rodmell eram altamente céticos em relação ao chamado às armas, o candidato local do Partido Trabalhista ao Parlamento, um homem insignificante que colecionava caixas de fósforos, era a favor da guerra. Durante um jantar em Monk's House, o candidato, Mr. Black, falou sobre suas filhas — uma criava ratos de estimação, que eram pintados pela outra em cartazes. Ele mesmo parecia um camundongo, disse Virginia, mas ávido para estender seu poder de fogo. "E é assim que o [Partido Trabalhista] se contrapõe a Hitler." A personalidade de Mr. Black parecia espelhar o clima surrealista do momento presente. Ele imaginava que a guerra criaria uma oportunidade de "construir um novo Estado", ao que Virginia aduziu: "& que tipo de novo Estado? Um no qual colecionar ratos & caixas de fósforos."

Em 13 de setembro, por instigação dos nazistas, os alemães dos Sudetos sublevaram-se em Praga, forçando o governo tcheco a impor a lei marcial. Enquanto sucediam tais fatos, os Woolf foram informados de que o proprietário de sua casa na 52 Tavistock Square tencionava demolir o imóvel dentro dos próximos três anos; era provável que eles pensassem em se mudar bem antes. Vanessa e Duncan, por sua vez, prepararam-se para uma temporada em sua casa em Cassis, no sul da França. Apesar do incerto panorama político, partiram de carro em 16 de setembro, levando com eles Quentin e Angelica. A ausência de Vanessa, disse Virginia mais tarde, a fez sentir-se como se não tivesse mais "circunferência; somente o meu centro inviolável: L. para testemunhar".

No fim de setembro, a crise chegou ao auge. Ansioso por evitar uma guerra para a qual a Inglaterra não se achava bem-preparada, o primeiro-ministro Neville Chamberlain voou à Alemanha para negociar com Hitler e, ao mesmo tempo, começou a pressionar os tchecos para permitir que os alemães dos Sudetos, se assim o quisessem, se separassem do país. Tais manobras, como Virginia informou em seu diário, geraram certa oposição. Ao propor a entrega de uma fronteira altamente fortificada, o que deixaria os tchecos sem defesa, Chamberlain os condenava, na prática, a cometer suicídio. Além disso, a crescente percepção popular de que o poder da Alemanha seria grandemente aumentado causava generalizado terror. "Todo mundo chamando todo mundo de vigarista. A possibilidade de outro deslize para o caos depois de uma ligeira parada. Toda a Europa nas mãos de Hitler. O que ele há de engolir em seguida." Não obstante, Chamberlain voltou à Alemanha em 22 de setembro para transmitir uma oferta de autodeterminação para a região dos Sudetos, mas essa oferta já não bastava. Hitler exigiu a anexação imediata das áreas em disputa, sem eleição ou qualquer adiamento, porque senão ordenaria a invasão por suas tropas em 1º de outubro. Não podendo aceitar essas exigências, Chamberlain e seus aliados franceses viram-se aturdidos com o ultimato. O governo britânico implantou às pressas um plano de defesa civil e preparou a mobilização para a guerra.

"Nunca nunca houve um tempo assim", escreveu Virginia a Vanessa, na primeira de várias cartas relatando a semana iniciada em 26 de setembro, segunda-feira, que começou com um telefonema de Kingsley Martin, homem desagradável a cujos apelos urgentes Leonard nunca se recusava e que Virginia só tolerava por causa dele. Era de fundamental importância, disse Martin, que Leonard fosse de imediato, ele era o único que poderia fazê-lo, aconselhar alguma coisa a alguém para reconciliar dois partidos, o Trabalhista e o Liberal. Qual a exata questão, não ficou claro, mas Virginia jogou sua camisola na bolsa e lá se foram os dois, planejando passar a noite em Londres. As ruas estavam apinhadas — gente falando sobre a guerra, pilhas de sacos de areia, caminhões que carregavam pranchões, trabalhadores cavando trincheiras para abrigos antiaéreos, alto-falantes orientando os cidadãos: "Experimentem suas máscaras contra gases." Uma atmosfera de calma inatural e cinismo pairava sobre tudo — um estado no qual Virginia saiu para comprar café, enquanto Leonard dava um pulo no escritório do *New Statesman*. Nessa noite, ele trouxe Kingsley Martin para jantar em casa. Martin, com olheiras fundas, estava mais melodramático do que nunca. Mas não fez menção ao problema urgente que o obrigara a convocar Leonard. Discutiram "o inevitável fim da civilização" e Martin explicou que Hitler tinha um plano de jogar bombas sobre Londres de vinte em vinte minutos, durante quarenta e oito horas. Atabalhoada e febrilmente ele andava de um lado para o outro, "dando a entender que pretendia se matar". Parou para ligar para um amigo na BBC e perguntar pelo discurso de Hitler — que ia então em meio — e informou que as massas estavam "uivando como bestas ferozes" em resposta ao Führer. Passado outro tanto de conversa lúgubre, ligou de novo e informou que a situação tinha piorado — aparentemente não havia mais esperanças. "Hitler está mais louco do que nunca [...]. Tome um uísque, Kingsley, disse L. Bem, de qualquer modo já não importa muito, disse K." Afinal ele se foi, dizendo que não conseguiria dormir e ia andar pelas ruas. Empertigou-se solene para apertar a mão de Virginia, como se pela última vez.

Na manhã seguinte, Virginia se refugiou na Biblioteca de Londres para pesquisar fatos sobre Roger Fry e a exposição pós-impressionista de 1910. Depois, pensando em Roger, deu uma entrada na National Gallery, onde um velhote falava sobre Watteau para um grupo de ouvintes atentos que pareciam absortos num último resquício de vida normal. Virginia olhou algumas pinturas de Renoir e Cézanne, tentando vê-las como as teria visto Roger, o que a ajudou, disse, para dissipar a escuridão prevalecente e "eu pôr alguma solidez no espírito". Mais tarde ela e Leonard se reuniram com sete funcionários de sua equipe para discutir o futuro da Hogarth Press, que era incerto, já que havia poucas pessoas comprando livros na época e lojas que planejavam fechar. Com víveres e colchões pelo chão, os funcionários tinham improvisado um abrigo antibombas num quarto cheio de livros onde era guardado o estoque. Queriam manter-se a postos, e os Woolf concordaram em continuar pagando os salários, enquanto isso lhes fosse possível. Para Virginia, foi uma despedida penosa. Se o caos urbano a horrorizava, deixar os outros para trás lhe instilava culpa. Temeu estar se acovardando, mas lembrou-se de que a orientação do governo, para quem pudesse, era sair da cidade. E seria um grande alívio voltar para a calma relativa de Rodmell. Ela e Leonard ainda pensaram em coisas de que precisariam, caso ficassem retidos lá. Ele apanhou um casacão bem quente; ela, as cartas de Roger Fry para Vanessa e um maço de envelopes selados. Saíram, como tinham chegado, na chuva, com as estradas cada vez mais escuras. Figuras espectrais assomavam às janelas do carro em lento avanço. "Torrentes terríveis desabando", relatou Virginia; "as estradas entupidas; homens pregando tabiques em vitrines de lojas; sacos de areia sendo empilhados; e uma generalizada sensação de pressa e fuga." De volta a Rodmell, souberam que a aldeia teria de abrigar cinquenta crianças vindas de Londres e prometeram ficar com duas.

No dia seguinte, quarta-feira, 28 de setembro, uma voz culta na BBC instruiu as pessoas que estavam sendo evacuadas a usar roupas quentes e não levar animais de estimação. Seguiu-se a isso uma mensagem oficial para navios no mar, um arcebispo fazendo orações e autoridades explicando no zoo seus planos para matar todas as cobras venenosas e outros animais perigosos, o que inspirou a Virginia visões de "Londres assolada por serpentes & tigres". Os Woolf receberam um recado de que o gerente da Hogarth Press não conseguia passagem para Tavistock Square, onde havia trincheiras contra-ataques aéreos, porque o estacionamento era só para moradores. Tentaram sintonizar rádios estrangeiras, mas as frequências estavam congestionadas. A multiplicidade de incertezas tornava tudo irreal. Às cinco da tarde, ligaram de novo o rádio, esperando ouvir que a guerra tinha explodido. Em vez disso, souberam da "sensacional declaração" de Chamberlain. No dia seguinte, Virginia leu o relato desse episódio dramático por Harold Nicolson. Chamberlain tinha feito um longo discurso perante a Câmara dos Comuns, delineando as origens da crise. Falava em voz cansada e automática e todos presumiram que acabaria por conclamar à guerra. Cerca de meia hora depois, alguém passou-lhe uma nota que ele fez pausa para ler, ajustando o *pince-nez*. "Todo seu rosto, todo seu corpo pareceram mudar", escreveu Nicolson. "Ele ergueu o rosto, para que a luz vinda do teto o iluminasse em cheio. Era como se todas as linhas de ansiedade e exaustão tivessem sido bruscamente alisadas; ele parecia dez anos mais moço e triunfante." Tinha recebido uma mensagem de Hitler convidando-o, junto com Daladier, da França, e Mussolini, para ir a Munique e resolver suas diferenças. A Câmara, ao saber disso, delirou; parlamentares jogavam seus chapéus para o alto, precipitando-se aos gritos pelos corredores. Chamberlain logo concluiu seu discurso e foi preparar-se para a partida. A notícia de que a mobilização havia sido posposta por vinte e quatro horas trouxe uma sensação geral de alívio, disse Virginia, "como sair de um quarto escuro".

Na manhã de sexta-feira, 30 de setembro, as quatro potências assinaram um acordo em Munique aceitando todas as exigências da Alemanha. Mais tarde, no mesmo dia, já no aeroporto, Chamberlain acenou com um papel que continha sua assinatura e a de Hitler, um compromisso de que os dois países nunca "voltariam a fazer guerra um ao outro". Posteriormente ele insistiria ter restaurado a "paz com honra. Acredito que é a paz para o nosso tempo". Nas multidões, suas palavras despertaram os aplausos mais calorosos ouvidos desde o dia do armistício. Em Rodmell, malgrado um repique de sinos e um serviço organizado às pressas na igreja, os aldeões estavam "totalmente certos de que era um negócio sujo" — de que Hitler se preparava para atacar quando estivesse mais forte e eles não conseguissem resistir.

A Virginia, entorpecida pela crise, tinha restado uma "irrealidade que nublava todo sentimento claro". Agora, os sentimentos retomavam seu curso e ela se permitiu imaginar a catástrofe da qual então escaparam — o inferno das cidades bombardeadas, listas de baixas, civis aterrorizados a se abrigar por trás dos corpos dos jovens. Mais um pouco e teriam tido de "esfregar o nariz na morte" e manter-se em luta constante, com suas vidas bloqueadas por todos os lados, para obter "um fiapo de liberdade". Ela não sabia se conseguiria sobreviver em tais condições. Tão espantosa era a mudança em relação ao abatimento da véspera, quando se convencera de que as bombas começariam a explodir a qualquer momento, que ela concluiu estar em face de "sóbria & verdadeira vida após a morte".

À estiada na tormenta política contrapôs-se um período de clima realmente tempestuoso que Virginia se induziu a tomar também por presságio; em crises como aquela, disse, a pessoa se torna altamente impressionável pelos "símbolos do tempo — persuadindo-se de tudo". A tempestade se prolongou por vários dias. Seus sentimentos de alívio, como os de seus vizinhos, transformaram-se numa impressão irritada de que a paz não poderia durar. A chuva fustigante e os ventos fortes cortaram a eletricidade da aldeia, forçando os Woolf a acender as velas levadas entre os preparativos de guerra; quando não esquentavam sua comida na lareira da sala de jantar, eles comiam carne de carneiro fria e maçãs derrubadas pelo vento, de que havia fartura. A escuridão e o silêncio tornavam de particular mau agouro um zumbido recorrente no céu. Virginia escreveu a Vanessa: "Todo o brejo na neblina, vacas se abrigando, aviões ainda bombardeando." Leonard previu que eles teriam "paz sem honra por seis meses".

Quando voltaram para Londres, em 16 de outubro, Virginia percebeu uma decepção cada vez maior com a política de Chamberlain; todos sentiam que o tempo estava encurtando. Vanessa, em carta de 24 de outubro, louvou as belezas e a solidão de Cassis. As vinhas amadureciam; os camponeses eram muito gentis; diariamente eles almoçavam no terraço — um momento ideal para Virginia vir. Ela de fato foi tentada, tendo por chamariz o sol quente e a ausência de telefones; a ideia de escapar do inverno em Londres quase a levou a comprar uma passagem, mas na última hora se deu conta de que ela e Leonard ficavam "tão infelizes separados que eu não posso ir" — um fato humilhante, como escreveu, que revelava o completo fracasso de seu casamento, pois o apego nos reduz à "maldita servidão [...] o pior fracasso imaginável". De qualquer modo, a guerra poderia estourar, e não lhe convinha arriscar-se a se afastar tanto assim. Ela e Leonard conversaram sobre a espada de Dâmocles que pendia sobre suas cabeças. Nos últimos dois ou três anos, disse ele, o medo da morte o obcecara, e ele tivera de ensinar-se a não pensar no assunto. Virginia respondeu que ela não gostaria de continuar vivendo, se ele morresse, mas que, enquanto estavam juntos, "achava a vida o quê? Excitante? Sim, penso que sim. Ele concordou. Portanto não pensamos na morte".

Nunca sua vida social esteve tão agitada. Ela havia previsto que sua fama entraria em declínio para a deixar na obscuridade, mas a verdade era justamente o contrário. Recebia tantas visitas e convites que às vezes não podia senão relacioná-los no diário. Em 1º de dezembro, registrou oito compromissos em quatro dias, dominada, entretanto, pela sensação de apenas estar passando o tempo. Era difícil acreditar na importância do que ela própria fazia, quando a Europa se preparava para um mergulho no caos. Seus livros eram, disse a Ethel, "intoleravelmente aéreos e desfocados". A biografia de Fry lhe impunha dura labuta, que ela, porém não interrompia, a não ser para rascunhar um episódio de "Pointz Hall" (finalmente intitulado *Entre os atos*) quando a dieta de fatos se tornava muito opressiva. Num levantamento do trabalho feito até perto do Natal, ela anotou que tinha levado a vida de Fry até 1919 e escrito 120 páginas de seu novo romance, além de vários contos e ensaios.

Tinha a sensação contraditória de pairar à beira de um acidente fatal, quando o tempo se move bem lentamente antes de disparar implacável. Franco estava ganhando a guerra na Espanha, registrou ela no começo do novo ano, e na ocasião sonhou com Julian. Em 28 de janeiro de 1939, os Woolf foram a um chá com Sigmund Freud, cujos livros eram publicados pela Hogarth Press desde 1924 — "um homem torto e encolhido muito velho", sentado num claro salão de Hampstead em volta de estatuetas de divindades egípcias. Ele estava semiparalítico e sofria de um câncer na boca. A visita foi marcante, mas um pouco penosa, devido à antiquada polidez e ao imperfeito inglês de Freud, que presenteou Virginia com um narciso. Ela detectou vestígios de um "imenso potencial [...] um fogo velho agora oscilante". Ele, após ouvir com atenção uma história que Leonard contou, sobre um juiz que queria punir um ladrão de livros obrigando-o a ler todas as obras de Freud, comentou: "Nesse caso eu era infame, não famoso." Falando sobre os nazistas, Freud disse que o veneno precisaria de toda uma geração para seu efeito passar. Quando Virginia observou que, se a Inglaterra não tivesse vencido a última guerra, talvez não houvesse um Hitler, ele respondeu que, se a Alemanha tivesse ganho, "teria sido infinitamente pior". Suas últimas palavras foram: "O que *vocês* vão fazer?" — usando "vocês" para se referir à Inglaterra — e Virginia deu a única resposta possível: guerra.

A onda de negativismo disseminava-se por seu estado geral. Ela deu exagerada importância a um empréstimo feito a uma amiga, Helen Anrep, que tinha vivido com Roger Fry em seus últimos anos. A vida financeira de Helen estava em grande desordem e Virginia lhe emprestara £150 para cobrir saques a descoberto no banco. Mas logo lamentou sua generosidade, por ter trabalhado duro para ganhar o dinheiro. Muitas vezes Helen, no passado, ajudara jovens artistas necessitados, e Virginia se perguntou se agora seu empréstimo iria "fornecer simpatia aos viciados em simpatia". Que bom pagamento receberia por sua escrita sofrida. A suspeita importunou-a por todo o mês de janeiro. Seu consolo era pensar que Roger tinha feito críticas valiosas a seus romances; um só comentário dele, de que suas "cenas inanimadas" chamavam muita atenção para sua própria personalidade, já valia as £150. Tinha acertado em lhe honrar a memória ajudando a companheira amada. Assim mesmo, Virginia rangeu os dentes quando Vanessa observou que Helen jamais mudara de hábitos: "Oh, ela nunca vai lhe pagar."

A nova e truncada Tchecoslováquia estava se desintegrando e, em 11 de março, quando a desordem chegava ao auge, Virginia anotou que havia terminado a primeira versão da biografia de Fry. Em vez de exultar, atentou na "terrível lapidação" ainda por fazer; não tendo as habilidades de um biógrafo, não sabia se seria capaz de concluir a obra, embora se permitisse "um momento de leve gratificação" por ter ao menos extraído os fatos e descrito os principais eventos da vida de Roger. Poucos dias depois, ela registrou em seu diário o fim da Tchecoslováquia. As províncias eslovacas tinham se declarado independentes e tropas nazistas entraram em Praga em 15 de março, fazendo do restante do país um protetorado alemão. Como prometera respeitar a independência da Tchecoslováquia, Hitler reincidia no desprezo pelos que acreditavam nele. Virginia citou a fraca lamúria de Chamberlain, de que essa ação não se enquadrava "no espírito da reunião de Munique". O absurdo da observação tornava supérfluo qualquer comentário. Tudo o que ela pôde dizer foi: "Nós sentamos & olhamos." Enquanto isso, ela calculava que precisaria de três meses para rever "Roger Fry", e era muito provável que a essa altura já estivessem em guerra. Referiu-se com amarga displicência à desgraça: "E sempre tem a nossa velha e querida guerra." Esse "fundo púrpura" nublou sua Páscoa em Rodmell, apesar do clima quente e agradável durante o feriado. A guerra causava uma ruptura profunda, tornando tudo aparentemente sem sentido, e ao mesmo tempo criava um "sentimento comunitário: toda a Inglaterra pensando a mesma coisa [...] no mesmo momento. Nunca senti isso tão forte antes".

Sua reação a essa atmosfera sinistra complicou-se por causa da mãe de Leonard, que teve um ataque do coração em dezembro e vivia obcecada com a própria saúde. Marie Woolf já começara a dispor de suas coisas e queria deixar para Virginia uma pequena poltrona ou um açucareiro de prata. Mas se agarrava com feroz tenacidade à vida. Em 27 de abril, após um chá muito penoso com a senhora idosa e doente, Leonard passou a refletir sobre sua própria velhice. Disse que queria morrer antes de Virginia porque ela, já vivendo num mundo todo seu, poderia enfrentar a solidão, ao passo que ele dependia daquela vida em comum, em que partilhava prazeres como a jardinagem. Discutiram absurdamente sobre quem precisava mais do outro. E Virginia comentou: "Fiquei muito feliz de pensar que sou tão necessária. É estranho como é raro a gente sentir isto: no entanto 'vida em comum' é uma realidade imensa." Já Leonard se inquietava com a crescente absorção de sua mãe em si mesma e com a ideia de que o espírito possa morrer antes do corpo.

[Diário de Virginia, 28 de abril de 1939]

A velhice dela é tão intolerável [...] disse ele, porque ela assumiu uma atitude irreal. Viveu num faz de conta sentimental. Vê-se como a matriarca adorada & força os filhos a assumir essa atitude. Daí a irrealidade de todas as relações. Essa obsessão dela a fez fechar-se também para qualquer interesse: não liga para nada impessoal — arte, música, livros. Não quer ter uma companhia ou leitor; precisa depender dos seus filhos. Constantes indiretas portanto sobre a bondade de Herbert & Harold; inferência de que L. se esquece dela; insinua que eu o tirei de sua família; e o absorvi na minha. Sentamo-nos assim por 2 horas naquele quarto rosa e quente entulhado tentando achar assuntos de conversa. E houve silêncios pavorosos & nossas cabeças se entupiam de lã [...]. No entanto ela nos levou até a escada & fez L. jurar que ela parecia melhor — "É mesmo, Len? É verdade que eu pareço melhor?" — como se ainda se agarrasse firme à vida & não pudesse ser removida. Daí andar pela garoa em Kensigton Gardens; & olhar as cerejeiras lívidas & lúridas na tempestuosa bruma amarela. Muito fria manhã de primavera.

Virginia estava decidida a resistir às mentiras convencionais que garantem "a irrealidade de todas as relações". Aplicou o mesmo critério à tão comum fraqueza humana da sogra e ao extraordinário desejo de poder do ditador — ambos representando uma "atitude irreal". Ambos impondo uma moldura que não se encaixa e "não contém realidade", enquanto as obras de arte e do intelecto proporcionam à nossa experiência um enquadramento adequado.

A chantagem emocional de Marie Woolf com seus filhos diferia apenas em grau de outras manifestações de força. Seu ressentimento contra a nora, por tirar Leonard da família, era um paradigma de orgulho nacional e preconceito tribal. Havia continuidade entre as ilusões da velha senhora e as ilusões ainda maiores da época. A irrealidade doméstica não só desvirtua sentimentos, mas também ideias, e as ansiosas questões de Mrs. Woolf acrescentaram sua confusão ao "fundo púrpura" que maculava o mais belo dos dias da primavera.

15

Ao altar

A residência dos Woolf era contígua a um local de demolição. Postas abaixo as duas casas seguintes, os trabalhadores colocaram escoras para apoiar a parede externa, que na casa adjacente tinha sido a interna. Da rua viam-se agora, no lugar das antigas salas e quartos, retalhos de papel de parede e restos de pintura. De noite, o trânsito por Southampton Row, antes abafado pelas casas contíguas, impedia Virginia de dormir. De dia, havia um martelar constante e a fina areia que era soprada de fora para cobrir o chão de seu estúdio. Preparando-se para ir para Rodmell em 25 de maio de 1939, Virginia pensou no longo tempo que passara naquele quarto, sentada em frente da lareira, com um caderno no colo, e tendo à sua volta pilhas de publicações da Hogarth Press. O estúdio se tornara levemente opressivo e ela achou que não voltaria a escrever livros ali. Leonard, na ocasião, estava tratando de alugar uma nova casa na vizinha Mecklenburgh Square, uma área mais tranquila; lá, o jardim dos fundos confinava com um parque e um *playground* pertencentes outrora a um orfanato. Virginia já se imaginava terminando seus dias sentada ao sol naquele "grande jardim tranquilo".

Em 5 de junho, eles partiram de Rodmell para uma viagem de duas semanas pela Bretanha e pela Normandia. Visitaram Les Rochers, o castelo onde Madame de Sévigné escreveu as cartas que a notabilizaram como "uma das grandes damas da arte da palavra". Ao ver a espreguiçadeira e o urinol em forma de terrina que eram levados por madame em suas visitas à corte de Luís XIV, Virginia declarou-se encantada. O castelo, informe, era "feito de bolos prateados", mas as velhas construções rurais, em harmoniosos tons de cinza e branco, sugeriam um natural refinamento. Em 18 de junho, os Woolf pararam em Bayeux, onde a festa de São João, com suas celebrações da meia-noite, confirmaram-na a impressão de uma rica tradição — fogos de artifício, pessoas fantasiadas e um padre de branco, sob um palanquim, abençoando um barco de pesca carregado de rosas. "Meu Deus, como os franceses são ardentes e civilizados e sensuais em comparação conosco", Virginia escreveu a Ethel, "e como liberta a alma beber uma garrafa de bom vinho por dia e sentar-se ao sol." Era também uma satisfação poder olhar a velha *bourgeoise*, tão arrumada e protuberante na figura "como um telhado de chalé", ou o velhote de veludo preto com botões prateados que tocava gaita de foles enquanto jovens elaboradamente trajados iam dançando e brincando pela noite adentro.

Ao retornar à Inglaterra, ela voltou a trabalhar na revisão de *Roger Fry*. Chegara agora ao capítulo sobre a exposição pós-impressionista, na qual Fry apresentou pela primeira vez aos filisteus da Inglaterra os grandes pintores modernistas, e achou terrivelmente difícil "manter as proporções certas". Seus amigos, sem exceção, falavam do suicídio de Mark Gertler, velho conhecido de Virginia e protegido de Fry, que tinha aberto o gás em seu ateliê após se separar da mulher. Um mês antes, Virginia estivera com ele, que a visitara para dar-lhe alguma informação sobre Fry, para a biografia, e denunciara energicamente "a vulgaridade, a inferioridade do que ele chamou de 'literatura'; comparada à integridade da pintura". Um homem difícil e obstinado, um egotista — muito fanático para aceitar despreocupadamente a vida. Mas era também um artista dedicado que parecia estar bem situado, com amigos influentes e bons contatos. Embora ela tivesse algumas dúvidas sobre os quadros que ele pintava, já chegara à conclusão, anos antes, de que "sua obstinação acabaria perfurando o granito". Quando Gertler jantou com eles, em maio, Virginia viu poucos sinais de doença ou depressão, se bem que ele falasse de uma tentativa anterior de suicídio, da qual disse estar completamente recuperado, tendo alcançado uma nova etapa de desenvolvimento como pintor. Vanessa e Duncan tinham ficado entusiasmados com sua última exposição, declarando-a "um grande avanço". Esses eram os fatos externos, mas Virginia pensou sobre as realidades íntimas, a dor particular que tinha sido muito forte para aguentar — sua esposa, talvez — e se sobrepôs a todas as vantagens de "seu interesse & intelecto", sua absorção no trabalho. Ele era pobre, claro, e forçado a dar aulas, mas isso eram simples circunstâncias. Sobre a razão que o motivara, ela nada sabia. Sua morte solitária acentuava o isolamento sentido por muitos outros artistas durante esse tempo tenebroso. Ademais, sua identidade como artista judeu tornava-o duplamente sensível às brutalidades nazistas. Após um dos discursos de Hitler, ele havia dito: "Ouvi a voz do animal injetando veneno nos corações dos seus compatriotas — foi um horror — como bestas ferozes."

O estilo de Virginia em *Roger Fry* era convencional e, de quando em quando, insípido, como se a atmosfera de crise na qual ela o escreveu desencorajasse qualquer autoexpressão. O livro apresentava um simpático panorama da vida e das ideias estéticas de Fry, mas fazia pouco esforço para retratá-lo por dentro. Escrupulosamente, Virginia excluíra do retrato muitos detalhes pessoais, em deferência à família de Fry e às suas próprias opiniões sobre privacidade. Seu relato da carreira artística dele era claro e ágil, mas sem adornos de poesia ou de humor — "um experimento em autossupressão", como ela disse. A vida do amigo era narrada, tanto quanto possível, nas palavras do próprio Fry, na suposição de que ele "brilharia mais por sua luz do que através de qualquer sombra que eu pinte". A contenção que ela adotou tinha um precedente, pois foi Roger quem a advertira contra a tentação de "poetizar" e impor a própria personalidade. Como *Os anos*, essa biografia foi uma tentativa de escrever contra sua índole e uma reação ao espírito antipoético dos tempos. Leonard observou mais tarde que ela tinha feito violência à sua natureza ao submeter-se a um "férreo padrão" de cronologia realista. Outro tanto disse ela mesma, já em meio da revisão do original, ao declarar que estava decidida "a ir labutando & fazer um bom trabalho, não uma obra de arte. Só tem esse jeito. Forçar-me a [...]. Não há como ignorar o fato de que é ralação & deve ser; e eu devo levar adiante". Sua tarefa era sintetizar os fatos e criar um memorial fiel. Quando esperava fazer "um bom trabalho", dos mais comuns, não confiava na visão artística, mas sim na prática autoanuladora de seu ofício.

Ainda assim, os instintos artísticos que ela negou nesse nível fizeram seus reclamos em outros — o homem sobre quem escrevia, afinal, devotou sua vida às belas-artes — e ela comparou a biografia, em retrospecto, a uma composição musical feita de temas, desenvolvimento e recapitulação. Sua tentativa, disse, foi percutir todos os temas, para que eles pudessem ser "ouvidos juntos e terminassem trazendo no último capítulo o primeiro tema de volta". Acrescentou que pensava em seus livros como música, antes de escrevê-los, e que só conseguia lidar com a proliferação de dados factuais quando "os abstraía em temas". Em "A Sketch of the Past", o memorial experimental que começara a escrever em abril, ela deu outra explicação desse estilo, com sua ênfase em motivos condutores, observando que, "se a vida tem uma base na qual se firma, e se essa é a taça que enchemos sem parar", então seu próprio ponto de partida era uma lembrança de infância, de estar na cama numa manhã de verão em Saint Ives e ouvir o barulho das ondas rebentando e espalhando água. Essas experiências tão íntimas uniam-se a um padrão por trás da vida diária, o qual estabelecia, por sua vez, as "varas de medir ou concepções de fundo", isto é, o critério pessoal usado para avaliar todos os acontecimentos. A vida de Virginia era governada assim pelo ritmo da água, a sensação de constante fluxo e refluxo que lhe viera dos verões à beira-mar, enchendo-se seus anos de variações desse motivo. De modo análogo, Virginia apresentou a experiência mais central de Roger Fry no parágrafo de abertura de sua biografia. No jardim da casa em que ele morou, na primeira infância, havia um canteiro de brilhantes papoulas orientais — a primeira coisa a despertar sua fina sensibilidade estética. Ela citou o relato da descoberta por Fry, que tinha observado os botões ainda verdes "com fiapos de seda escarlate amarfanhada aparecendo por trás […]. Concebi que nada no mundo seria mais entusiasmante do que ver a flor rebentar bruscamente o envoltório verde e desdobrar seu grande cálice vermelho". O êxtase desse momento foi o centro, a base íntima na qual toda a carreira artística posterior de Fry repousou. E dele veio o padrão da biografia escrita por Virginia, pondo a paixão estética como o tema dominante, o centro em torno do qual giraram todos os demais interesses.

A paixão estética, que evoluiu para a missão de levar aos filisteus a nova arte pós-impressionista, susteve Fry, apesar de sua infelicidade pessoal. Em 1917, no auge da Primeira Guerra Mundial, ele escreveu um ensaio, "Art and Life" ["Arte e vida"],* no qual argumentava que esses dois campos têm ritmos distintos e independentes, com histórias que não raro tomam rumos totalmente diversos — como o estilo pictórico romano, por exemplo, permaneceu inalterado enquanto o império era abalado pela conversão ao cristianismo. Virginia viu um dualismo comparável na vida particular de Fry; os ritmos frenéticos do crítico de arte e pintor, "com visitas chegando, o telefone tocando e senhoras elegantes a pedir conselhos sobre colchas para suas camas", punham-se em forte contraste, disse ela, com a lucidez do *connaisseur* que se recolhia a seu estúdio para pensar sobre Giotto. A vida de Fry mostrava um entrelaçamento complexo dos dois tipos de ritmo, o ativo e o contemplativo, cada qual a sobrepor-se e modificar o outro. Quanto mais examinava os detalhes dessa vida, mais difícil era para ela mantê-los separados na mente — haveria de fato, perguntava-se, alguma clara linha divisória? Fry achava que suas teorias estéticas proporcionavam ajuda indispensável para enfrentar problemas pessoais. O distanciamento, disse ele, era "a suprema necessidade do artista", ele que tinha tido de recorrer ao máximo de distanciamento possível quando sua jovem esposa, pouco depois do casamento, mostrou súbitos sinais de grave doença mental.

Os problemas de Helen Fry constituíram-se em paralelo com o próprio histórico de Virginia, tendo Roger desempenhado o mesmo papel de acompanhante que Leonard.

E é mais forte o efeito de eco porque os psiquiatras de Helen, Savage e Head, tinham também tratado de Virginia quando ela entrou em crise, pouco depois de se casar com Leonard. Tais fantasmas infectaram seu estilo, marcando a passagem fundamental em que ela descreveu a manifestação da demência de Helen. A crise começou quando o jovem casal estava vivendo na Itália, para onde tinham ido porque o clima inglês parecia afetar os pulmões de Helen. O alarme era falso, mas outras razões de ansiedade os perseguiram. Escreveu Virginia:

---

* Roger Fry, "Arte e vida", in *Visão e forma*, trad. Claudio Marcondes. São Paulo: Cosac Naify, 2002. [N.E.]

> Certos medos, era impossível dizer se racionais ou fantásticos, tornaram-se recorrentes. Na tentativa de escapar a esse assédio, eles viviam se mudando de um lugar para outro. Roger Fry, é o que deve ser dito, fez tudo o que podia para ajudar a esposa; sua paciência e solidariedade foram infatigáveis, como incrível foi sua capacidade de agir. Mas as obsessões dela aumentaram. E finalmente, quando eles voltaram para a Inglaterra na primavera, o golpe se abateu. A loucura se declarou.

Simultaneamente inflado e duro, o trecho reflete o desconforto da autora com o assunto, que ela aborda em frases estereotipadas: "As obsessões dela aumentaram [...]. O golpe se abateu. A loucura se declarou." Virginia não se permitiu imaginar ou dramatizar o momento em que Helen ficou pela primeira vez tão agitada que Roger teve de recorrer à ajuda dos médicos, malgrado a habilidade com que cuidava dela. Virginia, em vez de dar detalhes da doença, citou o conciso bilhete de Roger para um amigo: "Ontem à noite ela esteve pior. Nada faltou para que fosse uma noite horrível. Vamos levá-la para um hospício hoje." Em seu breve comentário sobre a crise de Helen, Virginia, enquanto autora, limitou-se a pôr um véu sobre o fato: "A agonia que está por trás dessas palavras não pode ser descrita", escreveu ela, "nem pode ser exagerada."

O tom da última frase novamente sugere a relutância de Virginia em examinar mais a fundo os motivos ou o caráter de Fry. O que ela deixou de fora é revelador. Ao trabalhar a partir de um texto escrito por ele, sobre como se apaixonou por Helen Coombe depois de apenas poucas horas de conversa animada, e editar a prosa de Fry, ela obscureceu o fato de ele ter pressentido desde o início o problema mental de sua esposa; era fascinado, escreveu ele, pela inteligência e algo mais que havia em Helen, "um estranho toque de gênio [...]. E havia também beleza e certo terror de minha parte ante a misteriosa impalpabilidade dela — o que suponho que se tornou sua loucura mais tarde, mas o terror, embora bem definido, a ponto de eu ter certeza de tragédia quando me casei, trazia ainda um temeroso deleite". Ao transcrever essa frase, Virginia omitiu a declaração de Fry de "ter certeza de tragédia" quando se casou, certeza essa que já dava ao romance um aspecto meio sinistro. A omissão atenuou a implicação de que Roger era atraído por Helen por causa da doença nervosa, o que também tinha paralelos no relacionamento de Virginia e Leonard.

Virginia foi ainda mais reticente sobre as partes da vida pessoal de Roger que coincidiam com a sua. Só de modo indireto mencionou a amizade que os havia ligado e não disse absolutamente nada sobre o relacionamento dele com Vanessa, que começou cerca de um ano depois de Helen, com diagnóstico de esquizofrênica, ser internada permanentemente num hospício. Vanessa aconselhara Virginia a dizer toda a verdade sobre ela e Roger, fazendo assim aos mais jovens uma sinalização importante. "Espero que você não se importe de nos fazer corar a todos", tinha ela escrito. Mas Virginia, apegada à sua decisão de não publicar os detalhes da vida privada, excluiu tudo o que pudesse fazer corar, mesmo entre os mortos. E tudo o que ela sabia por experiência pessoal, inclusive a íntima amizade de Roger com Julian, recebeu o mesmo tratamento reservado.

Ela partilhava da convicção de Fry de que a emoção estética tem um "caráter de 'realidade' especial". A decidida concentração com que ele via as formas artísticas era revigorantemente objetiva e afastada da política prática. Ainda que documentar a vida de Roger fosse não raro um trabalho árduo e enfadonho, indiretamente ela entrou em uma nova relação com ele; de certo modo, sentia-se mais próxima do biografado agora do que quando estava vivo. O tratamento que ele dera às teorias amoldava-se à mente de Virginia e ressoava naturalmente em sua voz. Ao perceber o entrecruzar-se das formas visuais e literárias, ela teve a compreensão enriquecida pelas ideias de Roger num diferente registro. Foi esclarecedor examinar as coisas colecionadas em seu estúdio. Entre pilhas de livros e papéis, pinturas e telas por pintar, ele arrumara um grupo de objetos para uma natureza-morta, com um bilhete em que pedia à faxineira para não mexer ali — no santuário onde o artista cultuava indestrutíveis "provas de realidade espiritual [...] as maçãs imortais, os ovos eternos". A claridade dessas formas assemelhava-se a um dos momentos imóveis de Virginia, suas visões de uma mesa de cozinha alojada numa pereira ou de uma luva velha que conservava forma de mão.

Fry sustentava que a arte, conquanto dependa de condições materiais, não tem por objetivo essencial espelhar a natureza, mas criar suas próprias formas e, por conseguinte, sua própria e especial realidade. Esse poder era exemplificado pela obra dos grandes pintores pós-impressionistas, que foram capazes de "expressar em forma pictórica e plástica certas experiências espirituais [...]. Eles não procuram imitar formas, mas criar formas, não imitar a vida, mas encontrar um equivalente para a vida". Pela claridade estrutural, disse ele, tentaram obter uma vivacidade análoga à do mundo natural, escapando aos limites da arte mimética. "Não visam de fato à ilusão, mas à realidade." Suas obras deixaram perplexos os visitantes da primeira exposição pós-impressionista, em 1910, despertando a hostilidade do mundo oficial da arte londrina e do público por expô-los, como Virginia disse, ao "choque da realidade". A exposição dera grande notoriedade a Fry, acrescentou ela, tornando-o por fim "o mais lido e o mais admirado, se não também o mais xingado, de todos os críticos de arte vivos".

Insistindo que arte e vida obedecem a ritmos separados e às vezes divergentes, Fry foi altamente sensível à atmosfera política. Nos desdobramentos da Primeira Guerra Mundial, viu a loucura que era impor à Alemanha termos de paz vingativos e previu que essa política haveria de provocar uma reação terrível. A principal tarefa agora, disse ele, era impedir que os políticos destruíssem os remanescentes de civilização que tinham sobrevivido à guerra. Como Virginia, considerava o nacionalismo, com seu apelo às emoções massificadas, a mais monstruosa "de todas as religiões que já afligiram o homem". Líderes inescrupulosos, manipulando as massas para seus próprios fins, puseram a Europa cada vez mais próxima da anarquia. Uma epidemia de "desrazão emocional" não somente infectara a Alemanha e a Inglaterra, mas também solapara a grande tradição de objetividade na França, o país que ele mais admirava, e isso tornava imperioso promover o distanciamento civilizado trazido pela emoção estética.

O estudo crítico de Cézanne por Fry, livro que Virginia considerava sua obra-prima, oferecia um somatório implícito desses valores. Seu argumento, escreveu ela, era que o grande pintor combinava dois tipos de inteligência artística diferentes e em geral incompatíveis — o poder da análise rigorosa e o da sensibilidade intuitiva; ele tanto se abria para o esquema formal de uma obra quanto para as diminutas gradações locais de seu tom e textura. Esses poderes, acrescentou Virginia, tinham capacitado Cézanne a transformar coisas banais do dia a dia, como algumas maçãs, uma mesa, uma jarra de leite e um pote de gengibre, em declarações de valores atemporais, sendo assim os objetos "investidos da majestade das montanhas e da melodia da música".

Um espírito semelhante, que animava a crítica de Fry, capacitou-o ao longo da vida a examinar com um novo olhar obras já bem familiares, como se as visse pela primeira vez; ele se negou a repetir-se. Em seus últimos anos, disse Virginia, recolhia-se frequentemente a uma casinha em St. Remy, na Provença, onde podia trabalhar sem interrupções em sua própria pintura. De noite, abria a porta para ouvir o canto dos rouxinóis e o coaxar dos sapos, observando alegremente que as criaturas da noite "sempre mudam o ritmo antes de ele estar fixado". Seu próprio temperamento flexível tinha algo em comum com esses ritmos naturais. Apesar de ele nunca ter conquistado, como pintor, a mesma mestria que exibiu como crítico, sua prática como artista aguçou sua capacidade analítica. Adotando o tom impessoal que era do agrado de Fry, Virginia escreveu este comentário sobre a convergência de seus lados criador e crítico: "À medida que o artista envelhece, o crítico se torna consciente de uma crescente riqueza e audácia no projeto [...]. O artista se torna menos consciente e assim tem acesso a um maior espectro de emoção. Desenha coisas comuns em seu tema, a jarra de leite, a maçã e a cebola, e investe-as de uma peculiar realidade." Ela, porém, não passou disso, lembrando-se da insistência de Roger de que a análise era apenas um instrumento tosco em relação à complexidade da concreta obra de arte.

O caráter puritano de Roger ficou permanentemente marcado pelos doze anos iniciais durante os quais ele enfrentou a doença mental de sua esposa. Após a internação de Helen, voltou todas as suas energias para a prática e o ensino de seu evangelho estético. Sua crença na necessidade de distanciamento e renúncia de si, por parte do artista, era paralela ao ideal de anonimato de Virginia, e a descrição que ela fez da filosofia dele ecoava as proféticas passagens de *Three Guineas*. A personalidade, para crescer e expandir-se, escreveu ela, deve aprender a resistir à "deformação que é a posse". Tal distanciamento capacitava a pessoa a desfrutar integralmente da vida, sem sucumbir ao "grande pecado da Acídia, que é punido com névoa, escuridão e lama". As palavras se aplicavam a Roger, mas provinham da própria luta interior de Virginia contra a depressão, de seu medo das envolventes "névoa, escuridão e lama" que só podiam ser vencidas, disse ela, "não se pedindo nada para si".

Roger tinha recebido bem, até o fim, as novas inspirações, concluiu ela. "Como os sapos em Saint Remy, mudou o ritmo antes de ele estar fixado."

A mãe de Leonard, aos 88 anos, insistia teimosamente em fazer tudo sozinha. Baixa, gorda e impulsiva, tinha tomado vários tombos, e em 28 de junho quebrou duas costelas. Internada na London Clinic em estado grave, agarrava-se à vida e fazia tantas chantagens emocionais com seus filhos adultos, que a solidariedade de Virginia era dada principalmente à filha que teria de cuidar dela. Era cruel dizer isso, mas a tal ponto a velha dama tinha "manobrado para falsificar todas as emoções", que sua família já não podia senão desejar que ela morresse. Uma doença que se arrastasse muito seria bem mais cruel, pensou Virginia, porque sua sogra tinha "a imortalidade do vampiro. A pobre Flora haveria de ser sugada gota a gota por anos".

O estado de Marie Woolf se manteve precário por três dias, durante os quais Virginia passou horas numa saleta do hospital, à espera de notícias do quarto da paciente. O médico advertira que a qualquer momento ela poderia simplesmente parar de respirar. Mas Mrs. Woolf sentiu-se bastante bem numa noite para brincar com Virginia, sugerindo que ela escrevesse um livro intitulado "A mulher caída". Em 2 de julho, depois de a maior parte da família ter saído para jantar, em Tavistock Square, eles receberam por telefone a notícia de que seu estado tinha se tornado crítico, e ela morreu antes de chegarem ao hospital.

A Virginia restou "certo remorso por aquela velha dama briosa, que era tão chato visitar. Mesmo assim ela era alguém". Não se podia, porém, negar que tinha um caráter deprimentemente banal. Impusera sua própria e rósea versão de realidade à relutante família, que a satisfazia, disse Leonard, fingindo viver "no melhor dos mundos possíveis, uma terra encantada de nove filhos perfeitos adorando a mãe a quem deviam tudo" e reverenciando a memória do falecido pai. Paradoxalmente, ela também tinha o senso prático e firme da viúva que criou sozinha, com uma renda muito modesta, suas nove crianças. Mas por um longo tempo lhe faltou algum interesse ou um trabalho produtivo que pudesse fazer valer a pena viver. Virginia falara desse fato penoso a Leonard, anos antes, e concluíra que "se deveria tomar veneno. Ela tem todas as razões; & no entanto requer mais vida, mais vida". A despeito desses pensamentos, Virginia se comoveu a fundo quando Mrs. Woolf lhe confidenciou um de seus mais guardados segredos: que a governanta com quem ela dividia a cama, em criança, tinha lhe transmitido uma terrível e não especificada doença. Virginia recebeu tal confidência como uma oferta real, embora não pudesse corresponder à implícita demanda de maior intimidade. Como ela haveria de agir quando chegasse àquela idade avançada, perguntou-se — haveria de "ir para a mesa de escrever & escrever aquele simples & profundo escrito sobre o suicídio que me vejo deixando para os meus amigos?".

Com tal e tão longa regularidade, as crises vinham e passavam — na Renânia, Abissínia, Espanha, Áustria, Tchecoslováquia —, que Virginia ouviu as últimas notícias sobre as ameaças alemãs à Polônia, em julho de 1939, num estado de entorpecido alheamento. Harold Nicolson, em seu posto de observação no Parlamento, previu que dentro de um mês teria guerra, mas a ameaça, fundindo-se às anteriores, se dissipou. Ela sentia um vago presságio e uma lenta vibração ao fundo, tal qual a impressão audível de seus nervos em frangalhos. "Naturalmente o perigo da guerra paira sobre tudo", escreveu. "Uma espécie de fricção perceptível, mas anônima. Dantzig. Os poloneses vibram no meu quarto." Uma noite, andando pela Tottenham Court Road para ir ao cinema, foi tomada de um brusco horror da multidão — as pessoas lhe pareciam tão "disformes & viciosas & suadas", que teve de se obrigar a dar um passo atrás do outro, murmurando "um, dois, um, dois", para não congelar parando ali. Encontrava-se preocupada com a mudança para Mecklenburgh Square.

Pensar em todos os móveis, tapetes, livros e papeladas a que eles tinham de dar fim lhe dava noites de insônia. Ao preparar-se para o costumeiro verão em Rodmell, ela sabia estar deixando Tavistock Square para sempre e pensou em registrar o que sentia sobre a mudança, mas na correria dos últimos momentos não teve tempo para isso.

Chegando a Monk's House em 25 de julho, Virginia viu que operários, por ordem de Leonard, tinham começado a construir uma nova estufa; no jardim já se erguia um telheiro feio, com alicerce de tijolos, estragando a vista do pavilhão onde ela escrevia e deixando-a em grave conflito, pois sabia como ele amava a jardinagem. Na manhã seguinte, quando ela estava tomando banho, Leonard entrou para perguntar o que devia fazer. Com os operários à espera lá fora, devia mandar que eles terminassem a obra ou dispensá-los logo? Ela sentiu o delicado equilíbrio entre sua própria aflição e o prazer dele. Seu relato do que aconteceu em seguida indica o espírito de seu casamento em duas frases concisas: "Você é que deve decidir, eu disse. E assim ele os dispensou." Mas a decepção de Leonard ficou atormentando Virginia, que ao mesmo tempo se ressentia igualmente da intrusão em seu espaço de trabalho. Leonard lhe disse para esquecer tudo aquilo, mas a consciência a incomodava. "Estou tão infeliz", escreveu ela, usando essa "palavra-valise" para dar a entender um misto de "dor de cabeça; culpa; remorso... A casa, a casa de L. [...] oh meu Deus, seu passatempo — a pereira dele — ser derrubada por minha causa." Aquela ficou sendo, no final das contas, "a manhã da estufa". Impossibilitada de trabalhar pelo que padecia, ela se recompôs relendo partes de seu diário do ano anterior, o que lhe fez bem porque permitiu abarcar maior extensão de tempo do que as vistas ligeiras que tinha ao "escavar só um pouco". Achou então que tinha sido lograda, pois Leonard é que criara o problema, por não a consultar antes de agir; além disso, ele a fizera se sentir culpada por ser tão exigente. Decididamente a aborrecia sua "rapidez em jogar a culpa em mim. Sua arbitrariedade. Eu vejo a tentação. 'Oh, você não quer — então me submeto'". Naturalmente, alegar altas razões morais era uma tentação, à qual ele cedeu. Por consequência houve uma briga do casal, logo seguida pela reconciliação cujo auge foi a despudorada pergunta que ela fez para se garantir: "Você ainda me acha bonita agora?" Ao que ele respondeu: "A mais linda das mulheres."

O "grande problema" da estufa se resolveu dois dias depois, com a decisão de que Leonard construiria um jardim de inverno, que em nada viria atrapalhar, atrás da casa. Os operários demoliram o alicerce e o telheiro. "Que estranho alívio", observou Virginia, "ver a forma da parede & o arbusto cor-de-rosa de novo. Quão repousado se sente o meu olhar."

Após a dança de autossacrifício e acomodação, a maquinação ingênua por vantagem moral, ela achou doce a reconciliação entre eles. Que era uma espécie de domesticidade banal — andar às turras por causa do jardim. Mas talvez isso fosse um indício de que nada realmente desastroso aconteceria por fim. Virginia ainda podia declarar "nunca ter sido tão livre & feliz", embora acrescentasse a advertência do "Prufrock" de Eliot, de que tais idílios só duram até que "vozes humanas nos acordem & nós nos afoguemos".

Todos os seus pertences estavam depositados em caixas em vans, Virginia escreveu a Vita; eles tinham duas casas em Londres, nenhuma habitável. A mudança dos Woolf para Mecklenburgh Square coincidiu com uma nova escalada da contínua crise política. Em 24 de agosto, dia combinado com a transportadora para a entrega de seus pertences pessoais, chegou a notícia de que a Rússia tinha assinado um pacto de não agressão com a Alemanha, liberando assim Hitler para se mover contra a Polônia — um fato novo e embaraçoso para o governo britânico, que se comprometera a ir à guerra, caso os alemães invadissem a Polônia. Nessa manhã, indo de trem para Londres, Virginia se espantou ao ver como pareciam contidos e quase indiferentes os demais passageiros. Também as ruas da cidade estavam tranquilas, em contraste com a agitação provocada pela crise de Munique — sinal de que as pessoas se achavam emocionalmente esgotadas. "Nós somos mais como um bando de carneiros. Nenhum entusiasmo. Paciente perplexidade. Suspeito de algum desejo de 'levar a coisa adiante'." Todos os indícios mostravam que teriam em breve esse desejo atendido. O governo estava montando um verdadeiro ensaio geral para a guerra — blecautes, sessões do Parlamento para aprovar a legislação de emergência, lugares públicos fechados. Chegando a Mecklenburgh Square, os Woolf viram que a viagem fora uma perda de tempo, porque o homem que iria desembalar seus móveis havia sido convocado para o serviço militar. Mas o chefe da turma encarou o contratempo com a calma de um filósofo. Ninguém tinha culpa, disse ele. "O que se pode fazer contra o destino?" A casa nova estava no mais completo caos, com caixotes e caixas bloqueando as passagens. A desordem reinava também na Hogarth Press, já que todas as vans de entrega tinham sido requisitadas para fins militares e não havia ninguém para transportar os livros para as livrarias. Embora eles estivessem, por enquanto, confortavelmente instalados em Rodmell, Virginia foi fortemente abalada pela desordem generalizada em Londres. Seus assuntos privados estavam numa confusão, disse ela, e em perfeita sintonia com a confusão que os políticos haviam feito.

A modesta rotina de vida, de volta a Monk's House, mal chegou a ser afetada pelos preparativos de guerra, mas tudo estava diferente. Às vezes, embalada pela tranquilidade do campo, ela se permitia imaginar que eles tinham escapado para uma ilha particular cheia de sol, embora o retorno à realidade, logo depois, fosse ainda mais penoso. Todos os dias eles ligavam o rádio, na expectativa de ouvir que a guerra já começara. Estridente, a voz de Hitler se alteava para denunciar a Polônia, tal como ele antes tinha denunciado a Tchecoslováquia. Uma impressão de Virginia, de que um modo de vida terminava e uma nova e sombria era estava em gestação, dava a cada dia do verão uma claridade vibrante. Ao caminhar pela chapada em 28 de agosto, e pensar que esse talvez pudesse ser um último dia de paz, ela se deitou ao lado de uma meda de trigo, percebendo o vazio dos descampados, o espetáculo indiferente das nuvens cor-de-rosa que cruzavam o céu. Mais tarde, resistindo ao desânimo, notou como se sentia contente com suas obrigações caseiras e sua vida privada; o romance da simplicidade a enchia de "alegria dia após dia. Tão feliz fazendo o jantar, lendo, jogando boliche. Nenhum sentimento de patriotismo". Talvez lhe fosse possível, em sua ilha particular, esquecer-se da mania de guerra; quando, porém, ela pensava no mundo além dessa ilha, tudo empalidecia, o torpor a dominava, uma "vasta calma fria escuridão" a envolvia. A questão era como eles iriam sobreviver, "como continuar, durante a guerra? [...] Claro que eu tenho as minhas velhas esporas & os meus velhos flancos". O trabalho já a impelira antes para transpor dificuldades, e seus velhos flancos tinham sobrevivido a muitos páreos renhidos. Além disso, ela contava com a plenitude do momento presente para sustentá-la. "Sim, é uma tranquila e adorável tarde de verão; nem um som. Uma andorinha entrou na sala de estar. Conversei com a garota que cuida dos cães de caça no morro, perto da árvore com hera em flor. Zumbir de efeméridas. Ando sem mangas no calor."

Em sua linguagem havia um tom funesto. Casualmente ela caía em contradições, ora aludindo à alegria doméstica, ora ao torpor do desespero, como se não houvesse ligação entre ambos e um golfo intransponível separasse sua ilha ensolarada do tempestuoso mundo exterior. Suas memórias dos dois estados se juntavam tanto que pareciam a ponto de se fundir, mas ainda assim permaneciam à parte, uma intocada pela outra, como se se referissem não só a diferentes fases, mas também a personalidades sem relação entre si. Essa cisão prenunciava as condições do tempo de guerra, com sua alternância de momentos "normais" e espasmos de pura destruição — condições em que a dissociação se tornava uma estratégia de sobrevivência.

Por ora os prazeres de cozinhar, ler e conversar com os vizinhos a ocupavam, mas em outro nível ela lutava para não cair na mais completa apatia. Era preciso ao menos pôr um pouco de ordem no novo apartamento em Mecklenburgh Square. Eles voltaram a Londres em 31 de agosto, para tratar de desembalar a mudança e reduzir os apertos da Hogarth Press — momento irônico para tomar providências, pois no mesmo dia os alemães estavam se preparando para invadir a Polônia. Os primeiros bombardeiros cruzaram a fronteira na madrugada de 1º de setembro. De regresso a Monk's House, Virginia observou que o fato que tinham por tanto tempo temido não causou notável diferença na aldeia — tudo continuava com o mesmo e ilusório ar de normalidade de antes. Leonard trabalhava no jardim, pendurando sacas para proteger as fruteiras, e um carpinteiro na sala de jantar, instalando colunas decorativas de madeira.

Apesar de a guerra ter começado, Chamberlain adiou por dois dias uma declaração formal, na esperança de ainda negociar e evitar a luta. Tal adiamento irritou de alto a baixo os dois partidos, e Arthur Greenwood, porta-voz dos trabalhistas, incitou Chamberlain a agir, sustentando que o tempo das conversações tinha acabado. Seu discurso na

Câmara dos Comuns motivou uma discussão entre Virginia e Leonard. Ela se opôs ao clamor pró-guerra de Greenwood. Os trabalhistas ainda eram marginalizados, sem nenhuma influência no planejamento político, e ela não confiava no governo dos conservadores. "São 'eles' como sempre que fazem isso", disse ela. "E como sempre nós ficamos de fora. Se nós vencermos — e daí?" Ao que Leonard respondeu que eles tinham de lutar e vencer a fim de barrar a expansão da barbárie. "Os alemães, vencidos, são o que são [...]. Todas as fórmulas agora são um simples plano de gângsteres." Uma rara discussão política — eles tinham os mesmos objetivos, mas Virginia se apegava a seu pacifismo, insistindo que a força, a longo prazo, nunca dava certo. Pouco depois, o ultimato de Chamberlain aos alemães expirou sem resposta e a discussão se tornou supérflua. Virginia achou que o ânimo das pessoas em Lewes, aonde foi comprar doces, era paralelo ao seu. As ruas estavam apinhadas: carros cheios de roupas de cama; gente indignada comprando pano escuro para cortinas, comprando provisões, esvaziando prateleiras, mas não demonstrando interesse nem nenhuma apreensão pela guerra. Ela concluiu, desafiante, que todo aquele tumulto era "baboseira & recheio" se comparado à realidade de ler um dos comentários sociais de Tawney ou rever uma frase de *Roger Fry*. Ela reafirmou sua fé na "realidade da mente". Quando o mundo material parecia retroceder, tornando-se ralo e insubstancial, fortificava-se com o lembrete, quase um mantra, de que "qualquer ideia é mais real do que qualquer dosagem de tormento de guerra". Foi o que se disse, sem grande convicção, pois no mais íntimo de sua mente viu um cenário de bombas a cair sobre quartos de Varsóvia, muito semelhantes àquele em que ela e Leonard estavam na mesma hora sentados. E a imagem se sobrepunha à de seu jardim, onde as maçãs brilhavam ao sol.

Os ataques aéreos ainda não tinham alcançado a Inglaterra, mas Virginia acordou ao som de sirenes na manhã de 6 de setembro. Quando ela e Leonard saíram para o terraço, o céu estava claro, sem que se vissem aviões inimigos. Mais tarde, ela costurou cortinas e deu ajuda a algumas mulheres grávidas evacuadas de Londres para um chalé em Rodmell. As mulheres brigavam e se queixavam, levando-a à conclusão de que o dia parecia "uma viagem longa por mar, com estranhos puxando conversa & um monte de pequenos incômodos & providências". A constante agitação e desordem tornava impossível concentrar-se na escrita ou qualquer outro trabalho criativo — uma prova do sabor que tinha o tédio da guerra. "A força", declarou ela, "é a mais obtusa das experiências. Significa sentir somente sensações corporais: deixa a gente fria & tórpida. Infinitas interrupções."

Esperavam que as bombas começassem a cair a qualquer momento e não sabiam ao certo se ou quando poderiam voltar a Mecklenburgh Square, que continuava uma balbúrdia. Em 7 de setembro, foram até lá às carreiras, desencaixotaram algumas coisas e estenderam tapetes, mas deixaram os quartos ainda abarrotados de caixas vazias, mesas e cadeiras de pernas para o ar. Para Virginia, Londres estava quente, silenciosa e apreensiva. À noite, as ruas às escuras davam ideia de "uma cidade medieval de banditismo e trevas", e ela anotou o caso de um amigo que andara com um motorista de táxi que pouco antes tinha sido agredido e roubado. A guerra, disse a Ethel, a fazia sentir-se como se tivesse recebido uma pancada na cabeça. Foi um alívio voltar para Monk's House e notar que seus nervos relaxaram quando chegaram à familiar zona rural. Eles decidiram que seria melhor ficar em Rodmell por enquanto, indo a Londres apenas quando necessário.

Nada ainda de ataques aéreos. Virginia anotou em 23 de setembro que os alemães tinham levado três semanas para engolir a Polônia, com a ajuda de tropas soviéticas que ocuparam a metade leste do país, após o que a Polônia desapareceu completamente do mapa. Os alemães faziam uma pausa na área, para consolidar sua posição e planejar o próximo avanço, enquanto o governo britânico marcava passo e os franceses se recolhiam aos abrigos subterrâneos de sua Linha Maginot, perscrutando as posições inimigas através de uma engenhosa óptica.

Virginia, não podendo mais contar com uma renda da Hogarth Press, voltou-se para o jornalismo literário e concordou em escrever dois artigos para o *New Statesman and Nation*, tarefa que, além de lhe trazer algum dinheiro, também a manteria ocupada até que pudesse se concentrar em algo mais sério. "É melhor ter o que fazer", ela refletiu, "& não acho que eu possa no momento ficar alheia ao conforto. As minhas razões assim são meio a meio." Isto é, meio econômicas, por um lado, e por outro meio de espírito público — substituindo ironicamente outros colaboradores que tinham sido recrutados para o esforço de guerra. Embora voltar a ser "jornalista" desse-lhe a impressão de retroceder trinta anos, escrever com prazo marcado dava-lhe um objetivo em função do qual organizava seus dias. Seu primeiro artigo, sobre Gilbert White, o clérigo do século XVIII cuja *Natural History of Selborne* [*História Natural de Selborne*] descrevia a fauna de sua aldeia natal, absorveu-a em meados de setembro. O clássico de White apresentava ao leitor um mundo onde "o mexerico é a respeito dos hábitos das víboras e o interesse amoroso é fornecido principalmente por sapos". Seu segundo tema foi igualmente inocente e distante do conflito em curso — uma resenha de uma nova edição das obras de Lewis Carroll, que ela acabou de escrever durante uma visita a Londres.

Eles saíram de Rodmell em 13 de outubro, para passar uma semana em Mecklenburgh Square. Virginia relutou em ir, certa de que deveriam cair numa armadilha; calculavam tão mal os seus horários, ultimamente, que ela temia que eles entrassem na cidade no exato momento de começar o bombardeio; nos primeiros dias, esteve sempre de orelha em pé, à espera de ouvir sirenes. "Em Londres nunca se escapa da guerra", escreveu ela. O conflito estava inscrito nos rostos dos apressados passantes, na desordem dos transportes, com estações do metrô fechadas e ônibus irregulares, na ausência de crianças e mendigos nas ruas. Uma vida subterrânea — "todo mundo carregando uma máscara contra gases". As lojas fechavam mais cedo e, depois que escurecia, as ruelas urbanas sucumbiam à natureza indomada, tornando-se

> tão verdosas & tenebrosas que era de se esperar que uma raposa ou um texugo rondassem pelas calçadas. Uma reversão à Idade Média com todo o espaço & o silêncio do país enfiados nesta selva de casas negras. Uma tocha pisca. Um idoso senhor é revelado. E some. Essa luz vermelha pode ser um táxi ou a lâmpada de um poste. As pessoas tateiam seu caminho à procura dos respectivos covis.

O apartamento deles ainda estava uma mixórdia, com livros e quadros pelo chão, penicos na sala de visitas e, na de jantar, uma cama. A falta de intimidade com os quartos tornava os móveis menores, a escada precisava de conserto e a cozinha era pequena demais. Durante a temporada, chuvosa e desagradável, Virginia ficou em casa, escrevendo e reescrevendo sua resenha sobre Lewis Carroll; tentava se esquecer de como tinha os pés e as mãos frias, resistindo ao espírito do "horror estéril". Certa noite, ela escreveu a Angelica Bell, dando impressões daquela cidade claustrofóbica, cujas janelas eram tapadas com cortinas escuras e onde as escavadeiras abriam trincheiras em plena praça. Ela mesma acabara de puxar suas cortinas de segurança, refletindo que "os ratos nos porões vivem como nós".

No fim de semana, a vida sob cerco já começava a parecer quase normal, mas com a volta para Rodmell as perspectivas mudaram — a surpresa e o alívio foram "como abrir as cortinas e dar com um dia bonito". Só que a sombra da cidade, aquela selva medieval de casas, pairando ao fundo, às vezes perturbava a paz no jardim e em sua casa no campo. Ela sentia a selvageria urbana se aproximando, atravessando o rio, lançando as garras sobre a chapada e os prados. Frequentemente, ouvia os estrondos de máquinas nos aviões que sobrevoavam a aldeia.

Parecia ainda haver quem quisesse livros, apesar da guerra, e os Woolf resolveram publicar a biografia de Fry no verão de 1940, se bem que contassem com vendas muito modestas. Virginia estava revisando o último e extenso capítulo, "Transformations" ["Transformações"].

Aguardava-se uma situação de emergência que não se concretizava nem se desfazia de vez — a "guerra do lusco-fusco", como disse Churchill —, com os grandes exércitos entocaiados e aperfeiçoando seus planos antes de se lançarem a hostilidades francas. Um dia, Leonard observou que ele "se treinara para se desligar completamente dos sentimentos pessoais" quando necessário, hábito de distanciamento seletivo que Virginia julgou altamente desejável. Era apenas uma questão de bom-senso, já que a capacidade de escapar da prisão da identidade "nos dá a única felicidade que é segura". Tal renúncia, que ela estava longe de atingir, oferecia grandes vantagens. Que bom seria, refletiu ela, ouvir críticas ao próprio trabalho sendo capaz de "se anular" ao mesmo tempo. Sim, os comentários de Leonard eram "muito sutis & sensatos" e compatíveis com sua visão de anonimato, que se realizava mais facilmente aqui no campo, onde amigos e estranhos em visita não costumavam vir distraí-la. Ademais, ela encontrava novas abordagens da objetividade nos escritos de Freud, que tinha começado a ler pela primeira vez. Estava decidida a sair de si mesma e a conquistar assim uma abrangência maior; era vital derrotar "o encolhimento da velhice", como anotou. "Sempre começar coisas novas. Mudar o ritmo."

Assim continuaram eles com aquela vida provisória, assistindo a atos secundários como a perseguição do pequeno navio de batalha alemão *Graf Spee*, que foi encurralado por navios britânicos e se refugiou em Montevidéu em 14 de dezembro. Os alemães receberam permissão para ficar no porto neutro por dois dias; depois tiveram de zarpar para tentar a sorte contra a esquadra inglesa, à sua espera logo além das águas territoriais. Virginia observou com desgosto que jornalistas e maníacos por novidades estavam fretando aviões dos quais pudessem ver o navio ir a pique, "& muita gente estará morrendo hoje à noite, ou jazendo em agonia. E isso nos há de ser servido enquanto nos sentamos com as nossas toras de lenha nesta amarga noite de inverno". O acontecimento era espetacular de fato, mas finalizou sem batalha. Os alemães evacuaram o navio, levaram-no para águas profundas e o explodiram; três dias depois, o capitão se matou — uma breve alteração na calma ilusória da guerra de lusco-fusco. Virginia relatou: "Nada acontece na Inglaterra. Não há razão em parte alguma. Feras meramente rampantes." Entre os aldeões, que diziam o que pensavam com revigorante franqueza, ela ainda encontrava vestígios de sanidade, mas a maioria das pessoas parecia aturdida pela incerteza, entorpecidamente indo em frente com a cabeça alhures.

Um recorde na queda de geadas, em dezembro e janeiro, aumentou ainda mais a imobilidade geral e o isolamento. O frio foi tanto que a água congelou nos canos e o gelo vitrificou as ruas, amontoando-se em alguns dos lugares por onde Virginia mais gostava de andar. Quando foram de carro a Lewes, levando sua cozinheira, Louie, para extrair dentes, os Woolf tiveram sua primeira experiência de viajar em condições de blecaute; os carros que se aproximavam, com os faróis disfarçados como "olhinhos vermelhos", lançavam uma estreita faixa de luz no meio da estrada — não mais que o suficiente para que pudessem passar raspando em outros, enquanto o resto, inclusive as margens da estrada, permanecia imerso na escuridão. Tais cenas davam um pano de fundo apropriado para as obras de Freud, que Virginia então lia com avidez. Ela o admirava por seu ceticismo, ainda que o julgasse perturbador, porque, se o inconsciente governa nossas vidas, se a mente humana é um "turbilhão" de impulsos egoístas, o que diremos nós então dos ideais de civilização e progresso social? De qualquer modo, ela endossava o ataque de Freud à autoridade religiosa. "Sua selvageria contra Deus é boa", anotou. "A falsidade de amar os nossos semelhantes. A consciência como censor."

A qualidade de vida de Virginia tinha mudado. Os velhos ritmos que eram gerados pelo trabalho e os compromissos sociais, pelas alternâncias entre a cidade e o campo, foram completamente rompidos. Mal ela podia imaginar agora Londres em tempos de paz, com luzes e trânsito, telefones tocando e um fluxo constante de visitas que nunca a deixavam só. Mas a memória de suas andanças por "ruazinhas de cortinas amarradas com latão & o cheiro do rio & a velha lendo" evocava eventuais rasgos de patriotismo que trazia em si. Encerrar a parte urbana de sua vida e transferir-se para o campo foi uma alteração muito maior, concluiu ela, do que simplesmente mudar de casa. E que alívio trocar Londres pelo espaço aberto e a solidão! O campo propunha pequenas e constantes descobertas, como a visão de "um cormorão e um martim-pescador juntos sobre o rio numa tempestade", ou de um buraco escondido na chapada onde ela se abrigou de uma ventania. Era muito provável que nunca mais voltasse a morar na cidade, escreveu a Vita. Mas o tempo todo os sentimentos de desamparo induzidos pela guerra se insinuavam e se impunham. Numa noite fria de janeiro, ela anotou no diário que pretendia ficar sentada ao fogo, lendo "algum clássico severo", e esquecer-se do aluguel muito caro que pagavam pela casa de Londres, onde não podiam morar, e outros problemas. Nesse mesmo dia, mais cedo, tinha notado que a paisagem de inverno, cuja beleza lhe deu intenso prazer, também parecia estéril e indiferente, ecoando seu próprio estado dividido.

[Diário de Virginia, 20 de janeiro de 1940]

> Andei pela beira do rio & para casa pelo brejo. A beleza era etérea, irreal, vazia. Um dia de junho. -12,2° de frio intenso. Tudo em silêncio, como se oferecido desde outro mundo. Nem passarinhos, nem carroças, homens atirando. Esse espécime contra a guerra. Essa beleza impiedosa & perfeita. O salgueiro de um vermelho-rubi, não vermelho-ferrugem; plumoso, macio [...] & os morros brancos. Mas algum vazio em mim — na minha vida — porque L. disse que o aluguel era muito caro. E depois o silêncio, o puro silêncio desencorpado, no qual foi exposto o perfeito espécime; parecia corresponder ao meu próprio vazio, andando agasalhada com o sol nos meus olhos, & nada pressionando insistindo somente esse solo duro, férreo, todo pintado. Os homens estavam esperando marrecos [...]. Sentamo-nos na margem ao sol. Tudo parecia muito distante, & separado — os fiapos de fumaça — o pato selvagem — os cavalos amontoados e quietos. Pensamentos não povoavam; eu estava de certa forma segura por um par de tenazes & vim para casa fazer bolos de chapa e rever o meu artigo; & todas as palavras pareciam estar também sem corpo. Que tal então um clássico severo?

Um episódio dissociado: pensamentos ausentes, palavras "sem corpo", Virginia sentindo-se "de certa forma segura por um par de tenazes", que eram as insidiosas garras da guerra, esvaziando tudo — sua pessoa, sua escrita, suas paisagens favoritas —, exibindo um fundo púrpura que se tornara quase invisível e ao mesmo tempo coloria toda a vista, com sua crueldade acentuada pelos caçadores à espreita para matar as velozes aves aquáticas. Mas ela se reanimou, esforçando-se para não matutar sobre seu próprio fracasso. Era tempo de reunir suas forças, era tempo "de viver: a não ser que sejamos para explodir; o que me nego inteiramente a fazer". A assertiva mais uma vez revela sua altercação impulsiva com a catástrofe, sugerindo que ela tanto poderia morrer silenciosamente e sem esforço, como uma chama se extingue, quanto ser soprada para longe, como uma folha ao vento, ou arrancada da vida com uma força explosiva.

* * *

Voltando para casa depois de atravessar o brejo encharcado, de sobretudo e galochas, num dia ventoso de fevereiro, Virginia percebeu que a primavera, embora dormente, não estava longe e seria cruel, porque eles todos iam "sendo levados ao altar nessa primavera: acho que as suas flores vão pender & amarelar & avermelhar o jardim com as bombas caindo".

Ela enviou o original completo da biografia de Roger para Margery Fry em 23 de fevereiro, sentindo-se como uma criança a entregar um exercício na escola, e logo caiu de cama com uma inflamação na garganta e uma febre que de uma forma ou de outra se arrastaram durante cinco semanas. O primeiro veredicto sobre *Roger Fry* veio-lhe em 10 de março, quando ela já estava de pé e ativa, mesmo que ainda ligeiramente febril. Leonard tinha lido o livro até a metade e julgou-o imperfeito, como lhe disse durante uma caminhada pelo prado alagado — muito desabrido, quase zangado, em sua crítica. O livro era mera análise, "não história", disse ele, ou seja, faltava-lhe um ponto de vista. O método dela de expor os temas em palavras do próprio Roger, sem fornecer ao leitor claras chaves de interpretação, só poderia funcionar se o biografado fosse um "vidente" com uma mensagem que valesse em si mesma, o que Roger não era. O leitor precisava de orientação, e ela havia estorvado sua própria imaginação por usar um estilo de "austera repressão", o que tornava o livro "monótono para quem via de fora. Todas aquelas citações sem vida". Leonard comenta em sua autobiografia que Virginia se forçou a escrever essa biografia contra sua inclinação natural; e que *Roger Fry* surgiu, por conseguinte, num estado "ligeiramente desarticulado". Na época, em 1940, ele expressou suas objeções com tal força, que ela se convenceu de ter fracassado, embora de um lado se mantivesse cética, por suspeitar de algum motivo inconsciente nele — falta de simpatia por Roger, por exemplo. Ela, no entanto, não se importou tanto assim, já que seu ego não estava envolvido a fundo, como seria o caso com um romance — afinal, o livro se aproximava mais de "uma peça de artesanato" que de uma obra de arte. Os demais leitores foram, porém, entusiastas. Vanessa disse-lhe por carta que a biografia trazia Roger de volta à vida e ela não deveria mudar nada; Margery também achou o retrato extremamente convincente, dizendo apenas: "É *ele*", o que a encorajou a publicá-lo sem maiores alterações.

Mas Margery forneceu uma longa lista de pequenas correções e inserções, o que manteve Virginia remendando o manuscrito, como uma forma de tortura, até 9 de abril.

Enquanto isso, os passarinhos se juntavam nos olmos, carregando gravetos para fazer ninhos, e Virginia se permitiu a esperança de alguma coisa semelhante a uma primavera normal, sua primeira primavera no campo desde 1914, quando se recuperava de uma crise nervosa. Eles iriam visitar livrarias pelo litoral, para colocar livros da Hogarth Press, e parar para um chá e para vasculhar antiquários "& haverá uma maravilhosa casa de fazenda — ou uma nova trilha — & flores — & boliche com L.". Ela contava com esses e muitos outros prazeres: "Maio vem vindo & aspargos & borboletas." Estava contente por não pensar muito, repousando na pura sensação, por ter acabado com "escaramuças futuras ou lamentos passados" e saborear a vida de segunda ou terça-feira, deixando de lado sua culpa puritana. Na corrida humana, tinha feito sua parte ao escrever *Three Guineas* e não devia "nada a ninguém". Além disso, estava sendo atraída pela vida da aldeia, participando ativamente das reuniões sociais de uma organização feminina de Rodmell, o Women's Institute, onde viu brigas e intrigas cuja ferocidade equivalia à das grandes nações. "O ódio pela mulher do pastor é inacreditável", escreveu Virginia em 6 de abril, acrescentando que ela e Leonard eram vistos como "revolucionários vermelhos radicais porque o Partido Trabalhista se reúne na nossa sala de jantar". Três dias depois, começou no mar do Norte a primeira grande batalha da guerra, quando a Alemanha se lançou à invasão da Noruega e da Dinamarca.

16
"Salgueiro-chorão"

Batalhas navais no mar do Norte, navios britânicos depondo minas e desembarcando tropas na costa da Noruega para combater os invasores alemães... Virginia anotou que "o primeiro impasse da guerra" era agora um fato. O momento tinha um fascínio perverso; após meses de ansiosa incerteza, disse ela, isso dava "o velho e estranho puxão no pano de fundo da mente". Estranho era dar com essa ameaça sombria num belo dia de primavera, quando os narcisos do prado floresciam no terraço; encontrar seu mundo dividido entre duas realidades, com as flores em destaque como uma brilhante película sobre um fundo obscuro onde forças hostis davam puxões na tessitura de sua personalidade. O barulho dos aviões no céu, com as sombras passando sobre os canteiros de violetas, a fazia sentir-se fria ao sol.

Ela passou essa manhã de abril escrevendo uma palestra para um público de trabalhadores em Brighton. Tinha prometido falar na Worker's Education Association sobre os jovens escritores esquerdistas ligados a Auden, Isherwood e Spender. Desconfiava de que a coerência deles como um grupo não fora além de 1939: a guerra os dispersara e modificou suas prioridades; agora talvez fosse possível recapitular seu desenvolvimento, se bem que muitas das questões que os motivaram já parecessem singularmente distantes. A palestra de Virginia, "The Leaning Tower" ["A torre inclinada"], que começava com um retrospecto das distinções de classe na literatura inglesa, descrevia o dilema dos jovens escritores que chegaram à maioridade por volta de 1925 e se viram arrastados a batalhas ideológicas para as quais seus interesses e educação não os tinham preparado. Tornaram-se socialistas, mas colidiram com o incômodo fato de, como membros da alta classe média, sentarem-se "numa torre erguida acima do restante de nós", uma torre construída com base nos privilégios e dinheiro que haviam herdado de seus pais. Não podiam se livrar de sua educação em colégios particulares e universidades de elite, que conferia outras vantagens de que também desfrutavam, ainda que se sentissem culpados por causa disso. Em consequência, suas vozes soavam estridentes e seus ataques à sociedade burguesa eram ao mesmo tempo violentos e frouxos. Tendo caído numa armadilha na torre, não conseguiam admitir a incongruência da posição em que estavam. "Eles se aproveitam de uma sociedade que achincalham", comentou Virginia. "Estão chicoteando um cavalo morto ou à morte porque um cavalo vivo, se chicoteado, os derrubaria de seu dorso." Outrossim, a torre já não era aprumada e estável; era a torre inclinada que ameaçava lançar seus ocupantes ao chão, apesar de por enquanto ainda oferecer bela vista. Vista inevitavelmente enviesada e suspeita, que os fazia sofridamente constrangidos, debilitando sua força criadora; pois um escritor, para criar, precisa tornar-se inconsciente, precisa de um transe de concentração, disse Virginia, no qual a "subconsciência trabalha em alta velocidade enquanto a consciência cochila", o que na torre inclinada era impossível. Limitados por essas condições, os jovens escritores da década de 1930 tinham gastado boa parte de sua energia fazendo mais reportagem do que criação. O que eles escreveram de melhor era de caráter autobiográfico; foram "grandes egotistas", concluía ela, que ousaram dizer a verdade sobre si mesmos e cujas revelações poderiam acelerar a chegada de uma futura sociedade sem classes.

O relacionamento de Virginia com seu público da classe trabalhadora continha suas próprias contradições. Ela falou do típico jovem escritor sentado "numa torre erguida acima do restante de nós", identificando-se como um de "nós", não com "eles", e posicionando-se, assim, como uma marginalizada que nunca tinha entrado num colégio particular ou numa universidade. Mas, socialmente, ela também se sentava nessa torre inclinada; sua iconoclastia não anulava as vantagens que havia obtido por ser filha de Sir Leslie Stephen. Embora usasse a primeira pessoa do plural, era imenso o golfo que a separava da classe trabalhadora, como ela observou numa carta ao filho de Vita, Ben Nicolson. Comentando a palestra, perguntou: como afinal dizer a "pessoas que abandonaram a escola aos 14 e estavam ganhando seu sustento em lojas e fábricas que elas devem gostar de Shakespeare?". Por ora essas diferenças de classe eram eclipsadas pelos perigos da guerra, que afetavam indistintamente a todos. Ao referir-se à guerra, na palestra, ela aludiu a sentimentos de solidariedade com a audiência que a capacitaram a dizer "nós" sem justificação ou esforço.

A esquadra britânica chegou a controlar o mar nas águas norueguesas, mas, no decorrer de abril, os alemães passaram à ofensiva, nos combates por terra e ar, e em 6 de maio, Virginia tomou nota da retirada das tropas britânicas da Noruega. Essa "primeira derrota na guerra" coincidiu com perturbadoras notícias sobre Angelica Bell, que estava tendo um caso com um velho amigo da família, David Garnett, tratado de "Bunny", que era vinte e seis anos mais velho do que ela. Sua primeira mulher tinha morrido recentemente, e Virginia logo perguntou a Angelica se ela pretendia se casar com ele, dando a entender que para Vanessa isso seria um sofrimento e tanto. Angelica disse que não pretendia se casar com ninguém. Mas em 6 de maio, Virginia veio a saber que Angelica e Bunny estavam a caminho de Yorkshire, onde planejavam passar juntos os próximos dois meses — uma "explosão de amor" que foi particularmente devastadora para Vanessa. Muitos anos antes, durante a Primeira Guerra Mundial, Bunny, bissexual, tinha sido amante de Duncan Grant e quis ir para a cama com Vanessa, que o rejeitou na ocasião. Quando Vanessa teve a filha de Duncan, em 1918, Bunny se encantou com Angelica no berço e se gabou de que um dia iria se casar com ela. Agora essa ameaça de se vingar de Vanessa parecia prestes a concretizar-se. Bunny seduziu Angelica a partir para um idílio nos descampados do norte, e Virginia imaginou-os "arrumando as coisas do jantar & recolhendo-se ao leito", sua endiabrada sobrinha nos braços "daquele velho cachorrão ferrugento lento e obsoleto com seus modos amorosos & mente primitiva". O casal desencontrado apresentava outro sinal de desordem, outro desastre da guerra — "a morte de Julian renovada", disse ela —, como se a força que tinha matado o irmão golpeasse outra vez, condenando sua irmã a uma vida "sem juventude & risos". Tal ideia fez Virginia sentir-se velha e vazia, e ela se retratou à deriva entre indiferentes marés que implacavelmente a levavam "para o mar da velhice", muito longe da "terra e seus filhos".

Enquanto isso, a nova e violenta fase da guerra prosseguia rapidamente. Pouco depois de seu êxito na Noruega, os alemães se lançaram a uma ofensiva em grande escala: começaram com uma invasão-relâmpago na Holanda e na Bélgica em 10 de maio; ao mesmo tempo, seus tanques penetraram nas linhas francesas nas Ardennes, que eram tidas por intransponíveis, mas não tinham senão fraca defesa. Durante essas batalhas, Virginia corrigia as provas da biografia de Fry, que pôs no correio em 13 de maio, tentando preservar a impressão de que estava fazendo alguma coisa no meio da confusão geral; naquele mesmo momento, os exércitos europeus travavam "a maior batalha da história". Sem dúvida, era vergonhoso, numa época assim, pensar em seus interesses pessoais. Churchill, que sucedera a Chamberlain como primeiro-ministro no dia em que os alemães começaram a atacar, tinha acabado de fazer um famoso apelo à nação: "Nada tenho a oferecer, senão sangue, luta, lágrimas e suor", que os jornais logo transformaram no mais chamativo "sangue, suor e lágrimas". Falando perante o Parlamento, ele instou o povo a manter a guerra com toda a sua energia e a perseguir "a vitória a qualquer custo [...] a despeito de todos os terrores", pois era o único meio de garantir a sobrevivência do império e da civilização pela qual ele se erguia. Churchill encarava o futuro com "otimismo e esperança", como disse, confiante de que "a nossa causa não será submetida ao fracasso entre os homens". Linguagem pomposa e um pouco arcaica que evocava uma longa perspectiva da história, com o tempo medido em séculos ou gerações e as vidas pessoais reduzidas à invisibilidade. Virginia sentiu a grande movimentação de massas pelo continente, associando os conflitos de sua época às guerras napoleônicas, já antigas, porém tão frescas na memória como se tivessem acabado de terminar. Nas margens de seu espírito, enquanto ela pensava nos grandes batalhões em combate, a primavera luzia.

[Diário de Virginia, 13 e 14 de maio de 1940]

Terceiro dia da Batalha de Waterloo. Flor de maçã nevando no jardim. Uma bola de boliche se perdeu no lago. Churchill exortou todos os homens a se manterem juntos [...]. Essas vastas formas informes circulam mais. Não são substâncias; mas fazem todo o restante minúsculo. Duncan viu um combate aéreo sobre Charleston — um lápis prateado & um jato de fumaça. Percy viu os feridos chegando ainda de botas. O breve momento de paz me vem assim num escancarado vazio. Mas nós vamos levando, apesar de L. dizer que tem gasolina na garagem para o suicídio, se Hitler vencer. É a grandeza & a pequeneza que tornam isso possível. Muito intensos são os meus sentimentos (sobre Roger): no entanto a circunferência (a guerra) parece que faz uma cinta em torno deles. Não, não entendo a estranha incongruência de sentir tão intensamente & ao mesmo tempo saber que esse sentimento não tem nenhuma importância. Ou terá, como penso às vezes, mais importância do que nunca? [...]

Sim, nós, de grinaldas, estamos sendo levados ao altar. Um soldado com seu fuzil. O Gov. & a Corte da Holanda aqui. Advertidos por clérigos de paraquedas. Guerra guerra — uma grande batalha — este dia quente, com as flores sobre o gramado.

Reagindo à retórica desafiadora de Churchill, Virginia viu a guerra como um mecanismo impessoal, um sistema de "vastas formas informes" cuja órbita marcava a circunferência de suas vidas diárias. Desprovidas de substância, tais formas tinham, no entanto, o poder de fazer o lápis prateado e o jato de fumaça se materializarem no céu, fixando um invisível ponto de interseção entre grandeza e pequeneza. A grandeza e a pequeneza tornavam a vida possível porque ela era capaz de desconectá-las; podia seguir com as pequenas tarefas de escrever, caminhar e depois fazer o jantar como se não tivesse havido mudanças, se bem que a gasolina na garagem fosse um sinal de como as rotinas normais tinham se tornado instáveis.

Seu comentário sobre o distanciamento que a capacitava a prosseguir subentendia igualmente o contrário — que uma mudança em suas vidas, ou na intensidade da violência, dentro em breve talvez tornasse a continuação impossível. Ela escapava da guerra, quando podia, vivendo no momento presente, contente por ter finalizado *Roger Fry* e ignorando o "escancarado vazio" em torno de seu pequeno ponto de refúgio, mas o que a sensação de incongruência que frequentemente a assaltava revelava era uma profunda estafa por dentro.

No continente, as colunas de tanques alemães avançavam para o canal da Mancha, tencionando cindir em dois os exércitos aliados em ação na Bélgica e na França. Tão furiosa era a batalha, segundo Virginia, que não poderia durar ainda muito mais, devendo se aclarar seu desfecho dentro de dez dias. O governo apelou para que civis se alistassem numa Guarda Nacional, a ser acionada caso houvesse desembarque de paraquedistas da Alemanha. Leonard disse que o faria, ávido para se engajar ativamente, e isso levou Virginia a observar com azedume que os fuzis e as fardas eram sempre ligeiramente ridículos. Ambos estavam com os nervos à flor da pele, pelos rumores sobre a invasão e as consequências que daí viriam, pois poderiam ser deixados sem saída. Em 15 de maio, sentindo necessidade de esclarecer as coisas, eles conversaram seriamente sobre suas opções. Como judeu e socialista destacado, Leonard haveria de ser submetido a tratamento particularmente duro, e concordaram que o suicídio era assim preferível a cair nas mãos dos nazistas. Virginia achou que, sendo a Inglaterra vencida, deveriam agir de imediato. "De que adianta esperar? Melhor fechar a porta da garagem." Depois de ter se fixado numa linha de ação, ela voltou a seu trabalho com a mente bem mais tranquila. Mas não, não queria morrer — ela estava escrevendo um novo romance, já pelo meio, e contava com mais dez anos de atividade criadora. A capacidade que eles tinham de examinar os perigos juntos, enfrentando o futuro sem romantizar e sem se esquivar dos problemas, entretanto a acalmava e libertava, permitindo-lhe ser ela mesma. Ela podia olhar para a guerra com algo de seu velho e desafiador ceticismo. Após avaliar os últimos desastres, insistiu que tanto os apelos patrióticos quanto as conversas sobre a guerra eram sempre "bombásticos [...]. Uma velha prendendo a touca com grampos tem mais realidade". Nada havia de relevante ou admirável em recorrer ao suicídio para escapar dos nazistas — isso teria mais um aspecto de tarefa necessária. "Morrer então será um fim opaco de bom-senso — não comparável a um dia de caminhada & depois uma noite de leitura ao fogo." Seu ceticismo influenciou Leonard, que desistiu da ideia de se alistar na Guarda Nacional e assumiu deveres mais mundanos como vigilante de incêndios. Em sua autobiografia, ele fez este comentário sobre os limites do realismo e a força do hábito, mesmo em tempos de desespero: "Quando se considera o suicídio por asfixia numa garagem suja e úmida após a primeira refeição do dia, continua-se a fazer e comer os ovos com *bacon* dessa refeição."

A guerra aguçava as contradições. Com os exércitos aliados sofrendo uma derrota atrás da outra, Virginia percebeu como crescia a cisão, a separação entre os reinos da grandeza e da pequeneza. Assim como temia uma vitória alemã, ela também lamentava a propaganda inglesa — a "fogosa produção de heróis" nos jornais e nas rádios, as vozes untuosas louvando "o heroico e risonho Tommy — como podemos ser dignos desses homens?". Oh, o tédio dos discursos dos quais ela sabia o fim de cada frase — todas as perorações emitidas em vozes "tensas de alta fluência". Mas eles elevavam o moral do povo, ela admitia; eram as coisas mais fáceis de escrever — ela mesma era capaz de "alinhavar discursos patrióticos às dúzias". Talvez os heróis de hoje fossem os párias de amanhã, a tocar realejos pelas ruas para ganhar uns trocados. Porém, se o patriotismo ardoroso era suspeito, o pacifismo também já não servia, e nada ela tinha para pôr em seu lugar. Continuava com a rotina, embora fosse difícil se concentrar, escrevendo breves ensaios e resenhas, deixando de fora, quando possível, os gritos de batalha. Tinha seu próprio e obstinado modo de leitura do noticiário, percebendo os limites entre fato e fantasia e resistindo ao engodo da racionalização de desejos. Os efeitos da guerra eram particularmente visíveis em Rodmell: vários homens da aldeia, que ela conhecia desde crianças, estavam combatendo na Bélgica. Louie, sua empregada para o que desse e viesse, tinha um irmão no front — não um Tommy mítico, mas um soldado vivo cujas aventuras lhe traziam em casa os fatos brutos.

A cisão estava entranhada em suas vidas, onde ecoavam os apelos ao sacrifício heroico enquanto eles eram tolhidos por pequenas frustrações — racionamento de açúcar, carne ou gasolina; irregularidade de horários nos trens e ônibus. Em 20 de maio, Virginia registrou suas impressões do filósofo G. E. Moore, que, em companhia de um velho amigo dela desde Bloomsbury, Desmond MacCarthy, foi passar o fim de semana em Rodmell — visita que a deixou incomodamente consciente dos pequenos problemas da manutenção de uma casa. A filosofia de Moore tinha inspirado toda uma geração de intelectuais de Cambridge, e ela bem se lembrava da reverência juvenil com que havia certa vez dito algumas palavras na presença dele. Apesar de ele demonstrar a mesma e boa simplicidade de sempre, parecia de certa forma diminuído na estatura, e Virginia notou que sua reverência agora era "o que se poderia chamar de retrospectiva". Ao tomarem chá, a conversa girou sobre a influência que ele havia exercido com seus silêncios sonoros, dando um exemplo de que às vezes tinha o poder de calar os que o acompanhavam. Supondo ouvir nisso uma crítica, Moore objetou: "Não é que eu quisesse me manter em silêncio. Não conseguia pensar o que dizer." No almoço, Virginia serviu um prato exótico de galinha-d'angola e notou que o grande homem atacou a comida com vigor, como se se compensasse de rações modestas em casa: "Ele mastiga como uma cortadeira de feno [...] aborda a comida por um ponto de vista lógico; come filosoficamente até o fim: enquanto Desmond esparrama açúcar & creme, também liberal, mas erraticamente." E a guerra lá estava, insidiosamente alojada entre os pratos na mesa, a distraí-la com noções de economia. "Assim a dona de casa em mim vem à existência, nesta vida lamentável de detalhes & frases bombásticas."

A essas anotações caseiras, Virginia fez seguir, em 25 de maio, sua leitura das últimas notícias do front, com exclamações exasperadas que irrompem pelo estilo telegráfico e frio de seu diário. Os alemães, escreveu ela, tinham aberto um buraco de quase 30km de largura pelo qual seus tanques corriam para o coração da França, enquanto os exércitos aliados nada faziam para os deter. O estado desmoralizado dos defensores levava o desfecho a parecer inevitável. "A impressão é que eles nos passaram a perna. São ágeis & destemidos & prontos a qualquer nova astúcia. Os franceses esqueceram de explodir as Pontes. Os [alemães] parecem jovens, viçosos, inventivos. Nós nos arrastamos atrás." Más notícias continuaram chegando, quando os exércitos franceses se desintegraram no norte e a força expedicionária britânica, bem menor e em risco de isolar-se sem suprimentos, retirou-se sob fogo para as praias em torno de Dunquerque. Entre 27 de maio e 4 de junho, cerca de 340 mil homens reuniram-se em Dunquerque e foram levados pelo canal da Mancha por uma frota heterogênea de transportes de tropas, barcos de pesca e pequenas embarcações de passeio, demonstrando uma capacidade de improviso na ação que visivelmente faltava aos comandantes aliados do continente. A retirada salvou o exército regular inglês que defenderia a ilha em caso de invasão. Na retaguarda, as forças francesas sobreviventes formaram uma nova linha defensiva ao longo do rio Somme. Nesses fatos se fixou a atenção dos aldeões de Rodmell, cujos filhos participavam da retirada e cujas casas estavam situadas a poucos quilômetros do mar. Dunquerque para eles, como escreveu Leonard, foi uma "coisa angustiante. Não havia simplesmente a catástrofe pública [...]. Na aldeia, nós estávamos em família nas praias".

Até certo ponto, Virginia partilhava desses sentimentos. Envolvera-se cada vez mais com a vida de Rodmell, da qual, no entanto, era também rechaçada pela estreiteza mental dos moradores. A experiência de viver entre trabalhadores tornou-a profundamente consciente das diferenças de classe e de sua própria identidade como educada filha de alguém. Ela andara cumprindo um dever cívico ao ajudar as mulheres do Women's Institute numa peça que elas se preparavam para encenar. Mas sentimentos prontos para o uso davam-lhe uma prova da psicologia comunal, que lhe pareceu degradante: "Mentes tão vulgares, comparadas com as nossas." Um "nós" e um "eles" muito diferentes dos que ela havia invocado em sua palestra sobre a "torre inclinada". Virginia observou que Margaret Llewely Davies condenara a insolência das mulheres da classe média, mas que os próprios trabalhadores eram condenáveis por imitarem as maneiras mais enjoativas da classe média. "O convencionalismo é que está errado — não a grossura. Assim que tudo é adormentado & embotado. O completo contrário da classe trabalhadora ou 'baixa'." Além do mais, faltava discernimento aos aldeões, que passavam boatos absurdos sobre espiões alemães disfarçados de freiras ou paraquedistas desembarcando perto de Eastbourne. As pessoas do povo possuíam "um excedente de imaginação não usada", que era tarefa da classe mais instruída conferir. Virginia se impressionou de novo com "o desamparo das ordens inferiores" e o peso das distinções de classe quando soube que o duque de Northumberland tinha sido morto na guerra. Os velhos preconceitos sociais ainda estavam muito arraigados, e ela notou como marcavam sua própria reação às notícias. Seu julgamento ecoava a impiedade de gerações anteriores. Era desnecessário dizer que a morte do duque lhe despertava compaixão de um modo todo especial. "Tive a impressão de uma árvore muito pesada caindo", escreveu ela. "Um jovem assim tão cheio de tudo ser ceifado. Cair para um duque, comparado a um Harry West, parecia um estardalhaço." Harry West era o irmão, então em Dunquerque, de sua empregada Louie.

Voltando a trabalhar em "Pointz Hall", como um ponto de apoio contra a confusão, Virginia notou que uma parte dela, que estivera em dormência enquanto escrevia *Roger Fry*, tornava à vida plena no romance. Apenas por breves intervalos trabalhava nele — exigia muito mais esforço do que a biografia —, mas a primeira versão já estava quase completa. Em 31 de maio, quando a retirada de Dunquerque chegava ao auge, ela disse que já havia tramado na cabeça todo o final do livro, só precisando agora passá-lo para o papel. O impulso criador a absorvia tão completamente, que mal se lembrava da caminhada feita, se tinha vindo pelo prado ou andando pela chapada. Era um alívio "beber desse velho rio outra vez", provar as palavras e as destinar a uma voz. Virginia acrescentou que a radiância dessas visões se mantinha, apesar da generalizada desordem, e que por breves momentos era possível se sentir feliz. Muito feliz se sentira ela, a sós com Leonard, arrancando matinhos no terraço; a manhã exalara contentamento — pelo menos uma passável imitação de contentamento, não fosse a insidiosa ideia, que lhe vinha do fundo da cabeça, de tudo ser tão efêmero: "Não há suporte para a tessitura [...] não há tecido sadio em torno do momento. Tudo se desfez no ar." Uma imagem do medo que tremia no pano de fundo de sua mente. O ar era agitado por tal ideia, mas ela ainda conseguia repousar no momento, à brisa refrescante que lhe envolvia o corpo: "Vento, vento quente, lavando todas as gretas [...] uma limpeza a ar, não a água & sabão."

* * *

O suplício da França se agravou em 5 de junho, durante uma das idas dos Woolf a Londres. Os alemães lançaram nesse dia uma nova ofensiva que visava romper a linha ao longo do Somme e tomar Paris. Os invasores mobilizaram mais de cem divisões, contra as sessenta divisões francesas que os enfrentavam. Na noite após o início da batalha, Virginia e Leonard sentavam-se em sua sala de estar, em Mecklenburgh Square, com Kingsley Martin e a romancista Rose Macaulay, debatendo seriamente a questão do suicídio. A escuridão caiu. A conversa prosseguiu — na noite quente, ninguém acendia lâmpadas — e Kingsley Martin, "exalando sua suave melancolia de carvão" e enumerando com prazer todos os prováveis reveses, expôs a sucessão de desgraças que haveria de seguir-se à queda da França. Virginia anotou: "Invasão aqui; [quinta-coluna] ativa; um Procônsul alemão; Gov. inglês no Canadá; nós em campos de concentração, ou então tirando cochilos." Uma perspectiva sinistra, que abateu o ânimo de todos, mas deu ao lúgubre Martin algum tipo perverso de satisfação. Entre a recitação de sua lista e a conversa seguinte a noite escureceu ainda mais e as estrelas saíram. As visitas ficaram até depois de uma hora. Ressentindo-se da dependência de Martin em relação a Leonard, de seu prazer em prever sempre o pior, Virginia comentou acerbamente com Ethel que ele tinha "sugado cada gota de sangue vivo para nutrir seu corpanzil violáceo de vampiro".

Mesmo assim, havia ilhas de normalidade onde pequenas mágoas e prazeres persistiam à maneira usual. Enquanto no continente se encarniçava a batalha, Virginia se afligia porque Elizabeth Bowen não respondera duas de suas cartas e devia, portanto, estar querendo romper a amizade entre elas. Gostava de conversar com Bowen sobre seu trabalho, e a imaginária desatenção a envenenava. Quando veio, contudo, a resposta de Bowen, cordial como sempre, e a dúvida se dissipou, Virginia se alegrou toda — teve um dia feliz até ouvir o rádio noticiar que Paris estava quase cercada. A impressão de incongruência voltava-lhe constantemente. Em 9 de junho, ao passo que fazia as últimas correções nas provas de *Roger Fry*, ela percebeu no calor quase igual ao do verão uma orla corrosiva, um rumor de campos de concentração e gases venenosos, que a fez retrair-se declarando: "Não quero ir para a cama ao meio-dia: o que se refere à garagem." A chapada e os prados consumiam-se naquele fogo distante, que ela então escutava como "uma espécie de rosnado por trás do cuco & outros pássaros: uma fornalha por trás do céu". Sua personalidade estava perdendo o centro. "O 'eu' que escreve sumiu. Nenhuma audiência. Nem eco. Isso é parte da morte da pessoa. Não tão grave assim, porque eu corrijo [as provas de *Roger Fry*]." O momento apocalíptico, aqui reconhecido e negado, era somente "parte da morte da pessoa [...] não tão grave assim", embora o categórico sentimento bidimensional, o desaparecimento de um eco, parecesse provar o contrário.

Em 14 de junho, o dia em que Paris caiu, os Woolf visitaram Penshurst Place, um grandioso solar elizabetano não muito longe de Sissinghurst, onde Vita morava. Ela os acompanhou e apresentou ao proprietário de Penshurst, Lord De L'Isle, um descendente quase cego de Sir Philip Sidney, instalado num triste apartamento que mais parecia relíquia do *Ancien Régime*; um velho cortês, com o qual conversaram animadamente e que ria das piadas picantes que contava, como se o mundo não estivesse em ruínas.

Três manhãs depois, Harry West chegou a Rodmell e desabou diante da casa da irmã, tão desgrenhado e imundo que no primeiro momento ela nem o reconheceu. Tinha andado a noite inteira. Louie, indo à procura de Virginia, falou-lhe exaltadamente das experiências de Harry no front belga, onde as tropas inglesas em retirada eram constantemente metralhadas por aviões alemães. Muitos foram mortos e, entre esses, ele viu os corpos de dois homens da aldeia, um dos quais era seu primo. Na estrada para Dunquerque, eles se aproximaram demais de uma casamata alemã. Tão logo o oficial lhes deu ordem de tirar as botas e vir rastejando, Harry jogou uma granada que a mandou pelos ares. Em ocasião posterior, quando ele conversava com um camarada que lhe mostrava um lenço de seda que tinha comprado para sua "amiguinha", uma bomba caiu em cima do homem, matando-o instantaneamente. Harry ficou com o lenço, que trouxe para casa, além de dois relógios de ouro que abiscoitou numa joalheria. Virginia transcreveu outros detalhes em seu diário, dizendo que Harry

> não tirou as botas por 3 dias; a praia em Dunquerque — os aviões de bombardeio quase raspando nas árvores — furos de bala como furos de traça no casaco dele — nenhum aeroplano inglês dando combate [...]. Muitos homens se matavam em Dunquerque quando os aviões arremetiam sobre

eles. Harry saiu nadando, um barco se aproximou. Ei, camarada, você sabe remar? Sei, ele disse, arrastou-se para dentro, remou por 5 horas, viu a Inglaterra, desembarcou — não sabia se era dia ou noite ou que cidade — nem perguntou [...] e assim foi despachado para o seu regimento.

Ela acrescentou que ele voltara com ódio dos franceses e totalmente contra a guerra, o que supunha ser uma reação mais típica do que as caricaturas do bom soldado sorridente e heroico da BBC.

Velho herói de guerra, o marechal Pétain tinha acabado de constituir na França um novo governo, pretendendo pedir aos alemães os termos de paz, política que equivalia a se render. No mesmo dia, 17 de junho, Churchill falou à nação e declarou que, com as forças navais controlando o mar e a defesa em terra mais forte do que nunca, eles poderiam rechaçar qualquer tentativa de invasão. Fosse o que fosse que acontecesse, a Inglaterra continuaria em guerra. Restava algum consolo sinistro no fato de não mais haver aliados para levar em conta; eles estavam combatendo sozinhos, de costas contra a parede. Virginia, depois de anotar o discurso, anotou frases ditas por Kingsley Martin, que como sempre exalava "melancolia de carvão" e previu que eles seriam derrotados dentro de poucas semanas, sofrendo o mesmo destino dos poloneses quando a Inglaterra os abandonou: justiça poética. Ele já tinha sua dose de morfina pronta. O suicídio era um assunto frequente, quase um lugar-comum, entre os amigos de Virginia. Vita e Harold Nicolson estavam certos de que seriam presos pelos alemães e Harold se incumbiu de conseguir veneno para os dois. "Não temo nem um pouco uma morte assim tão honrosa", escreveu ele para ela. "O que me horripila é ser torturado e humilhado [...]. Vou pedir aos meus amigos médicos." Vita respondeu que não queria viver se ele morresse; prometeu não fazer nada precipitado, mas desejava ter na bolsa uma droga indolor. Os Woolf tomaram a mesma decisão, pedindo ao irmão de Virginia, Adrian, que era psiquiatra, uma prescrição letal.

Virginia sentia um esvaziamento de sua personalidade, o fim de tudo que lhe despertava interesse. Sua mente, embora clara, era incapaz de se concentrar em qualquer coisa; ligada na ameaça contida na transparência do ar, pensava: se fosse aquela sua última volta, não deveria ela assumir uma atitude adequada, como ler Shakespeare ou terminar de escrever

"Pointz Hall"? Mas em nenhum desses objetivos conseguiu fixar-se. "À guisa de fim, não convém que eu acabe alguma coisa?", perguntou-se. "O fim empresta o seu vigor, e até a sua temeridade & alegria, à errática vida cotidiana. Esta, eu pensei ontem, pode ser a minha última volta." No pouco tempo a seu dispor, havia uma margem de liberdade, uma ocasião para desobediência que era também uma forma de dizer adeus. A liberdade transportou-a para pensar na poesia. Ela andara lendo Shelley e Coleridge, cuja profundidade e pureza (quão levemente suas frases musicais iam aos poucos se tornando pensamento forte) a fez querer reagir numa linguagem própria, inventar um novo tipo de crítica, baseada no anonimato, para enfrentar "o velho problema: como se ater aos voos da mente, sem perder a exatidão", uma reflexão que há meses não lhe ocorria. Sua agitação sobre a guerra prosseguia, mas momentaneamente ela a reduziu à simples sentença declaratória com a qual registrou os ataques de surpresa na costa: "6, 3, 12 pessoas mortas por noite."

A situação de emergência produzia outra espécie de clareza sobre os limites de sua personalidade. Virginia havia convidado Elizabeth Bowen a Rodmell em 25 de junho — uma visita que aguardou com interesse, se bem que a guerra abalasse as relações sociais e conversar com Bowen, mesmo no melhor dos tempos, fosse uma provação. Ela era gaga, e como!, e muitas vezes precisava de várias tentativas penosas antes de conseguir expelir uma palavra, dando com isso a impressão de bater asas "como uma mariposa que zumbe rodeando uma flor". Após o esforço de conversar com ela, por dois dias, enfrentando a gagueira, Virginia sentiu-se fora dos eixos.

[Diário de Virginia, 27 de junho de 1940]

Como é difícil se fazer um centro depois de todos os círculos que se revolvem em nós com uma visita [...]. Como é difícil retrair-se de todo aquele vasto encrespar-se & achar-se em casa, centrada. Tentei centrar-me lendo Freud. O encrespamento rápido cintilante agitado se alargou mais & mais — por algumas horas após [Elizabeth Bowen] já estar no trem [...]. Um vento forte soprava; Mabel & Louie colhiam uva-crespa & groselha. Depois uma visita a Charleston. Joguei mais uma pedra no poço. E no momento, com apenas ["Pointz Hall"] para me fixar, eu estou mal ancorada. Além disso, a guerra — nossa espera enquanto as facas se afiam para a operação — acabou com a parede externa de segurança. Não há eco que volte. Eu não tenho entorno. Tenho tão pouca noção de um público que já nem fico pensando se Roger vai ou não sair. Todas essas circunvoluções familiares — esses padrões — que por tantos anos tinham dado eco & tanto adensaram a minha identidade agora são extensas & ermas como o deserto. Quero dizer que não há "outono" nem inverno. Nós chegamos à beira de um precipício... & daí? Não consigo imaginar que haverá um 27 de junho de 1941. Isso acaba de vez com alguma coisa, mesmo no chá em Charleston. Deixamos cair mais uma tarde na água que faz rodar o moinho... E depois Bunny tão brusco & bronco & obeso como um Fazendeiro entra aos tropeções com Angelica. Um relógio se arrasta em algum canto. Nada dito.

O vazio sentido por Virginia, a impressão de estar sendo dispersada como as ondinhas que fluem para longe até que sumam sem reflexo ou eco, sem nada que as detenha e mande de volta para o centro, funde-se quase por acaso com a água do moinho e a torrente que corre para despencar num abismo. A passagem combina as duas formas de morte violenta que surgem com mais frequência em sua obra, as imagens de afogamento e de queda do alto de uma montanha ou outra grande altura. Ela sempre foi atraída pela água e se identificava com a água, um ser fluídico cuja vida dependia dos limites estabelecidos por sua identidade artística. Certa vez, ela descreveu "um perfeito lugar de moradia" criado pelos músicos, uma estrutura da qual era possível dizer: "Muito pouco ficou de fora." Agora, porém, não existia abrigo, nenhuma "parede externa de segurança", embora pela força do hábito ela continuasse a escrever. A guerra dissolveu o círculo de seus leitores e deixou-a sozinha em terra estranha, "extensa e erma como o deserto".

O problema em Charleston agravava sua impressão de isolamento. A raiva de Vanessa e Duncan, pelo fato de Bunny fazer amor com a filha deles, pairava no ar, mas eles não podiam se opor, pois ambos defendiam a liberdade pessoal, nem tentar separar Angelica de seu amante manipulador. Não havia centro. Arrastando-se, o relógio acentuava o silêncio.

* * *

Aviões alemães sobrevoavam regularmente Rodmell, e Virginia notou como se habituara logo e não se atrapalhava, em suas caminhadas, com o tráfego aéreo e eventuais explosões. Caminhões pesados roncavam durante o dia por toda a zona rural. Nas margens do rio, por onde ela costumava andar, homens aos montes empilhavam sacos de areia, concretavam bases para armamento ou camuflavam com galhos suas obras, preparando-se para a invasão esperada nas semanas seguintes. Virginia manteve-se de olhar atento nas atividades e nas pessoas da aldeia. Ao assistir a uma aula de treinamento em primeiros socorros, impressionou-se com um elenco de personagens locais representando novos papéis. Miss Emery, sua vizinha, criadora de cães, deu mostra de grande tato e de ser cheia de recursos como instrutora, retratando "à perfeição a solteirona inglesa do campo [...] tudo espaçado, curto & claro [...]. Tudo sobre a Cia. de Águas & a torneira & a copa da Casa Paroquial". Ao final de outro encontro, esse exclusivamente dedicado aos gases venenosos, Miss Green, uma sessentona, tirou seu casaco e demonstrou como escapar de uma casa em chamas saindo só de *short* azul, "pendurando-se pelas unhas dos pés & descendo de um pulo", pela janela da casa paroquial, ao que Mr. Hanna, capitão dos voluntários da defesa local, disse que não ousava nem pular de um ônibus, quanto mais de uma janela — pois tinha ossos de vidro. Virginia anotou, fazendo entradas jocosas, mas de ar sério, em seu diário. À noite, impressionava-se com a beleza dos holofotes em busca de aviões alemães, as faixas largas de luz subindo bem por cima do prado "em extrema vibração antenal", enquanto um zumbido forte, como uma broca de dentista, lhe azucrinava o ouvido.

A Hogarth Press publicou *Roger Fry* [*Roger Fry: A Biography/ Roger Fry: uma biografia*] em 25 de julho e, apesar da guerra, Virginia se viu preocupada com o que os jornais diriam. A noção de audiência, de repercussão pública, se desfizera, mas as velhas e familiares questões — iriam atacar seu livro, iriam ignorá-lo? — sobreviviam. De modo geral, as resenhas foram favoráveis, tendo o *Times Literary Supplement* equiparado *Roger Fry* ao que havia de melhor em biografias. Com sua ênfase em sensibilidade e arte trazendo à lembrança das pessoas tempos mais felizes, o livro vendeu rapidamente e quase de imediato teve duas reimpressões, ainda que as vendas caíssem depois de um feroz ataque aéreo a Londres. Virginia, ansiosa por saber como os amigos que tinham conhecido Roger receberiam seu trabalho, sentiu-se aliviada quando Desmond MacCarthy, no *Sunday Times*, elogiou a fidelidade do retrato. Dois resenhistas perturbaram-na por sugerirem que os antigos debates sobre arte eram irrelevantes no momento. O primeiro deles, E. M. Forster, escreveu que a biografia era a um só tempo triste e alentadora: triste porque o tipo de humanismo de Fry havia sido tão brutalmente desvalorizado desde sua morte; e alentadora porque sua integridade e persistência poderiam servir de exemplo para que outros se mantivessem resistindo aos bárbaros. Fry teve a sorte de morrer quando morreu, em 1934, escreveu Forster, acrescentando que reconhecer assim sua morte dava "uma medida de nossa insegurança atual". Apesar de ele aprovar o livro, o fatalismo de Forster fez Virginia sentir-se vagamente deprimida. O crítico de arte Herbert Read, por sua vez, deixou-a irada ao atacar Fry e Bloomsbury por cultivarem sensibilidades privadas e fracassarem em ajudar a construir "uma nova ordem social". A obra de Fry tinha sido fatalmente comprometida, objetava Read, pelos "encantos e a proteção da Torre de Marfim" — uma imputação que Virginia rejeitou, como rejeitou o crítico, considerando-o "venenoso e maligno".

Ao mesmo tempo, ela recebeu um monte de cartas sobre o livro. Uma delas, do filho de Vita, Ben Nicolson, que estava servindo numa bateria antiaérea, comoveu-a particularmente — era uma carta impulsiva, escrita durante um ataque aéreo e disparada entre bombas que explodiam e armas que pipocavam ao fundo. Ben, historiador da arte, acusava Fry e seus amigos de terem vivido numa ilha da fantasia, fechando-se a "todas as realidades desagradáveis" e permitindo que o nazismo crescesse sem nada fazer para detê-lo. Aqueles intelectuais tão polidos tinham passado a vida visitando galerias de arte, disse Ben; sentavam-se em roda, em poltronas, para discutir Spinoza. E agora os jovens tinham de sofrer porque pessoas como Roger não quiseram se incomodar com política, tida por coisa chata demais. Hoje, a indiferença deles redunda nos aviões que despejam bombas no céu. Ben se amparava, em suas acusações, numa impressão de traição pessoal que Virginia não poderia ignorar. Ela escreveu uma resposta elaborada, comentando a carta frase por frase.

O que estaria Ben pensando? A vida de Roger, afirmou ela, nunca foi fácil. Quando jovem ele se viu "em face da insanidade, da morte, de todo tipo de coisa desagradável". Opondo-se à vontade da família, viveu ao deus-dará, de aulas esparsas e jornalismo, e só recebeu reconhecimento como professor na Slade School of Fine Art pouco antes de morrer. Isso em comparação com a carreira privilegiada de Ben, que estudou em Eton e Oxford e logo obteve um posto nobre como assistente de Kenneth Clark na curadoria das pinturas reais. Longe de ser indiferente à "massa da humanidade", Roger tinha tentado constantemente abrir os olhos para o valor da forma artística, um tipo de engajamento que correspondia à sua disposição e dons. Ele ensinou a ver com mais clareza, o que tornava as pessoas mais conscientes, "e não era esse o melhor modo de se opor ao nazismo?". Ben, voltando a escrever, esclareceu seus pontos de vista: contra a crítica de arte em geral, ele não tinha nada a dizer, mas acreditava que Bloomsbury tinha desistido de tentar instruir as massas e se concentrado em vez disso no cultivo de gostos elitistas que nunca falariam às pessoas comuns. Oh, mas Ben levava Bloomsbury muito a sério, rebateu Virginia (primeiro ela escreveu uma resposta deplorando seu uso do rótulo "Bloomsbury", mas jogou-a fora depois). Ele devia ter em conta que até artistas como Keats, Shelley e Wordsworth fracassaram em influenciar a política no século anterior. Como poderiam os artistas de Bloomsbury, menos talentosos, ter esperança de sucesso? Ainda assim, valia a pena tentar, e talvez ele mesmo pudesse lhes mostrar algum dia como fazer melhor. Ela terminou informando que estavam no meio de um ataque aéreo em Rodmell. Estavam todos sob fogo — e ele, como ela sabia, no calor da batalha.

A guerra chegava cada vez mais perto. Em 16 de agosto, estando Virginia e Leonard no jardim, aviões inimigos bruscamente baixaram sobre eles. Os dois se deitaram sob uma árvore, de cara no chão e mãos por trás da cabeça, ouvindo um som "como de alguém serrando no ar, bem por cima de nós". Uma bomba explodiu em algum lugar e estremeceu as janelas do pavilhão de Virginia, que pensou por um instante que ele fosse desabar sobre eles — uma sensação de vazio misturada com certo medo, com ideias "de nada, de desânimo e total prostração". Em torno deles, que podiam ouvir também os tiros, os aviões iam zumbindo e serrando.

Diferente foi o choque que ela sentiu em 30 de agosto, quando Vita lhe telefonou para dizer que não podia ir visitá-la nesse dia, porque estavam sofrendo um ataque aéreo e ela, como motorista de ambulância, de plantão. Enquanto elas conversavam, bombas explodiam ao redor da casa de Vita. A voz de sua amiga — que "poderia ser morta a qualquer momento", pensou Virginia — tornou o perigo mais real do que o representado até mesmo pelos aviões inimigos. Ela agora sentiu completamente a evidência: "nós estamos em guerra", como se sua imaginação precisasse dessa distância para entender a violência. Às pressas, rabiscou um bilhete para Vita dizendo que tinha acabado de pôr flores no quarto de hóspedes quando o telefone tocou. Rodmell estava na mais perfeita paz; e eles jogavam boliche. "O que eu posso dizer — a não ser que a amo e que tenho de passar essa noite estranha e tranquila pensando em você sentada aí sozinha." Mensagem tocante, rematada por confissão semelhante à que se faz à morte de alguém: "Você me deu tanta felicidade."

O fim da civilização veio em etapas. Em setembro, a guerra aérea alcançou novo nível de ferocidade, visível no céu de Rodmell pelo grande aumento no número de incursões à luz do dia. Em voos baixos e céleres, os aviões chegavam com um estrondo e sumiam sem nem dar tempo de pensar. De noite, o tráfego de bombardeiros alemães a caminho de Londres fazia tanto barulho, segundo Virginia, que era como o de "carroças e ônibus [...]. Aqui, de noite, é como se estivéssemos no Strand". A sirene se tornara intimamente familiar; os jornais a apelidaram de "Weeping Willie" ["Salgueiro-chorão"] e Virginia anotou que ela de fato chorava todos os dias, "pontual como as vésperas. Ainda não tivemos nossa incursão de hoje, dizemos". À medida que os alemães atacavam centrais elétricas, estradas de ferro e defesas da costa nas proximidades, as explosões iam chegando mais perto. Tão perto que soavam como uma porta batida, derrubando de suas mãos a caneta com a qual Virginia escrevia. As metralhadoras antiaéreas, no alto da vizinha colina de Itford, pipocavam revidando, e às vezes um avião desaparecia entre os morros, deixando uma esteira de fumaça. Em duas ocasiões, enquanto ela jogava boliche, aviões de caça da RAF [Royal Air Force / Força Aérea Britânica] abateram um avião inimigo bem à vista de todos. Virginia viu primeiro "uma embolação; uma recuada; e depois um mergulho; & uma explosão de fumaça preta e grossa". Excetuados os que aconteciam bem perto, os ataques aéreos tornaram-se tão rotineiros ao fundo, que ela se acostumou a prosseguir com a carta que estivesse escrevendo sem se incomodar de levantar-se para olhar à janela. "Apenas um bombardeiro alemão? Oh não passa disso." A seu modo de ver, tudo aquilo parecia "uma brincadeira muito cansativa de esconde-esconde feita por adultos [...]. Por que as pessoas acham que o que é desagradável é consequentemente real?". Ela estava ciente de que sua sobrevivência dependia do desfecho dessas brincadeiras, já que os alemães não poderiam invadir a Inglaterra a não ser que controlassem o céu, e para isso eles tinham de destruir a RAF, que se manteve viva e ativa durante o mês de setembro, abatendo duas vezes mais aviões alemães que os que ela própria perdeu.

Enquanto ardia a batalha da Inglaterra, Virginia sofria na própria carne um choque, a destruição de sua residência londrina, que também aconteceu em etapas. Em 10 de setembro, os Woolf foram passar o dia em Londres e viram que a casa bem defronte da 37 Mecklenburgh Square, tinha sido atingida por uma bomba que a reduziu a um monturo de fumegantes tijolos. A deles não foi afetada, mas uma bomba de efeito retardado tinha pousado num canteiro de flores, onde permanecia sem explodir, forçando a polícia a isolar toda a praça. Virginia observou a calma com que os moradores encaravam a destruição. Dois empregados da Hogarth Press estavam na barricada, ambos de rosto sereno e "duro como couro". Mas Mr. Pritchard, o advogado que dividia o prédio com eles, mostrava-se indignado com a petulância alemã. Nada puderam fazer os Woolf, a não ser virar o carro e voltar para Rodmell. A caminho, pararam para ver algumas das áreas devastadas em Holborn: por toda parte, montes de vidros quebrados; uma grande loja reduzida a cacos; a estrutura de um hotel estripada; uma loja de vinhos com janelas mandadas pelos ares e pessoas em pé tomando drinques lá dentro. Ao saírem do centro, eles passaram por quilômetros e mais quilômetros de casas intocadas — como ruas vazias de uma cidade morta. Virginia escreveu a Ethel que se sentia arrasada só de pensar nas velhas que mantinham suas pensões em ruelas, "tudo imundo depois do ataque, se preparando para enfrentar mais um". E acrescentou: "Nós, pelo menos, estivemos na Itália e lemos Shakespeare. Elas não: meu Deus, estou ficando democrática." Apesar da ironia forçada, ela sentia uma admiração inesperada não somente pelas ocupações mais simples e por lojistas, mas também por "mulheres genuinamente enfadonhas, mas metidas em *tweed*" e até por políticos — pelo menos Churchill. Confidenciou a Ethel que tinha tido uma ideia, enquanto colhia amoras para o jantar, para um novo livro sobre a literatura inglesa e a "História comum" e que pretendia se afastar às pressas da guerra em seu típico estilo de roda solta: "Penso que eu posso resistir — quero dizer variar — quero dizer fazer o cérebro andar — por mais dez anos se Hitler não deixar cair um estilhaço na minha máquina."

Como a bomba em Mecklenburg Square tinha forçado a Hogarth Press a uma parada, os Woolf combinaram com John Lehmann a transferência do escritório para instalações mais seguras em Letchworth. A praça permaneceu interditada por uma semana, até que finalmente a bomba explodiu e causou grandes estragos à casa deles — tirando portas dos gonzos, quebrando porcelanas de Virginia e derrubando partes do forro. Em seguida, uma explosão de mina terrestre, nos fundos, tornou a casa totalmente inabitável. Seus livros, aos montes, jaziam entre montes de cacos, e do térreo se podia avistar até o telhado, através dos buracos nos três andares. A destruição que ela imaginara a minar lentamente a casa de verão, na parte de *Ao farol* intitulada "O tempo passa", deixando-a aberta ao sol e à chuva, traduziu-se numa dura e diversa realidade. A perda de Mecklenburgh Square alterou para sempre o equilíbrio que Virginia havia até então preservado entre o regime urbano e o campestre. Ela maldisse o fato, por ocorrer pouco depois de eles terem tornado o novo apartamento habitável, mas lembrou-se da sorte de contarem com Monk's House e não deixou o rancor estragar sua diária entrega ao trabalho de escrever "Pointz Hall".

Abandonada em sua "ilha deserta", Virginia achou a vida tolerável e até, de quando em quando, agradável. Era fundamental proteger-se, disse ela a Ethel, baixando uma "cortina de segurança — um pesado pano de boca de ferro sobre o nosso próprio cenário". Um alívio temporário, no entanto, aproveitado por ela, contente de encontrar paz nas pequenas ações de sua vida diária — dias que preguiçosamente começavam com o café na cama, um banho e ordens para o almoço, seguidos por um cigarro e a manhã de trabalho no pavilhão do jardim. Suas tardes e noites repartiam-se entre obrigações e diversões que ela listou no diário, compactando os fatos esparsos de maneira tão densa, que nem uma nota discordante poderia aí se infiltrar: "Andar até Southease. Volta às 3h. Pegar & arrumar maçãs. Chá. Escrever uma carta. Boliche. Bater ["Pointz Hall"] de novo. Ler Michelet & escrever aqui. Fazer jantar. Música. Bordado. Ler 9h30 [...] até 11h30. Cama." Mantendo seus pensamentos firmemente fora da guerra, ela se concentrou na vida da aldeia, que retratou como admiravelmente "livre & descomprometida — uma vida que de uma simples melodia pula para outra". Uma espécie suspeita de simplicidade, não obstante, que dependia do isolamento e só podia ser garantida por trás de um artificial "pano de boca de ferro".

Um pequeno e desagradável episódio, em meados de setembro, mostrou como se achava sensível o ponto de ignição de Virginia. Helen Anrep, companheira de Roger Fry, tinha alugado um chalé em Rodmell, e Virginia teve irados temores de a encontrar constantemente com seus dois filhos patetas — temia que fossem visitá-la, ou não ser capaz de ir à rua para postar uma carta sem "ver um rosto que parece embrião de bacalhau". Tudo seria culpa de Vanessa, que lhes falou do tal chalé e foi de fato quem conseguiu arranjá-lo. Cheia de raiva por se sentir invadida, Virginia teve o pior dos acessos, contra sua silenciosa irmã, que tivera em anos. Depois sentiu-se atordoada, pois Vanessa escreveu friamente que os Anrep pretendiam passar apenas uma semana lá. Ela achava que eles ficariam indefinidamente. O mal-entendido aborreceu Virginia duplamente porque, como ela admitiu, foi "um atrito ignóbil". As relações entre as duas irmãs estremeceram-se um pouco, mas voltaram ao normal logo após, quando os ateliês de Vanessa e Duncan em Fitzroy Square foram atingidos por bombas que destruíram o que ambos continham, inclusive cerca de cem pinturas. Só duas coisas eles conseguiram salvar: uma geladeira e uma estátua.

A guerra punha abaixo as paredes de segurança remanescentes. Antes de chegarem os bombardeiros, Virginia ainda encontrava prazer na tranquilidade da hora do pôr do sol. De seu pavilhão, podia ver um monte de feno que brilhava no brejo e uma pluma de fumaça que se erguia de um trem passando ao longe. Mas era instável a leveza do ar. Lembrando-se de um verso da elegia de Gray — "E todo o ar tem solene quietude" —, ela pensou, sim, até que "o cadavérico zunido" dos aviões venha soar às 20h30. A incongruência parecia assombrar a própria paisagem.

[Diário de Virginia, 2 de outubro de 1940]

Vacas pastando. O pé de olmo sacudindo folhinhas contra o céu. Nossa pereira carregada de peras; & acima dela o cata-vento no topo da torre triangular da igreja. Por que tentar fazer novamente o catálogo familiar, do qual escapa alguma coisa. Devo pensar na morte? Sob a janela ontem à noite um baque muito forte de bomba. Tão perto que nos assustamos os dois. Um avião tinha passado e deixou cair essa fruta. Fomos para o terraço. Joias de estrelas em cintilação & aspersão. Tudo quieto. As bombas caíram lá no alto, na colina de Itford. Há duas perto do rio, assinaladas por cruzes brancas de madeira, ainda não detonadas. Eu disse para L.: ainda não quero morrer. As chances são poucas. Mas eles estão tentando atingir a estrada de ferro e as instalações elétricas. Cada vez chegam mais perto [...].
[Seus pensamentos voltam-se então para Lady Oxford, viúva do ex-primeiro-ministro, a quem ela pediu para interceder por Robert Spira, um refugiado judeu internado como inimigo estrangeiro. A viúva escreve dizendo que conseguiu libertá-lo e pede a Virginia para enviar-lhe "uma longa carta com tudo sobre você & as coisas em que acredita".] Que faço eu? No momento não consigo lembrar. Oh tento imaginar como alguém é morto por uma bomba. Tive bem claramente — a sensação: mas não sou capaz de ver nada além de uma sufocante não entidade vindo depois. Vou pensar — oh quero mais 10 anos — isso não — e não conseguirei descrevê-lo. Isso — quero dizer, a morte; não, a compressão & dispersão, o esmagamento do meu osso turvam-se na própria atividade do meu olho & cérebro: o processo de apagar a luz, — doloroso? Sim. Aterrador. Eu suponho que sim — E então uma síncope; um tambor; dois ou três goles tentando consciência — e então, ponto ponto ponto.

A consciência espirala assim em si mesma e em seu fim confuso. A chapada e a torre da igreja, tão familiares, que no passado davam-lhe prazer e consolo, foram reduzidas a um monótono "catálogo", onde ela apenas pode registrar sua percepção de que "escapa alguma coisa". Ela observa a exuberância da natureza, para fruir da qual não mais é livre. "Devo pensar na morte?" e o faz logo depois de se fazer a pergunta, fixando-se nos últimos momentos da consciência que expira. E também pensa na morte ao considerar os reclamos dessa e ao se lembrar de que ainda não quer morrer.

17
Oblívio e água

O outono foi bonito, com peras e maçãs madurando na atmosfera fresca e clara, mas a época dos temporais se aproximava e a escalada da invasão nesse ano teve de interromper-se. Os alemães reduziram seus ataques às defesas da costa, o que significou menos bombas explodindo ao redor de Rodmell, embora à noite os aviões inimigos, a caminho de Londres, ainda sobrevoassem a área. Como o olho de um furacão, a calma que prevalecia era de mau agouro — com a primavera, a invasão viria na certa, ameaça que fez Virginia se agarrar ao momento que passava. Ela observava as cores do brejo e de uma encosta, as últimas flores que se abriam e a neblina subindo da chapada como cenas em transformação num teatro; era um espetáculo tão encantador, como escreveu, que ela não conseguia parar de olhar.

A guerra, restringindo as viagens, tornou difícil ver amigos, todos já "isolados ante as lareiras do inverno", mas às vezes tinha o efeito contrário de juntar mais as pessoas. A ligação entre Virginia e Vita manteve-se mais forte que em anos. Em 10 de outubro, após passar o dia com a velha amiga, ela declarou o contentamento que sentia por seu amor ter "envelhecido tão bem". Vita estava um pouco gorda e meio desleixada, disse Virginia, mas tinha uma personalidade tão viva, era tão direta e afetuosa — "totalmente sem o cheiro de cozinha dos pequenos artistas" —, que a encantava e revigorava. Após o encontro, num espírito expansivo, Virginia deixou-se a saborear o momento, abstendo-se de qualquer pensamento sobre a guerra. "Como estamos livres e em paz", escreveu ela, sem que se perceba ironia. "Ninguém chegando. Nem empregada. Jantar quando bem queremos. Vivendo quase no osso." Dois dias depois voltou ao tema e adornou-o: "Se não fosse traição dizer isto, um dia como este é quase muito — não vou dizer feliz: mas aceitável. O tom varia, indo de uma bonita melodia a outra [...]. Café da manhã, escrita, caminhada, chá, boliche, leitura, doces, cama." Uma rotina doméstica agradável, mas a ilícita tranquilidade foi perturbada por uma carta de Rose Macaulay, cujo informe sobre a vida em Londres, contrastando com o relativo sossego dos dias de Virginia, quase rompeu seu distanciamento tão cuidadosamente elaborado. Ela resistiu. "O globo volta a girar", escreveu e acrescentou: "Por trás dele — oh sim."

No dia seguinte, escreveu uma passagem de "A Sketch of the Past", na qual descreve a "mutilação" que tinha sofrido após a morte de sua mãe, o choque de descobrir aos treze anos "a insegurança da vida" e pensar que há perdas sem volta, lição que foi reforçada quando dois anos depois morreu Stella, sua meia-irmã. Não apenas uma mutilação, mas talvez um sinal de que os deuses tinham escolhido sua família para um tratamento especial, usando esse sacrifício para dotá-los de mais discernimento e sensibilidade do que à maioria foi dado. Em seguida da morte de seu irmão Thoby, em 1906, ocorreu-lhe a imagem de si mesma suspensa entre duas grandes pedras de moinho e sujeita aos caprichos de forças irracionais. Alterando a metáfora, em outra circunstância, ela declarou que a vida apresentava este desafio: se punha tantas patadas, tantos coices e pinotes em cena, então era "uma coisa para ser cavalgada [...] uma coisa de extrema realidade". Tal ideia aumentou a sensação de sua própria importância, de seu papel no esquema do mundo, já que os deuses a respeitaram o suficiente para condená-la ao suplício de ser "moída entre pedras". Em meio à guerra que instilava doses frequentes de "extrema realidade", os sofrimentos de sua juventude adquiriam especial sentido agora. Ela temia que o isolamento amortecesse sua sensibilidade; tinha "horror da aquiescência passiva", disse. Faltando-lhe a animação das ruas de Londres, criava outra espécie de intensidade ao se concentrar ainda mais em sua escrita, mas esperava que o esforço não viesse a agitar uma "onda brava", na qual era melhor nem pensar. "Pointz Hall" ainda absorvia a maior parte de seu tempo: ela "nunca teve uma melhor temporada de trabalho"; e começara a tomar notas para o livro seguinte, "Reading at Random" ["Lendo ao acaso"], um comentário sobre a evolução da literatura e da vida na Inglaterra, a partir dos menestréis anônimos. Sua vida atual, com poucas visitas ou outras distrações, como delicadamente disse Virginia, dava-lhe o espaço de que necessitava para o trabalho — longas horas ininterruptas em sua "encantadora e livre ilha de outono".

Era um dia calmo, um perfeito dia de outono, anotou ela em 17 de outubro, com uma borboleta vermelha pousando numa maçã que apodrecia na grama, mas ainda havia o refrão dos bombardeiros que voavam todas as noites para Londres, as sirenes chorosas e os amargos diálogos consigo mesma: "Quem será morto hoje à noite? Não nós, suponho." Era outro fato em que não fazia bem pensar. Ela negou que isso tivesse importância, a não ser como um "estimulante", onda que tingia o ar suave da noite com "uma levíssima penumbra de risco corporal". À parte esse ligeiro incômodo, a guerra era "quase esquecível". Mas esquecer dava trabalho e ela se pôs em ação, gabando-se de ter "controlado a cortina de ferro do meu cérebro. Baixo-a e fecho quando estou muito amarrada. Não lendo nem escrevendo. Nenhuma obrigação, nenhum 'devo'". Ela se fez imune. A notícia de que a casa 52 Tavistock Square tinha sido destruída por uma bomba mal a comoveu, a não ser pelo alívio de que não teriam mais de pagar aluguel pela casa vazia. No primeiro dia que eles passaram em Londres, depois disso, ela foi até o local, ver o monte de escombros a que a casa se reduzira, onde nada achou de reconhecível, exceto uma tabuleta e uma cadeira de vime, e concluiu que tinham dado muita sorte: mudando-se para Mecklenburgh Square, evitaram perder tudo o que possuíam. Por outro lado, a ideia de perder tudo e começar a vida de novo, quase sem nada, mostrava-se cheia de atrativos quando ela pensava nos montes de móveis e livros que ainda tinham de ser resgatados dos escombros de Mecklenburgh Square (outra bomba explodiu na vizinhança) e transportados para Rodmell.

Leonard rememora a mesma época, em sua autobiografia, como relativamente tranquila. Seu relato desse começo de outono enfatiza o ritmo positivo do cotidiano dos dois. Virginia parecia contente, de modo geral, com a vida sossegada, concentrando-se em terminar "Pointz Hall", lendo e fazendo suas tarefas domésticas enquanto eles esperavam pela "próxima catástrofe". A atmosfera, sendo "quase muito aceitável", como ela disse, não estimulava a autoanálise nem o excesso de reflexões. Descrevendo a calmaria no olho do furacão, Leonard concluiu que "os últimos meses de 1940 passaram-se para Virginia numa tranquilidade real — no entanto falsa". O oximoro contido nessa frase sugere que a cortina de ferro de Virginia dava-lhe apenas uma proteção limitada, não deixando afinal nada de fora.

Em 2 de novembro, as margens do Ouse, rio de maré, rompidas por bombas no começo do ano, abriram-se outra vez em canais, dando vazão a um aguaceiro que fez gaivotas voarem onde os lavradores tinham feito suas plantações. Quando a chuva pesada e os ventos fortes passaram, lençóis de água revestiam os campos, chegando até o portão dos fundos do jardim de Virginia. De sua mesa de trabalho, ela avistava um mar contornando "ilhas amarelas: árvores sem folhas: telhados vermelhos de chalés" — vista de grande beleza. O caminho que costumava seguir para a chapada estava alagado e um dia ela voltou toda molhada para casa, porque ao explorar as áreas inundadas tinha escorregado e caído num buraco fundo. Amava esse estado "selvagem e medieval" da natureza — "tudo troncos boiando e bandos de aves e um homem num bote velho e eu mesma já tão desprovida de aparência humana que poderiam me tomar por uma vara andante". Grande consolo se perder no jogo sutil dos reflexos cambiantes. Como as ruas de Londres, onde não se acendiam luzes, os campos do Sussex tinham revertido a um estágio anterior pertencente a um mundo mais primitivo. Ela chegou a desejar que a inundação durasse para sempre, removendo todos os sinais da presença humana e deixando o mundo "como ele foi no começo".

A paisagem humana também tornou-se cada vez mais "medieval". Estando Leonard acamado, com gripe, no começo de novembro, Virginia tomou a si a tarefa de escurecer de noite as janelas; sem querer, deixou uma réstia de luz passar pelas cortinas, e com isso atraiu o ódio do guarda local, que a acusou da delinquência por várias noites seguidas e ameaçou multá--la ou prendê-la, caso aquilo acontecesse de novo. Tentando abrandar-lhe a indignação, ela apontou para ele sua "bateria de *lady*" e pôs a culpa na doença de Leonard, mas sem sucesso. Agradava ao guarda bancar o lorde ante uma *lady* — como um desses homens brigões da classe trabalhadora que se alternam entre o servilismo e a grossura, não tendo "'educação' à qual recorrer". Seus modos rudes, disse ela, eram sinal de uma ruptura na ordem social, uma "brecha nas distinções de classe" que valia a pena notar, pois isso dava um útil vislumbre do ódio por baixo da superfície.

* * *

O isolamento aumentou a dependência que Virginia tinha de seu trabalho. As cenas finais de "Pointz Hall" tornaram-se uma obsessão para ela, e era como se o ritmo do livro, invadindo cada momento do dia, repercutisse em todos os seus pensamentos. Escrever nada mais é, como ela havia dito, do que "pôr palavras nas costas do ritmo"; mas, se era o ritmo que dava à sua escrita um cunho próprio, ele também poderia passar a ser destrutivo, ao se manter fixamente na cabeça. Nesses momentos, escreveu ela, o ritmo "nos enrola numa bola: & assim nos derreia". Para dar sossego à cabeça, Virginia interrompeu sua ficção por dois dias, durante os quais rascunhou várias páginas de "A Sketch of the Past". O estilo mais solto das memórias teve um efeito liberador "bem profundo".

Nunca ela vira os abusos de sua juventude tão claramente como os via agora contra o fundo da guerra. Ao registrar certas lembranças de seu pai, aplicou essa consciência desiludida às contradições que tinha notado na sociedade vitoriana tardia. Ao longo de seus primeiros anos, ela se conscientizara de uma cisão entre os interesses intelectuais que partilhava com o pai e os efeitos do sistema patriarcal, que distorciam todos os aspectos da vida familiar. Assim o pai, conhecido pelos amigos como homem de espírito aberto e liberal, fazia despudorada chantagem emocional com suas filhas, com ataques de raiva e de autopiedade lamurienta que jamais se permitiria em companhia de homens. Após a morte da mãe, Vanessa se tornara a dona da casa e tinha de aguentar a longa sucessão de ataques e rogos de simpatia "porque ela era então (embora dourada pela angelical aparência) a escrava". As exibições histriônicas do pai eram tão cruéis, pensou Virginia, como se ele a estivesse surrando a chicotadas. A cegueira de Stephen em relação ao sofrimento das filhas era um sinal de que, malgrado sua capacidade como pensador, suas faculdades imaginativas tinham ficado atrofiadas. Quando se tratava de sentimentos e motivos humanos, suas opiniões eram "tão cruas, tão elementares, tão convencionais, que uma criança com uma caixa de giz poderia fazer um retrato mais sutil".

Sendo o pai assim autocentrado, restou a Virginia uma permanente consciência "de que nada deve ser tão temido como o egoísmo. Nada fere tão cruelmente a própria pessoa; nada magoa tanto os que são forçados a contatá-lo".

George Duckworth deu um exemplo ainda mais pernicioso da duplicidade vitoriana, exigindo que suas jovens meias-irmãs observassem em público todos os belos pontos do decoro elitista, enquanto em particular abusava sexualmente delas. Ao reviver tais lembranças, Virginia associou os padrões enganosos do passado às contradições fatais do presente. "Era curiosa a divisão em nossas vidas", escreveu ao falar de sua juventude. "Havia tantos mundos diferentes: todos, porém, longe de mim. Eu não podia dar-lhes coerência; nem me sentir em contato com eles." Bem cedo ela aprendeu como assumir um papel de espectador para se resguardar contrachoques, método que utilizava agora para insular-se da guerra. A atitude impunha seus riscos, mas liberou-a para traçar o padrão, observando com que naturalidade os traumas do passado se encaixavam no presente. Feito isso, ela voltou a atacar "Pointz Hall" com renovada energia.

Terminou-o em 23 de novembro. O momento passou sem grande alarde, não sendo mais que um simples passo na progressão diária entre o café e a cama; passou em calma ilusória, como se seu isolamento — ela perdera a noção de ter audiência — deslustrasse o fascínio do acabamento. Mas "Pointz Hall" teve a seu lado, como foco de atenção, um pequeno experimento doméstico. Os Woolf tinham comprado na véspera uma desnatadeira, e nessa manhã Louie apareceu de repente carregando uma jarra de leite com uma rodela de manteiga flutuando. Virginia abandonou sua escrita para ver o leite ser desnatado e as duas em triunfo levaram o rico resíduo a Leonard. Em seu diário, ela estabelece ligeira equivalência entre os dois sucessos, o da manteiga e o do livro concluído. Um depósito essencial de ideias tinha sido separado por ela em "Pointz Hall". O romance, escreveu, mas ainda pensando na manteiga, era "uma interessante tentativa num novo método [...] mais quintessencial do que os outros. Mais leite desnatado. Um resíduo mais rico e certamente mais fresco do que *Os anos*, esse tormento. Quase todas as páginas eu gostei de escrever". Nem por um momento ela deu margem a que a habitual ansiedade sobre sua obra se manifestasse. No mesmo dia, começou a escrever as primeiras páginas, um breve esboço preliminar, de seu comentário "Reading at Random". Esse novo livro, sobre as etapas da literatura inglesa, tema que dependia de toda uma vida de leituras, haveria de mantê-la bem ocupada, fornecendo-lhe uma cota regular de "ralação diária" — uma perspectiva tranquilizadora. Talvez ela o escrevesse concomitantemente a um breve romance que começaria no topo de uma montanha, a visão, registrada pela primeira vez em junho de 1937, de "uma história de sonho [...] sobre deitar na neve; sobre círculos de cor; silêncio [...] & solidão" — imagens que sugerem afastamento do mundo e um retorno ao estilo subjetivo que desde As ondas ela não havia tentado. Mas restava-lhe a tarefa de preparar "Pointz Hall" para publicação; e esse romance, com sua sátira acerba a uma aldeia inglesa nas vésperas da guerra, era um lembrete da eficácia com que sua vida atual em Rodmell, malgrado a mediocridade ao redor, lhe abria caminho para um visionário cume de montanha. De qualquer modo, semanas de ralação a aguardavam, a começar pelo trabalho de copiar o manuscrito — na datilografia, havendo passagens por acabar, ela teria de rever e apurar constantemente o texto. E houve interrupções: a uma viagem a Londres seguiu-se a chegada a Rodmell de tudo o que ainda restava do apartamento em Mecklenburgh Square — livros, papéis e móveis que foram depositados num espaço alugado e pelos mais variados cantos disponíveis de Monk's House; depois, preparar e escrever um ensaio sobre a atriz Ellen Terry, a heroína do farsesco *Freshwater*, lhe tomou duas semanas; mas em 24 de dezembro, ela já estava imersa nas revisões, declarando-se mais uma vez "drogada de palavras". A frase sugere sua fuga de uma realidade que se tornava cada vez mais difícil de ignorar.

"Pointz Hall" registra vários tipos de incongruência. É um livro sobre estar distanciado e envolvido, sobre o sentimento que fracassa e se desenvolve sem controle. Toca de leve no declínio e queda de uma civilização, fazendo caçoadas à medida que a escuridão progride. Por trás da sátira, para dar cor ao ambiente ficcional, estão as realidades da vida de Virginia em Rodmell e suas reações à guerra.

Seu título provisório provém do solar no campo onde a igreja da paróquia promove um espetáculo beneficente anual. Um grupo de lojistas e trabalhadores da aldeia, sob a direção de Miss La Trobe, que é ligeiramente indecorosa, encena uma peça sobre a história da Inglaterra, apresentando cenas em vários estilos, dos tempos elizabetanos até o presente. Alterna-se a ação com cenas da peça, que ocupa quase um terço do texto, e com uma narrativa periférica sobre Isabella, que tem um casamento infeliz com Giles Oliver, o herdeiro de Pointz Hall, vindo à tona marcantes indiretas à dramaturga La Trobe e a várias pessoas na assistência. Não há uma trama — apenas o fluxo e refluxo da reunião social, pontuado por episódios da peça, enquanto os Oliver e seus convidados tratam dos acontecimentos casuais e previsíveis do dia.

O teatro amador de Miss La Trobe perturba o marido e a esposa ao lembrar-lhes que eles passam a maior parte do tempo representando papéis de que não gostam e usando máscaras para esconder seus sentimentos reais. A vida de Isabella como correta mãe de família da alta classe média, que se incumbe de ordenar peixe ao jantar e de cuidar da casa, das empregadas e de dois filhos, inibe seu desejo de expressão artística. Trechos de poesia repetem-se obsessivamente em sua cabeça e ela os rabisca num caderno de contas, sem chegar a um resultado concreto. Imagina ter um caso com um fazendeiro vizinho, mas esse impulso apaixonado se alterna com uma ânsia de oblívio. A peça na aldeia intensifica o distanciamento de Isabella e confirma sua aversão pelas convenções sociais. Ao assistir a uma cena de reconhecimento particularmente operística, ela conclui que a trama está "ali apenas para gerar emoções e que não há senão três emoções: Amor. Ódio. Paz. Três emoções fizeram os estratos da vida humana". Ampliando o alcance dessas ideias, o narrador sugere que nossas palavras, como às vezes também os sentimentos, nos são prescritos pela tradição e por herança cultural, e sublinha ademais a analogia entre as ações no palco e os papéis que representamos em nossas vidas diárias.

Embora menos consciente do que Isabella, Giles está insatisfeito, como sua mulher, com o papel que lhe coube. Enquanto diariamente os jornais noticiam novas atrocidades na Europa, ele se agarra a seu emprego de corretor em Londres. Os festejos do dia aumentam sua frustração ao lembrá-lo de que ali ele é apenas um espectador, obrigado a manter conversas polidas. Giles sente-se sexualmente atraído por uma de suas convidadas, Mrs. Manresa, que é corpulenta e bondosa, e enfurecido pela pessoa que a acompanha, o poeta homossexual William Dodge, que desperta todos os seus preconceitos homófobos. Cheio de raiva, ele chuta uma pedra, enquanto anda pelo caminho durante o intervalo, e então se lembra de uma brincadeira infantil. "Ele brincava disso sozinho. O portão era o gol; para dez tentativas. O primeiro chute era Manresa (luxúria). O segundo, Dodge (perversão). O terceiro era ele (um covarde). E o quarto e o quinto e todos os outros eram os mesmos." Absorto nesse estado de espírito, vê a seus pés um presságio, em forma de uma cobra verde com um sapo entalado na goela. "A cobra era incapaz de engolir; o sapo era incapaz de morrer. Um espasmo contraiu as costelas; espirrou sangue." A cena deriva de um episódio registrado por Virginia em 1935, se bem que o sangue espirrado seja aqui um adorno, talvez para sugerir um paralelo entre a natureza predatória e a matança sangrenta nos campos de batalha. Giles põe esse efeito em realce com a violência de seu próprio gesto: "Era um nascer do lado errado — uma inversão monstruosa. Assim, levantando o pé, esmagou-os com força. A massa se achatou e escorreu. A lona branca do seu tênis, com respingos de sangue, se fez viscosa. Mas foi uma ação. E a ação o aliviou."

A cobra e o sapo tinham perturbadoras associações. Em seu diário de 1935, Virginia cotejara a agonia dos dois com um sonho sobre suicídio em que entreviu um "corpo a disparar pela água". "Pointz Hall" subentende uma equação emocional semelhante. Ao ato de Giles segue-se uma cena no antigo celeiro onde integrantes da audiência tomam chá. De pé entre eles, Isabella se retrai dos rostos duros e vítreos que a circundam para concentrar-se em oblívio e água, imaginando um lugar tranquilo e fresco na mata onde há um poço dos desejos sob cuja água ela poderia encontrar alívio — uma cena batismal, mas não deste mundo. Importar-se-ia porventura, pergunta-se, desenvolvendo sua fantasia, de "não voltar a ouvir o tordo cantar no galhinho trêmulo, nem a ver, mergulhando afundando como se deslizasse em ondas no ar, o pica-pau amarelo?". É uma linguagem assim descosida que o dia todo lhe perpassa a mente. Ao dar voltas ao redor, durante posterior intervalo, ela se atém a um refrão: "'Por onde eu ando?'", intrigou-se. 'Por que túneis ventosos desço? Onde sopra o vento sem olhos? E lá não cresce nada para ver. Nem uma rosa. Onde sair? Nalgum campo sombrio por colher onde não há sequer uma noite que deixe o manto cair; nem sol que se levante. Tudo lá é igual'." É desse modo que em geral soam os pensamentos de Isa, que formam um quadro falso, uma indistinta superfície, como um poço que atrai, mas contém lama no fundo. Seus monólogos interiores, que se distribuem por todo o livro, quase poderiam ser paródias. São tão singularmente retóricos quanto qualquer um dos versos de Miss La Trobe, mas falta-lhes a veia satírica da dramaturga. Muitas vezes apenas se obscurecem, em frases como "sequer uma noite que deixe o manto cair", propendem ao passado poético para higienizar a ideia de morte. Tal como Virginia usava sua cortina de ferro, Isa desdobra seus pensamentos, que formam uma tessitura verbal onde as realidades mais duras se dissolvem em vagas aparições. No estado de torpor em que Isa se encontra, as ideias políticas movem-se no mesmo ritmo. "Corruptos murmúrios eu sempre escuto; tinir de ouro e metal. Música doida […]. Em frente, burrinho, e paciência nos tropeções. Não ouça os berros frenéticos dos líderes que no que tentam nos guiar nos abandonam." A linguagem, se transmite sua ansiedade submersa, também abafa os sentimentos, deixando que os leitores decifrem, no nevoeiro retórico, o que lhes for possível.

Como Isabella, Miss La Trobe (uma trovadora, uma artista anônima?) está com problemas. É uma marginalizada que desprezam, que a sociedade respeitável condena ao ostracismo por seu lesbianismo, embora se predisponha a lhe explorar o talento. O desespero de La Trobe quanto a cada deslize em sua peça entra em cômico contraste com a ansiedade obsessiva de Isa. Quando todo o espetáculo parece a ponto de desintegrar-se, porque ela introduziu dez minutos da "realidade" atual, ou seja, deixa a plateia olhando para o palco vazio, o desespero de La Trobe vai além dos limites. A dose de realidade pura, somando-se às vacas indiferentes no pasto e ao voo das andorinhas em torno, destruiu o foco da audiência. "'A realidade é muito forte', murmurou ela […]. Seu joguinho tinha dado errado […]. Foi tomada de pânico. Dos seus sapatos parecia escorrer sangue. Isso é a morte, morte, morte, ela anotou na margem da sua mente; quando a ilusão acaba." O horror jocoso faz parte do "joguinho" de La Trobe, uma ação instintiva que coincide com seu frio hábito de tomar notas "na margem da sua mente". Típica vaidade de artista — dá a entender o narrador — pensar que o mundo vai se acabar porque uma cena não deu certo. Em seguida, cai uma chuva rápida, que distrai o público inquieto, até que um disco com uma história infantil versificada volta a chamar atenção. "Estava o Rei no seu gabinete", canta a voz ao gramofone. E Isabella responde, na audiência, com seu refrão silencioso: "'Oh se a minha vida pudesse terminar aqui' [...]. Prontamente ela dotaria essa voz de todos os seus tesouros, se assim sendo as lágrimas pudessem ter fim." Isa encobre sua dor com frases e novamente sua linguagem empolada sugere que para ela a realidade é forte demais.

A paródia não só predomina na peça de Miss La Trobe, com suas sátiras ao drama elizabetano, às comédias da Restauração e às tramas de amor vitorianas, mas também aflora na narrativa periférica, recheada de ecos maliciosos que provêm de jornais, livros de história e guias de viagem. As observações do narrador sobre a localização da casa, logo no início, fixam o tom satírico: "Pena que o homem que construiu Pointz Hall tenha assentado a casa num buraco, quando além da horta e do jardim havia aquela faixa de terreno alto. A natureza deu o lugar para uma casa; e o homem construiu sua casa numa cavidade." A insensatez humana é posta aqui na solenidade zombeteira das últimas palavras. A linguagem usada torna-se às vezes por demais melodramática, como se sutilmente comparasse esse excesso infantil com o absurdo derramamento de sangue então em curso. Giles, em sua raiva, sente-se agrilhoado a um rochedo (a sociedade elegante, os quadros do espetáculo) "e forçado passivamente a contemplar um indescritível horror". William Dodge, numa confissão tácita, com tinturas fascistas, admite que tem aversão por si mesmo: "Na escola, Mrs. Swithin, eles me jogavam um balde de água suja por cima; quando eu erguia os olhos, via o mundo imundo [...]. Sou só meio homem, Mrs. Swithin; uma cobrinha mentalmente dividida a menear pela grama." Isabella também resvala para a paródia inconsciente, imitando romances populares em sua descrição do rico fazendeiro vizinho, em cujo "rosto devastado" ela enxerga uma paixão calada e um mistério. Nunca volta a estar com ele, após a cena de abertura, mas dá constantes olhadas para o homem de cinza ao longe, figura esquiva e algo sinistra.

A paródia, enquanto forma, requer distanciamento e espírito crítico, mas em "Pointz Hall" as paródias se incrustam em outros tipos de escrita.

Duas mulheres, ambas personagens importantes, conseguem abrir caminho para espalhar sua influência entre o público presente, dando suas próprias entonações pessoais às emoções básicas. Para Isabella e para La Trobe, o fracasso é uma obsessão, mas Mrs. Swithin e Mrs. Manresa são de uma raça jovial de espíritos cheios de vitalidade que têm o dom de encantar os que os circundam. Aos céticos Isa e William, Mrs. Swithin, criada no reinado da rainha Victoria, traz um lembrete de como eles se extraviaram, indo tão longe das atitudes de seus pais. A religiosidade inata que a caracteriza, simbolizada pela cruz que leva ao pescoço, é uma relíquia serena daquela era. Da "viagem circular" da velha senhora, os outros traçam uma imagem engraçada, descrevendo carinhosamente sua crença de que "vacas, ovelhas, árvores, capim, pessoas — todos somos um só. Criando harmonia, se discordantes — se não para nós, para um ouvido gigantesco acoplado a uma gigantesca cabeça". Mrs. Swithin parece viver nas nuvens, quase destituída de peso, e só tocar na "terra de vez em quando com um tremor de surpresa". Em contraste cômico com ela se acha Mrs. Manresa, que é sumamente boa e cuja vitalidade e corpulência a fazem parecer "quase uma deusa" para seus admiradores, uma visão de fertilidade e conforto sexual. Duas convidadas maternais na reunião, com alguns dos mesmos poderes míticos que Virginia atribuiu à sua própria mãe, de quem ela se lembrava na infância como "uma presença genérica, mais que uma pessoa em particular", mas uma presença radiante, a iluminar o mundo para os que a rodeavam. "Imediatamente todas as vidas com as quais ela cruzava pareciam se constituir num padrão."

Mesclando paródia e mito, Virginia foi capaz de apresentar seus temas complexos em termos pretensamente simples e concisos, já que a forma híbrida transmite várias e simultâneas camadas de significado. O espetáculo de cunho histórico, que é o centro de tudo, ilustra o fracasso da arte em captar os acasos da existência comum e, por analogia, o fracasso de todas as histórias autorizadas em transmitir a integridade do ser em meio aos fatos narrados. O significado do espetáculo é ambíguo, pois implica distanciamento irônico, como fazem as paródias, e ao mesmo tempo lembra aos que o assistem sua identidade inglesa, o débito coletivo que eles têm com o passado. Mitos nacionais e líderes políticos são apresentados com uma ingenuidade que, por ser infantil, induz ao ceticismo, pedindo-se aos leitores, implicitamente, que rejeitem a mística do poder e examinem os rostos humanos que há por trás dela. A encenação reforça esse ponto ao colocar personagens familiares da aldeia como vultos históricos. Dentro da elaborada indumentária da rainha Elizabeth oculta-se Eliza Clark, dona da venda da aldeia, que é capaz de arrastar facilmente uma manta de toucinho ou um barril de óleo. Com o vestido enfeitado por broches vagabundos e protetores de aparas metálicas, por um momento ela adquire tamanho maior que o natural, evocando "a era [elizabetana] em pessoa". Entra em seguida uma aldeã bonita e jovem, enrolada numa colcha flutuante, representando a Idade da Razão, e o dono do barzinho local, com o elmo e a capa de um policial vitoriano, faz um sermão moralista. O efeito dessas cenas, uma denúncia de impostura, culmina na observação de Mrs. Swithin de que a história enfim não existe. Nunca existiram pessoas como "os vitorianos [...] apenas eu e você e William vestidos de outra maneira".

"Pointz Hall" invoca rituais comunitários, bem como a influência benigna de Swithin e Manresa, para subjugar a preocupação que grassava com matanças e bombas. O riso grave que permeia a narrativa é acentuado pelo trapalhão que se levanta para falar quando cessam os últimos aplausos à montagem da peça. O público vê, "como águas que escorrem deixam visível a bota velha de um vagabundo, um homem com colarinho de padre subindo sub-repticiamente num caixote de sabão". Trata-se de seu porta-voz e vizinho — que ali está para dizer algumas palavras de encerramento e se embaraça um pouco com a tarefa. Mr. Streatfield é da velha escola; é "uma peça do mobiliário tradicional da igreja; um armário de canto [...] produzido por gerações de carpinteiros da aldeia a partir de algum modelo perdido-nas-brumas-da-antiguidade". Inepto e sincero, comicamente ele inverte o sentido de um provérbio familiar, mas mantendo-se no espírito certo: "Ando pisando, como os anjos, por onde eu deveria me ausentar como um tolo?" Sua homilia não expõe doutrinas nem opiniões autorizadas, mas apenas farrapos de sabedoria tradicional canhestramente expressados. "Nós somos parte um do outro. Cada qual é parte do todo." A simplicidade do clérigo redime ou humaniza o lenga-lenga da religiosidade convencional. "Lá se erguia ele como representativo porta-voz de todos; seu símbolo; eles próprios; um torrão, um toco, risível como o foco dos óculos; ignorado pelas vacas [...]. 'Não podemos dizer'", diz o hesitante orador, "'que há um espírito que inspira, que impregna?'" Ele declina de ir além dessa questão: "Não estou aqui para explicar. Esse papel não me foi atribuído." Fazendo um ponto final, muda de rumo e faz um pedido de dinheiro, no que é brevemente interrompido por aviões que passam em formação no céu; depois, para o desconforto de alguns espectadores, Albert, o idiota da aldeia, relutantemente passa a sacola em torno.

Indo além de tais excursos humorísticos, o romance finaliza com uma visão de eterna recorrência. Miss La Trobe recebe uma inesperada iluminação depois que sua peça termina. Sente-se muito deprimida com os resultados, convencida de que seu trabalho é um fracasso, mas de repente é atraída por um bando de estorninhos a se precipitar pela árvore sob a qual ela está; o incessante sussurrar, a cacofonia dos trinos, proclama a fecundidade da natureza: todos os "galhos, folhas, pássaros silabando discordantemente vida, vida, vida, sem medida". O sussurrar da vida inspira Miss La Trobe a conceber a abertura de uma nova peça. Ela imagina duas figuras que se defrontam num "local alto à meia-noite" e com isso antecipa a última cena do romance, atuando como mediadora, porque sua arte a vincula a uma força subjacente que também modela a ação na vida real.

A última cena é ambientada na sala de visitas, onde no fim do dia Isabella e Giles se defrontam, mas a narradora ajusta o foco para enquadrar a paisagem circundante, onde o campo reverte à natureza selvagem. Sua visão incrementada, uma "miticomédia", por assim dizer, abole a distinção entre passado e presente, entre dentro e fora, permitindo-nos vislumbrar um drama elementar que está apenas começando quando o romance acaba. Consumidos por amor e ódio, marido e mulher fazem um silencioso ajuste de contas.

> Antes de dormir, eles têm de brigar; depois de terem brigado eles se abraçariam. Desse abraço poderia nascer outra vida. Mas primeiro eles têm de brigar, como entre as raposas o macho briga com a fêmea no coração das trevas, nas paragens da noite.

Isa deixou cair sua costura. As grandes cadeiras encapuzadas tinham se tornado enormes. E Giles também. E Isa também contra a janela. A janela era toda céu sem cor. A casa tinha perdido seu poder de abrigar. Era noite antes de estradas serem feitas, ou casas. Era a noite que os moradores das cavernas olhavam de um lugar elevado em meio às pedras.

E então subiu a cortina. Eles falaram.

Como Isabella, mas sem recorrer ao tom arcaico, a narradora usa a linguagem poética para revelar e ocultar sua vida interior. Tudo é artifício e, ao mesmo tempo, profundamente pessoal. A desavença passional entre Isabella e Giles liga-se a ecos de *Heart of Darkness* [*Coração das trevas*], de Joseph Conrad, e da Bíblia. A literatura é a cortina de ferro que isola a vida emocional de Virginia, sua última defesa contra os sentimentos. No final, quando a cortina se levanta, mito, drama e narrativa naturalista fundem-se numa substância única, num tecido de poesia vivida onde as palavras e as ações são uma só coisa.

Apesar de celebrar a vida da aldeia em "Pointz Hall", Virginia estava cada vez mais desencantada com Rodmell e crítica de seus vizinhos. Ao longo de dezembro de 1940 e janeiro de 1941, seus diários e cartas expressam com frequência irritação e tédio. Como tesoureira do Women's Institute, ela participava de reuniões enfadonhas e se incumbia de fazer a coleta, entre os membros, das contribuições modestíssimas. A sociedade de Rodmell a assediava sem trégua — além de Vanessa e família, raramente ela via alguém que não fosse morador da aldeia —, obrigando-a a ser delicada. Vizinhos apareciam, sem mais nem menos, e a interrompiam no trabalho; teve de parar uma hora para ouvir uma velha, viúva de um médico, que queria um conselho sobre plantação de tomates e por lá foi ficando a esburacar o gramado com a bengala, sem falar sobre nada em especial. Virginia não encontrava eco na aldeia, "somente um ar improdutivo". Até mesmo as crianças eram broncas e sem graça, em comparação com as crianças de Londres. O frio do inverno, que tornava difícil ignorar os desconfortos físicos, acentuava a banalidade da vida cotidiana. Em 19 de dezembro, ela fez uma lista dos incômodos que desfaziam todas as expectativas de um feriado alegre, embora a guerra no momento parecesse muito distante. A ração irrisória de gasolina tornava impraticável sair para fazer visitas; a escassez de leite, manteiga e ovos limitava a hospitalidade, caso chegasse alguém. "Muito pouca gordura para cozinhar. E muitas compras a fazer. E a gente tem de pesar e medir." A deterioração do serviço dos correios complicou mais ainda a vida social. Todos esses eram incômodos menores — ninguém iria passar fome, por enquanto, nem congelar —, mas as pequenas coerções a punham de ânimo sombrio, fazendo-a sentir-se mais desconfiada que de hábito das pessoas que ela encontrava em Rodmell. Fraquezas humanas que pudesse ter notado com interesse no passado irritavam-na intensamente. Queixou-se de que ela e Leonard eram explorados pelos aldeões, que extraíam suas ideias e se nutriam de sua vitalidade. Eles tinham virado presas de "vampiros. De sanguessugas. Qualquer um com 500 por ano & educação é imediatamente sugado pelas sanguessugas. Me põem com L. no poço em Rodmell e nós somos sugados — sugados [...]. Trocamos os inteligentes pelos simples. Os simples nos invejam por nossa vida" — e tentavam rebaixá-la, como poderia ter acrescentado, a seu próprio nível. Leonard, ao comentar esse desabafo em sua autobiografia, reconheceu que aí havia sinais de desequilíbrio, mas acrescentou que ela poderia ter sofrido um idêntico "espasmo agudo e breve" em qualquer época de sua vida e que ele não tinha como o ligar, a não ser olhando em retrospecto, a algo mais grave.

Entrementes, as autoridades avisaram que a invasão alemã se aproximava, sendo esperada dentro de um ou dois meses. Virginia odiou a inatividade desse tempo morto e arrastado, que descreveu como "o pior estágio da guerra". Leonard, o fatalista, encontrou na espera da catástrofe — que quase o animava, mas que apenas sufocava Virginia —, uma satisfação sinistra. Como era estranho, escreveu ela, viver "sem um futuro [...] com o nariz colado numa porta fechada".

Ideias de morte fizeram-na recuperar sentimentos que mal sabia que ainda tinha. Em 22 de dezembro, ela anotou que, ao remexer em velhos papéis, andara lendo memórias e cartas de amor de seu pai para sua mãe, vendo-as de novo com "olhos de criança". Tais vislumbres de seus pais lhe inspiraram sentimentos bem ternos, embora ela resistisse à nostalgia por saber quão opressivos tinham sido aqueles dias passados. A voz do pai parecia se levantar do papel, silenciando-a no julgamento que fazia dele. A ternura era simplesmente outro fato; não desfazia o dano feito por ele, mas, enquanto durava, impelia para o fundo a raiva de Virginia. Ela descreveu seus sentimentos numa linguagem que ecoa cadências de devoção:

> Como eram bonitas essas pessoas de outrora [...] quão simples, quão taxativas, quão impassíveis [...]. Ele a amava — oh & era tão cândido & sensato & transparente — & tinha a mente exigente tão delicada, tão educada & transparente. Quão serena & até alegre a vida deles me soa: sem lodo; sem remoinhos. E tão humana — com as crianças & o zum-zum & as cantigas do quarto de brinquedos.

Um salmo doméstico que ia além da desordem e complexidade do mundo real — chegando a um passo das meiguices e gritos interrompidos e desarticulados que ela invocara antes em *As ondas*, à procura de "uma linguagem concisa como a que os namorados usam, palavras de uma sílaba como as crianças falam quando entram no quarto e dão com a mãe costurando e pegam algum retalho cintilante de lã". Ela queria manter o sentimento, não o infectar com o ceticismo da idade, pois o sentimento tendia a desaparecer, perdido o brilho, e seu esforço consistia em desacelerar o processo, lembrando-se de não admitir "nada turbulento; nada envolvido; nenhuma introspecção". Uma resolução que sutilmente parece admitir a introspecção no próprio ato de a banir.

Uma nova amiga entrou na vida de Virginia no final do ano. Octavia Wilberforce às vezes fazia uma parada para estar com os Woolf quando suas obrigações de médica a levavam na direção de Rodmell. Apresentados por Elizabeth Robins, atriz e romancista com quem Octavia dividia uma casa em Brighton, eles se conheciam desde 1937. Entre Virginia e Octavia havia um parentesco distante — o bisavô de Virginia foi casado com a irmã de William Wilberforce, paladino da luta contra a escravidão que era bisavô de Octavia. Virginia a descreveu como "médica de espírito de coloração muito vívida e sadia, de preto, com um colar de voltas de prata, bons dentes & sorriso cândido e gentil". A Leonard, ela deu a impressão de ser "grande, forte [...] completamente confiável, como um carvalho inglês", com fundas raízes no Sussex rural. Era a oitava (daí Octavia) dos nove filhos de uma próspera família da alta classe média. Quando moça, esperavam que se casasse ou ficasse ociosa em casa, mas ela, apesar da oposição da família, se fizera médica. Sua formação em medicina, formação essa só recentemente permitida a mulheres, foi uma corrida de obstáculos; com o estímulo de Elizabeth Robins, sua amiga mais velha, vista como substituta da mãe, ela perseverou e acabou por se estabelecer em Brighton com uma prática pioneira e bem-sucedida.

Durante suas ocasionais visitas, "prima" Octavia notou que Virginia tinha perdido peso e estava magra como uma vara. Ao seu olho clínico, ambos os Woolf pareciam enfraquecidos e precisavam engordar um pouco. Quando esteve em Monk's House no começo de dezembro, Octavia levou-lhes de presente leite e creme da fazenda onde mantinha um pequeno rebanho. Ela mesma deu os detalhes da visita numa longa carta a Elizabeth Robins, que voltara para os Estados Unidos, onde nascera, para afastar-se da guerra. A conversa girou em grande parte sobre a própria Robins e um livro que ela havia escrito, na década de 1890, sobre a vida dos bastidores. Houve um momento delicado quando Octavia repetiu sua opinião de ser Virginia "provavelmente a maior escritora viva da prosa inglesa". Virginia, ao receber o elogio, encabulou-se como se provasse de um doce proibido. Foi um momento disparatado, tal como as poucas frases em que Octavia o preservou: "Nisso [sua grandeza] ela mostrou descrença, mas finalmente, penso eu, aceitou-o simples e até comoventemente." Antes de se retirar, Octavia invocou seus privilégios de médica para pedir que os dois dessem mais atenção às suas dietas e lhe permitissem mandar creme do Devonshire para eles, como modesta retribuição pelo prazer que os livros de Virginia lhe tinham propiciado. Mais tarde, ela fez a "proposta de negócio" de lhes fornecer semanalmente leite e creme em troca de um exemplar da próxima obra de Virginia. A Elizabeth Robins, escreveu assim: "Todos os dois estão muito magros e parecem meio à míngua e, se alguém deve se beneficiar do meu rebanho, que sejam esses abandonados. Abandonados eles estão, tenho certeza, no que diz respeito à comida." Virginia aceitou a oferta, mas insistiu num escambo. Embora eles nada tivessem que se igualasse ao precioso creme, tinham muitas maçãs de seu pomar para mandar à amiga. No tocante à sua obra — ela ainda estava transcrevendo e revendo "Pointz Hall" —, era um absurdo, disse, equiparar-se à generosidade de Octavia com "um livro em gestação e por tudo quanto eu vejo completamente sem valor. Eu perdi todo o poder sobre as palavras, nada posso fazer com elas". Isso provocou um amistoso debate sobre os eventuais méritos dos livros em relação ao creme. Octavia explicou, numa de suas cartas, que passava a maior parte do tempo sentindo-se humilhada por sua incapacidade de ajudar os pacientes, mas que se animava muito com a possibilidade de fazer algo realmente construtivo, "a ilusão de que com bastante leite a mais vocês dois poderão ir em frente [...] e escrever suas maiores obras-primas". Quanto à queixa de Virginia, de ter perdido o poder sobre as palavras, Octavia argumentou que "todo gênio verdadeiro tem de ficar em repouso por um tempo", uma forma de abandono benigno que acabaria por levar a uma colheita mais rica. Virginia, ignorando essas tentativas de confortá-la, ateve-se ao ponto principal e respondeu que "nada do que venhamos ambos a escrever por fim poderá valer mais do que o seu leite e creme neste momento desprovido e amargo". Assim, duas vezes por semana Octavia lhes mandava os produtos de sua leiteria, indo vê-los também de quando em quando, mas com o cuidado de evitar cansá-los com visitas excessivas.

Apesar de generosa e bem-intencionada, Octavia não percebia as nuances e pôs de lado com muita ligeireza as palavras desoladas de Virginia. Os presentes de leite e creme e sua insistência de que Virginia precisava engordar se imbricavam com uma história de que ela nada sabia. Virginia tinha passado vários períodos numa clínica de repouso onde sua "neurastenia" foi tratada com sono induzido e uma dieta rica em leite. Nunca perdera o ódio que tinha desse tratamento e a aversão pelas ordens médicas. Sua atitude em relação à comida, como observou Leonard, era marcada por um profundo sentimento de culpa.

Era sempre extremamente difícil convencê-la a comer bastante para se manter bem. Todos os médicos que consultamos lhe disseram para comer bem e beber dois ou três copos de leite todos os dias [...]. Mas não creio que ela jamais tenha aceitado isso. Deixada a sós, comia extraordinariamente pouco, e só com a maior das dificuldades podia ser induzida a beber regularmente um copo de leite por dia [...]. Nossas brigas e discussões eram raras e quase sempre sobre alimentação ou repouso.

Os presentes de Octavia, tão gentilmente oferecidos, tinham um peso todo especial.

Virginia presumiu que a invasão nazista, esperada pelas autoridades para a primavera, talvez mesmo ainda em março, deveria ser seguida de perto por sua morte e falou às vezes como se os dois fatos fossem intercambiáveis. Ao refletir que poderia estar vendo a chapada e os prados pela última vez, tentou de novo fixar seus contornos na memória. Em 9 de janeiro de 1941, descreveu a encosta coberta de neve do monte Asheham — "vermelho, roxo, cinza-azulado de pombo" ao pôr do sol, uma vastidão luminosa contra a qual se erguia a cruz da igreja vizinha, pequena e escura. O encantamento da cena, com seus róseos detalhes e o brejo "como uma esmeralda opaca", era acentuado por sua impressão de um fim. A beleza visual, em seu diário, alterna-se com lembranças de morte. No dia em pauta estavam enterrando a tia de sua empregada Louie, morta por uma bomba caída sobre a casa dela. Por fora da janela de Virginia, a chapada brilhava rosa e roxa. Ela sentiu as duas notas — a morte dessa mulher e a paisagem nevada — a soar em uníssono e lembrou-se da barganha de Fausto, que ela havia invertido ao jurar consagrar-se ao momento imperfeito. "São essas as coisas interessantes? [...] que dizem: Para tu és tão belo? Bem, toda a vida é muito bela, na minha idade. Quero dizer que me suponho a seguir, já não tendo muito mais. E do outro lado do morro não haverá neve rosa vermelha azul."

Em preparo para seu livro seguinte, e enquanto acabava de revisar "Pointz Hall", ela estava lendo dramas elizabetanos, e as alusões literárias, como a referência ao *Fausto* de Goethe, criando um efeito de afastamento, capacitaram-na a encarar com alguma distância a morte. Como Isabella em "Pointz Hall", ela usou frases elegíacas e doses de poesia para expurgar sua ansiedade. Felizmente havia herdado o gosto da leitura, como disse a Ethel em 1º de fevereiro, e assim sempre podia se concentrar mentalmente lembrando-se de que tinha "apenas três meses para ler Ben Jonson, Milton, Donne e todo o resto!". Disse também que tinha imaginado, para si mesma, uma cena final: no meio de um ataque aéreo, ela estaria lendo Shakespeare, sem se lembrar da máscara antigás, e iria assim "sumir ao longe e esquecer de vez [...]". O verso incompleto da "Ode to a Nightingale" ["Ode a um rouxinol"]* deu a Virginia uma espécie de imunidade — as palavras de Keats eram tão familiares que não havia necessidade de as explicar ou justificar, nenhuma necessidade, em meio à generalizada desgraça, de examinar suas próprias suposições.

As preocupações de Leonard com a saúde de Virginia aumentaram nos dois primeiros meses de 1941. Ele então começou a consultar Octavia Wilberforce, que na prática, além de amiga, passou a ser também médica dela. Virginia sentia ter chegado a um limbo na criação e agora ia escrever apenas por hábito. Ainda continuava a receber cartas sobre *Roger Fry* e os comentários de alguns de seus leitores soavam-lhe perturbadores. Ela havia ofendido uma senhora ao descrever um incidente durante os tempos de estudante de Fry, quando um garoto se borrou, sujando também o mestre-escola que o estava espancando. Outro leitor se indignou com a imagem nada lisonjeira que Fry fazia de Pierpont Morgan e americanos em geral. Instigada por esses comentários, Virginia assumiu a culpa e ironicamente manifestou menosprezo pelos que a elogiavam. "Não respeito nem gosto nunca dos meus admiradores", escreveu ela, "sempre dos meus detratores."

Notando como estava fragilizada, Octavia fez o que podia para tranquilizá-la quanto ao valor de seu próximo livro, "Reading at Random". Disse a Virginia que um comentário crítico assim tão imparcial era justamente o que queriam muitos leitores, para ajudá-los a desviar o pensamento da guerra. Numa carta a Elizabeth Robins, em 31 de janeiro, ela enfatizou como gostava dos Woolf, cidadãos, a seu ver, de grande

---

* O verso completo é: "Sumir ao longe, dissolver-se e esquecer de vez." [N.T.]

dignidade, e acrescentou que Virginia estava ficando cada vez mais magra. Sua energia parecia esgotada, "ela não consegue trabalhar por muito tempo seguido, nunca depois do chá — e muitas vezes se interrompe, quando já meio desesperada, e vai fazer um pudim ou qualquer coisa. Se quer saber, acho que ela é uma criatura totalmente frágil".

Por outro lado, Elizabeth Bowen, que chegou a Monk's House para uma visita de três dias em 13 de fevereiro, encontrou Virginia muito bem-disposta — curiosa como sempre sobre as vidas de outras pessoas, cujos detalhes a fizeram rir imoderadamente. Bowen se recordou de Virginia ajoelhada no chão — elas estavam alinhavando uma cortina rasgada que precisou de um remendo — e de que "ela se sentou nos calcanhares e pôs a cabeça para trás numa pequena nesga de sol, primeiro sol da primavera. E depois riu daquele modo consumptivo, sufocante, gritado, delicioso". Esse momento barulhento fixou o tom da visita. A partida de Bowen foi seguida de perto pela chegada de Vita, que Virginia convidou para passar uma noite em Monk's House e fazer uma palestra no Women's Institute de Rodmell. Toda essa semana, que tinha começado com uma viagem corrida ao norte para visitar as instalações da Hogarth Press em Letchworth, deu a Virginia uma trégua em seu isolamento, embora não substituísse a contento a "vida mais alta", que parecia cada vez mais lhe escapar.

Isso se tornou penosamente claro depois que ela acabou de revisar "Pointz Hall". Em 26 de fevereiro, anotou ter transcrito a última cena do romance e chegado finalmente ao título *Entre os atos*, que se referia não só à peça que se intercala com o texto, mas também a atos políticos e domésticos. O ato de entregar o original a Leonard a fez sentir-se mais vazia e gasta do que em anos. Tendo perdido a noção de uma audiência, era difícil para ela imaginar-se a escrever outra grande obra, mesmo que sentisse necessidade, mais do que nunca, de sua dose diária de trabalho puxado. Mas não, ela vivia atordoada pela mediocridade da vida ali na aldeia, preocupada com ínfimas necessidades, tão obcecada com comida a ponto de nunca dispensar sequer um pedaço de pão condimentado. Na mesma entrada do diário, traçou um ácido esboço de um casal de cara pastosa que ela tinha visto se empanturrando de bolos num restaurante em Brighton. "De onde vem o dinheiro para alimentar essas lesmas brancas e gordas?" Ela ainda conseguia escapar da inanidade geral trabalhando em "Reading at Random", mas o exercício da crítica não a sustentava como a ficção. A possibilidade de usar seu trabalho, como sempre tinha feito, para preservar sua sanidade e estabilidade, parecia cada vez mais remota, e ela se perguntou: "Será que ainda voltarei a escrever uma daquelas frases que me dão intenso prazer?"

Para evitar de pensar demais em si mesma, Virginia teve a ideia de fazer um "retrato ao vivo", ou a imagem em palavras, de uma de suas amigas. Em 28 de fevereiro, dois dias após o término de *Entre os atos*, ofereceu-se para traçar um esboço de Octavia — já contando com a vívida imagem que tinha da infância dela naquele solar rural de nome tão bonito, Lavington. Se desse certo, talvez Octavia concordasse em posar para um retrato em tamanho natural. Tentando proteger-se, a médica apelou para a profissão e argumentou que, se o texto fosse publicado, poderiam acusá-la de estar fazendo propaganda. Hesitou, titubeou, mas finalmente concordou que poderia ser engraçado tentar. Sentira-se ameaçada, disse Octavia mais tarde, mas logo passara a sentir-se lisonjeada, dando-se conta da oportunidade maravilhosa que seria para ela, com seu "espírito não analítico [...], falar para uma explicadora nata". Virginia considerou-a um tema altamente "pintável", devido a seu autocontrole e senso prático: "a reticência, a tranquilidade, a força [...] de dia ela trata dos doentes e de noite controla incêndios" — uma referência às obrigações da doutora como vigilante de focos de incêndio em Brighton. Octavia, por sua vez, julgou tratar-se de uma atração entre opostos. A hipersensível Virginia era fascinada pelo temperamento ativo de Octavia, sua rudeza física, seu amor por esportes e pela vida ao ar livre. Desenhar o retrato de Octavia a encorajaria a ter o foco nos interesses práticos dessa pessoa sociável, ajudando-a a viver no momento sem espiralar e cair em depressão e autoanálise.

A impressão de que eles não teriam futuro, forte em Virginia, punha, no entanto, sua marca até nos fatos mais comuns. Tendo ido ouvir Leonard falar sobre história na Worker's Education Association, em Brighton, ela notou depois os sinais da primavera chegando — alguém de ruge e com um chapéu colorido, velhotas muito vestidas no salão de chá e a garçonete num uniforme de algodão xadrez —, formas claras e distintas, vistas através de uma película transparente que ia se turvando à medida que ela se dizia para manter-se calma e fixar sua atenção em objetos externos.

[Diário de Virginia, 8 de março de 1941]

Não: nada de introspecção. Assinalo a frase de Henry James: Observar perpetuamente. Observar a chegada da idade. Observar a ambição. Observar o meu próprio desalento. Por esse meio ele se torna útil. Ou assim espero eu. Insisto em atravessar esta época tirando o melhor partido possível. Vou afundar com as minhas cores voando. Coisa que vejo que beira à introspecção; mas não cai assim tão bem. Suponha-se que eu comprasse um ingresso para o Museu; que diariamente andasse de bicicleta & lesse história. Suponha-se que eu selecionasse uma figura destacada de cada época & escrevesse sobre ela & o entorno. A ocupação é essencial. E agora com algum prazer eu constato que já são sete horas; tenho de fazer o jantar. Hadoque & salsicha. Penso ser verdade que ganhamos certo poder sobre salsicha & hadoque quando os mencionamos por escrito [...].

[Ela escreveu a T. S. Eliot e Stephen Spender e convidar-se-á a ficar em casa de Ethel]. Isso para compensar a visão de Oxford Street & Piccadilly [em ruínas] que me persegue. Oh meu Deus sim, eu hei de dominar esse meu ânimo. É uma questão de estar receptivamente sonolenta, de olho bem aberto para o presente — deixando que as coisas venham uma depois da outra. Agora fazer o hadoque.

"Receptivamente sonolenta", ou seja, viver no presente, olhando nos menores detalhes cada pedra caída aos próprios pés, mas abordando as ruínas e os montes de entulho num estado de distanciamento de sonho. Estar desperta, então, para o momento que passa, mas imune ao horror generalizado — uma tentativa de puxar a velha cortina de fogo que não mais a protege. Ela não há de ficar pensando em si, "nada de introspecção", diz, apesar de estar ouvindo seus próprios sintomas mórbidos. O conselho de Henry James, "observar perpetuamente", propõe uma variante da observação de Maupassant de que os escritores nunca simplesmente vivem, mas usam seus momentos mais íntimos para abastecer sua arte. Virginia, porém, estava além dessas reflexões. Talvez ela venha a afundar com suas cores voando; talvez o hadoque e a salsicha voltem a atraí-la para o vaivém da vida caseira.

18

O tempo passa

Octavia Wilberforce chegou a Monk's House, para sua primeira sessão de pose, em 12 de março, e encontrou Virginia tão fragilizada que ela até se esqueceu de seu próprio temor de estar em cena. Virginia confidenciou-lhe que acabara de terminar seu romance e estava se sentindo "deprimida até o fundo do poço", como frequentemente acontecia depois de uma obra de peso. Sentia-se de todo inútil — a aldeia nem sequer a deixaria servir como vigilante de incêndios — e invejava Octavia por levar uma vida tão ativa, cheia de compromissos. Oh, mas o que Virginia fazia não tinha igual, disse Octavia — ninguém mais poderia escrever seus livros. Octavia falou de sua infância, descrevendo os primeiros anos felizes numa fazenda no Sussex. Mais uma vez, Virginia reagiu com recordações de sua própria juventude, sobretudo do tempo depois da morte da mãe, quando seu pai desfez-se em pedaços e "jogou-se muito em cima de nós […] nos fez exigências emocionais grandes demais", segundo ela uma aflição que "é responsável por muitas das coisas erradas da minha vida. Nunca me lembro de alguma satisfação do meu corpo". Virginia disse que o peso do sofrimento do pai a condenou a viver numa estufa emocional e intelectual. Não tendo tido a menor chance, quando menina, de participar de brincadeiras ou vadiar pelos bosques, ela acabou criando o hábito de se voltar para dentro, que se tornou sua segunda natureza. Frequentemente, Leonard a aconselhava a pensar menos em si e mais nas "coisas externas". Após a sessão de pose, Octavia especulou que Virginia temia uma nova crise nervosa, agarrando-se ao retrato verbal e à experiência de usá-la como modelo porque o contato com sua personalidade "bucólica e robusta" tinha um efeito tranquilizador.

Octavia desempenhou de bom grado esse papel, mandando incidentalmente detalhados informes de seus encontros para Elizabeth Robins, que admirava Virginia com a mesma intensidade. Infelizmente, a perícia de Octavia na observação psicológica e como escritora não correspondia às suas boas intenções. Suas cartas fornecem informações valiosas, mas ignoram variações de tom e fazem duvidosas transcrições das falas de Virginia. Por certo ela relatou acuradamente o teor, mas o fraseado inepto — "nos fez exigências emocionais grandes demais [...] é responsável por muitas das coisas erradas da minha vida" — leva muito a crer que é da própria Octavia.

Virginia voltou a estar sob suspeita em 14 de março, quando os Woolf foram passar o dia em Londres para discutir assuntos da Hogarth Press com John Lehmann. Ele ficou todo animado com a notícia de que *Entre os atos* tinha sido concluído, mas Virginia tentou refrear-lhe o entusiasmo observando que ela e Leonard discordavam quanto aos méritos do livro. De mãos trêmulas e cada vez mais agitada, insistiu que o "assim chamado romance" era um fracasso e não merecia ser publicado — "muito superficial e esquemático", como depois ela disse a Lehmann. Opinião diversa tinha Leonard; delicadamente ele declarou que ela mesma sabia muito bem que "era uma das melhores coisas que tinha escrito". Virginia concordou em deixar Lehmann ler o original, para dar um voto de desempate, mas sua depressão piorou. Em 18 de março, ela chegou em casa, ao voltar de uma de suas longas caminhadas na chuva, ensopada até os ossos, "parecendo doente e tremendo muito", e disse que tinha escorregado numa vala. Seu estado deplorável e algo de estranho na expressão de seu rosto deixaram Leonard terrivelmente preocupado, mas ele temeu que pudesse cair de vez numa crise, caso falasse disso abertamente. Virginia, comendo muito pouco, continuou a emagrecer e recusava-se a tomar as precauções usuais de repouso na cama e dieta farta; insistia não haver nada de errado com ela. Ante o dilema, Leonard pediu a Vanessa para ter uma conversa séria com a irmã sobre a necessidade de ela se fortalecer, mas os apelos de Vanessa não surtiram mais efeito que os dele.

Numa segunda "sessão de pose", em 21 de março, Octavia confessou que tinha sido difícil para ela desafiar sua família se fazendo médica, que se considerava uma covarde moral e que ela "sempre mentia para salvar a pele, quando criança". Intimidou-se ao falar desses assuntos, mas a atitude impessoal de Virginia — sentada a olhar para o vazio, perfil voltado para Octavia e só de vez em quando se virando para fazer uma pergunta —, tornou mais fácil confiar nela. Em dado momento, Virginia disse que estivera pensando em que método usar para fazer esse retrato. Suas duas tentativas prévias em biografia, *Orlando* e *Roger Fry*, tinham sido uns fracassos, e agora, enfurnada no campo, sem "o estímulo de ver pessoas", ela se sentia completamente bloqueada. Sua síntese da situação foi desolada e categórica: "Não consigo escrever. Perdi a arte." O som da voz de Virginia deixou Octavia em alerta. Ela não tomara as confissões anteriores tão a sério como essa. Falando agora como médica, insistiu para Virginia tentar o pensamento positivo — enalteceu as virtudes do ar livre e, inflexível na expressão, repreendeu-a por estar desistindo e "usar a guerra como desculpa". Ela devia parar de vez com aquilo, reanimar-se, acalmar-se e meter mãos à obra, porque seu trabalho era de longe o que havia de mais importante a ser levado em conta. Além disso, devia parar de ruminar sobre o passado — esquecer os problemas da família, todo aquele "sangue mais grosso do que os disparates da água". Virginia respondeu que tinha "passado a esfregar o chão quando não conseguia escrever" — isso a ajudava a tirar os problemas da cabeça. Resumindo depois suas impressões, Octavia escreveu que Virginia estava preocupada demais "com a sua própria cabeça e suas reações. Faria muitíssimo bem a *ela* arar um campo ou praticar um jogo". Tais sentimentos bem-intencionados aproximam-se perigosamente das opiniões do Dr. Holmes em *Mrs. Dalloway*, o médico obtuso que, aconselhando o suicida Septimus Smith, diz que "a saúde é uma questão em grande parte sob o nosso controle. Lance-se a interesses externos; dedique-se a algum *hobby* [...]. Tente pensar em você mesmo tão pouco quanto possível".

No mesmo dia, Virginia recebeu uma carta de Vanessa em que a irmã lhe implorava para ser sensata e seguir o conselho dos que a amavam, pois no estado em que ela se achava "nunca se admite o problema". Em vez de esfregar o chão, que poderia muito bem ficar sem limpeza para sempre, ela deveria estar repousando para recuperar as forças. Vanessa não tentou ocultar seus sentimentos sobre os perigos à frente: "O que haveremos de fazer, quando formos invadidos, se você for uma inválida indefesa — o que eu teria feito, durante todos esses últimos 3 anos, se você não tivesse sido capaz de me manter viva e alegre? Você não sabe o quanto eu dependo de você." A ríspida primeira cláusula era um lembrete de Vanessa das relações tão íntimas e afetuosas entre as duas. Sua severidade não ofendeu Virginia, que achou até carinhoso, pelo contrário, o tom professoral empregado ("você *deve* ser sensata"), uma típica exibição do caráter impositivo de Vanessa. A resposta que ela escreveu começava assim: "Você nem pode imaginar como adorei a sua carta." Uma abertura surpreendente diante do que vinha a seguir, que era um adeus de suicida. Mas era verdade, ela adorou a austera voz maternal a invocar velhos vínculos e também quis deixar inequivocamente claro que a carta não a tinha magoado de maneira nenhuma. Prosseguindo, disse que tinha "ido longe demais dessa vez para poder voltar. Estou certa agora de que estou ficando louca [...]. Sempre estou ouvindo vozes, e sei que não vou escapar dessa". Ela insistiu que Leonard tinha sido extremamente bom, ninguém poderia ter feito mais, mas sem ela, ele estaria melhor. "Mal consigo pensar ainda com clareza", escreveu. "Lutei contra isso, mas não posso mais." Uma última frase enganosamente simples que dá margem a uma grande ambiguidade: lutou contra o quê? — contra a doença mental ou a vontade de morrer? Qual dos dois era mais forte, o desejo ou o medo? Ou ambos, em partes iguais, se misturavam? "Lutei contra isso" são palavras que alguém diz num momento de completo abandono, dando a entender que se entrega à tentação, ou à necessidade, com o pensamento voltado para o momento de alívio.

Virginia escreveu sua carta para Vanessa no domingo, 23 de março. Mas não a enviou. Pela mesma época, na terça-feira antes ou depois desse dia, escreveu outra carta de suicida, dirigida a Leonard, e manteve as duas guardadas para uso futuro. O processo de pôr seus pensamentos no papel talvez lhe tenha dado um espaço para respirar. Na segunda-feira, 24 de março, Leonard notou que ela estava ligeiramente melhor. Ela mesma se sentia suficientemente bem para registrar em seu diário os acontecimentos do dia: uma entrada evocativa, como tantas outras, embora mais desesperançada do que a maioria. Eles tinham visitado, na aldeia,

Mrs. Chavasse, costureira que os recebeu, sem tirar seu tricô das mãos, numa sala toda marrom e vermelha; e que lhes disse, quase de imediato, que dois de seus filhos tinham sido mortos na guerra. "Sentia-se que isso contava a seu favor." A conversa, recebida a informação, não foi adiante. Virginia consolou a mulher com alguns ligeiros comentários, mas suas palavras "pereceram no mar gelado entre nós. E depois não houve nada". Um dia ventoso, registrou ela, que trazia rajadas de ar marinho do canal da Mancha. Vanessa estava passando o dia à beira-mar, em Brighton, e Virginia, sentindo-se ligada à irmã, imaginou "como seria se nós pudéssemos infundir almas". Após dizer que poderia distrair-se agora planejando o retrato de Octavia, acrescentou uma nota sobre o momento presente: "Duas longas cartas de Shenna & O. Não posso me agarrar a elas, no entanto gosto de tê-las." Por fim, um prenúncio de primavera: "L. está cuidando dos rododendros [...]."

Nada mudou — Virginia estava comendo muito pouco e se negava ao repouso. Na quarta-feira, Leonard se alarmou mais que nunca. Recordou-se posteriormente de ter pensado que o estado dela era "muito perigoso. Depressão desesperada [...] seus pensamentos se precipitavam além de seu controle; a loucura a aterrorizava. Já se sabia que a qualquer momento ela seria capaz de se matar". Mais uma vez, ele teve de decidir se se mantinha à espreita por perto ou se entrava em ação correndo o risco de tornar Virginia ainda mais desesperada; uma palavra inexata ou um passo em falso poderia empurrá-la para a beira do abismo. Perseguia-o sempre a lembrança de sua tentativa de suicídio em 1913, quando ela ingeriu uma dose exagerada de Veronal, logo após uma consulta ao médico. Naquela ocasião, ela também insistira que não havia nenhum problema com ela. Leonard decidiu que era forçado a correr o risco de procurar ajuda médica.

Na quinta-feira pela manhã, ele telefonou para Octavia, que estava de cama, recuperando-se de uma gripe, e não tinha certeza de se aguentar nas pernas, mas assentiu em receber Virginia em seu consultório em Brighton, se ele a persuadisse a ir vê-la nessa tarde. Virginia disse que não, que não precisava de um médico, mas Leonard insistiu e ela se deixou convencer. Na sala de exames, ela voltou a se mostrar indócil, como se percebesse no ar alguma coisa que confirmava suas suspeitas.

[Octavia a Elizabeth Robins, 27 de março de 1941]

Oh, mas foi duro como pedra [...] uma batalha — não de cabeças, mas de *faculdades mentais*. "Foi *de todo* desnecessário ter vindo" [disse Virginia]. Não queria responder francamente às minhas perguntas (embora eu fizesse poucas, para mim) e de modo geral se manteve em resistência. Pacientemente eu ouvi cada frase. "Tudo o que você tem de fazer é tranquilizar Leonard." Por fim, depois de eu dizer para ela, com delicadeza e firmeza, que eu sabia que sua resposta não era verdadeira [e explicar os fatos sobre seu estado] [...] ela começou, a seu modo de sonâmbula, a meu pedido, a tirar a roupa. Parou. "Se eu fizer isso, você promete não me prescrever uma clínica de repouso?" *Raios*, digo eu mesma para mim. E olho-a confiantemente nos olhos: "O que eu prometo é que não vou lhe prescrever nada que você não julgue razoável fazer. Está bem assim?" Ela concordou. E fomos em frente com o exame — ela protestando a cada passo como uma criança petulante!

Bem, acabamos começando tudo de novo e conversamos. E ela então confessou os medos que tem. De que o passado há de voltar — de que ela não será capaz de trabalhar novamente e assim por diante. Trágico. Só Deus sabe se eu fiz a ela algum bem [...]. "*Como* você já teve problemas e os superou, isso não deve lhe dar uma garantia de que, se encarar as coisas com tranquilidade agora [...]" [A elipse é de Octavia; ela propôs todos os argumentos previsíveis.] Oh, não sei se fiz um bem concreto. Mas toquei nalgum ponto, ao estender-lhe a mão e apertar a dela, gelada: "Se você colaborar, sei que posso ajudá-la, e não há ninguém na Inglaterra que eu gostaria, que eu *adoraria* mais ajudar." Ela se mostrou um pouco menos tensa e talvez um tanto desligadamente contente!! Mas como tudo isso é *doloroso*. E eu *posso* ajudar?

Ainda debilitada pela gripe e alarmada pela aparência de Virginia, Octavia reincidiu nos conhecidos protocolos entre médico e cliente — pacientemente deixou que as "fases" de Virginia fossem seguindo seu curso. Olhou-a nos olhos para transmitir sua boa-fé, mas também para tentar enquadrá-la como paciente — sendo esperta e manipuladora. Se ao menos Virginia confiasse nela e colaborasse [...] não havia ninguém na Inglaterra que ela gostaria mais de ajudar [...]. Sutilmente ela mudou de terreno, engrandecendo-se um pouco, mas sem cometer excessos, e assumindo o problema de Virginia como se fosse dela — para tornar-se impessoal no processo, para submeter a personalidade privada ao papel profissional. Se Octavia condescendeu com a paciente como se faz com uma "criança petulante", Virginia percebeu isso, como percebeu que tinha caído numa armadilha, pois sua resistência confirmava o que todos vinham dizendo — que ela não era capaz de decidir sozinha e precisava confiar em alguma autoridade. Pensamentos tão mortificantes assim aumentaram-lhe a rebeldia interna, fornecendo ainda mais provas, se de fato necessárias, de sua deterioração. Octavia permaneceu sem saber que o exame trazia à tona algumas das piores experiências de Virginia com médicos.

Virginia temia que Octavia determinasse uma cura de repouso, ou seja, a mandasse para um sanatório, como havia feito o médico de 1913, logo após seu casamento. A raiva que ela sentiu naquela época inspirou-lhe o retrato de Sir William Bradshaw, o médico sádico em *Mrs. Dalloway*. Investido de autoridade para reprimir "impulsos antissociais", Bradshaw tinha prazer em impor sua vontade a pacientes indefesos como Septimus, que ele pretendia mandar para uma clínica "onde vamos lhe ensinar a repousar". Bradshaw era impiedoso — "ele agarrava; ele devorava. Ele calava as pessoas". Ao narrar a sina de Septimus, o jovem que tinha trauma de guerra e nariz de falcão, Virginia descreveu seu próprio horror de cair nas mãos de estranhos justamente quando se sentia mais indefesa e nua. Septimus, relutando diante dessa desgraça, conhece o código sublime da abjeção, a luxúria de se sentir "condenado, abandonado, como os que estão para morrer estão sós", e assim descobre "uma liberdade que os tolhidos jamais podem conhecer". Sua dissociação proporcionou um refúgio, um sentimento de invulnerabilidade, como o de um náufrago "que olhando para trás via as regiões habitadas, que jazia na margem do mundo como um marinheiro afogado".

O soldado com trauma de guerra e o marinheiro afogado eram duplos de Virginia, seus parceiros secretos. Ela também habitava um reino aquoso e ouvia o canto dos pássaros vindo através das ondas, como Septimus, que jazia "num rochedo com as gaivotas gritando em cima dele". As descrições da depressão por Virginia apresentam com frequência essas visões duais — do sofredor que está plantado em lugar rochoso e alto, de onde cai e afunda no mar. Como Septimus sabia, "depois que você cai [...] a natureza humana pula em cima. Holmes e Bradshaw estão em cima de você". Esses algozes sombrios avançavam novamente às furtivas, sobrepondo-se a Octavia, obscurecendo sua delicadeza passada, trazendo de volta lembranças de médicos obtusos e insidiosos apelos à autoridade: "Sei que posso ajudá-la." Ironicamente, Octavia se fixou na ideia de que Virginia era "obcecada pelo pai", mas não viu como seus próprios métodos reviviam os fantasmas dos autoritários antigos.

Depois do exame, ao conversar à parte com Leonard, Octavia decidiu que não seria seguro fazer mudanças drásticas — tudo deveria continuar como antes, pelo menos pelos próximos dias, mas seria bom se ele pudesse convencer Virginia a se abster de escrita, de crítica, de todo trabalho intelectual por um mês. Ela vivia demais naquele mundo abstrato das ideias e livros, disse Octavia. "Deixe-a poupar-se um pouco, que voltará a estar bem." Enquanto eles conversavam, um bombardeiro alemão, voando baixo, passou exatamente por cima com um barulho ensurdecedor, seguido por um disparo de metralhadoras e logo uma explosão ao longe. Posteriormente, Leonard se lembraria do impacto, mas na hora eles estavam tão envolvidos na conversa que mal lhe deram atenção. E isso também era irônico, porque foi a atmosfera de pesadelo — os ataques aéreos, o isolamento e a perda de audiência, a paranoia causada pelo medo da invasão — que arrastou Virginia à beira de uma crise nervosa.

A consulta preocupou Octavia, que escreveu a Virginia, depois que os Woolf saíram, tencionando mandar a carta com sua próxima entrega de leite. Ela insistia com Virginia para se restringir a leves trabalhos caseiros, a "olhar passarinhos, bordar umas coisas, desenhar um novo forro de cadeira por meia hora — comer um pouco mais — especialmente carboidratos". Depois, quando ela se recuperasse, poderia mudar para melhor "e escrever a maior obra-prima deste século". Seu tom tornou-se cada vez mais vigoroso e avuncular, com a promessa de que Virginia ficaria boa, desde que se dispusesse a cooperar: "De acordo então nisso?" Octavia abordou sua paciente com muito carinho e escreveu como amiga, não apenas como médica, dizendo a Virginia para chamá-la a qualquer hora, de dia ou de noite, caso precisasse de alguém para conversar. Mas Virginia nunca viu essa carta.

No mesmo dia, mais tarde, ela cuidou de alguns assuntos pendentes. John Lehmann tinha dado um veredicto favorável a *Entre os atos*, mandando-lhe um telegrama e uma carta para expressar sua admiração. O romance levava a prosa "aos limites extremos do comunicável", declarou ele, e estava "cheio de uma poesia mais perturbadora do que qualquer coisa que ela tinha escrito antes". Virginia, entretanto, já tendo uma decisão tomada, escreveu-lhe pedindo para não ir adiante com o livro, que era "muito tolo e trivial" para ser publicado. Desculpando-se por lhe dar tanto trabalho, disse que o escrevera em estranhos intervalos, quando seu cérebro estava "meio adormecido", e que só se dera conta de como era ruim depois de o enviar para ele. Antes do anoitecer, Leonard pôs a carta de Virginia no correio e deu o passo incomum de juntar no mesmo envelope um bilhete seu, explicando que ela estava "à beira de um completo colapso nervoso", algo que já vinha se manifestando há algum tempo. Não havia a menor possibilidade, por ora, de publicar *Entre os atos* — o livro teria de ser posto indefinidamente de lado. Era tudo um pesadelo, acrescentou ele, advertindo Lehmann para não dar resposta a essa carta.

Três meses antes, Virginia havia dito que *Roger Fry* era "um experimento em autossupressão", e os mesmos termos poderiam ser aplicados aos livros que o precederam de imediato, *Os anos* e *Three Guineas*, com seus "fatos" elaboradamente orquestrados. Ao longo da década de 1930, e com insistência maior à medida que a guerra se aproximava, ela mapeou sua própria forma de exílio interior, sempre se comprometendo a não se entregar à introspecção. Teve uma necessidade, como sugeriu Leonard, de escrever contra sua índole, renunciando à subjetividade de sua ficção inicial e, por conseguinte, pondo-se fora de forma, como se fizesse penitência pelos pecados do mundo. Em *Entre os atos*, ela mudou de direção mais uma vez, tentando tratar a paródia e a caricatura como instrumentos capazes de emitir uma nota de intensidade profética. Sua definição do romance como "tolo e trivial" foi um completo exagero. O livro tem uma escrita luminosa e ricos momentos satíricos, embora tenha também, em sua forma inacabada, certas fraquezas: o fracasso em levar o retrato da personagem central, Isabella, além do nível da autoparódia e a inconsistência de algumas partes, como os episódios vitorianos, da encenação histórica. Ironicamente, o fracasso artístico é um de seus temas. A peça na aldeia de Miss La Trobe ilustra o inevitável conflito entre a concepção da artista e os parcos meios que ela tem para realizá-la — um toque satírico onde soava a própria conclusão de Virginia de que sua energia artística estava esgotada. Destruindo seus vínculos com a audiência, a guerra também minara sua crença de ainda ter alguma coisa a dizer. A Octavia, ela havia dito que não conseguia mais escrever, que tinha perdido seu poder sobre as palavras — uma queixa que Octavia descartou como fantasiosa, ignorando assim um medo muito real de Virginia, o de que ela nunca mais pudesse entrar no estado visionário em que escrevera *Ao farol* e *As ondas*.

Na manhã seguinte à inquietante consulta com Octavia, o estado de Virginia piorou. Tentando seguir as ordens da médica, Leonard conseguiu que ela fizesse algum trabalho caseiro, para evitar de ficar pensando em si. Os fatos dessa manhã foram relatados por Louie Everest, que estava arrumando o estúdio de Leonard quando os Woolf entraram e ele lhe pediu que desse um espanador a Virginia para ela ajudar na limpeza. Louie assim fez, "mas aquilo pareceu muito estranho. Eu nunca soube que ela quisesse fazer algum trabalho comigo antes. Mas logo depois Mrs. Woolf largou o espanador de lado e saiu".

Alarmado com o estado de Virginia, Leonard tinha passado algum tempo conversando com ela ainda em seu quarto, mais cedo, mas sentiu que ele não poderia mantê-la sob vigilância constante, o que de resto ela julgaria intolerável; seria impossível fazê-lo, de fato, sem contratar boas enfermeiras. As idas e vindas pela casa seguiram a prática usual de acaso e ordem. Leonard passou a manhã trabalhando à sua mesa e depois no jardim; Virginia dividiu seu tempo entre o pavilhão onde escrevia e a sala de estar no andar de cima. Em dado momento, Leonard entrou no pavilhão e encontrou-a escrevendo na prancheta; ela se levantou e foi com ele para a casa. Depois disso, Louie a viu vestir o casaco, pegar sua bengala e andar a passos rápidos, pelo jardim, em direção ao rio.

Um dia de primavera: claro, frio, seco. Sob suas botas de borracha o caminho lamacento brilhava. E o tempo passava... Se ela já prescindira das horas, restavam-lhe os minutos e segundos que se repartiam, instando-a a contar cada brotinho da árvore, e subdividiam-se em séries, num fluir sem-fim de partículas. Pelo mesmo processo, suas sensações foram reduzidas, tornando-se mais contraídas e agudas à medida que o ponto de fuga se aproximava. Ela esbarrou em arbustos, tropeçou em pedras. Apanhou uma pedra, e mais outras, e as pôs nos bolsos do casaco. Depois entrou pela água adentro, de bengala em punho, e deixou-se levar... À uma da tarde, quando Louie tocou o sino para o almoço, Leonard entrou na sala, encontrou duas cartas em cima da lareira, abriu a que lhe era endereçada e num relance viu que algo terrível tinha acontecido. Saiu às carreiras pelo portão dos fundos e correu pelo brejo até o rio, onde ele viu pegadas que iam para a água e encontrou a bengala de Virginia à deriva, ainda agarrada na margem. Mas nenhum outro vestígio. Louie saiu em busca de ajuda; vasculharam todos os lugares por onde Virginia mais gostava de andar, procurando por ela o dia inteiro até o começo da noite, e só pararam quando a escuridão aumentou.

A morte de Virginia não foi causada por súbita demência nem por uma aberração violenta. Ela havia pensado muito nisso e escrito de antemão suas cartas para Leonard e Vanessa. Em certo sentido, a vida inteira ela se preparou para a morte. Mas seu gesto não foi propriamente premeditado — ela escolheu a hora num impulso, pois estava fazendo planos, pouco antes de morrer, para rever *Entre os atos* e também encontrar amigos em abril. Seus últimos dias foram marcados por essa incongruência, essa pele permeável entre duas realidades, uma vez que ela já havia decidido se matar e ainda ia vivendo como se tivesse pela frente uma fração indefinida de tempo. Logo os sinais de advertência — a desorientação, as vozes —, associados ao desamparo que ela sentiu no consultório de Octavia, fizeram-na transpor um limiar. A essa altura, ela pôs seu plano em ação, deixando as duas cartas que tinha preparado e rabiscando uma terceira, que Leonard encontrou depois na prancheta, na qual dizia adeus outra vez e acrescentava uma resposta apressada aos argumentos de Octavia. "Sei que eu nunca vou superar isso [...]. Nada que alguém disser pode persuadir-me." A última frase expressava seu desprezo pelos conselhos profissionais e defendia seu direito de julgar por si mesma, a despeito do custo.

Duas cartas então para Leonard — ambas escritas sob grande tensão, mas legíveis e suficientemente claras no intuito: primeiro para o proteger contra a culpa, garantindo-lhe que ele havia feito por ela tudo o que era humanamente possível, e depois para justificar-se, explicando que ela tinha razões inelutáveis para fazer o que fez.

[Virginia a Leonard, 18 (?) de março de 1941]

Terça-feira
Querido,
Estou certa de que eu estou ficando louca de novo: sinto que nós não podemos passar por outro daqueles tempos terríveis. E dessa vez eu não vou me recuperar. Começo a ouvir vozes, não consigo me concentrar. Estou fazendo assim o que parece a melhor coisa a fazer. Você me deu a maior felicidade possível. De todas as maneiras você foi tudo o que alguém poderia ser. Não creio que duas pessoas pudessem ser mais felizes, até que veio essa doença terrível. Não posso mais lutar contra ela, sei que estou estragando a sua vida e que sem mim você poderia trabalhar. E eu sei que irá. Veja que nem isso eu consigo escrever com exatidão. Não consigo ler. O que eu quero dizer é que devo a você toda a felicidade da minha vida. Você foi inteiramente paciente comigo e incrivelmente bom. Quero dizer isso — todo mundo sabe disso. Se alguém pudesse me salvar, teria sido você. Tudo se esvaiu de mim, menos a certeza da sua bondade. Não posso continuar estragando a sua vida.

Não creio que duas pessoas pudessem ser mais felizes do que nós fomos. V.

[A segunda carta, que Virginia deixou num bloco na prancheta, em seu pavilhão no jardim, é provavelmente a que ela estava escrevendo quando Leonard entrou para chamá-la, na manhã de 28 de março de 1941.]

Querido,
Quero lhe dizer que você me deu a felicidade completa. Ninguém poderia ter feito mais do que você fez. Por favor acredite nisso.

Mas eu sei que nunca vou sair dessa: e eu estou destruindo a sua vida. É essa loucura. Nada que alguém diga é capaz de me persuadir. Você pode trabalhar, e estará muito melhor sem mim. Veja que nem isso eu consigo escrever, o que mostra que estou certa. Tudo o que quero dizer é que até essa doença chegar nós fomos perfeitamente felizes, e tudo foi devido a você. Ninguém poderia ter sido tão bom como você foi, desde o primeiríssimo dia até agora. Todos sabem disso. V.

Você encontrará as cartas de Roger para os Mauron na gaveta da minha mesa no pavilhão. Queira destruir todos os meus papéis.

Sabendo como Leonard devia estar sofrendo, e angustiada por seu fracasso em ajudar, Octavia telefonou e apareceu para vê-lo. Falando sobre o histórico clínico de Virginia, eles concordaram que a guerra reativou seu medo de passar por outra crise, como a que ela tinha enfrentado antes e durante a Primeira Guerra Mundial, e que pouco havia a ser feito para salvá-la. Já de saída, Octavia ainda se virou para uma última consolação. Falando como médica, disse acreditar que a maneira como Leonard cuidara de Virginia tinha sido "inspirada pelo céu [...]. Ninguém mais a poderia manter bem tanto tempo". Ela estava embaixo da escada, e ele, de pé atrás, levantou a mão para esconder o rosto, que estava contraído e explodia em lágrimas. Posteriormente, ele deu forma a seus pensamentos numa nota não datada em que fez amargo juízo de sua própria falibilidade humana:

> É um fato estranho que uma terrível dor no coração possa ser interrompida por uma dorzinha no quarto artelho do pé direito.
>
> Eu sei que V. não virá pelo jardim, saindo do pavilhão, & olho, porém naquela direção para vê-la. Eu sei que ela está afogada & fico, porém atento à porta, à espera de que ela entre. Eu sei que esta é a última página & eu, porém, ainda a viro. Não há limites para o egoísmo & estupidez de uma pessoa.

Quanto a Vanessa, que sempre foi reticente, suas cartas expressaram mais surpresa e perplexidade que qualquer outra emoção. "Penso que nada poderia ter impedido a possibilidade então", escreveu ela a Vita em 2 de abril, "eu só queria ter entendido isso, mas nem me dei conta." A Jane Bussy, uma amiga da família, ela escreveu que Virginia parecia perfeitamente normal: "É verdade que eu não a via assim com tanta frequência para realmente julgar. Mas penso que subitamente ela deve ter piorado muito no fim [...]. Bem na véspera eu telefonei para ela e disse que ia aparecer para um chá e ela parecia contente."

A polícia dragou o rio, mas o corpo de Virginia não veio à superfície senão quase três semanas depois, quando alguns ciclistas adolescentes o avistaram, levado para a margem, perto do ponto onde Leonard tinha achado a bengala. Um policial bateu na porta para dar a notícia e Louie descreveu o que sentiu ao ouvi-la: "Ele disse que havia pedras pesadas nos bolsos do casaco dela, que ela deve ter posto lá, e que depois foi andando e entrou direto no rio. E foi terrível. Foi a coisa mais terrível de que eu já soube."

Talvez não para Virginia?

Ela havia escrito sobre a morte como tentação e violação, inventado fábulas sobre sua extrema realidade, mas o que qualquer cena de um livro poderia ter a ver com o simples fato de ir andando água adentro? Meras imagens terão ditado o meio que ela escolheu? A arte e a vida seguramente seguem cursos separados. Entretanto, os temas literários de Virginia prenunciaram o fato, fechando o circuito lógico entre pensamento e ação; por outro lado, o ato físico de se afogar parecia estar de todo à parte, sem relação com nada que lhe fosse exterior. Certa vez, ela imaginara deixar um "simples e profundo texto sobre suicídio" para seus amigos. Suas últimas palavras foram restritas demais para dar esse testemunho, mas o que nelas se contêm já havia sido dispersado por ela em muitos outros escritos. Havia vestígios disso nos motivos recorrentes que usou para mapear o lado submerso da vida. "Se eu não sofresse tanto, não poderia ser feliz", disse ela, e suas metáforas ecoam esse motivo; reagindo a críticos desfavoráveis, centrou-se na felicidade da queda, no deleite de ser demolida, no prazer de ser ultrajada e em muitas variações que refletem seu medo de exposição e seu desejo de fama. Virginia sentiu a alegria do anonimato e o horror (agora que a guerra dispersara sua audiência) de ser invisível.

Dois impulsos percorrem sua obra, fornecendo imagens complementares de uma imersão nas profundezas e de um mergulho das alturas. Ela retratou o afogamento como um fim clemente, um afundar na escuridão, tal qual em sonho, suavizado pelo encrespamento da água e o ritmo das ondas, que certamente deve ser benigno, sugeriu ela, pois seus murmúrios trazem paz ao marinheiro exausto. Mas há momentos em que as águas se tornam monstruosas, sugando-nos para o fundo de redemoinhos ou arrastando a amedrontadores precipícios. E essa imagem se entrelaçava com outra, igualmente obsessiva, de cair do alto de uma montanha ou pular de uma janela. Ela havia imaginado o salto para a morte de Septimus — o chão reluzindo, ele sendo varado por grades enferrujadas e seu corpo se estatelando "com um baque surdo em seu cérebro e logo logo um sufoco de escuridão". Contradizendo essas visões, o testemunho das pedras nos bolsos de Virginia era um lembrete a insinuar que o afogamento é difícil, que não se afunda facilmente. O corpo quer nadar e precisa de algum lastro, de algum objeto denso (e da ajuda de pesadas botas) para arrastá-lo para o fundo.

Em algum momento obscuro, Virginia avançou para um ponto sem retorno, foi longe demais para poder voltar. Passo a passo, recusando-se a comer, recusando-se a repousar, ela renunciou ao mundo natural e se desfez em etapas.

Muitos julgam mais fácil se ater à dor do que manter alegria, mais fácil favorecer males do que aceitar favores. Mas Virginia tinha o dom de sustentar a alegria e era tida por isso, pelos amigos, por companhia das mais maravilhosas. Seus romances são engraçados e elegíacos: em meio ao sofrimento, são radiantemente claros. Através de um alter ego fictício em *As ondas*, ela retratou sua própria dissolução, posta numa suave noite mediterrânea na Espanha. Rhoda, com os companheiros de viagem, aproxima-se do topo de uma montanha que oferece uma vista, pelo mar, até a África. Num estado de distanciamento, como que de sonho, ela imagina que esse cume é o fim; vê-se montada numa mula e em seu leito de morte, sentindo que seu espírito se alça a reinos distantes, olhando já das alturas, mas desencorpada e sem peso, como se as ondas subissem para engolfá-la, como se pela beira do precipício ela fosse lançada para o espaço, muito acima das luzes da esquadra de arenques. Os penhascos somem. Abaixo de nós, encrespando-se de leve, cinzentamente se encrespando, ondas inumeráveis se esparramam. Eu não toco em nada. Não vejo nada. Podemos afundar e rolar nas ondas. O mar há de soar nos meus ouvidos. A água salgada há de escurecer as pétalas brancas. Elas flutuarão por um momento e afundarão depois. Eu, rolando ao sabor das ondas, serei empurrada para baixo. Tudo desaba num tremendo aguaceiro, me dissolvendo.

Apêndice
As cartas de Wilberforce

Segue-se o registro que Octavia Wilberforce fez de seus encontros com Virginia e Leonard Woolf.

Elizabeth Robins, a quem foi endereçada a maioria das cartas de Wilberforce, desempenhou papéis importantes em peças de Ibsen, nos palcos londrinos, durante a década de 1890. Também romancista, de sucesso junto ao grande público, Robins conheceu os pais de Virginia e era grande admiradora de sua obra. Restaurei algumas poucas passagens que Wilberforce omitiu, quando transcreveu estas cartas em sua autobiografia, e deixei de fora outras, que não tinham relação com Virginia Woolf.

[Octavia a Elizabeth Robins, dezembro de 1940]

Fui tomar chá com os Woolf e encontrei-os a se desculpar pela desordem, quer dizer, livros, caixotes e garrafas de vinho em processo de ser desembalados como consequência de eles terem de salvar alguma coisa do que lhes restou da casa em Londres, e muito amáveis. Ela me disse que tinha escrito para você, mas temia lhe ter dito alguma coisa sobre a sua escrita que a pudesse enfurecer (foi o termo que ela usou), pois "os autores são gente muito esquisita". Garanti a ela que eu sabia que não havia ninguém que tivesse tanta influência sobre você quanto ela. Isso ela não aceitou, mas disse que, bem, que se a carta dela a enfurecesse mesmo, quem teria de aguentar seria eu. Responsabilidade que alegremente aceitei. Numa conversa subsequente, ela disse que odiava que escrevessem sobre a obra dela e que as pessoas muitas vezes a incomodavam, dizendo, por exemplo, "Quando é que você vai nos dar mais críticas?", o que para a suscetibilidade dela significava que não queriam mais romances.

[Os Woolf] naturalmente disseram que gostam muito de você e se lembraram de quando a tinham visto pela primeira vez, ela ainda em menina, quando você estava representando Ibsen, acho, e depois nunca mais, ela disse, até aquela "ocasião horrorosa em que me deram um prêmio, e as coisas horrorosas que foram ditas sobre a minha obra numa tarde muito quente. Era um cheque de 40 libras que nos ajudou de algum modo a ir passar uns dias fora. Mas a quantidade de gente de baixo nível que havia lá era estranhíssima". Aqui Leonard interrompeu e disse: "Você se lembra daquela mulher apavorante cuja reputação foi feita por Baldwin?" (Eu sugiro Mary Webb [autora de *best-sellers* como *Precious Bane* [*Veneno precioso*].) "Sim, é esse mesmo o nome dela, que se chegou e grudou em mim para falar de resenhas. Eu, na época no *The Nation*, tinha dado a ela um livro para resenhar, e o resultado foi tão atroz que não lhe dei mais nenhum, e naquela ocasião ela me encurralou para saber por quê, o que foi muito desagradável." E aí Virginia prosseguiu: "E quando Miss Robins chegou e me disse tantas coisas sensíveis e compreensíveis, e acho que mencionou minha mãe, tive vontade de conversar com ela, imediatamente eu me senti impressionada pela personalidade dela e dominada de todo. Depois disso lhe escrevemos e pedimos que ela fizesse alguma coisa para a Hogarth Press." Ela então me perguntou há quanto tempo eu conhecia você, e ficara muito impressionada com a sua modéstia, tinha achado extraordinário que você desse tanta importância à opinião dela sobre o v. 1 [das memórias de Robins], pois julgava você tão grande que nem deveria ligar para o que ela pensasse. Lembrei que ela lhe havia dito que gostaria de conversar com você sobre a arte da escrita e que, quando nós entramos no carro, você me fez entender como a considerava provavelmente o maior escritor vivo da prosa inglesa. Nisso ela demonstrou descrença, mas penso que o aceitou finalmente de um modo simples e até tocante [...].

Eu também disse que achava, como médica, que o lado mais importante da medicina era a prevenção e que, se me fosse permitido mandar para ela mais um pouco de creme do Devonshire, como modesta retribuição pelo prazer que ela me dera com seus livros, eu me sentiria privilegiada.

Ele me perguntou se você realmente chegava a descansar algum dia, era sempre tão perfeita quando eles a viram, não conseguia imaginá-la fazendo isso […]. Ela rememorou o seu "Both Sides [of the Curtain]" ["Os dois lados [da cortina]"] e as partes que a impressionaram. Como você deve ter sido fascinante para que todas aquelas pessoas, o que havia de melhor na década de 1890, saíssem de seu caminho para ajudá-la. Por que você, tendo feito tanto sucesso, não continuou no teatro? […] Gostei imensamente deles pela admiração que têm por você. A respeito de tudo isso, foram bem simples e sem afetações. Não há dúvida de que não é nada pequeno o respeito que ela tem por você. Falou muito sobre "Theatre and Friendship" ["Teatro e amizade"] [de Elizabeth Robins], que disse ter amado enormemente […]. "Não sei nada de teatro, mas sempre quis saber, e foi por isso que fiquei tão interessada nele", disse ela.

[Octavia a Elizabeth Robins, 23 de dezembro de 1940]

Às 4h fui à casa dos Woolf com creme do Devonshire. Pensava que, já tendo cumprido o meu dever ao redor, eu me daria um regalo. Além disso, se Hitler vai invadir ou ser insolente, eu cismei que iria resolver tudo o que pudesse antes da véspera do Natal […]. Avancei pelo caminho e cumprimentei Leonard e cão e ele pegou a cesta de creme e diz que a vai encher de maçãs em retribuição pelo creme. Um escambo que me convém perfeitamente. Dentro encontrei Virginia com mãos piores que pingentes de gelo. Digo como eu lhe sou grata e falo do seu cabograma que diz "a carta de Virginia me fez voltar a trabalhar". Ela se vira de costas para mim, timidamente, e ao ouvir o final vira de frente com um sorriso maravilhoso e irradiante. "Diz de novo!" Eu obedeço. E ela, para ocultar o extremo prazer, vai às pressas à cozinha para apanhar a chaleira. Quando volta, eu digo: "Como você vê, eu estava certa e de algum modo sei o que é bom para um autor." "Sim, mas diga-me de novo as palavras exatas." Outra vez eu obedeço. E ela então desconversa: "Tive uma tarde tão complicada — você conhece Lady Oxford?" Eu disse que a conhecia de vista. "Pois bem, ela me mandou uma estátua de Voltaire com a qual queria que eu ficasse depois de ela morrer. Na verdade, mandou me chamar porque queria que eu escrevesse o obituário dela, e assim eu fui. E é claro que ela conhecia Vanessa e a mim desde crianças andando pelo jardim do meu pai."

"Oh, isso é verdade?" — [que ela as conhecia desde crianças]. "Nem um pingo. Mas ela disse que desde então fomos amigas a vida toda e agora me escreve todo dia. E o que é que eu vou fazer com o Voltaire? Você tem de vê-lo. Ela é uma mulher muito estranha." E [Lady Oxford] descreveu como, tendo sido a sua casa bombardeada, ela dorme num túnel (acho que no Savoy), vestida numa espécie de bata chá "concebida por Virginia", diz Lady Oxford, e quando ela entra lá à noite, cheia de alegria por estar envolta numa vestimenta quase oriental, todas as outras desalinhadas e desmazeladas animam-se muitíssimo [...]. Aparentemente ela tem tentado reformar as roupas de Virginia para ela. Diz que está parecendo uma desmazelada.

"Você conhece uma pessoa de Henfield [perguntou Virginia], ela me escreveu várias vezes se... chama..." Rachel Sharp, digo eu. "Sim, é isso, você a conhece? Ela me escreveu uma carta furiosa dizendo que eu não tinha nada que colocar uma coisa tão horrorosa e totalmente repulsiva como o que Roger disse da escola dele [...]. Eu devo ser uma terrível criatura *sensual*, o completo oposto de tudo o que ela sentia a meu respeito antes." Não me lembro exatamente do que ela disse em resposta. Mas para mim ela disse que Margery [Fry] tinha querido muito mais do relato franco de Roger posto lá, pois achava que deveria ser mais amplamente sabido o que acontece (ou pode acontecer) nas escolas de meninos. E ela pensava que Rachel deve ter lido muito pouco, se isso foi o pior que ela leu [...].

Subimos para a salinha de cima, que é mais quente, e examinamos uma estátua de bronze de Voltaire sentado numa cadeira. "Você gosta de Roger Fry?" Eu disse que o estava lendo lentamente em doses homeopáticas e adorando. "Muito interessada nele" — vou começando a dizer; "Não", Virginia interrompeu, "você gosta dele como homem?" Eu digo que sim e me pergunto o que deveria argumentar para tocar na nota certa — pois, verdade seja dita, estou altamente interessada no livro e no modo como ela o fez, mas nunca pensei e nem mesmo agora sei o quanto eu gosto dele como homem! Recuperei-me assim, já à beira do precipício da inexatidão, e disse: "Mas eu também *tenho* uma discordância com você", e ri. Assustada, ou quase, ela ergueu os olhos (nas reações rápidas e sensíveis dela, há algo que lembra um pássaro, você não acha?): "Você quer dizer sobre os médicos", e eu prossigo com um sorriso tranquilizador, "que eles não têm imaginação nem espírito de iniciativa." "Eu disse isso?" Ela toma a acusação tão a sério que dá um salto. "Roger era muito excêntrico quanto à saúde dele etc." E ardentemente se desculpa [...]. Ela andou mexendo em papéis, cartas de amor de seu pai para sua mãe, que a arrastaram para longe. "O pobre do Leonard está cansado do meu interesse pela minha família e tudo o que isso traz de volta." Eu conto que me hospedei com Mrs. Yates Thompson e como eles gostam, pelo que entendi, de [Leslie] Stephen [...].

P.S. Ativamente ela tanto amava quanto odiava ao mesmo tempo seu pai. Julgava isso uma contribuição — que os psicólogos tinham explicado que isso era possível.

[Octavia a Elizabeth Robins, sem data]

Gosto de estar com os Woolf e de ser intelectualmente estimulada por eles.

Liguei para Leonard para perguntar se eles gostariam de creme e se eu podia levar lá depois dos meus Pacientes Externos. Tenho tido um estrondoso sucesso levando creme do Devonshire feito por Maud para Leonard e Virginia Woolf. E fico muito contente. Todos os dois estão muito magros e parecem meio à míngua e, se alguém deve se beneficiar do meu rebanho, que sejam esses abandonados. Abandonados eles estão, tenho certeza, no tocante à comida. Seja como for, combinei por ora de trocar o meu produto leiteiro por maçãs e, proponho eu alegremente, um exemplar do próximo livro de Virginia. No momento ela diz que não tem poder sobre as palavras e não consegue escrever. (Note bem: Eu acho que a nossa querida amiga adora exagerar etc.) [Ataque aéreo] Tudo limpo, já passou, está bom e é cedo. E então [Virginia perguntou]: "O que hei de fazer? Um romance, outra biografia, crítica?" O.W.: "Bem, você não espera que seja eu a dizer, quando tem tantas coisas na cabeça. E de qualquer modo" [...]. Eu já ia dizendo que ela mesma tinha me falado que se enfurecia com as pessoas que queriam isso ou aquilo em detrimento do resto, quando ela se arriscou: "É verdade, tenho um monte de ideias em germinação, mas eu quero saber o que o público quer. Você é parte do meu público." Está claro que eu, com completa inadaptação mais cautela nativa, não disse nada!!

[Octavia a Virginia, 3 de janeiro de 1941]

Se você tentasse pesar as coisas numa balança, seria preciso um mar de leite para eu poder emparelhar com você. Minha maior alegria na vida sempre foi ler e você tem me dado um indizível prazer e me ajudado em muitos momentos difíceis. Você estimulou e ajudou E.R. como ninguém mais pôde ou poderia. E além disso, por favor, deixe-me dar uma mão sendo *construtiva*. Quase todo o meu trabalho, como você sabe, é remendar ou lamentar que Deus não tenha me pedido conselho! Boa parte da prática, por conseguinte, se passa em ser humilhada pelas próprias limitações. Agora, alimentar a ilusão de que com bastante leite a mais vocês dois poderão ir em frente, sentindo que devem escrever suas maiores obras-primas, é um grande e animador consolo. Até me alegra muito que você sinta ter "perdido todo o poder sobre as palavras". Prossiga e abandone-se a esse sentimento, todo verdadeiro gênio tem de passar algum tempo em repouso para a semente germinar — como você sabe tão bem. Estou assim completamente impassível, em vez de apenas ter uma garantia, quanto à certeza da minha parte na barganha e de como virá a ser esse livro.

No tocante a Roger Fry, não posso imaginar biógrafo realmente mais indicado. Por acaso você já pensou em escrever a vida de seu pai? Mas suponho que isso seja intromissão e desde já me redimo! Você disse que os autores são melindrosos e bruscamente sou trazida contra essa advertência e não sei bem onde me meti, pois realmente eu a conheço muito pouco. Ou será que a nossa condição de primas afastadas cria a ilusão de que eu sinta conhecê-la [...] bem, *melhor* do que conheço as minhas primas próximas?

* * *

[Octavia a Elizabeth Robins, 15 de janeiro de 1941]

Meu desejo era que as minhas visitas aos Woolf mexessem com você e a estimulassem. Tem sido assim? Não posso ter plena certeza do meu diagnóstico ainda. Mas estou bem certa de algumas coisas. Fisicamente os dois estão muito fracos.

Falando ainda de Virginia, de início achei que ela tinha aumentado e exagerado para fazer algum tipo de história divertida, sim, penso que ainda o faria — mas, sobre o ofício dela, o que você escreve, qualquer boa escrita e o próprio esforço que ela faz, não sinto que seja a mesma pessoa. Esse é o lado de que eu gosto e que admiro. O respeito pelas palavras, a artista construtiva, a arquiteta e construtora apaixonadamente preocupada com que cada tijolo seja bem assentado de verdade — mais, que seja perfeitamente colocado numa só e perfeita posição [...] essa é a Virginia que me faz sentir que eu sou uma imbecil e faz a gente querer começar de novo e alargar a cabeça.

[Octavia a Virginia, 26 de janeiro de 1941]

Sobre este novo livro ["Reading at Random"], inclino-me a pensar que é o que há de mais necessário agora e depois da Guerra. Dou com um monte de gente que anda faminta de bons livros [...]. Sinto que, a não ser que todos voltemos para algum tipo de boa leitura radicada, perderemos o nosso senso de proporções e pensamento (se algum). Isso significará que estaremos tão uniformizados em nossas mentes pelos jornais e o rádio como a maior parte do mundo está agora em suas roupas fardadas. E Hitler & Cia. tocaram justamente esta nota — é uma grande simplificação da vida nos dizerem o que usar, fazer, pensar e até comer! E isso apela para o lado preguiçoso do homem e é assim que a existência se torna quase uma tarefa tão baixa quanto a de qualquer outra forma de vida animal [...].

Segunda-feira [...]. E a sua carta tão gentil já chegou. Fico aliviada ao saber que ainda consegue comer. E completamente despreocupada quando você me diz que não consegue escrever. Quanto mais sentir-se assim, melhor escreverá quando realmente tiver chegado a hora. Portanto simplesmente não tente. Pot Pourri [uma vaca leiteira] e seus descendentes estão enfrentando todas as exigências com a mais completa confiança e assim teremos fartura de creme no futuro.

[Octavia a Elizabeth Robins, 31 de janeiro de 1941]

Passei hoje pela casa dos W. Levei para eles umas mudas de calicanto, pois Leonard é um ótimo jardineiro. Ele ficou *encantado* com as plantas — ela também, só que é uma pessoa de expressões mais vagas [...].

Pois bem, seja como for esses dois cidadãos — é o papel deles — são pessoas *legais*. Ela parece cada vez mais magra e diz que está aprendendo a cozinhar a fim de se preparar para o que vier. "Depois da guerra certamente não arranjaremos ninguém para fazer as coisas e a qualquer momento poderemos ter de fazer tudo sozinhos." Isso não por razões financeiras, mas genéricas. E eu dei receitas de vários pratos a ela [...].

E bruscamente eu senti como é profunda e sólida a afeição dela por ele — como é real e enraizada [...].

Ela demonstrou estar preocupada com uma carta americana. De uma mulher de Boston sobre Roger [Fry]. Quase cinco páginas datilografadas acusando-a de piorar a relação internacional entre os dois países porque ela tinha dito francamente o que R. pensava de alguns americanos e em especial de Pierpont [Morgan]. Era um ultraje sem-fim. Totalmente idiota. E, como Virginia disse, meio triste, afinal de contas ele desancou também os ingleses, o único povo a que dava algum valor era o da França. Animei-a assim a escrever alguma coisa dizendo isso. E também, o que foi ideia dela, que estávamos todos lutando juntos pela liberdade — e onde é que estamos, se não se podia relatar fielmente as opiniões de um homem sem ser chamada a prestar contas? Ela de fato ficou muito perturbada por ser atacada com tanta violência assim. Não há a menor dúvida de que eles são, todos os dois, um casal altamente suscetível. E a vida é dura para ela. Desconfio que ambos gostam muito de me ver por eu ser comparativamente fleumática. Ela também me falou um pouco das suas preocupações, quase sempre passadas. Dores de cabeça etc. E entendo que nem agora consegue trabalhar por longos períodos, nunca depois do chá — e muitas vezes se interrompe, quando meio desesperada, e vai fazer um pudim ou qualquer coisa. Se você quer saber, penso que ela é uma criatura totalmente frágil e espero que nós possamos fazer alguma coisa para fortalecê-la [...].

Na sexta-feira eu disse a ela que era muito pouco observadora e às vezes nem reparava o ambiente — ou o que as pessoas usavam ou mesmo se tinham ou não boa aparência. Ela pareceu surpreender-se um pouco e depois disse: "Bem, mas você observa o caráter delas." Eu *não* disse que eu, como um reflexo, captava em larga medida a capacidade e as incapacidades físicas das pessoas. E então ela disse que ficava contente porque eu não tinha reparado como a sala deles estava desarrumada etc. etc., ao passo que "lembro que em Montpelier Crescent eu reparei que vocês punham os vasos sobre esteiras e tinham tudo em ordem". Eu ri e disse que isso foi um esforço especial porque ela estava vindo e eu tinha de tentar causar boa impressão.

[Octavia a Elizabeth Robins, 28 de fevereiro de 1941]

Passei hoje pela casa de Virginia e Leonard.

Eles tinham "tido visitas". Quentin, o sobrinho, que devorou toda a geleia de Leonard! E também Vita. Pelo que entendo, não na mesma hora. Ela levou manteiga para eles. Mas não posso dizer que eu ache que as *minhas* prescrições de leite façam assim tão bem. Ela, Virginia, está com uma cor melhor, mas ainda tão fina como uma gilete.

Sinceramente, acho que eles gostam de me ver. Perguntam por você de um modo muito afetuoso. Cheios de amável solicitude. Tivemos uma longa conversa sobre *Three Guineas*. Ela disse que essa obra provocou mais cartas e fúria que qualquer outro livro já escrito por ela. Vejo *eu* nisso certo exagero e chio? De fato, tão... V. W. foi convidada para ser a única mulher na Biblioteca de Londres e estava escrevendo para recusar. Ela não combina com todos esses graus ou títulos honoríficos etc. [...]

Depois, quando me levantei para sair, ela olha para mim muito séria, com aquele jeito distante, e diz: "Acho que eu gostaria de fazer um esboço seu, você se importa?" Ela estivera falando, pouco antes, de Roger F., e por um momento eu tomei isso ao pé da letra, isto é, pintar! Mas entendi antes de ser tarde demais, dizendo alguma frase idiota sobre não haver o suficiente para fazê-lo e ela nada saber a meu respeito. "Sim, eu já tenho um retrato seu quando criança em Lavington, belo nome, e você poderia ir me falando. Acho que seria bem engraçado fazer retratos de pessoas vivas — anonimamente, é claro." E eu digo, procurando uma saída para o meu embaraço e sem saber ao certo se estava lisonjeada ou chateada e sentindo-me de todo perplexa a me perguntar aonde ela "queria chegar"; eu digo: "Mas se saísse bom — hum — seria reconhecido e eu — hum — na minha profissão seria processada por fazer propaganda", e apelo para Leonard. Ele evita comprometer-se, mas a seu modo judicial considera que era possível que houvesse algo assim mesmo. Ela aí diz: "Ah, você então não gostaria." No que eu penso em você e se *você* talvez gostaria e claudicante digo: "Oh, realmente eu acho que estou imensamente lisonjeada e acho que poderia até ser meio... engraçado." "Bem, eu poderia tentar e mandar para você ver, que lhe parece?" E eu saio sentindo que era melhor eu escapar correndo [...] e *desejando* sua orientação neste assunto [...]

Oh, lembrei que V. disse que essa fase da guerra é como a sala de espera de um dentista ou um médico. Deve-se apanhar e ler a *Punch*, ou não há tempo nem atenção suficientes — a descrição não é má, hein?

[Octavia a Elizabeth Robins, 14 de março de 1941]

E você aprova a ideia de Virginia? Meu Deus! Pois eu quase a rejeitei. Foi o meu primeiro instinto. Depois comecei a me sentir lisonjeada de que a mente *dela* quisesse me tomar por tema. Depois pensei se você iria gostar.

Depois ela escreveu a carta que eu lhe mandei. À qual respondi perguntando se eu poderia passar na quarta-feira e pegar dois potes de groselha (escambo por leite) e, quanto à "tortura de posar" [para o retrato] — que eu tinha um espírito não analítico e seria maravilhoso falar para uma explicadora nata. Ela telefonou e eu passei lá, depois de uma noite inteira como vigilante de incêndios e uma rotina pesada de Pacientes Externos. Encontrei-os tomando chá. (Quase fugi correndo ao entrar, com súbito pavor de palco!!) Depois do chá, escada acima até a salinha onde você sentou e Leonard e Virginia falaram. Logo Leonard diz que era melhor ele sair e deixar-nos. Virginia diz alguma coisa para detê-lo e ele ainda fica uns dez minutos. (Eles *trabalham* muito bem juntos.) Então ele apanha algumas provas, diz que tem de voltar para o trabalho e nos deixará em nossa "sessão" e sai. Virginia passa para a cadeira dele, ao lado da lareira, e diz com tato (astuta V.!) que andou desesperada — deprimida até o fundo do poço, tinha acabado de terminar um conto. Sempre se sentia assim — mas particularmente inútil no momento. A aldeia nem mesmo lhe permitia atuar como vigilante de incêndios — nada ela podia fazer — ao passo que a *minha* vida [...]. *Não*, digo eu com firmeza e assinalo que só ela poderia escrever como ela escreve e assim por diante [...]. "Leonard diz que eu não devia pensar tanto em mim mesma, mas pensar mais nas coisas externas." Eu digo que é isso que o meu trabalho faz até demais, deixa a gente estropiada e impede a concentração. "Não quando você realmente está cuidando de um caso." Como *ela* sabia? "Não", eu concordo, "não no momento mesmo. Mas depois, ler, escrever, qualquer coisa, tudo é interrupção [...]." "Sim, mas as pessoas *precisam* de você. Você faz uma coisa que vale a pena, que é prática." Concordo que, a não ser nos períodos logo depois que um livro sai e as resenhas pululam, o escritor não tem as vantagens de um palco, de onde o público extrai o melhor dele. E depois de repente nós falamos de Lavington e da minha infância. Não lembro mais quando foi — há séculos — mas devo ter dito alguma coisa sobre o jardim de Lavington, porque ela diz que vê o fundo e a beleza e a paz [...]. "Mas você não teve momentos sombrios e deprimentes?" Pobre Virginia — tinha treze quando a mãe morreu — a irmã morreu aos vinte e cinco e essas duas perdas foram golpes irreparáveis. E seu pai desfez-se em pedaços, creio, após a morte da mãe e "jogou-se muito em cima de nós. Foi sentimental em excesso e tirou muito de nós, nos fez exigências emocionais grandes demais, e penso que foi isso que causou muitas das coisas erradas da minha vida. Nunca me lembro de nenhuma satisfação do meu corpo". Perguntei-lhe o que queria dizer. "Você adorava as brincadeiras e os bosques — e eu nunca tive essa chance." Para ela, pelo que entendo, era tudo intelectual e emocional — sem saída saudável para o ar livre.

E uma coisa ficou clara para mim durante a nossa conversa. Creio que o interesse dela por mim é porque eu sou o contrário mais distante possível de sua constituição. Interesse pelo ar livre, pelo vigor físico e por esportes contra essa procura introspectiva que se estreita, mente inquieta e meio obcecada por medos, mas brilhante.

Ela disse invejar em mim o meu contato com a realidade; se eu nunca tomava nota das coisas interessantes que me aconteciam pelo caminho. E, no momento seguinte, "a bebida entre as mulheres. Era curável?". Ela tinha uma amiga — poeticamente talentosa — e mais um pouco de descrição, e eu pensei saber a quem ela se referia. [Provavelmente a própria Virginia.] Você é capaz de adivinhar, tenho certeza. Muito angustiada com isso.

Só Deus sabe que impressão lhe restou ao fim de uma hora. Mas eu sei que despertei interesse e a surpreendi e tirei um pouco de si. Nesses dias sinistros, já não é uma grande coisa para um gênio como ela, se é que tenho condições de julgar, tão bem-dotada, mas infelizmente perseguida pelo passado? E no processo eu obtive um retrato bem fino dela *en passant*. Seu meio-irmão George [Duckworth] ela evidentemente adorava. Você o conheceu?

Ah! E no começo eu disse a ela que a base da medicina, como ciência, era tentar ser verdadeira — ao passo que para ela eu inferia que isso não tinha tanta importância. Mas minha dificuldade imediata era ter certeza do que *era* a verdade. Eu poderia acrescentar que passo o tempo vivendo à minha frente, e não no passado. Outra vez o inverso desse espírito de olhar para trás.

Domingo, 16. Não faço ideia das dimensões de algo mais que ela queira fazer com esse trabalho — nem penso que ela mesma o saiba. Entendi que já tentara com outra pessoa e não ficou contente com a coisa [...].

Não perguntei quem era, mas não me importaria de perguntar a ela o que quer que fosse, ela e L. são o casal mais franco que já encontrei entre conhecidos recentes. Sinto, porém, que ela é uma pessoa extremamente suscetível, capaz de magoar-se à toa, e trato-a com toda a delicadeza possível. Foi durante parte da última guerra que ela perdeu o controle, e desconfio bem no fundo de mim que tem um pouco de medo de que isso volte a acontecer. Caso em que alguém tão bucólica e robusta e — o que sou eu? tranquilizadora talvez — pode ajudá-la de algum modo.

[Octavia a Elizabeth Robins, 22 de março de 1941]

Ontem eu estive de novo com os Woolf [...]. Virginia ainda com jeito de estar um pouco por baixo, mas parecendo melhor na cor do que na maioria das vezes. Quis saber mais da minha juventude. Quais foram as minhas primeiras impressões de você. Mas eu, querida, fico tão sem palavras ao falar com essa cabeça tão rápida, por um lado vaga, por outro genial. E seja como for [...] é difícil. De minha parte o que eu penso ganhar é, aos poucos e em fragmentos, um retrato dos primeiros anos de Virginia, ou de alguém que se parecia com ela. Ontem ela me perguntou se eu tinha lido *Orlando*. "Oh, li sim", eu disse toda animada, "e você o que pensa dele?" "Extremamente engenhoso, pelo que consigo lembrar, mas faz tanto tempo que o li que não lembro de mais nada a respeito, tenho apenas uma vaga imagem deles patinando no Tâmisa. *Nunca* me lembro dos livros provavelmente por mais do que seis meses" — e de modo geral eu me senti deslocada e muito pouco à vontade.

"Bem, essa foi uma biografia fantástica, e a outra foi o *Roger Fry* que tentei, e as duas foram fracassos [...] e não sei exatamente como eu faria você; provavelmente mais como Orlando — mas não consigo escrever. Perdi a arte [...]. E você está fazendo um trabalho mais útil, ajudando a tocar as coisas [...]." Aí então eu lhe digo quão mais importante é o trabalho dela e tento animá-la. "É, mas eu estou enterrada aqui — não tenho o estímulo para ver gente. Não posso me dedicar a isso." Digo que ela está usando isso como desculpa, fazendo da guerra uma desculpa.

E que a época era mesmo difícil para se concentrar agora. Mas é o que ela tem de fazer e se agarrar com isso. Por Deus, o que eu não daria para ser capaz de escrever como ela.

Eu disse que pensava que essa questão de família era puro contrassenso, sangue mais grosso que água uma tolice. De algum modo a surpreendi. Tenho certeza de que *ela* dá muita importância a isso!

Ela disse que tinha passado a esfregar o chão quando não conseguia escrever — para "distrair a cabeça". Está preocupada demais com a sua própria cabeça e suas reações. Faria muitíssimo bem a *ela* arar um campo ou jogar um jogo.

De bebida e cigarro nós também falamos. Diante de Leonard. Ele muito sincero. *Gosto* de L. E tenho pena de V. Sinto que o seu pior inimigo é ela mesma.

[Octavia a Elizabeth Robins, 27 de março de 1941]

Ando sofrendo com o tempo há quase uma semana [...] acho que é gripe. Me senti muito abatida. Contudo, depois de uns dias de febre e cama e um estado geral que nem deixava eu me arrastar em volta, ainda estou na cama às 11h da manhã (primeiro dia de temp. baixa) quando toca o telefone. *Leonard*. Quer minha ajuda profissional. Quanto a ela. E ele passa a falar das suas dificuldades e medos, e dos medos *dela*. Ela tinha dito que não queria me ver, mas ele parecia desesperado, as coisas estavam piorando muito e ele sentia que precisava de ajuda. Vejo-me numa enrascada. *Posso* eu ajudar? Posso, pelo que toca às minhas pernas, ir até ela?

Mas a gente sabe o que é a estimulação de uma chamada urgente e eu escondo o meu estado acamado e finalmente combino com ele para trazê-la aqui às 3h15, se ela não empacar. Sinto que eu posso fazer mais para impressioná-la profissionalmente no meu próprio ambiente; é mais fácil seguir em frente quando estou no comando do ambiente.

Assim, mais tarde, ele ligou para confirmar a consulta.

E eles vieram.

Oh, mas foi duro como pedra. Eu parei de tossir e perdi completamente as minhas próprias sensações de fraqueza em uma batalha — não de cabeças, mas de *faculdades mentais*. "Foi *de todo* desnecessário ter vindo" [disse Virginia]. Não queria responder francamente às minhas perguntas (embora eu fizesse poucas, para mim) e de modo geral se manteve em resistência. Pacientemente eu ouvi cada frase. "Tudo o que você tem de fazer é tranquilizar Leonard." Por fim, depois de eu dizer para ela, com delicadeza e firmeza, que eu sabia que sua resposta não era verdadeira [e explicar os fatos sobre seu estado] [...] ela começou, a seu modo de sonâmbula, a meu pedido, a tirar a roupa. Parou. "Se eu fizer isso, você promete não me prescrever uma clínica de repouso?" *Raios*, digo eu mesma para mim. E olho-a confiantemente nos olhos: "O que eu prometo é que não vou lhe prescrever nada que você não julgue razoável fazer. Está bem assim?" Ela concordou. E fomos em frente com o exame — ela protestando a cada passo como uma criança petulante!

Bem, acabamos começando tudo de novo e conversamos. E ela então confessou os medos que tem. De que o passado há de voltar — de que ela não será capaz de trabalhar novamente e assim por diante. Trágico. Só Deus sabe se eu fiz a ela algum bem. Mas [...] tive algumas inspirações. "*Como* você já teve problemas e os superou, isso não deve lhe dar uma garantia de que, se encarar as coisas com tranquilidade agora [...]" etc. [A elipse é de Octavia]. "Se você faz uma operação de apêndice, fica com uma cicatriz no corpo, mas isso é tudo e você logo esquece — se tem uma doença mental, fica talvez com uma cicatriz na memória, mas isso é tudo. Ela só incomoda se você pensar nessas coisas." Oh, não sei se fiz um bem concreto. Mas toquei nalgum ponto, ao estender-lhe a mão e apertar a dela, gelada: "Se você colaborar, sei que posso ajudá-la, e não há ninguém na Inglaterra que eu gostaria, que eu *adoraria* mais ajudar." Ela se mostrou um pouco menos tensa e talvez um tanto desligadamente contente!! Mas como tudo isso é *doloroso*. E eu *posso* ajudar?

Em dado momento até pensei em Backset para ela [uma casa de repouso para mulheres que trabalhavam, fundada por Robins], mas sinto que o risco é grande. Contudo, se *chegarmos* a correr um risco inevitável com ela, creio que você concordaria que Backset é uma boa opção, não é?

De qualquer modo, estou muito ocupada no momento e ela é o tipo de caso que exige tempo. Oh, meu Deus!

Bem, vou voltar logo para a cama, para me livrar das dores e me preparar renovada para a próxima prova [...].

No meio da minha conversa, depois, com Leonard, barulho de metralhadoras seguido por queda violenta. Tomara que alguma coisa abatida. Mas nós não nos interessamos nem demos importância a isso, em comparação com o problema em mãos. Insisti com firmeza no meu ponto de vista. "Nada de escrita nem de crítica por um mês." Ela se empanturrou de livros. Nunca se afasta deles. "Deixe-a poupar-se um pouco, que voltará a estar bem. *Se* ela colaborar [...]."

[Octavia a Elizabeth Robins, 28 de março de 1941]

Não foi ontem de noite mesmo que eu lhe escrevi? Ainda estou muito fraca, depois da gripe, e de todos os meus pacientes hoje só vi o Davy. Mas cedo escrevi e mandei com o leite o que eu esperava que fosse uma mensagem delicada, amiga e tranquilizadora para Virginia (que já não poderia recebê-la). Logo depois do almoço, pelas duas, eu liguei. Ninguém atendia. Preocupada, ainda um pouco impressionada com um olhar que eu surpreendera ontem, liguei de novo às 6h30. Leonard atende: "Aconteceu uma terrível catástrofe [...]." Pobre gente infeliz e tresloucada. Ela escapuliu por volta das 12h — deixando uma nota atrás —, eles dragaram o rio, ele achou a bengala dela na beira. Estou totalmente chocada e profundamente infeliz. Liguei para o Ryle [um colega] e contei a ele tudo o que eu tinha descoberto ontem. E ele, que Deus o abençoe, me consolando, me tranquilizando. Disse que [...] se não tivesse acontecido hoje, mais cedo ou mais tarde inevitavelmente aconteceria, fosse o que fosse que algum de nós fizesse. E que se ontem eu tivesse tomado medidas drásticas e sugerido uma clínica de repouso etc., isso apenas teria precipitado o fato para a noite passada. E que eu acertei em dar a ela uma chance. Pode haver maior tragédia? Agora desejo tanto que eu tivesse ido lá com mais frequência e tentado conquistá-la mais como amiga. Mas sou tímida, como você sabe, e sempre senti o distanciamento dela e eu tinha horror de poder ser cansativa para um espírito assim tão intelectualizado e culto e por isso conscientemente racionei as minhas visitas. Embora acredite que eles sempre gostavam quando eu ia. E, desde que ela teve a ideia do retrato, passei a ter um pretexto — mas não, não teria adiantado nada. Ela estava desesperada e amedrontada [...] e, é a minha crença, perseguida pela imagem do pai. Eu disse isso a Leonard e ele concordou. "Nós fomos tão felizes juntos", ela me disse ontem do seu casamento. O fato de ela não ser capaz de fazer alguma coisa em relação à guerra também a afetava muito [...] e eu pensei que estava sendo brilhante ao citar o que ela mesma tinha dito sobre Jane Austen e as guerras napoleônicas [que elas ocorreram durante a vida de Austen, que nunca as mencionou em sua obra], combinando com o seu trabalho o tempo todo. Ela sorriu com muita naturalidade e ficou contente por eu lançar-lhe de volta as suas próprias palavras. Que *droga*! Esperei tanto que eu pudesse ajudar.

[Octavia a Elizabeth Robins, 29 de março de 1941]

Prosseguindo. Mas ainda sem notícias. Ainda estão dragando o rio e, até que obtenham êxito, não pode haver nenhum inquérito, creio eu. Conversei com Leonard pelo telefone. Finalmente, depois do almoço sou tão *assediada* por Virginia e por meu próprio fracasso em ajudar, com o pensamento dando voltas, que sinto: "Se estou assim, o que estará passando Leonard?" Daí que telefonei: será que ele gostaria que eu desse um pulo até lá? Gostaria muito, diz ele. Fui então e nós falamos sobre toda a vida dela, do ponto de vista médico, e a que especialistas tinha ido etc. Como Leonard, quando se casou com ela, nada sabia desse problema. A natureza recorrente do mesmo — os numerosos conselhos. Ela, feliz por natureza. Ele, totalmente sincero na maneira direta de lidar com o estado dela. Por fim creio que concordamos que foi a associação entre a guerra de 1914 e a sua pior fase o que agora lhe obcecara a mente, convencendo-a de que algo semelhante deveria acontecer também nesta guerra. Ele me perguntou se percebi, quando conversei com ela, se ela prestava atenção etc. Francamente eu disse que havia entendido, do que ela dizia de quando em quando, que estava deprimida e precisava de distração — e eu tinha tido a estranha sensação de que *podia* distraí-la e dar-lhe um pouco pelo menos de — *paz*. Ele mostrou-se aliviado e disse que também tinha tido essa esperança.

Quando eu já ia saindo, atenta aos meus passos ao descer pela escada estreita, falei por cima do ombro: "Uma coisa que me impressiona muitíssimo, como médica, é que você foi inspirado pelo céu na maneira como cuidou dela, e literalmente ninguém mais a poderia manter bem tanto tempo." Chego embaixo, viro-me e vejo que ele está de mão estendida, com o rosto todo enrugado já se desfazendo em lágrimas. Aperto-a apressadamente — saio e ainda digo de longe que ficarei atenta a ele e às notícias. (Terei de prestar testemunho médico.)

Creio ter dito numa das minhas cartas que eu achava V. insincera. À luz de um maior conhecimento, permita-se retirar isso, com ambas as mãos. Notável senso de verdade, mas lapsos eventuais de vagueza, devidos à possessão pelo diabo.

[Octavia a Elizabeth Robins, 30 de março de 1941]

Dormi como uma pedra, pela primeira vez desde que eu tive gripe, até 5h45. Estou muito agradecida por ter tido força e coragem para ir ver Leonard ontem. Após uma noite de absorção dos fatos — o único modo como o meu cérebro lento funciona —, agora tenho certeza de que, enquanto a guerra persistisse, deter a mente de Virginia teria sido impossível. Estou certa de que sem a guerra eu conseguiria ajudar e até salvá-la de todo. É trágico. De qualquer modo, hoje também estou sentindo que dei uma sorte *tremenda* por ter tido mesmo essa pequena parcela de proximidade com um tal espírito. Só lamento é não ter sido mais calorosa e, por assim dizer, *expressiva*. Mas nunca o sou — por mais que eu possa sentir, como você bem sabe. Tenho medo disso, suponho? No último dia em que nós duas nos sentamos naquela salinha, falei para ela das minhas dificuldades e de como eu quis fazer medicina, da minha covardia moral e da falta de ousadia para decidir isso com a família — de como eu mentia sempre em criança para salvar a pele, do que significou encontrar você com seus altos padrões, como você me fez sentir de um modo tão diferente em relação à Verdade e assim por diante. Ela, sentada e interpondo proveitosas perguntas, sentada perto da lareira e avivando o fogo — e por trás dela aquele janelão que dá para a amplitude dos descampados do vale, planos e verdes, por onde corre esse maldito rio que uma semana depois se apossaria desse espírito livre (sim, livre *de fato*, se jamais houve algum, quando dele não se apossava o diabo) e que agora está sendo dragado e reluta em entregar o tesouro que ciumentamente detém.

Voltando à minha visita. Tenho um paciente, esperando que essa termine, às 6h15; a sirene toca ao longe. Soa-me como coisa remota e totalmente de outro mundo. Onde quem presidia era aquela mente afiada, Hitler, a Luftwaffe e todo o resto simplesmente não existiam. Olho, porém, para o relógio. São 6h10. "Meu Deus, tenho um paciente às 6h15." "Ah, sim", ela ergue os olhos, sendo o seu hábito virar-se de perfil para mim e só de vez em quando encarar-me com uma pergunta direta; eu tomaria isso por suscetibilidade dela à minha timidez ao falar claudicantemente de mim. "Entendo, mas é muito mais importante para você sentar-se aqui e conversar comigo" e, num tom de apelo: "Fique mais um pouco." Você há de se lembrar que, quando íamos lá juntas, ela sempre lhe pedia para não ir embora tão cedo. Como entendo isso agora, um contato genuíno com o outro e em especial com outras cabeças era um corrimão que a ajudava. Como sempre, fico assim dividida e torturada entre duas instâncias — querendo ficar e sabendo que o paciente me espera. E, enquanto isso (não me lembro mais como, mas acabei ficando), olho pela janela à minha direita, que dá para o sul: "Você nem faz ideia de como eu gosto de vir aqui, como ajuda conversar com uma mente — hum — descomunal" e depois me desesperando com a minha incapacidade de encontrar palavras. "Oh, nem sei dizer o que é que eu quero" e, com a minha gripe no início e a cabeça pesada, afundo num silêncio emburrado, desejando ter você ali como porta-voz. Ela se mexe, muda de posição e diz tranquilamente: "Oh, mas tente — eu quero saber. Você nem sabe como preciso disso", olhando séria e firme para mim. Eu (de novo como sempre) sinto que ela está fazendo isso para tentar me ajudar na minha dificuldade com as palavras. Eu já lhe havia confiado que nada do que me acontecia ou que a mim era dito ia ao fundo na hora e somente mais tarde era absorvido em seu valor verdadeiro, e ela compreendeu muito bem isso. É uma pessoa *fácil* de se conversar, com uma divina agilidade mental que rebate, como um tenista de primeira classe, a mais errática ou difícil das bolas. E eu agora me dou conta de que a poderia ter ajudado — talvez — de modo muito considerável se tivesse a chave de que ela necessitava. Quando descíamos pela escada, ela disse: "Não há alguma coisa que eu possa fazer para você? Não poderia catalogar os seus livros?" Digo qualquer coisa, para agradecer, e comigo mesma descarto a ideia como totalmente impensada — alguém usaria um cortador de diamantes para cortar carvão? Ah, mas se eu soubesse — uma ocupação manual dada assim a ela poderia tê-la ajudado a manter a Fera ao largo [...]. Por acaso lhe contei o que eu tinha dito na quinta-feira, quando tentava tranquilizá-la de novo? "Não há ninguém na Inglaterra que eu queira ajudar mais que a você." E Leonard disse que naquela noite, depois da visita dela aqui, ela estava alegre e muito diferente. No dia seguinte, que horror! vieram as vozes — a coisa que ela tinha tido antes e sempre pressagiava desgraça; bem à parte da minha noção de ser chamada muito tarde para cuidar do caso, sinto agora que eu não tinha esperança de sucesso, a menos que a guerra acabasse.

Note bem: vamos ser realistas. Se eu a tivesse aqui para cuidar dos livros e pensasse que estava tendo êxito e então... isto. Não teria sido ainda pior?

[Octavia a Elizabeth Robins, 19 de abril de 1941]

Na noite de quinta-feira eu sonhei nitidamente que Virginia tinha reaparecido, viva. Foi enorme a minha decepção quando acordei e vi que era um sonho. Nessa tarde, quando eu estava fora, em Backset, Leonard telefonou [...] para dizer que tinham achado o corpo e que a investigação foi ontem. Quem a fez, ao que parece, não precisou de mim. Consola-me saber que agora tudo está acabado. Mas continuo lamentando a perda. E é mais do que claro que ela *estava escrevendo melhor que nunca*. Que peças a mente lhe pregava! Quão impossível deve ser para um escritor, além do mais, julgar a sua própria obra. Não foi estranho que eu tivesse sonhado desse jeito com ela? Há um monte de coisas neste mundo que nós não entendemos.

Bibliografia

ALVAREZ, A. *The Savage God: A Study of Suicide*. Nova York: Norton, 1990 [ed. bras.: *O deus selvagem: um estudo do suicídio*, trad. Sonia Moreira. São Paulo: Companhia das Letras, 1999].
ANNAN, Noel. *Leslie Stephen: The Godless Victorian*. Chicago: University of Chicago Press, 1986.
BELL, Colin. *National Government 1931: Extracts from The Times, January to October 1931*. Londres: Times Books, 1975.
BELL, Julian. *Essays, Poems, and Letters*, org. Quentin Bell. Londres: Hogarth Press, 1938.
BELL, Quentin. *Bloomsbury Recalled*. Nova York: Columbia University Press, 1995.
_____. *Virginia Woolf: A Biography*, 2 vols. Nova York: Harcourt Brace Jovanovich, 1972.
BELL, Vanessa. *Selected Letters of Vanessa Bell*, org. Regina Marier. Nova York: Pantheon, 1993.
BLYTHE, Ronald. *The Age of Illusion: England in the Twenties*. Londres: Hamish Hamilton, 1963.
BOWLBY, Rachel (org.). *Virginia Woolf*. Londres: Longman, 1992.
BOXALL, Nelly. "A Portrait of Virginia Woolf by her Friends." Cassette tape. BBC Home Service, 29 ago. 1956.
BRANSON, Noreen & Margot HEINEMANN. *Britain in the 1930's*. Nova York: Praeger, 1971.
BRENAN, Gerald. *Personal Record: 1920-1972*. Nova York: Knopf, 1975.
_____. *South from Granada*. Nova York: Farrar Straus, 1957.
BULLOCK, Alan. *Hitler: A Study in Tyranny*, ed. rev. Nova York: Harper and Row, 1964.
CAMUS, Albert. *The Myth of Sisyphus*, trad. Justin O'Brien. Nova York: Vintage, 1955 [ed. bras.: *O mito de Sísifo*, trad. Ari Roitman e Paulina Wacht. Rio de Janeiro: Bestbolso, 2010].
CARAMAGNO, Thomas C. *The Flight of the Mind: Virginia Woolf's Art and Manic-Depressive Illness*. Berkeley: University of California Press, 1992.
_____. "Manic-Depressive Psychosis and Critical Approaches to Virginia Woolf's Life and Work." PMLA 103, jan. 1988, pp. 10-23.
CARRINGTON, Dora. *Carrington: Letters and Extracts from Her Diaries*, org. David Garnett. Londres: Jonathan Cape, 1970.
CARROLL, Berenice. "'To Crush Him in Our Own Country': The Political Thought of Virginia Woolf", *Feminist Studies* 4, n. 1, fev. 1978, pp. 99-131.
CARROLL, Lewis. *Alice in Wonderland, Through the Looking Glass, The Hunting of the Snark*. Nova York: Modern Library [ed. bras.: *Alice no país das maravilhas*, trad. Nicolau Sevcenko, il. Luiz Zerbini. São Paulo: Cosac Naify, 2009].

_____. *Através do espelho*, trad. Marcos Maffei. Rio de Janeiro: Salamandra, 2010.
CHAPMAN, Wayne K. & Janet M. MANSON (org.). *Women in the Milieu of Leonard and Virginia Woolf: Peace, Politics, and Education*. Nova York: Pace University Press, 1998.
CHURCHILL, Winston. *The Gathering Storm*. Boston: Houghton Mifflin, 1948.
_____. *Their Finest Hour*. Boston: Houghton Mifflin, 1948.
COLEMAN, Roger. *Downland: A Farm and a Village*. Nova York: Viking, 1981.
COLT, George Howe. *The Enigma of Suicide*. Nova York: Summit Books, 1991.
CUNNINGHAN, Valentine. *British Writers of the Thirties*. Oxford: Oxford University Press, 1988.
DARROCH, Sandra Jobson. *Ottoline: The Life of Lady Ottoline Morrell*. Nova York: Coward, McCann and Geoghan, 1975.
DAVIES, Margaret Llewelyn (org.). *Life as We Have Known It, by Co-operative Working Women*, com introdução (carta) de Virginia Woolf. Nova York: Norton, 1975.
DELANY, Paul. *The Neo-Pagans: Rupert Brooke and the Ordeal of Youth*. Nova York: Free Press, 1987.
DE SALVO, Louise. *Virginia Woolf: The Impact of Childhood Sexual Abuse on Her Life and Work*. Boston: Beacon, 1989.
DIBATTISTA, Maria. *Virginia Woolf's Major Novels: The Fables of Anon*. New Haven: Yale University Press, 1980.
DONALDSON, Frances. *Edward VIII*. Nova York: Ballantine, 1980.
DUNN, Jane. *A Very Close Conspiracy: Vanessa Bell and Virginia Woolf*. Boston: Little/Brown, 1990.
FORSTER, E. M. *Goldsworthy Lowes Dickinson*. Nova York: Harcourt Brace Jovanovich, 1973.
FRY, Roger. *Cézanne: A Study of His Development*. Nova York: Macmillan, 1927.
_____. *Letters*, 2 vols., org. Denys Sutton. Nova York: Random House, 1972.
_____. *Vision and Design*. Nova York: Meridian, 1956 [ed. bras: *Visão e forma*, trad. Cláudio Marcondes. São Paulo: Cosac Naify, 2002].
FURBANK, P. N. *E. M. Forster: A Life*. Nova York: Harcourt Brace Jovanovich, 1981.
GARNETT, Angelica. *Deceived with Kindness: A Bloomsbury Childhood*. San Diego: Harcourt Brace Jovanovich, 1984.
GARNETT, David. *Great Friends*. Londres: Macmillan, 1979.
GILLESPIE, Diane Filby. *The Sisters' Arts: The Writing and Painting of Virginia Woolf and Vanessa Bell*. Siracusa: Syracuse University Press, 1988.
GLENDENNING, Victoria. *Vita: The Life of Vita Sackville-West*. Nova York: Knopf, 1983.
GOETHE, *Faust. The First Part*, v. 1, org. Calvin Thomas. Boston: D. C. Heath, 1892 [ed. bras.: *Fausto*, 2 vols., trad. Jenny Klabin Segall. São Paulo: Editora 34, 2004-2007].
GORDON, Lyndall. *Virginia Woolf: A Writer's Life*. Nova York: Norton, 1984.
GRAVES, Robert & Alan HODGE. *The Long Week-end: A Social History of Great Britain, 1918-1939*. Nova York: Norton, 1963.
HEILBRUN, Carolyn. *Hamlet's Mother and Other Women*. Nova York: Ballantine, 1990.
_____. (org.). *Lady Ottoline's Album*. Nova York: Knopf, 1976.
HOLROYD, Michael. *Lytton Strachey: A Biography*. Harmondsworth: Penguin, 1971.
HUSSEY, Mark. *The Singing of the Real World: The Philosophy of Virginia Woolf's Fiction*. Columbia: Ohio State University Press, 1986.
_____. (org.). *Virginia Woolf and War: Fiction, Reality, and Myth*. Siracusa: Syracuse University Press, 1992.
ISHERWOOD, Christopher. *Mr. Norris Changes Trains*. Londres: Hogarth Press, 1935.
JAMISON, Kay Redfield. *Touched with Fire: Manic-Depressive Illness and the Artistic Temperament*. Nova York: Free Press, 1993.

JENNINGS, W. Ivor. "The Constitution Under Strain." *Political Quarterly* 2, 1931, p. 204.
JOAD, C. E. M. "Prolegomena to Fascism." *Political Quarterly* 2, n. 1, 1931, pp. 82-99.
KENNEDY, Richard. *A Boy at the Hogarth Press*. Harmondsworth: Penguin, 1978.
KIELY, Robert (org.). *Modernism Reconsidered*. Cambridge: Harvard University Press, 1983.
KING, James. *Virginia Woolf*. Londres: Hamish Hamilton, 1994.
LANCHESTER, Elsa. *Charles Laughton and I*. Nova York: Harcourt Brace, 1938.
LEASKA, Mitchell. *Granite and Rainbow: The Hidden Life of Virginia Woolf*. Nova York: Farrar Straus Giroux, 1998.
LEE, Hermione. *Virginia Woolf*. Londres: Chatto and Windus, 1996.
____. (org.). *The Hogarth Letters*. Londres: Chatto and Windus, 1985.
LEHMANN, John. *I Am My Brother: Autobiography* II. Londres: Longmans, 1960.
____. *In My Own Time: Memoirs of a Literary Life*. Boston: Little/Brown, 1969.
____. *Thrown to the Woolfs*. Nova York: Holt Rinehart/Winston, 1978.
____. *The Whispering Gallery: Autobiography* I. Londres: Longmans, Green, 1955.
MAJUMDAR, Robin & Allen MCLAURIN. *Virginia Woolf: The Critical Heritage*. Londres: Routledge and Kegan Paul, 1975.
MARCUS, Jane. *Art and Anger: Reading Like a Woman*. Columbia: Ohio State University Press, 1988.
____. (org.). *New Feminist Essays on Virginia Woolf*. Lincoln: University of Nebraska Press, 1981.
____. (org.). *Virginia Woolf: A Feminist Slant*. Lincoln: University of Nebraska Press, 1983.
MARDER, Herbert. "Alienation Effects: Dramatic Satire in *Between the Acts*." *Papers on Language and Literature* 24, n. 4, Fall 1988, 423-35.
____. "Beyond the Lighthouse: *The Years*", in *Makers of the Twentieth Century Novel*, org. Harry Garvin, 62-69. Lewisburg: Bucknell University Press, 1978.
____. *Feminism and Art: A Study of Virginia Woolf*. Chicago: University of Chicago Press, 1968.
____. "The Mark on the Wall", in *Reference Guide to Short Fiction*, org. Noëlle Watson. Detroit: St. James Press, 1994.
____. Review of *Leonard and Virginia Woolf as Publishers: The Hogarth Press, 1917-41*, por J. H. Willis, Jr. *JEGP* 93, n. 1, janeiro 1994, pp. 131-34.
____. Review of *Virginia Woolf and London: The Sexual Politics of the City*, por Susan Squier; *Unifying Strategies in Virginia Woolf's Experimental Fiction*, por Adrian Velicu, e *New Feminist Essays on Virginia Woolf*, (ed.) Jane Marcus. *Modern Language Review* 83, pt. 3, 1988, pp. 705-7.
____. "Split Perspective: Types of Incongruity in *Mrs. Dalloway*." *Papers on Language and Literature* 22, n. 1, inverno de 1986, pp. 51-69.
____. "Virginia Woolf's 'Conversion': *Three Guineas*, 'Pointz Hall', and *Between the Acts*." *Journal of Modern Literature* 14, n. 4, primavera de 1988, pp. 465-80.
____. "Virginia Woolf's 'System That Did Not Shut Out'." *Papers on Language and Literature* 4, n. 1, inverno de 1968, pp. 106-11.
MATTHEWS, T. S. *Great Tom: Notes Towards the Definition of T. S. Eliot*. Nova York: Harper and Row, 1973.
MCHENRY, Dean E. *His Majesty's Opposition: Structure and Problems of the British Labour Party, 1931-1938*. Berkeley: University of California Press, 1940.
MEPHAM, John. *Virginia Woolf: A Literary Life*. Nova York: St. Martin's, 1991.
MIRSKY, Dmitri. *The Intelligentsia of Great Britain*. Londres: Gollancz, 1935.
MORRELL, Ottoline. *Memoirs of Lady Ottoline Morrell: A Study in Friendship*, org. Robert Gathorne-Hardy. Nova York: Knopf, 1964.

MUGGERIDGE, Malcolm. *The Thirties: 1930-1940 in Great Britain*. Londres: Hamish Hamilton, 1940.
NICOLSON, Harold. *Diaries and Letters, 1930-1939*, org. Nigel Nicolson. Nova York: Atheneum, 1966.
NICOLSON, Nigel. *Portrait of a Mirrage*. Nova York: Atheneum, 1973.
_____. (org.). *Vita and Harold: The Letters of Vita Sackville-West and Harold Nicolson*. Nova York: G. P. Putnam's Sons, 1992.
NOBLE, Joan Russell (org.). *Recollections of Virginia Woolf*. Nova York: Morrow, 1972.
PARTRIDGE, Frances. *Julia: A Portrait of Julia Strachey by Herself and Frances Partridge*. Boston: Little/Brown, 1983.
_____. *Love in Bloomsbury: Memories*. Boston: Little/Brown, 1981.
POLITICAL QUARTERLY, org. Leonard Woolf e W. A. Robson, v. 1-12. Londres: Macmillan, 1930-1941.
POOLE, Roger. *The Unknown Virginia Woolf*. Atlantic Highlands (N. J.): Humanities Press, 1982.
RADIN, Grace. *Virginia Woolf's* The Years: *The Evolution of a Novel*. Knoxville: University of Tennessee Press, 1981.
RAITT, Suzanne. *Vita and Virginia: The Work and Friendship of V. Sackville-West and Virginia Woolf*. Oxford: Clarendon, 1993.
REID, Panthea. *Art and Affection: A Life of Virginia Woolf*. Nova York: Oxford University Press, 1996.
RICHARDSON, Elizabeth P. *A Bloomsbury Iconography*. Winchester: St. Paul's Bibliographies, 1989.
ROBERTS, Michael (org.). *New Signatures: Poems by Several Hands*. Londres: Hogarth Press, 1932.
ROBSON, W. A. *Political Quarterly in the Thirties*. Londres: Allen Lane, 1971.
ROSE, Phyllis. *Woman of Letters: A Life of Virginia Woolf*. Nova York: Oxford University Press, 1979.
RUOTOLO, Lucio. *The Interrupted Moment: A View of Virginia Woolf's Novels*. Stanford: Stanford University Press, 1986.
_____. *Six Existential Heroes: The Politics of Faith*. Cambridge: Harvard University Press, 1973.
SACKVILLE-WEST, Vita. *The Letters of Vita Sackville-West to Virginia Woolf*, org. Louise De Salvo e Mitchell A. Leaska. Nova York: William Morrow, 1985.
SCHOPENHAUER, Arthur. *The World as Will and Representation*, v. 1, trad. E. F. J. Payne. Nova York: Dover, 1969 [ed. bras.: *O mundo como vontade e representação*, trad. M. F. Sá Correia. Rio de Janeiro: Contraponto, 2001].
SENCOURT, Robert. *T. S. Eliot: A Memoir*. Nova York: Dodd, Mead, 1971.
SEYMOUR, Miranda. *Ottoline Morrell: Life on the Grand Scale*. Londres: Hodder and Stoughton, 1992.
SHONE, Richard. *Bloomsbury Portraits: Vanessa Bell, Duncan Grant, and Their Circle*. Oxford: Phaidon, 1976.
SILVER, Brenda. *Virginia Woolf's Reading Notebooks*. Princeton: Princeton University Press, 1983.
SMYTH, Ethel. *Impressions That Remained: Memoirs*. Nova York: Knopf, 1946.
_____. *The Memoirs of Ethel Smyth*, edição abreviada por Ronald Crichton. Harmondsworth: Viking, 1987.
SPALDING, Frances. *Roger Fry: Art and Life*. Berkeley: University of California, 1980.
_____. *Vanessa Bell*. San Diego: Harcourt Brace Jovanovich, 1983.

SPATER, George & Ian PARSONS. *A Marriage of True Minds: An Intimate Portrait of Leonard and Virginia Woolf*. Nova York: Harcourt Brace Jovanovich, 1977.
SPENDER, Stephen. *Vienna*. Nova York: Random House, 1935.
____. *World Within World: The Autobiography of Stephen Spender*. Londres: Faber and Faber, 1977.
SPILKA, Mark. *Virginia Woolf's Quarrel with Grieving*. Lincoln: University of Nebraska Press, 1980.
ST. JOHN, Christopher. *Ethel Smyth: A Biography*. Nova York: Longmans, Green, 1959.
STANSKY, Peter & William ABRAHAMS. *Journey to the Frontier: Two Roads to the Spanish Civil War*. Boston: Little/Brown, 1966.
STAPE, J. H. (org.). *Virginia Woolf: Interviews and Recollections*. Iowa City: University of Iowa Press, 1995.
____. *Swift*. Nova York: Harper and Brothers, 1901.
SYMONS, Julian. *The Thirties: A Dream Revolved*. Londres: Cresset, 1960.
TAYLOR, A. J. P. *English History 1914-1945*. Harmondsworth: Penguin, 1979.
TREMPER, Ellen. *Who Lived at Alfoxton: Virginia Woolf and English Romanticism*. Lewisburg: Bucknell University Press, 1998.
TROMBLEY, Stephen. *All That Summer She Was Mad: Virginia Woolf: Female Victim of Male Medicine*. Nova York: Continuum, 1982.
WALTER, Bruno. *Theme and Variations: An Autobiography*. Nova York: Knopf, 1966.
WEBB, Beatrice. *The Diary of Beatrice Webb*, org. Norman e Jeanne MacKenzie. Cambridge: Harvard University Press, 1982.
WEBB, Sidney. "What Happened in 1931: A Record." *Political Quarterly* 3, n. 1, 1932, pp. 1-17.
WILBEFORCE, Octavia. "The Eighth Child." Londres: Typescript/ Fawcett Library.
WILLIS, J. H. *Leonard and Virginia Woolf as Publishers: The Hogarth Press, 1917-1941*. Charlottesville: University Press of Virginia, 1992.
WILSON, Duncan. *Leonard Woolf: A Political Biography*. Nova York: St. Martin's, 1978.
WILSON, Jean Moorcroft. *Virginia Woolf and Anti-Semitism*. Londres: Cecil Woolf, 1995.
____. *Virginia Woolf. Life and London: A Biography of Place*. Londres: Cecil Woolf, 1987.
WOODESON, J. *Mark Gertler: Biography of a Painter*. Toronto: University of Toronto Press, 1973.
WOOLF, Leonard. *Barbarians at the Gate*. Londres: Victor Gollancz, 1939.
____. *Beginning Again: An Autobiography of the Years 1911 to 1918*. Nova York: Harcourt Brace Jovanovich, 1964.
____. *Downhill All the Way: An Autobiography of the Years 1919 to 1939*. San Diego: Harcourt Brace Jovanovich, 1975.
____. *Growing: An Autobiography of the Years 1904 to 1911*. San Diego: Harcourt Brace Jovanovich, 1975.
____. *The Journey Not the Arrival Matters: An Autobiography of the Years 1939 to 1969*. San Diego: Harcourt Brace Jovanovich, 1975.
____. *Letters of Leonard Woolf*, (ed.) Frederic Spotts. San Diego: Harcourt Brace Jovanovich, 1989.
____. *Quack, Quack*. Nova York: Harcourt Brace, 1935.
____. *Sowing: An Autobiography of the Years 1880 to 1904*. San Diego: Harcourt Brace Jovanovich, 1975.
____. *The Wise Virgins: A Story of Words, Opinions, and a Few Emotions*. Nova York: Harcourt Brace Jovanovich, 1979.

WOOLF, Virginia. *Between the Acts*. Nova York: Harcourt Brace/World, 1941 [ed. bras.: *Entre os atos*, trad. Lya Luft. Osasco: Novo Século, 2008].

_____. *The Captain's Death Bed and Other Essays*. Londres: Hogarth Press, 1950.

_____. *The Common Reader: First Series*. Nova York: Harcourt Brace/World, 1953 [ed. bras.: *O leitor comum*, trad. Luciana Viégas. Rio de Janeiro: Graphia, 2007].

_____. *The Complete Shorter Fiction of Virginia Woolf*, (ed.) Susan Dick, 2ª ed. San Diego: Harcourt Brace Jovanovich, 1989 [ed. bras.: *Contos completos*, trad. Leonardo Fróes. São Paulo: Cosac Naify, [2005] 5ª reimp., 2011.

_____. *The Death of the Moth and Other Essays*. San Diego: Harcourt Brace Jovanovich, 1970.

_____. *The Diary of Virginia Woolf*, 5 vols., (ed.) Anne Olivier Bell, com a colaboração de Andrew McNeillie. Nova York: Harcourt Brace Jovanovich, 1976-1984 [ed. bras.: *Os diários de Virginia Woolf*, org. e trad. José Antonio Arantes. São Paulo: Companhia das Letras, 1989].

_____. *Flush: A Biography*. Nova York: Harcourt Brace, 1933 [ed. bras.: *Flush: memórias de um cão*, trad. Ana Ban. Porto Alegre: L&PM, 2004].

_____. *Freshwater: A Comedy*, org. Lucio P. Ruotolo. Nova York: Harcourt Brace Jovanovich, 1985.

_____. *The Letters of Virginia Woolf*, 6 vols., (ed.) Nigel Nicolson e Joanne Trautmann. Nova York: Harcourt Brace Jovanovich, 1975-1980.

_____. *The Moment and Other Essays*. Londres: Hogarth Press, 1952.

_____. *Moments of Being*, (ed.) Jeanne Schulkind, 2ª ed. San Diego: Harcourt Brace Jovanovich, 1985.

_____. *Mrs. Dalloway*. Nova York: Harcourt Brace/World, 1953 [ed. bras.: *Mrs. Dalloway*, trad. Mario Quintana. Rio de Janeiro: Nova Fronteira, 2005].

_____. *Pointz Hall: The Earlier and Later Typescripts of Between the Acts*, (ed.) Mitcheall A. Leaska. Nova York: University Publications, 1983.

_____. *The Pargiters: The Novel-Essay Portion of The Years*, (ed.) Mitchell A. Leaska. Nova York: Harcourt Brace Jovanovich, 1978.

_____. *A Room of One's Own*. San Diego: Harcourt Brace Jovanovich, 1989 [ed. bras.: *Um teto todo seu*, trad. Vera Ribeiro. Rio de Janeiro, Nova Fronteira, 2005].

_____. *The Second Common Reader*. Nova York: Harcourt Brace/World, 1960.

_____. *Three Guineas*. Londres: Hogarth Press, 1952.

_____. *To the Lighthouse*. Nova York: Harcourt Brace/World, 1955 [ed. bras.: *Passeio ao farol*, trad. Oscar Mendes. Rio de Janeiro: Labor, 1976; *Ao farol*, trad. Luiza Lobo. Rio de Janeiro: Ediouro, 1993].

_____. *The Waves*. Nova York: Harcourt Brace, 1931 [ed. bras.: *As ondas*, trad. Lya Luft. Rio de Janeiro: Nova Fronteira, [1981 e 2004]; 1ª ed. Osasco: Novo Século, 2011.

_____. *The Waves: The Two Holograph Drafts*, (ed.) J. W. Graham. Toronto: University of Toronto Press, 1976.

_____. *The Years*. Nova York: Harcourt Brace, 1937 [ed. bras.: *Os anos*, trad. Raul de Sá Barbosa. Rio de Janeiro: *Nova Fronteira*, 1982]; 1ª ed. Osasco: Novo Século, 2011.

WRIGHT, Elizabeth Mary. *The Life of Joseph Wright*. Londres: Oxford University Press, 1932.

YEATS, W. B. *Collected Poems*. Londres: Macmillan, 1969.

ZWERDLING, Alex. *Virginia Woolf and the Real World*. Berkeley: University of California Press, 1986.

Agradecimentos

Devo agradecer a velhos e novos amigos. Há mais de três décadas, Joyce Warshow sugeriu que eu escrevesse meu primeiro estudo sobre Virginia Woolf; Berenice Carroll propôs depois disso uma interpretação radical da obra de Woolf, a qual me levou a centralizar-me nos anos que conduziram à Segunda Guerra Mundial. Muito devo aos muitos biógrafos, estudiosos e críticos que me forneceram os fundamentos essenciais para um estudo de Woolf, especialmente aos organizadores dos diários, Anne Olivier Bell e seu assistente Andrew McNeillie, e aos organizadores da edição das cartas, Nigel Nicolson e Joanne Trautmann, sem cujo trabalho um livro como este não poderia ter sido escrito. Muito devo a Quentin Bell e Angelica Garnett, cujos escritos biográficos transmitem o *ethos* de Bloomsbury numa voz que lhes é bem própria. Ao falecido Quentin Bell, que leu um rascunho da abertura deste livro, muito devo por seus conselhos e estímulo.

Agradeço a Nina Baym, George Dimock, Carolyn Heilbrun e Ellen Rosenman que leram o original completo e fizeram sugestões que tiveram significativa influência sobre a forma final do livro. Carolyn Heilbrun, de modo muito generoso, leu tanto os rascunhos preliminares quanto os definitivos.

Meu velho amigo e colega Gary Adelman, com quem eu discuti a cada etapa o trabalho, deu-me todo o benefício de sua percuciência crítica e humor subversivo. Beneficiei-me também com os comentários construtivos e a deferente atenção de Tom Bassett, Bernard Cesarone, Ina Gabler, Philip Graham, Kelly Knowles, Johanne Rivest, Carol Spinder e Ryan Szpiech.

A Universidade de Illinois concedeu-me um período sabático, liberando-me das regulares obrigações de ensino, para que eu pudesse trabalhar neste livro. Sou grato ao University Research Board, ao Office of International Programs e ao Department of English por proporcionarem recursos para pesquisas e viagens.

Recebi valiosa ajuda de pessoas responsáveis por documentos e arquivos. Mabel Smith não só permitiu que eu reproduzisse cartas de Octavia Wilberforce e citasse uma nota não publicada, como gentilmente cedeu-me fotos da dra. Wilberforce. Recebi ajuda e conselhos de William Brockman e do *staff* da University of Illinois English Library; Stephen Crook, da Berg Collection; David Doughan, da Fawcett Library; Cathy Henderson, do Harry Ransom Humanities Research Center; e Bet Inglis, da University of Sussex Library Manuscripts Section.

Heather Ahlstrom, da Harvard Theatre Collection, e Jonathan Thristan, do Tate Gallery Archive, deram-me ajuda prestimosa na busca de fotografias. Muito devo também a Barbara Blumenthal, do Mortimer Rare Book Room; John Delany, do Imperial War Museum, de Londres; Sheyla Taylor, do Transport Museum, de Londres; e Leslie Swift, do Holocaust Memorial Museum, dos Estados Unidos.

Agradeço particularmente à minha nora, Simone Leigh, por se incumbir da pesquisa fotográfica e me dar o prazer de trabalhar com ela. Harriet Price proporcionou-me um sem-fim de informações sobre questões literárias e, com elegância e eficiência, ajudou-me a obter permissões. Bernhard Kendler, da Cornell University Press, suavizou com bom humor e grande argúcia editorial o processo de publicação.

Quatro membros de minha família ajudaram-me de modo material e espiritual ao longo dos anos. Meu irmão Eric e meus filhos Michael e Yuri deram-me sua atenção mais amável e forneceram notas sobre o estilo e a substância deste livro. Minha mulher, Norma, leu e comentou cada capítulo à medida que era terminado, leu minhas revisões e depois fez sugestões detalhadas sobre o rascunho final. Todo dia sua presença me lembra de que na arte e na vida a verdade pode ir de mãos dadas.

Reconheço e agradeço as permissões que se seguem para citar fontes com direitos protegidos. Aos executores testamentários do espólio de Virginia

Woolf, por citações de *The Diary of Virginia Woolf*, v. 3-5, e de *The Letters of Virginia Woolf*, v. 4-6, publicados por The Hogarth Press; a Jonathan Cape e A. P. Watt Ltd., em nome de Sophie Partridge e do executor do espólio de David Garnett, por "Advice to Oneself", de *Carrington: Letters and Extracts*, organizado por David Garnett; aos dirigentes de Backsettown e da Royal United Kingdom Beneficent Association, pelas cartas de Octavia Wilberforce; e a Harcourt, Inc. e ao espólio de Leonard Woolf, por uma passagem de *The Letters of Leonard Woolf*.

Créditos por permissões de reproduzir fotografias são devidos a: Nina Beskow Agency, fig. 16; The Harvard Theatre Collection, Houghton Library, Frederic Woodbridge Wilson, Curator, fig. 3, 4, 7, 8, 9, 11, 12, 14, 15, 18, 19 e 20; dirigentes do Imperial War Museum, fig. 21 e 22 (referências do IWM: KY 5863[A], Hu 36155); Londres Transport Museum, fig. 2; Mortimer Rare Book Room, Smith College, fig. 1; Mabel Smith, fig. 23; Tate Gallery Archive, fig. 5, 6, 13 e 17 (referências da Tate: A119, Q37, Q38); Richard Freimark, cortesia do U.S. Holocaust Memorial Museum Photo Archives, fig. 10.*

Duas partes do "Prelúdio" saíram primeiramente, em forma um pouco diversa, no ensaio "The Biographer and the Angel", em *The American Scholar* 62, n. 2 (primavera 1993), pp. 221-31, copyright © by Herbert Marder.

---

* Na presente edição, foram incorporadas as seguintes ilustrações: fig. 1, 2, 3, 5, 6, 10, 13, 16, 17, 23 e 24. [N.E.]

Índice remissivo

Sob o nome de Virginia Woolf, as entradas foram agrupadas em ACONTECIMENTOS, MOTIVOS E TEMAS e OBRAS. As abreviações presentes são JB: Julian Bell; VB: Vanessa Bell; OW: Octavia Wilberforce; LW: Leonard Woolf e VW: Virginia Woolf.

A
Aaron's Rod [O cajado de Aarão] (D. H. Lawrence) 217
After the Deluge [Depois do dilúvio] (Leonard Woolf) 85, 91-93
Alice no País das Maravilhas 120
"Anjo da Casa" 19, 22, 65
anonimato. *Ver* Woolf, Virginia: MOTIVOS E TEMAS
Anrep, Helen 125, 313, 362
Antígona 65, 251, 291-292
antissemitismo. *Ver* Woolf, Virginia: MOTIVOS E TEMAS
"Arms and the Man" ["As armas e o homem"] (Julien Bell) 94
"Art and Life" ["Arte e vida"] (Roger Fry) 321
As Time Went On [Enquanto o tempo passava] (Ethel Smyth) 238

B
Baldwin, Stanley 93, 226
Baring, Maurice 118, 197-198
Bartholomew, Percy 165
Beckett, Samuel 68
Beecham, Thomas 44

Bell, Angelica. *Ver* Garnett, Angelica (nascida Bell)
Bell, Clive 74-75, 109-110, 118, 248, 273, 283
   a morte de JB 283
Bell, Julian 94, 132, 178, 215-216, 232, 234-235, 245, 264, 271-275, 277, 279-282, 284-285, 293, 313, 343
   morre na Espanha 264
Bell, Quentin 19, 122, 166-167, 173, 213, 237, 307
Bell, Vanessa 92, 99, 117, 119, 121, 123, 125, 127, 130, 173, 201, 238
   e a morte de JB 264
   intimidade com VW 174
   morte de Roger Fry 201
   voa para Genebra 172
Belsher, Peggy 224-225
Bennett, Arnold 158, 243
Bevin, Ernest 227-228
Birrell, Francis 208
Bismarck, Príncipe 215, 218-219
Black, Frederick W. 307
Bondfield, Margaret 164
"Both Sides [of the Curtain]" ["Os dois lados (da cortina)"] (Genevieve Ward) 407

Boult, Adrian 81
Bowen, Elizabeth 42, 186, 189, 294, 351, 354, 386
   visitas de VW 186
Boxall, Nelly 177–208
Brahms, Johannes 199
Branson, Noreen 34
Brenan, Gerald 246
Brewster, Harry 46–47, 75
British Union of Fascists 226, 262
Browning, Elizabeth Barrett 95, 97, 108
Browning, Robert 95, 97, 108

C
Cameron, Julia Margaret 207
Camus, Albert 41
Cantos, The [Cantos] (Ezra Pound) 206
Carmen (Mérimée) 197
"Carrington: A Study of a Modern Witch" ["Carrington: um estudo de uma feiticeira moderna"] (Julia Strachey) 106
Carrington, Dora 99–101, 104–106, 130
   suicídio de 109–117, 134–135
Carroll, Lewis 122, 125, 149, 335
Case, Euphemia (Emphie) 276
Case, Janet 276–278
Cavell, Edith 260
Cézanne, Paul 309, 324–325
Chamberlain, Neville 249, 331
   a crise de Munique 311, 314
   e a crise de Munique 308
Charles I 250
Churchill, Winston 175
Colefax, Sybil 64, 236, 247
Coleridge, S. T. 354
Compton Burnett, Ivy 268–269
Congresso do Partido Trabalhista 164, 183
Conrad, Joseph 379
Coward, Noel 243
crise de 1929 39, 63

D
Dáfnis 126
Daladier, Edouard 311
Dante Alighieri 208

Davies, Margaret Llewely 349
Deceived with Kindness [Iludida pela bondade] (Angelica Garnett) 280
Delattre, Floris 118
Delfos 121–122, 126–127
De L'Isle, Lord 352
dia do Jubileu 216
dia-espécime 283
Dickinson, Goldsworthy Lowes (Goldie) 92, 140
Dickinson, Violet 118, 127
Dictionary of National Biography [Dicionário biográfico nacional] (Leslie Stephen) 107
diferenças de classe. Ver Woolf, Virginia: MOTIVOS E TEMAS
Dixey, Miss 97
Dollfuss, Engelbert 178
Donne, John 93, 98, 101
Duckworth, George 76, 186–188, 202, 213, 370, 416
Duckworth, Julia 190
Duckworth, Stella 201

E
Edward VIII 247
Egina 126
Einstein, Albert 247
Eliot, T. S. 57, 144, 232
   apresentação de Murder in the Cathedral [Assassinato na Catedral] 232
   atitudes de "grande homem" 166–175
   uso de disfarces 209
Eliot, Vivienne 144, 166–168
Elizabeth and Essex [Elizabeth e Essex] (Lytton Strachey) 100
Emery, Kathleen 356
Eminent Victorians [Eminentes vitorianos] (Lytton Strachey) 95, 107
escrita. Ver Woolf, Virginia: MOTIVOS E TEMAS
establishment 29–30
Everest, Louie. Ver Mayer, Louie (Everest)

F

Fabian Society 78
Farrell, Sophia 37
fascismo. *Ver* Woolf, Virginia: MOTIVOS E TEMAS
Fausto (Goethe) 153–154
Feiling, Keith 249
Female Pipings in Eden [Flauteios feminis no Éden] (Ethel Smyth) 169
feminismo. *Ver* Woolf, Virginia: MOTIVOS E TEMAS
Fisher, H. A. L. 175
Fisher, Lettice 176
Forster, E. M. (Morgan) 18, 69, 93, 175, 231, 273
   ofende VW 211
Freud, Sigmund 313, 337, 354
Fry, Helen 321
Fry, Lady (Mariabella) 129
Fry, Margery 117, 119, 121–123, 129–130
   na Grécia 119–130
Fry, Roger 197, 200, 230, 251, 279, 313, 320, 323–327
   biografia de 313
   morte de 201, 205, 279–280
   primeiros anos de 320

G

Garnett, Angelica (nascida Bell) 45, 85, 178, 207, 278, 280, 307
   e David Garnett 343
Garnett, David 272
George V 216, 227
Gertler, Mark 318
Goethe, Johann Wolfgang 153–154
Gordon, Lyndall 83
governo de união nacional 89, 94
Grant, Alistair Edward 118
Grant, Duncan 52–53, 130, 273
Gray, Mrs. 145
Green, Alice Stopford 211
Greenwood, Arthur 331
guerra civil na Espanha 243, 246, 252

H

Hanna, B. J. 356
Hardy, Florence 138
Harrison, Jane 137
Hart, Philip 284
Haskins, Mabel 181
Heard, Gerald 276
Heart of Darkness [Coração nas trevas] (Joseph Conrad) 379
Heilbrun, Carolyn 22, 25, 433
Heinemann, Margot 34
Henderson, Arthur 88
Hiles, Barbara 99
Hitler, Adolph 112, 161, 194, 198, 214, 219, 231, 309, 314, 329–330
   descrito por Wigram 213–214
   e a crise de Munique 311–319
Hogarth Press 77–78, 85, 89, 94, 101, 105, 131, 166–167, 176, 231, 309–310, 317, 330
   e John Lehmann 144, 286
   morte da gerente 263
Holtby, Winifred 144–145, 168
Hume, David 106
Hutchinson, Barbara 174
Hutchinson, Jack 110
Hutchinson, Mary 116, 249
Huxley, Aldous 75, 235

I

Inferno (Dante Alighieri) 60
Intelligentsia of Great Britain, The [A intelligentsia da Grã-Bretanha] (Dmitri Mirsky) 137

J

James, Henry 171
Joad, C. E. M. 86, 89
Joana d'Arc 80
Joyce, James 31, 206

K

Keats, John 98, 168
Keppel, Alice 112
Keynes, J. M. (Maynard) 51, 63, 86, 93, 135, 268–269

L

Lanchester, Elsa 182
Lange, Dorothy 287

Lansbury, George 227
Laughton, Charles 182
Lawrence, D. H. 129, 146, 171, 217
Lawrence, Susan 159, 164
Lehmann, John 89, 92, 132–134
    e Hogarth Press 286
    na Hogarth Press 144
Le Roman psychologique de Virginia Woolf [O romance psicológico de Virginia Woolf] (Floris Delattre) 118
"Letter to a Young Poet, A" ["Carta a um jovem poeta"] (Lytton Strachey) 98, 142
Lewis, Wyndham 206–207, 220
Liga das Nações 135, 234
    e a crise da Abissínia 226–231, 234
Lindbergh, Charles 236
Linha Maginot 333
Londonderry, Lady 87
Lonely Lady of Dulwich, The [A dama solitária de Dulwich] (Maurice Baring) 197
Lopokova, Lydia (Mrs. J. M. Keynes) 60
Lucas, F. L. 52

M

Macaulay, Rose 101
Macbeth (Shakespeare) 184
MacCarthy, Desmond 69
MacDonald, Ramsay 87–91, 93–94
Mallarmé, Stéphane 119
Mansfield, Katherine 146
Marcus, Jane 25
Martin, Kingsley 136, 165, 196, 248, 272–273, 308–309, 351, 353
    a crise de Munique 308
Matisse, Henri 275
Maupassant, Guy de 201–202
Mayer, Louie (Everest) 65, 208, 229, 398
Mecklenburgh Square 317, 327–328, 331
mudança de VW para 329–330
Memoir Club 187, 247–248
Men Without Art [Homens sem arte] (Wyndham Lewis) 206–207
Mérimée, Prosper 197

Mirsky, Dmitri (príncipe) 136–137
Montaigne, Michel de 80–81
Moore, G. E. 243, 348
Morgan, Pierpont 385, 412
Morley College 24
Morrell, Ottoline 136–137, 151, 229, 249
Morrell, Philip 297–299
Mosley, Cynthia 162
Muir, Edwin 268–269
Murder in the Cathedral [Assassinato na Catedral] (T. S. Eliot) 232
Murry, John Middleton 129
Mussolini, Benito 194, 220, 225, 227, 311

N

National Society for Women's Service 148
Natural History of Selborne [História Natural de Selborne] (Gilbert White) 334
New Signatures 94
New Statesman 136, 309
New Writing 144, 286
Nicolson, Benedict 342, 357
Nicolson, Harold 310, 327–328
    descreve o discurso de Chamberlain 310
Nostitz-Wallwitz, Helene von 231
novo testamento 170

O

Ocampo, Victoria 223
"Ode to a Nightingale" ["Ode a um rouxinol"] (John Keats) 385
"Of Suicide" ["Sobre o suicídio"] (David Hume) 106
Oxford, Lady (Margot Asquith) 358

P

pacifismo. *Ver* Woolf, Virginia: MOTIVOS E TEMAS
Palestras Clark 110
Pankhurst, Sylvia 44
partido comunista 215, 264
partido trabalhista, congresso do 227, 229
Partridge, Ralph 95, 100–101, 104–105, 114

período vitoriano. *Ver* Woolf, Virginia: MOTIVOS E TEMAS
Pétain, Marshall 353
Playfair, Edward 281
Plomer, William 118, 175–176
Political Quarterly, The 85–86
política, propaganda. *Ver* Woolf, Virginia: MOTIVOS E TEMAS
pós-impressionismo 201, 318, 320, 324
Potocki de Montalk (conde) 109
Pound, Ezra 206
Precious Bane [Veneno precioso] (Mary Webb) 406
"Prison, The" ["A prisão"] (Harry Brewter, musicado por Ethel Smith) 75
Pritchard, George 360
Proust, Marcel 147, 185
psicose maníaco-depressiva. *Ver* Woolf, Virginia: MOTIVOS E TEMAS

Q
Quack, Quack [Quá-quá] (Leonard Woolf) 193, 210
Queen Victoria [A rainha Vitória] (Lytton Strachey) 95
"Question, The" ["A questão"] (Percy Bysshe Shelley) 71

R
Radin, Grace 261
Raine, Kathleen 176
religião. *Ver* Woolf, Virginia: MOTIVOS E TEMAS
Robins, Elizabeth 381, 382, 385, 390, 394, 405–414, 417–420
Rodmell 65, 86, 91, 98, 102, 117–118, 134, 141, 156, 181, 183, 197, 213, 237, 277, 286, 310, 311, 314, 317
Roehm, Ernst 193, 196
Romains, Jules 231
romantismo. *Ver* Woolf, Virginia: MOTIVOS E TEMAS
Rosebery, Lady (Eva Isabel Bruce) 63–91
Rossetti, Christina 17

Rothschild, Victor 174
Rylands, George (Dadie) 64

S
Sackville-West, Edward 44, 130, 154
Sackville-West, Vita 21, 56, 57, 60, 126, 130, 138, 141, 157, 174, 185, 188, 240, 283, 285, 298, 303, 329, 342, 353, 359, 365, 386, 402
Sanger, Charles 50
Schleicher, Kurt von 195, 260
Schopenhauer, Arthur 66–67
Selincourt, Basil de 267–268
Sévigné, Madame de 317
Shakespeare, William 16, 98, 184
    e uma arte impessoal 98
    sua presença em Stratford 192
Sharp, Rachel 408
Shaw, George Bernard 135, 137
Shelley, Percy Bysshe 71–72, 98, 161–162
Simpson, Walks Warfield (Duquesa de Windsor) 236
Simpson, Walks Warfield (Duquesa de Windsor) 248
Sitwell, Osbert 194
"Sketch of the Past, A" ["Um esquete do passado"] 202
Smith, Logan Pearsall 150, 154
Smyth, Ethel 43–44, 73, 87, 97, 104, 110, 117, 118, 130, 142–143, 169, 181, 198, 208, 232, 236–239, 302–303, 318
    cartas de VW 54
    conhece VW 45
    crenças religiosas de 93
    dedicação à política 44
    e a festa de Rosebery 75–80
    e crenças religiosas 185
    escreve As Time Went On [Enquanto o tempo passava] (Ethel Smyth) 238
    faz cena de ciúmes 137
    muito autoconfiante 47
    reflexões sobre a amizade 49–50
Snowden, Philip 88
Sons and Lovers [Filhos e amantes] (D. H. Lawrence) 146

Spender, Stephen 94, 132, 176, 223, 264, 269
Spira, Robert 363
Stalin, Joseph 137, 293
St. Aubyn, Gwen 285
Stephen, Adrian 81, 117, 246
Stephen, Julia 202
morte de 188, 202–206
Stephen, Leslie 20, 29, 107, 143, 190, 211, 272
   e a morte de Julia Stephen 202–206
   e Jonathan Swift 189
Stephen, Thoby 67, 92, 97–99, 101, 118, 127
St. Ives 240, 320
Strachey, Julia 106–107
Strachey, Lytton 104, 116–117, 130
   morte 95–104
Strachey, Oliver 105
Strachey, Philippa (Pippa) 98
suicídio. *Ver* Woolf, Virginia: MOTIVOS E TEMAS
Swift, Jonathan 189–190

T

Tavistock Square 105, 132, 177, 219, 307, 310
Taylor, A. J. P. 135
Tchaikovsky, Piotr Ilitch 47
Tempest, The [A tempestade] (Shakespeare) 191
Tennyson, Alfred Lord 207, 211
Terry, Ellen 207
"Theatre and Friendship" ["Teatro e amizade"] (Elisabeth Robins) 407
The World as Will and Representation [O mundo como vontade e representação] (Arthur Schopenhauer) 66–67
Thompsett, Annie 39
Time and Tide 301
Times (Londres) 86, 88
Tomlin, Stephen 114
Tratado de Versalhes 43
Trevelyan, B. 250

U

Ulysses [Ulisses] (James Joyce) 206

V

Vaughan, Janet 210
Venn, Henry 197
"Vienna" ["Viena"] (Stephen Spender) 223
Vigilance, Committee 242
"Virginia Woolf in Her Fifties" ["Virginia Woolf aos cinquenta anos"] (Carolyn Heilbrun) 25

W

Waddesdon (propriedade dos Rothschild) 33
Waley, Arthur 100
Walpole, Hugh 74, 92
Walter, Bruno 160
Watts, G. F. 207
Webb, Beatrice 78, 89–90, 137
Webb, Sidney 78
Wells, H. G. 134
West, Harry 350, 352
West, Margaret 263
White, Gilbert 103, 334
Wigram, Ralph 213
Wilberforce, Octavia 381, 385, 389, 405
   cartas de 405
   cartas para VW 383
   parentesco distante com VW 381
   posa para um retrato 387
   torna-se médica da VW 382, 385
   visita VW 382
Wilberforce, William 381
Women's Cooperative Guild 91, 164
Woolf, Leonard 69–70, 73, 75–76, 87–88, 92, 97–100, 103, 112–117, 120–121, 123–124, 131–132, 134–135, 136–137, 144–145, 150, 166–167, 179, 185, 189, 208, 227, 229–230, 238, 261, 263, 265, 280, 298, 301, 312–313, 315, 317
   abre mão da estufa 328–329
   a crise de Munique 308
   ateísmo deplorado por Ethel 197
   cuida da saúde de VW 75–76, 78–79, 84, 143, 285, 320
   descreve a visão política de VW 90
   dissensões com VW sobre a guerra 331
   e a morte da mãe 327–328
   e as atividades políticas 90, 110

e características essenciais 82
e divergências com John Lehmann 132–134, 136
lê The Waves [As ondas] 86–87
namoro e casamento com VW 54–55, 97
relações com a mãe 315, 326–327
sobre a visão política de Virginia 90
Woolf, Marie (mãe de LW) 141–142, 170, 183, 315–316, 326–327
Woolf, Virginia
ACONTECIMENTOS 61
a crise de Munique 308
angustiada por causa da foto 144
atendida por OW 382
cartas a Ethel 54
começa a escrever The Years [Os anos] 147
comparece ao Congresso do Partido Trabalhista 227
compra um Lanchester 157
conhece Ethel Smyth 43–45
consola VB 278
contra a psicose maníaco-depressiva 39–43
demite Nelly 177
desavenças com Ethel 137–138
desavenças por causa da estufa 328–329
desmaia no jardim 141–142
dissensões com VW sobre a guerra 331
e a abdicação de Edward VIII 247
e a doença de Lytton Strachey 95–104
e a morte de George Duckworth 186
e a morte de Janet Case 276, 277
e a morte de Julia Stephen 202–206
e a morte de Margaret West 263
e a morte de Marie Woolf 326–327
e a morte de Ottoline 299
e a morte de Roger Fry 201
e a morte de Thoby Stephen 67
e a recepção a The Waves [As ondas] 86–87, 91
e as crises políticas 90
e a tensão na Hogarth Press 131–132
e a viagem de JB à Espanha 275
e a viagem pela Alemanha 210
e conselho da Biblioteca de Londres 211
enlouqueceu 55
e o suicídio de Mark Gertler 318
e Philip Morrell 297–299
furiosa com a festa de Rosebery 75–81
ideias suicidas 40, 79
indignada com os expurgos promovidos por Hitler 193–202
palestra sobre o "Anjo da Casa" 65
parentesco distante com OW 381
recebe críticas de Wyndham Lewis 206
revisa Freshwater 207
sobre LW e sua mãe 315–316
um esboço de OW 387
viaja à Grécia 117–131
viaja para a Irlanda 185–194
viaja pela Bretanha e Normandia 317
visita Freud 313
visita Stratford-on-Avon 191
MOTIVOS E TEMAS
aeroplanos, bombardeiros 92, 312
afogamento 185
alta sociedade 75–77, 87, 247
"Anjo da Casa" 19, 22, 65, 105, 107–108, 129
anonimato e a privacidade 117–118
em oposição ao egotismo 170
no caso de Shakespeare 192
antissemitismo 23, 176, 319
biografia 30–32, 200
satírica 97, 106
biografia de Fry 314
cavalo 70–71, 79, 120, 122–123, 126, 141, 143, 247, 263
e desmaio 145, 150
celebridade, síndrome do grande homem 169, 172
chapadas 64, 102, 146
diário de 200, 246, 276–278
diferenças de classe 34, 37–41, 107, 149, 175, 177, 185
e a insanidade de Helen Fry 321

e a viagem pela Alemanha 210
e desmaio 141–142
egotismo de Nelly 181
em oposição ao egotismo 44–45
escrita 73–75, 103, 117, 126, 134, 145, 150
fascismo 157–158, 162–163, 252
violência e irracionalismo 114, 134–135
feminismo 34–35
filosofia do anonimato 170
governada pelo ritmo da água 320
marginallizados 110
montanhas, lugares altos 123, 127
opressão sexual 65
pacifismo 146
paixão por esportes 46
período vitoriano 54, 97, 125, 207
em Flush 97–100
e repressão 129
personalidade compósita 72
política, propaganda 90, 98, 146
pós-impressionismo 119
pouco interesse por política econômica 64
profundidades aquáticas 70, 126, 185
psicose maníaco-depressiva 39–43, 74–76, 76–77, 83
quebra dos moldes patriarcais 172
religião 170, 197
responsabilidade social 43
ritmo 103, 130, 142, 151
Roger Fry 309
romantismo 71–74, 116
sensualidade 69–70
sentimentos sexuais 57
sexualidade 97, 99
silêncio, recusa à análise dos amigos de VW 172, 177
suicídio 76–79, 78
de Carrington 100, 105, 109–116, 134–135
de Mark Gertler 318
tarefas domésticas 141–142
triste e feliz ao mesmo tempo 75
OBRAS
"Am I a Snob?" ["Serei uma esnobe?"] 247
Ao farol 9, 15–17, 21, 26, 30, 40–41, 55, 64, 168, 201, 203, 205, 226, 240, 245, 361, 398
Common Reader: Second Series [O leitor comum] 109, 118
Flush: A Biography [Flush: memórias de um cão] 97, 107–108
"Flying Over London" ["Voando sobre Londres"] 173
Freshwater ["Água doce"] 207
"Modern Fiction" ["Ficção moderna"] 257
Mrs. Dalloway 26, 30, 55, 64, 70, 98
"Opening the Door" ["Abrindo a porta"] 65
Orlando 30, 32, 39–40
"Sketch of the Past, A" ["Um esquete do passado"] 200
"The Open Door" ["A porta aberta"] 65
Three Guineas [Três guinéus] 108
"Time Passes" ["O tempo passa"] 55
Um teto todo seu 24, 30, 32, 39, 44, 65, 169, 223
Waves, The [As ondas] 22, 27, 29, 40, 43, 63–71, 73–76, 76–78, 78, 80, 82, 86, 91–92, 95, 100, 103, 122, 140, 142, 165, 205–206, 222, 226, 233, 245, 266, 268, 371, 381, 398, 403
comentário sobre 63–72
recepção de 74–75, 91–93
VW conclui 86–87
Years, The [Os anos]
primeira versão 147–148, 154–155
Wordsworth, William 149, 271
Worker's Education Association 341, 387
Wright, Joseph 149, 163–164
Wright, Mary Elizabeth 163–164

Y
Yeats, William Butler 18, 206

Z
Zwerdling, Alex 24

Legenda e crédito das imagens

p. 2   [7] John Lehmann e Virginia, fotografados por Leonard Woolf, no jardim em Monk's House, c. 1931. © The Harvard Theatre Collection, Houghton Library, Frederic Woodbridge Wilson, Curator, cortesia da Universidade de Sussex e da Society of Authors, representantes literários do espólio de Leonard Woolf.

p. 4   [2] Oxford Street, Londres, 1930. © The London Transport Museum.

p. 5   [10] Parada do Dia do Partido do Reich na Alemanha, 1935. © Richard Freimark, cortesia do U. S. Holocaust Memorial Museum Photo Archives.

p. 6   [11] Página do álbum de fotos de Virginia e Leonard, Monk's House. © The Harvard Theatre Collection, Houghton Library, Frederic Woodbridge Wilson, Curator, cortesia da Universidade de Sussex e da Society of Authors, representantes literários do espólio de Leonard Woolf.

p. 7   [5] Leonard segurando Pinka, Clive Bell, Julian Bell, Virginia, Quentin Bell ajoelhado, Auberon Duckworth e Duncan Grant em Charleston, 1930. © The Tate Gallery Archive.

p. 8   [16] Retrato de Virginia, Londres, 1939. Foto Gisèle Freund. © Nina Beskow Agency.

p. 10   [6] Julian Bell ajoelhado, Quentin Bell atrás dele, e Roger Fry, com esculturas em papel machê de Quentin, em Charleston, 1931. © The Tate Gallery Archive.

p. 12   [13] Angelica e Vanessa Bell em Charleston, c. 1932. © The Tate Gallery Archive.

p. 14   [1] Julia e Leslie Stephen, com Virginia atrás, em Talland House, Saint Ives, 1893. © Mortimer Rare Book Room, Smith College.

p. 436 [24] Vista para o farol de Godvery desde o quarto das crianças, entre as quais Virginia, em Talland House, Saint Ives. Foto Herbert Marder, 1984.

A Medida da Vida

Copyright © 2023 STARLIN ALTA EDITORA E CONSULTORIA LTDA.
Copyright © 2000 CORNELL UNIVERSITY.
ISBN: 978-65-5568-082-9.

Excertos de The Letters of Virginia Woolf, v. iv: 1929-1931, © 1978 by Quentin Bell and Angelica Garnett, reimpressos com autorização de Harcourt, Inc.

Excertos de The Letters of Virginia Woolf, v. v: 1932-1935, © 1979 by Quentin Bell and Angelica Garnett, reimpressos com autorização de Harcourt, Inc.

Excertos de The Letters of Virginia Woolf, v. vi: 1936-1941, © 1980 by Quentin Bell and Angelica Garnett, reimpressos com autorização de Harcourt, Inc.

Excertos de The Diary of Virginia Woolf, v. iv: 1931-1935, © 1982 by Quentin Bell and Angelica Garnett, reimpressos com autorização de Harcourt, Inc.

Excertos de The Diary of Virginia Woolf, v. v: 1936-1941, © 1984 by Quentin Bell and Angelica Garnett, reimpressos com autorização de Harcourt, Inc.

Impresso no Brasil – 1ª Edição, 2023 – Edição revisada conforme o Acordo Ortográfico da Língua Portuguesa de 2009.

Dados Internacionais de Catalogação na Publicação (CIP) de acordo com ISBD

M322m   Marder, Herbert
          A Medida da Vida: Os últimos anos de Virginia Woolf / Herbert
          Marder. - Rio de Janeiro : Tordesilhas, 2023.
          448 p. ; 15,4cm x 23cm.

          Tradução de: The Measure of Life
          Inclui bibliografia e índice.
          ISBN: 978-65-5568-082-9

          1. Biografia. 2. Virginia Woolf. I. Título.

2023-531   CDD 920
                                              CDU 929

Elaborado por Vagner Rodolfo da Silva - CRB-8/9410

Índice para catálogo sistemático:
1. Biografia 920
2. Biografia 929

Todos os direitos estão reservados e protegidos por Lei. Nenhuma parte deste livro, sem autorização prévia por escrito da editora, poderá ser reproduzida ou transmitida. A violação dos Direitos Autorais é crime estabelecido na Lei nº 9.610/98 e com punição de acordo com o artigo 184 do Código Penal.

O conteúdo desta obra fora formulado exclusivamente pelo(s) autor(es).

Marcas Registradas: Todos os termos mencionados e reconhecidos como Marca Registrada e/ou Comercial são de responsabilidade de seus proprietários. A editora informa não estar associada a nenhum produto e/ou fornecedor apresentado no livro.

Material de apoio e erratas: Se parte integrante da obra e/ou por real necessidade, no site da editora o leitor encontrará os materiais de apoio (download), errata e/ou quaisquer outros conteúdos aplicáveis à obra. Acesse o site www.altabooks.com.br e procure pelo título do livro desejado para ter acesso ao conteúdo..

Suporte Técnico: A obra é comercializada na forma em que está, sem direito a suporte técnico ou orientação pessoal/exclusiva ao leitor.

A editora não se responsabiliza pela manutenção, atualização e idioma dos sites, programas, materiais complementares ou similares referidos pelos autores nesta obra.

Grupo Editorial Alta Books

Produção Editorial: Grupo Editorial Alta Books
Diretor Editorial: Anderson Vieira
Editor da Obra: Rodrigo de Faria e Silva
Vendas Governamentais: Cristiane Mutüs
Gerência Comercial: Claudio Lima
Gerência Marketing: Andréa Guatiello

Assistentes Editoriais: Caroline David, Mariana Portugal
Tradução: Leonardo Fróes
Revisão: Carolina Rodrigues, Thamiris Leiroza
Diagramação: Cesar Godoy
Capa: Amanda Cestaro

Rua Viúva Cláudio, 291 – Bairro Industrial do Jacaré
CEP: 20.970-031 – Rio de Janeiro (RJ)
Tels.: (21) 3278-8069 / 3278-8419
www.altabooks.com.br – altabooks@altabooks.com.br
Ouvidoria: ouvidoria@altabooks.com.br

Editora afiliada à:

CONHEÇA OUTROS LIVROS

FRIDA QUER SE TORNAR MÉDICA, MAS UM TERRÍVEL ACIDENTE PÕE FIM A SEU SONHO.

Anos mais tarde, ela se apaixona pelo grande sedutor e pintor Diego Rivera e ao lado dele mergulha de vez no cobiçado mundo das artes. Sempre assombrada por problemas de saúde e sabendo que sua felicidade poderia ser passageira, Frida se entrega à vida e descobre como trilhar o próprio caminho.

- Ficção
- Personagem Histórica
- Feminismo

UMA REFLEXÃO ACERCA DAS CONDIÇÕES SOCIAIS DA MULHER E A SUA INFLUÊNCIA NA PRODUÇÃO LITERÁRIA FEMININA.

Virginia pontua em que medida a posição que a mulher ocupa na sociedade acarreta dificuldades para a expressão livre de seu pensamento, para que essa expressão seja transformada em uma escrita sem sujeição e, finalmente, para que essa escrita seja recebida com consideração, em vez da indiferença comumente reservada à escrita feminina na época.

- Feminismo
- Ensaio

Todas as imagens são meramente ilustrativas.

Este livro foi impresso nas oficinas gráficas da Editora Vozes Ltda.,
Rua Frei Luís, 100 – Petrópolis, RJ.